バントゥ諸語分岐史の研究

ひつじ研究叢書〈言語編〉

【第76巻】格助詞「ガ」の通時的研究　　　　　　　　　　山田昌裕 著
【第77巻】日本語指示詞の歴史的研究　　　　　　　　　　岡﨑友子 著
【第78巻】日本語連体修飾節構造の研究　　　　　　　　　大島資生 著
【第79巻】メンタルスペース理論による日仏英時制研究　　井元秀剛 著
【第80巻】結果構文のタイポロジー　　　　　　　　　　　小野尚之 編
【第81巻】疑問文と「ダ」－統語・音・意味と談話の関係を見据えて　森川正博 著
【第82巻】意志表現を中心とした日本語モダリティの通時的研究
　　　　　　　　　　　　　　　　　　　　　　　　　　土岐留美江 著
【第83巻】英語研究の次世代に向けて －秋元実治教授定年退職記念論文集
　　　　吉波弘・中澤和夫・武内信一・外池滋生・川端朋広・野村忠央・山本史歩子 編
【第84巻】接尾辞「げ」と助動詞「そうだ」の通時的研究　漆谷広樹 著
【第85巻】複合辞からみた日本語文法の研究　　　　　　　田中寛 著
【第86巻】現代日本語における外来語の量的推移に関する研究　橋本和佳 著
【第87巻】中古語過去・完了表現の研究　　　　　　　　　井島正博 著
【第88巻】法コンテキストの言語理論　　　　　　　　　　堀田秀吾 著
【第89巻】日本語形態の諸問題
　　　　　－鈴木泰教授東京大学退職記念論文集　　須田淳一・新居田純野 編
【第90巻】語形成から見た日本語文法史　　　　　　　　　青木博史 著
【第91巻】コーパス分析に基づく認知言語学的構文研究　　李在鎬 著
【第92巻】バントゥ諸語分岐史の研究　　　　　　　　　　湯川恭敏 著
【第93巻】現代日本語における進行中の変化の研究
　　　　　－「誤用」「気づかない変化」を中心に　　　　新野直哉 著

ひつじ研究叢書〈言語編〉第 92 巻

バントゥ諸語分岐史の研究

湯川恭敏 著

ひつじ書房

はじめに

　アフリカのケニアからカメルーンを結ぶ線の南側、面積ではアフリカ全体の3分の1強の地域にバントゥ(Bantu)諸語と呼ばれる諸言語が分布している。これらの言語が一つの祖語に起源を有することは確実であるが、どのように分岐して現在のような地域で話されるようになったかについては、確実な言語学的根拠に基づく定説がない。その理由は次のような点にあると考えられる。バントゥ諸語全体の分岐を云々するのだから、バントゥ諸語のすべてとはいわなくても、ほぼ全域に渡る調査を行っていることがこの問題に関して発言するための資格であるといえるが、それを満たすことは非常に大変であることがその第一である。しかし、それだけでなく、次のような点も指摘される。

　言語というのは、膨大な記号組織である。その全体を比較して言語と言語がどの程度に近いか(つまり、言語と言語が別れたのがどの程度に近い過去のことなのか)をいうのは非常に困難である。何が共通であれば別れたのが近いといえるのか、比較した結果が矛盾した結論を生み出したらどう判断するのか、解決しにくい問題が山積している。つまり、判断基準が決めにくいのである。

　筆者は、延べ7年以上のアフリカ滞在期間を中心に100を越えるバントゥ系言語の語彙と文法を調査して、十分に全域とはいえないが、それに近い地域の言語を調査できた。従って、それぞれの地域における分岐の歴史については発言できない場合もあるが、全体的な分岐の歴史を知るためのデータの収集としては、アフリカに居住しないひとりの人間ができる限界に近いところまで到達できた。

　本書において言語間の遠近関係を判定するために用いるのは、基礎語彙の比較である。言語間遠近関係を判定できる基準としては、定量的な結果を出しうる唯一のものであるからである。とはいえ、基礎語彙の比較がどこまで正確に言語間遠近関係を反映しうるものであるかについては、結論は出ていないし、出しうるかどうかも不明である。従って、本書におけるバントゥ諸語の分岐の経過に関する主張も、まさに仮説の域を出ていない。

　この検討によって、著者のまったく予測していなかった結果が出てきた。その代表的なものは、コンゴ民主共和国の中南部に話されるルバ語の話し手の祖先が、はじめからそこにいたのでもなく、西方から来たわけでも北方から来たわけでもなく、さらには、北東のヴィクトリア湖西岸からまっすぐ現在地に移動したのではなく、ヴィクトリア湖西岸からタンガニーカ湖の東岸をザンビアの地まで南下した後に北西に移動して、現在地にいたっ

たらしいということである。

　なお、本書においては、もっぱら自ら収集したデータに依拠し、他の研究者による調査結果は例外的にしか考慮に入れていない。同様に、他の研究者の分岐史仮説も検討の対象とはしていない。それはどうかという批判も、特に後者の点についてはありうるかと思うが、大量のデータの分析に追われてそういう時間はあまり取れなかった。というか、他の研究者の説を調べる時間があるくらいなら、自分が収集したデータの分析にもっともっと時間を取りたいと今でも思うほど、データが膨大になってしまったのである。ただし、筆者がそもそもバントゥ諸語の調査を始めた時から座右の書としてきた Malcolm Guthrie の *Comparative Bantu*(Gregg International Publishers Ltd., 1967〜71) だけは検討の対象とする。同書の影響は現在も大きいし、そうすることは、おそらく過去においてバントゥ諸語全体の分岐史についてまともに発言できる資格を備えた最大の研究者に対する礼儀でもあるからである。

　一般に言語学の著作は、言語学者以外には敷居が高いといわれるが、本書に関する限りそんなことはなく、実に簡単である。要するに、基礎的な語彙項目を200語選び、各言語の該当語彙をリスト・アップし、それが言語間でどの程度に共通であるかを見て、遠近関係を推定しただけである。アフリカに興味を持たれている読者も、言語の系統問題に興味を持たれている言語学者と同様、十分に理解されるであろう。

　なお、この研究は1984〜1989年度(研究代表者は著者)、1990年度、1994〜1996年度、1999〜2001年度、2003〜2005年度(以上、研究代表者は東京外国語大学加賀谷良平教授)にわたる文部(科学)省科学研究費補助金による調査と、2005年度科学研究費補助金による資料整理に主として依拠している。

　本書の出版は、独立行政法人日本学術振興会平成22年度科学研究費補助金(研究成果公開促進費)の交付を受けたものである。また、本書の出版を快諾されたひつじ書房に対し、感謝の意を表したい。

　なお、出版社からの提案により、アフリカに詳しくない方々のために、バントゥ諸語が話される地域を示したアフリカの簡単な地図を次に掲げる。各国内においてどういう言語が話されているかは、63頁以降の地図に示しているので両方を参照することでそれぞれの言語のアフリカ内での分布位置を知ることが容易になるであろう。

　さらに、ありうる誤解を避けるためにつけ加えると、63頁以降の地図では国境の両側にわたって言語名を記入することはしていないが、アフリカにおける国境というのは、小さな川であったり、サバンナの中の、見ただけでは分からない直線であったりして、同一部族が国境の両側に住むことも全く珍しくなく、国境地帯に住む人々は、入国管理局のあるところでも、比較的楽に往来している。

2011年2月
著者

(狭義の)バントゥ諸語の地域

目　次

はじめに								v

序章　方法論							1

第1章　バントゥ祖地						7
　　1．ガスリーの説						7
　　2．カメルーン西部説						9

第2章　ヴィクトリア湖周辺諸語					13
　　1．ヴィクトリア湖西岸諸語					13
　　2．ヴィクトリア湖西岸諸語とコンゴ河中流諸語			15
　　3．ヴィクトリア湖北岸諸語とヴィクトリア湖東岸諸語		15
　　4．ヴィクトリア湖南岸諸語とヴィクトリア湖東岸諸語		18
　　5．ヴィクトリア湖南岸諸語とタンザニア北部内陸諸語		18

第3章　ケニア中部諸語						21
　　1．ケニア中部諸語						21
　　2．ケニア中部諸語とヴィクトリア湖周辺諸語			21

第 4 章　ケニア・北部タンザニア沿岸諸語　23

 1.　ケニア沿岸諸語　23
 2.　北部タンザニア沿岸諸語　24
 3.　スワヒリ語　26
 4.　タイタ語　27
 5.　チャガ語　28

第 5 章　タンザニア南部諸語　29

 1.　タンザニア南部沿岸諸語　29
 2.　タンザニア中南部内陸諸語　30

第 6 章　ザンビア諸語とルバ語　35

 1.　ザンビア北東諸語　35
 2.　ザンビア諸語　36
 3.　ロズィ語　39
 4.　ルバ語　39

第 7 章　ナミビア諸語　41

 1.　アンボ諸語　41
 2.　ヘレロ語　41

第 8 章　南部アフリカ諸語　43

 1.　ジンバブエ諸語　43
 2.　南アフリカ・ボツアナ諸語　44

第9章　東南諸語の文法的特徴	47
1．東南諸語の文法的特徴	47
2．アンゴラの言語	48
第10章　コンゴ河諸語	53
1．コンゴ民主共和国の諸語	53
2．ガボンの言語	56
第11章　カメルーン諸語	57
終章　バントゥ諸語分岐の歴史	59
Maps	63
LIST OF COGNATE RATES	67
各言語基礎語彙一覧	75
各言語に関するコメント	295
索　引	307
あとがき	313

序章　方法論

　バントゥ諸語が単一の祖語からどのように分岐し現在の状況に至ったかを見るには、現在のバントゥ諸語が互いにどの程度の遠近関係にあるかを知ることが必要であるが、言語間の遠近関係を検討する手段として、本書では基礎語彙項目 200 項目について各言語毎に該当語彙をリストアップし、その比較を行う。用いる項目は、以下の通りである。

1	head	2	hair	3	face	4	eye
5	nose	6	mouth	7	tongue	8	tooth
9	ear	10	neck	11	body	12	shoulder
13	breast	14	back	15	buttock	16	arm
17	finger	18	nail	19	leg	20	bone
21	blood	22	heart	23	liver	24	tears
25	spittle	26	to see	27	to look for	28	to hear
29	wound	30	to vomit	31	to be tired	32	to become well
33	medicine man	34	clothes	35	to wear	36	to wash
37	to spread to dry	38	to sew	39	salt	40	oil
41	to cook	42	to roast	43	to eat	44	to drink
45	to become hungry	46	to become rotten	47	house	48	to build
49	to shut	50	to sweep	51	father	52	mother
53	child	54	husband	55	wife	56	to bear
57	name	58	to grow up	59	person	60	to die
61	dog	62	to bite	63	cattle	64	pig
65	goat	66	animal	67	lion	68	elephant
69	hippopotamus	70	tail	71	spear	72	trap
73	meat	74	snake	75	crocodile	76	frog
77	fish	78	bird	79	chicken	80	egg
81	to fly	82	bee	83	mosquito	84	fly

85	tree	86	branch	87	leaf	88	seed
89	root	90	to cultivate	91	hoe	92	to sleep
93	dream	94	to wake up	95	to stand up	96	to sit down
97	to go	98	to come	99	to enter	100	to come out
101	to arrive	102	to pass	103	path	104	axe
105	fire	106	ashes	107	smoke	108	to burn
109	to extinguish	110	firewood	111	water	112	to become dry
113	to say	114	to call	115	to question	116	to teach
117	to play	118	to sing	119	drum	120	to throw
121	to abuse	122	to strike sb.	123	to give	124	to steal
125	guest	126	to wait	127	to kill	128	to laugh
129	to weep	130	to like	131	to fear	132	to forget
133	one	134	two	135	three	136	four
137	five	138	ten	139	many	140	all
141	God	142	to drop	143	to pick up	144	to bring
145	to put	146	to hide	147	to pull	148	to push
149	to tie a knot	150	to untie	151	to bend	152	to cut
153	to snap	154	to tear	155	up	156	down
157	inside	158	outside	159	red	160	white
161	black	162	sun	163	moon	164	star
165	cloud	166	rain	167	wind	168	mountain
169	forest	170	river	171	to sink	172	to cross
173	to swim	174	ground	175	stone	176	soil
177	hole	178	to bury	179	day	180	night
181	yesterday	182	today	183	tomorrow	184	year
185	good	186	bad	187	big	188	small
189	long	190	short	191	heavy	192	It's cold
193	new	194	thing	195	me	196	you sg.
197	us	198	you pl.	199	who	200	what

　これらの項目は、バントゥ系言語を話す地域の人々なら意識の中心部分に存在するであろう基礎的なものと考えられるものであるが、バントゥ祖語に同一の単語として存在したと考えられるものばかりを選んだわけではない。また、親近関係を反映して一致度に差があらわれるようなものも含むという配慮も加わっている。

基礎語彙の比較という点に関しては、言語学は過去に苦い経験がある。かつて、基礎語彙はゆっくり変化するという、今も否定されていない命題の他に、基礎語彙の変化の度合いはどの言語もほぼ一定であるという命題が一部の言語学者に信じられたことがあり、基礎語彙一致率が分かればそれらの言語が別れた年代がかなり正確に推定できると主張された。その後、いくつかのケースの検討によって、そういうことはないことが示され、この考え方（言語年代学と呼ばれた）は事実上否定された。基礎語彙としては、M. Swadesh の 200 語が用いられたが、実は、はじめから、基礎語彙の変化の度合いは決して一定ではないことを理解すべきであった。1000 年たって基礎語彙が残る率は、その頃のデータでも 76% から 85% の間に分布していた。このことからは、基礎語彙がゆっくり変化するとはいえても、「ほぼ一定の速度で変化する」などとは到底いえない。変化率を見ると、15% から 24% ということであり、競走でいえば、ひとりが 100 メートル走る間にもうひとりが 160 メートル走ることになり、ほぼ一定の速度などとは全然いえないのである。76〜85 という数値を見てほぼ一定というふうに勘違いしたのは、こうした数値が % を示すものであって 0〜100 を変域とするものであることを無視した謬見であった。

　普遍的比較に有効だと思われた M. Swadesh の 200 語についても問題があった。たとえば because という項目があったが、これにあたる適当な単語をさがすのが困難な言語がいくつもある。そもそも、どういう概念が基礎的であるかということは、気候や社会の状態によってかなり異なる。

　このような経過を考慮して、本書は次のような立場で基礎語彙を扱う。

1) 本書で扱う 200 項目を普遍的意味を有すると主張するわけではなく、バントゥ系諸族にとってのみ基礎的であるとする。バントゥ系の社会は、おおまかにいえば、かなりどこでもよく似ているので、基礎的な概念においても共通しているといえよう。
2) 語彙一致率から別れた年代を云々することはしない。ただし、かなりの留保つきで、相対的年代比較には用いる。つまり、A 言語と B 言語の語彙一致率が A 言語と C 言語の語彙一致率よりかなり高ければ、A 言語と B 言語のほうが A 言語と C 言語より後に別れたらしいと推理する。「かなり」の意味が問題であるが、常識的に判断する。

　なお、基礎語彙の変化の度合いの違いが別れた年代の推定を大きく狂わせるのは、別れて大きな時間が流れている場合であるが、バントゥ諸語の場合はせいぜい 2000 年台の問題であるので、慎重に用いれば、ある程度のことはいえると思われる。

　本研究は、文部科学省科学研究費補助金を得て、まず、各言語の 200 項目の単語リスト作りからはじめた。出来上がった時点で、言語間の語彙比較を行い、次にあるような表

を作成し、語彙一致率を算出した。表の○は一致していると判断できる項目、×は不一致項目、△はどちらとも判定しかねる項目であり、○1つは0.5%、△1つは0.25%として合算した。一致という判断は、もちろんただ似ているというのではなく、両言語間にある音韻対応に合致した類似であるかどうかで行なうわけであるが、音韻対応は200語の比較だけでは十分確認できない。しかし、多くの単語の比較は大変な時間を要するので、かなり勘に頼った部分がある。そういう比較は、調査言語の数が、狭義のバントゥ諸語が108言語なので、107×108÷2＝5778通り可能なのであるが、そのうちの必要な比較にとどめた。その結果としての語彙一致率のリストは、本書に含まれている。

ただ、結果だけを示すのは学問的でないので、こうした比較に用いた各言語の基礎語彙のリストも公表する。ただし、このリストについては、さらにフィールドノートにあたって誤りを修正したので、もし本書所載の基礎語彙リストに基づき比較をやり直すと若干一致率の数値が上昇する可能性がある。それもせいぜい1%ぐらいのものなので、あえてやり直すことはしなかった。こうした誤差よりも、やり直すごとに、一致するか否かの判断基準が微妙に変化し1～2%の違いが出てくるほうが不安の材料であり、さらに、上述のように、出てきた数値がどこまで正確に言語間の遠近関係を示すものなのかという疑問のほうが不安の種である。さらに、2つの言語が別れても、互いに近くにとどまっておれば当然相互の影響があるものであり、そういう要因も語彙一致率に反映しているはずで、系統関係のみに関係する遠近関係を判定するには、より一層の慎重さを必要とした。もし本書の記述にその点での慎重さが足りないと思われたなら、批判して頂きたい。

参考　kikuyu（Kiambu）vs. Sukuma　　　　一致率 48％

	1	2	3	4	5	6	7	8	9	0	○	△	X
0	O	O	O	O	O	O	O	X	O	△	8	1	1
1	O	X	O	O	X	X	O	O	O	X	6		4
2	X	X	X	O	△	O	X	O	O	X	4	1	5
3	O	X	X	X	X	O	O	O	X	O	5		5
4	O	X	O	△	X	△	O	X	X	X	3	2	5
5	O	△	O	X	△	O	X	O	O	O	6	2	2
6	X	O	O	O	O	X	X	X	O	X	5		5
7	O	O	O	O	X	O	X	O	O	X	7		3
8	O	X	△	X	X	X	X	O	O	O	4	1	5
9	O	X	△	X	X	X	O	X	O	X	3	1	6
10	X	△	O	X	X	O	X	X	O	△	3	2	5
11	O	O	X	O	X	X	X	X	X	X	3		7
12	X	X	X	O	O	X	O	O	O	X	5		5
13	X	X	O	△	O	△	O	O	O	O	6	2	2
14	X	O	X	△	X	O	X	O	X	X	3	1	6
15	△	X	X	△	△	△	X	X	X	△		5	5
16	X	X	O	△	△	O	X	X	X	X	2	2	6
17	X	X	X	O	X	X	X	O	O	△	3	1	6
18	X	X	X	O	X	X	X	X	△	O	2	1	7
19	O	△	X	O	△	O	O	O	X	O	6	2	2
計											84	24	92

第1章　バントゥ祖地

　最初に解決すべきは、バントゥ諸語がまだ単一の言語であった時にどこに居住していたかという問題である。この点については、ガスリー(M. Guthrie)は現コンゴ民主共和国南部だと考えているが、多くのアフリカ研究者はカメルーン西部のナイジェリアとの国境地帯と考えている。ここでは、この二つの説を検討する。

1. ガスリーの説

　バントゥ語比較研究の大家 M. Guthrie は、バントゥ祖語が話されていた場所をコンゴ民主共和国(旧ザイール)南部(正確には、南緯5〜7度、東経20〜25度の範囲内)と推定しているが、その地域(町でいえば、カナンガ(Kananga)やムブジ・マイ(Mbuji Mayi)を含む)には現在、ルバ・カサイ(Luba-Kasai)およびルバ・ルルア(Luba-Lulua)と呼ばれている Luba(ルバ語)の方言が話されている。

　ここで Luba-Kasai というのは、ルバ・シャバ(Luba-Shaba、シャバ州のルバ語)に対してカサイ(Kasai)州のルバ語という意味である。Luba-Lulua というのは、ルルア(Lulua)族の話すルバ語という意味で、Luba Kasai とほとんど異ならないそうである。本書で Luba と呼ぶのは、この方言(Luba-Lulua)である。

　Luba-Lulua は Luba-Kasai がルルア族に受け入れられたものと考えられるので、Guthrie 説によれば、Luba-Kasai の話し手がはじめからそこにいたということになりそうである。Luba と周辺の他の言語の基礎語彙一致率は、次の如くである。なお、基礎語彙一致率とは、前述のように 200 の基礎的語彙項目について、各言語の該当語彙のリストを作り、言語間で比較したものである。一致率が高ければ別れた時期が新しい可能性が高いということになる。1項目一致すれば、0.5% ということになる。200項目なのに 36.75% とかいうのは奇妙かも知れないが、それは、一致不一致が判定できない場合を 0.25% 一致と計算したことによる。なお、Map 1 (p. 63) 参照。

　　　西方の言語：Laari(ラーリ語)　　　　34.0%　　　Yombe(ヨンベ語)　　36.75%

	Ndjiku（ンジク語）	37.75%	Teke East（東テケ語）	40.5%
	Yans（ヤンス語）	31.5%		
北方の言語：	Bobangi（ボバンギ語）	35.0%	Lingala（リンガラ語）	37.5%
	Ngombe（ンゴンベ語）	29.0%	Ntomba（ントンバ語）	34.25%
	Mongo（モンゴ語）	28.0%		
北東の言語：	Lega（レガ語）	38.75%	Shi（シ語）	34.0%
	Nande（ナンデ語）	33.5%	Rwanda（ルワンダ語）	36.5%
	Haya（ハヤ語）	33.25%		
南方の言語：	Lunda（ルンダ語）	38.5%	Luvale（ルヴァレ語）	39.5%
	Kaonde（カオンデ語）	48.75%	Mwenyi（ムエニ語）	47.25%
	Nkoya（ンコヤ語）	48.75%		
南東の言語：	Lamba（ランバ語）	44.25%	Bemba（ベンバ語）	44.75%

　全体としては、真南の Lunda, Luvale を除き、南方・東南方の諸語との数値が高い。西方・北方・北東の諸語との一致率がやや低いなかで、Teke East 40.5 というのが少し気になるが、Luba に地域的に近接していることの影響である可能性がある。

　Guthrie 説の通りだとすると、祖地を一部の人々が離れて、まず、通過しにくい熱帯雨林を越えて北方や西方、北東方に移住し、それより後に、通過しやすいサバンナを通って南方・東南方へ別の一部が移住したことになり、不合理である。

　もし、バントゥ祖語が、現在上記の諸語が話される地域に、最初は互いに等質的なものとして話されていたという、ありそうもない仮定をすれば、熱帯雨林によって隔てられていたところは違いが大きくなるというのは考えられるが、そういう場合では全くないのである。

　バントゥ諸語が分岐した時期は、現在のように Luba 地域の北方や西方、北東方に熱帯雨林、南方・東南方にサバンナという植生ではなかったのではないかという疑問が生じうるが、熱帯雨林とサバンナといった差異は降雨量に左右され、現在の熱帯雨林地帯とサバンナ地帯の降雨量の歴然たる違いは、2000 乃至 3000 年前にもあったはずで、植生が今とは全然違っていたというわけではないであろう。

　Guthrie の説は、多くの研究者が承認しなかったが、はっきり批判されたわけでもないようである。従って、上述の批判がおそらく最初のものである。

　なお、Guthrie がこの地を祖地と考えた理由は、現在のバントゥ地域のある程度広い範囲以上に認められる cognates のリストに関して、この地域の言語がそれを最も多く保有するというものであるが、それは、祖地がどこであるかという問題とは無関係なことであろう。仮にこの cognates がバントゥ祖語の段階で存在したものばかりであったとして

も、祖地に残った言語がそれを最も多く保存するとは限らないからである。理論上は、分布地域の中央部に位置する言語のほうが、周辺部の言語より隣接言語が多いので、当然前者の言語のほうが後者の言語より cognates を多く含むように見えるのである。Guthrie の指摘する論拠がそれで説明しきれないとしても、そのことが祖地がどこであるかという問題とは無関係であるということは否定できない。

2. カメルーン西部説

　ある言語群が広く分布する場合、それらの言語の祖語と系統関係を有するいくつかの言語がある地域に話される場合、その言語群の祖地は後者の言語の地域に近い場所である可能性が高い。その言語群の祖語の段階をさらに逆上ると、後者の言語と同一言語であった時期が必ずあるはずだからである。

　さて、カメルーンのナイジェリア寄りの地域、および、ナイジェリアのカメルーン寄りの地域には、昔から Sub-Bantu とか Semi-Bantu とか変な名前で呼ばれた、バントゥ諸語に近い言語が数多く分布しており、従来バントゥ諸語と呼ばれたものは、今では「狭義のバントゥ諸語(Narrow Bantu)」と呼ばれるようになり、これらの言語は「広義のバントゥ諸語(Broad Bantu)」に含まれるようになっている。その当否の証明は慎重に行われなければならないし、筆者も必要なデータを有してはいない。ただし、そのような言語の一つである、バミレケ(Bamileke)諸語に属する Dschang(チャン語)のデータがあり、それを用いて、少なくともバントゥ諸語の祖地については推定を行うことができる。なお、Map 2 (p. 64)参照。

　Dschang は、狭義のバントゥ諸語とは言語としてはひどく離れてはいるが、語彙の中には、かなり後者の祖語(Proto-Bantu)と類似するものがある。系統的に関係あるとしても Dschang はひどく変形しているらしく、音韻対応を発見するのは困難であるが、200 語の中では、例えば Table 1 のような対応が気になる。Proto-Bantu の形は、Guthrie による再構形(アクセント表示は省略)である。ただし、バントゥ地域全域に認められる語に基づくものであるかどうか(つまり、バントゥ祖語にあったと確実視できるものであるかどうか)は無視し、彼があげているものはすべてあげた。これらのうちのあるものは、単なる偶然の類似であろう。また、借用による類似もあるかも知れない。しかし、すべてが偶然の類似か借用による類似かであるとすることはできないであろう。また、文法的にも、単数 1〜3 人称主格接辞が N, u, a であるという、びっくりするようなバントゥ諸語との類似(スワヒリ語では、ni, u, a)が見られる。

　従って、チャン語は、バントゥ祖語の姉妹言語であるといえよう。そして、その話されている地域からさほど大きく離れてない地がバントゥ祖語が話されていた地域であろう。

実は、バントゥ諸語を話す人々がカメルーン・ナイジェリア地域から広まったというのは、アフリカ研究者の間ではほぼ定説になっている。言語学者にとって必要なのは、それを言語学的に検証することだったわけである。

Table 1. Dchang と Proto-Bantu

	Dschang	Proto-Bantu
head	atu/mḙtu	*-tu
hair	ntsok/mḙntsok	*-cuki
face	ishḙ/mḙshḙ	*-cįo or *-cu
tongue	alḙ/mḙlḙ	*-dimi
ear	lḙtong/mḙtong	*-tu
breast	lḙpḙ/mbḙ	*-beede
arm	apu/mbu	*-boko
leg	ako/mḙko	*-gudu
bone	akwe/mḙkwe	*-kųpa
heart	ntḙ/mḙntḙ	*-tima
medicine man	ngan'ga/megan'ga	*-ganga
to wash	sogo	*-cuk- or *-cųk-
to sew	tḙmḙ	*-tųm-
salt	n'gwang	*-yuŋgwa
to cook	laa	*-damb-
house	n'gya/mḙn'gya	*-ju
child	mo/wanke	*-yana
husband	ndung/mḙlung	*-dume
to bear	sḙ	*-bįad-
to grow	kywia	*-kud-
to die	kwa	*-kų-
dog	mbḙhḙ/mḙmbḙhḙ	*-bua or *-bųa
to bite	lungo̱	*-dum-
animal	na/mḙna	*-yama
spear	lḙko̱ng/mḙko̱ng	*-gonga
trap	lḙta/mḙta	*-tamba or *-tego
crocodile	n'gaantsḙ/mḙn'gaantsḙ	*-gandu
fish	esswa/mḙsswa	*-cų, *-ci, *-cųi or *-cųį
chicken	n'gab/mḙn'gab	*-kuku or *-koko
tree	atiḙ/matiḙ	*-ti or *-yiti
to burn	shḙ	*-pi-
firewood	nkywing/mḙnkywing	*-kunį or *-kuį
to give	yaa	*-pa-
to weep	laa	*-did-
one	wamo̱'	*-mo
two	mipiya	*-badi
three	mitet	*-tatu
five	mḙtaa	*-taano or *-taanu
ten	lḙgḙm	*-kumį
moon	ngwḙ	*-yedį or *-kuedį
rain	mbḙng	*-bųda

注: Proto-Bantu の ų/įは狭いu/i　Dschangについては各言語に関するコメント参照

第2章　ヴィクトリア湖周辺諸語

　現在のタンザニア、ケニア、ウガンダに囲まれた大湖ヴィクトリア(Victoria)湖の周辺は、バントゥ諸語分岐史において大きな意味を有する地域であったようである。この地域は考古学的にもバントゥ諸族の広まりとの関係で注目されている。すなわち、東進したバントゥの人々が、ヴィクトリア湖西岸にまず定住したと考えられている。ただし、ここでは言語学的証拠に基づいてのみ議論を進めることにする。

1. ヴィクトリア湖西岸諸語

　ヴィクトリア湖の西岸に位置する、Nyoro(ニョロ語)、Tooro(トーロ語)、Kiga(チガ語)、Haya(ハヤ語)、Ganda(ガンダ語)相互間の語彙一致率は、次の如くである。なお、Map 3(p. 65)参照。

	Nyoro	Tooro	Kiga	Haya	Ganda
Nyoro	――	91.75%	79%	70.5%	59.25%
Tooro	91.75%	――	79.25%	69%	56.75%
Kiga	79%	79.25%	――	74.25%	60.5%
Haya	70.5%	69%	75.25%	――	55%
Ganda	59.25%	56.75%	60.5%	55%	――

少し離れた Ganda を別として、アクセント対立の有無を除いてほとんど違いのない Nyoro と Tooro をはじめとして、これらはかなり互いに近い関係にある。なお、Nyoro、Tooro、Kiga は北北東から南南西に帯状に分布しており、Ganda はその帯に極めて近い地域に話されるのであるが、その割には、Nyoro、Tooro、Kiga とはある程度の差異を示している。分岐の歴史は、概ね次の如くであろう。

次に、これらの言語から西方にかなり離れた地域に話される Nande(ナンデ語)、Lega(レガ語)、Shi(シ語)、および、西南から Kiga、Haya に接する Rwanda(ルワンダ語)の相互語彙一致率およびこれらと Kiga の語彙一致率を見てみる。

	Nande	Lega	Shi	Rwanda	Kiga
Nande	——	43.75%	51.75%	48%	44.75%
Lega	43.75%	——	45.5%	40.75%	39.75%
Shi	51.75%	45.5%	——	51.25%	43.25%
Rwanda	48%	40.75%	51.25%	——	59.75%
Kiga	44.75%	39.75%	43.25%	59.75%	——

Rwanda と Kiga が有意味的に高い数値を示しているように見える。その他の数値にも凸凹が認められるが、そう確定的なことはいえないようである。従って、分岐はおおまかにいって次のような経過をたどったと思われる。

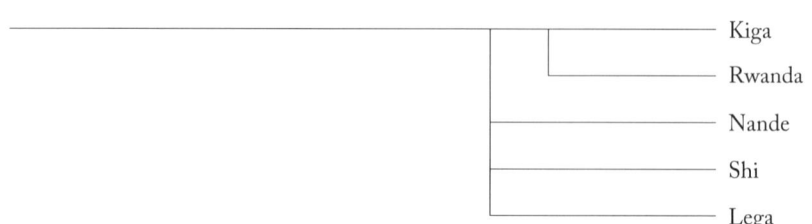

もちろん、Rwanda 以下の諸語等が Kiga と別れたのは、Kiga と Nyoro、Tooro、Haya 等との分岐の前である。

2. ヴィクトリア湖西岸諸語とコンゴ河中流諸語

　さて、目を西方に転じて、コンゴ(Congo)河(旧ザイール河)中流地域の諸語と上述の諸語を比較してみよう。なお、Map 1(p. 63)参照。
　調査したコンゴ河中流諸語のうち最も東方に話される、つまり、1節に見たヴィクトリア湖西岸諸語に地理的に最も近いMongo(モンゴ語)を例にとって、ヴィクトリア湖西岸諸語との語彙一致率を見てみると、次の如くである。

	Kiga	Nande	Lega	Shi
Mongo	30.5%	27.25%	31%	27.25%

いずれも30%前後で、Mongoとヴィクトリア湖西岸諸語の間には大きな差異がある。因みに、はるか離れたLaari(ラーリ語。コンゴ共和国ブラザヴィル(Brazzaville)近辺に話されるKongo(コンゴ語)の一方言)とGiryama(ギリヤマ語。ケニアのインド洋沿岸に話される一言語)の語彙一致率は28.75%であり、これに匹敵する差異があるようである。
　Mongoやその他のコンゴ河中流諸語すなわちNtomba(ントンバ語)、Bobangi(ボバンギ語)、Ngombe(ンゴンベ語)等は、地理的に見て、カメルーンから熱帯雨林の中を河づたいに移動してきたとしか考えられない。すなわち、カメルーン東部から川沿いに南下し、コンゴ河に達し、そこよりコンゴ河もしくはその支流を遡り、現在の地域に至ったと考えられる。そうしたコンゴ河中流諸語とヴィクトリア湖西岸諸語がひどく差異を示すということは、後者がカメルーンを出て辿ったルートがコンゴ河中流諸語が辿ったルートとは別であったと考えるしかない。そこで考えられるのは、熱帯雨林の北側を東進したルートである。つまり、ヴィクトリア湖西岸諸語は、通過しにくい熱帯雨林を迂回して、北方の縁の部分を通過して現在の地に至ったと考えられるのである。
　Mongo地域とNande、Lega、Shiの地域の間に言語的境界が存在することは上の考察から明らかであるが、正確な境界線は、両地域の間に位置する言語について調査できていないので、現在のところ引くことができない。
　なお、コンゴ河の中流から下流にかけての言語については、第10章で見る。

3. ヴィクトリア湖北岸諸語とヴィクトリア湖東岸諸語

　次に、ヴィクトリア湖北岸に位置するSoga(ソガ語)、Gisu(ギス語)および北東岸に位置するルヤ(Luya、Luyia)諸語のうちのBukusu(ブクス語)、Wanga(ワンガ語)とKigaとの語彙一致率を見る。Gandaについても再掲する。なお、Map 3(p. 65)参照。

	Ganda	Soga	Gisu	Bukusu	Wanga
Kiga	60.5%	57.25%	46.25%	42.5%	41.75%

Ganda は、上述のように、Nyoro、Tooro、Kiga が一つのグループを形成しているのからは離れているが、ここにあげた他言語と比べると、Nyoro 等に近い。

Ganda、Soga、Gisu の相互の語彙一致率は、次の如くである。

	Ganda	Soga	Gisu
Ganda	——	87%	51.25%
Soga	87%	——	56.25%
Gisu	51.25%	56.25%	——

Ganda、Soga が一つのグループを形成しているのは明らかである。Ganda、Soga は、Kiga 等との関係では、Rwanda が Kiga 等から別れたころに Kiga 等から別れ、その後比較的最近に互いに別れたといえよう。

また、Gisu と Bukusu、Wanga の語彙一致率は、次の如くである。

	Bukusu	Wanga
Gisu	75.75%	58%

Gisu と Bukusu が一つのグループを形成しているようである。ただし、Gisu を含まず Bukusu だけが、Wanga 等のルヤ諸語に数えられるのが、ルヤ族の人々の常識である。これを検討してみる。

Bukusu とその南方に位置する Wanga との語彙一致率は、69.5% である。Bukusu 以外のルヤ諸語、すなわち、Maraki(マラキ語)、Nyala West(西ニャラ語)、Nyala East(東ニャラ語)、Isukha(イスハ語)、Maragoli(マラゴリ語)と Wanga との語彙一致率を見る。なお、これらの言語は近接して分布しており、Wanga はルヤの地域のほぼ中央に位置し、Wanga に対しては、Maraki はその北西に、Nyala West はその南西に、Nyala East はその北東に、Isukha はその南東に、Maragoli はその南に、それぞれ分布している。

	Maraki	Nyala West	Nyala East	Isukha	Maragoli
Wanga	90.75%	86%	85%	73.75%	66.25%

Maragoli が少し離れているが、それ以外はまとまったグループを成している。Maragoli

も Bukusu 程度に他のルヤ語に近い。Gisu と Bukusu の語彙一致率が 75.75% であることから、ルヤ諸語と Gisu が一つのグループであるともいえる。

また、Guthrie は Maragoli とその南側のケニア・タンザニア国境地帯に話される Gusii（グシイ語）、Kuria（クリア語）をルヤ諸語とは異なる一つのグループに位置づけているが、Maragoli と Gusii の語彙一致率が 48.25%、Maragoli と Kuria の語彙一致率も 48.25% というふうに、かなり低いことから見て適当ではなく、Maragoli は現地の人々が意識しているようにルヤ諸語の一つとすべきである。

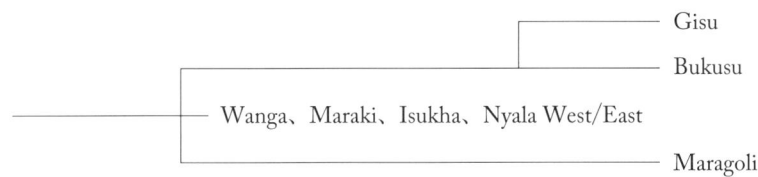

また、これらの言語が Kiga 等から別れたのは、語彙一致率が 40% 台に分布することにより、相当前であるといえそうである。上述の如く、Kiga と Gisu の語彙一致率が 46.25%、Kiga と Bukusu のそれは 42.5%、Wanga とのそれは 41.75% であり、また、Kiga と Maragoli とのそれは 42.5% である。

Gusii と Kuria の語彙一致率は 60.25% なので、これらは互いに比較的近い関係にあるが、Kiga との語彙一致率は 39.75% と 40.25% である。

Wanga を中心に、北岸言語との語彙一致率を整理すると、次の如くである。

	Bukusu	Gisu	Ganda	Kiga
Wanga	69.5%	58%	42.25%	41.75%

ヴィクトリア湖周辺の言語がカメルーン方面から東進してきたことを前提とすると、まずヴィクトリア湖の西側に到達し、そこからその一部が移動したと考えるのが常識に合うので、それをさらに前提とすると、Wanga の話者の祖先が Kiga もしくは Kiga と Ganda の話者の祖先と別れて東進し、途中 Gisu の話者の祖先と別れて、さらに後に Bukusu の話者の祖先と別れたことが上の数値から跡づけられる。上の考察とあわせると、少なくとも Maragoli までは、湖の北を時計まわりに移動し、現在の地に至ったといえる。

Gusii と Kuria がどのルートを辿ったかは、このあとで検討する。

4. ヴィクトリア湖南岸諸語とヴィクトリア湖東岸諸語

ヴィクトリア湖南岸に話される Sukuma(スクマ語)と、その西方・西北方に分布する諸語、すなわち、Nyoro(ニョロ語)、Tooro(トーロ語)、Kiga(チガ語)や Rwanda(ルワンダ語)、Haya(ハヤ語)との語彙一致率は次の如くである。なお、Map 3(p. 65)参照。

	Nyoro	Tooro	Kiga	Rwanda	Haya
Sukuma	43.5%	43%	46.75%	46.75%	43.5%

北方の諸語との語彙一致率は次の如くである。

	Kuria	Gusii	Martagoli	Wanga	Nyala East	Ganda
Sukuma	44.25%	43.75%	42.25%	44%	46.75%	43.75%

両者からほぼ等距離にあり、かつ両者からかなり離れていることが分かる。

こうしたデータは、Sukuma の話者の祖先が、ルートが湖を右回りであれ左回りであれ、Kiga 等の話者と別れたのは、相当以前のことであることを示している。右回りか左回りかの問題であるが、距離的には左回りのほうがはるかに近いので、常識的に判断して左回りであったのではないかと思われる。

では、Gusii と Kuria はどうかというと、これも確定的なことはいえないが、上述の如く Maragoli との語彙一致率がともに 48.25% で、Sukuma との 43.25%／44.75% をわずかに上回り、数字上は Maragoli と同様右回りだったことを暗示しているのかも知れない。

5. ヴィクトリア湖南岸諸語とタンザニア北部内陸諸語

Sukuma とその南に話される Nyamwezi(ニャムウェズィ語)の語彙一致率は 89.25% で、一般にいわれているように非常に近い。

Sukuma とタンザニア北部内陸部の諸語、すなわち、Nilamba(ニランバ語)、Nyaturu(ニャトゥル語)、Langi(ランギ語)との語彙一致率は次の如くである。なお、Map 3 参照。

	Sukuma	Nilamba	Nyaturu	Langi
Sukuma	——	64.75%	63.5%	61.75%
Nilamba	64.75%	——	64.5%	56.25%
Nyaturu	63.5%	64.5%	——	58.5%

Langi	61.75%	56.25%	58.5%	——

　Guthrie が、Sukuma と Nyamwezi を F2 グループに、Nilamkba、Nyaturu、Langi をまとめて F3 グループに分類したこと、および、後三者が地域的に隣接していることから、つい、後三者を、Sukuma (と Nyamwezi)を排除して一つのグループをなすと考えがちであるが、基礎語彙比較の結果は、そうではなくて、Sukuma を含む 4 言語が互いにほぼ等距離にあるとすべきことを示している。ただし、Langi は他からやや離れているとはいえるかも知れない。なお、Nyaturu は別名 Rimi(リミ語)である。

第3章　ケニア中部諸語

　ケニアの首都ナイロビ(Nairobi)の北方に話される Kikuyu(キクユ語)およびそれに近い数言語を、ケニア中部諸語と呼ぶことにする。なお、Map 3(p. 65)参照。

1. ケニア中部諸語

　Kikuyu については、キアンブ(Kiambu)方言とニエリ(Nyeri)方言を調査したが、基礎語彙の一致率は 97.5% で、両方言は語彙の点では極めて近い。Kikuyu(Kiambu)と Embu(エンブ語)、Meru(メル語)、Tharaka(ザラカ語)、Kamba(カンバ語)の語彙一致率は、次の如くである。

	Kikuyu	Embu	Meru	Tharaka	Kamba
Kikuyu	───	85%	73.5%	70.5%	74.25%
Embu	85%	───	77.25%	80%	76.5%
Meru	73.5%	77.25%	───	86.75%	67.75%
Tharaka	70.5%	80%	86.75%	───	70.5%
Kamba	74.25%	76.5%	67.75%	70.5%	───

Kikuyu と Embu、Meru と Tharaka が特に近く、Kamba が他のどれからもやや離れている感じはあるが、全体として一つのグループを形成している。これら諸語は文法的にも似通っているし、いずれも複雑なアクセントを有している点でも共通である。

2. ケニア中部諸語とヴィクトリア湖周辺諸語

　Kikuyu と、ヴィクトリア(Victoria)湖周辺諸語のうちのヴィクトリア湖東岸諸語、すなわち、Bukusu(ブクス語)、Wanga(ワンガ語)、Nyala East(東ニャラ語)、Maragoli(マラゴリ語)、Gusii(グシイ語)、Kuria(クリア語)との語彙一致率は次の如くである。

	Bukusu	Wanga	Nyala East	Maragoli	Gusii	Kuria
Kikuyu	39%	37%	37%	40.25%	44.75%	44.25%

また、Kikuyu と、その西南方面に分布する諸語、すなわち、Sukuma(スクマ語)、Nilamba(ニランバ語)、Nyaturu(ニャトゥル語)、Langi(ランギ語)との語彙一致率は次の如くである。

	Sukuma	Nilamba	Nyaturu	Langi
Kikuyu	48%	44%	46.75%	48.5%

距離的にはヴィクトリア湖東岸諸語とのほうが近いのに、Sukuma 等との語彙一致率がやや高い。この数値から、Kikuyu 等のケニア中部諸語は、ヴィクトリア湖東岸諸語からではなく、Sukuma 等から別れたという推論が可能である。Sukuma が湖をどう回ったかは、既に見た如く、左まわりの可能性のほうが高いが、その可能性が実際の歴史をあらわしているとすれば、ケニア中部諸語の話者の先祖もヴィクトリア湖を左回りに回った可能性が大きく、少なくともヴィクトリア湖南岸を通過したといえよう。

第4章　ケニア・北部タンザニア沿岸諸語

　ここでは、ケニアと北部タンザニアのインド洋沿岸諸語を見る。Map 3 (p. 65) 参照。

1. ケニア沿岸諸語

　まず、ケニアのインド洋沿岸の諸語、すなわち、Giryama（ギリヤマ語）、Kambe（カンベ語）、Digo（ディゴ語）の相互の語彙一致率を見る。

	Giryama	Kambe	Digo
Giryama	——	90.75%	74.75%
Kambe	90.75%	——	77.75%
Digo	74.75%	77.75%	——

これらは、ミジ・ケンダ（Miji Kenda. 9つの集落の意）諸語と総称される。Digo が少し離れてはいるが、互いの親近度は高い。

　ケニア沿岸諸語を Giryama で代表させ、ヴィクトリア湖東岸諸語、すなわち、Wanga（ワンガ語）、Maragoli（マラゴリ語）、Gusii（グシイ語）、Kuria（クリア語）との語彙一致率を見る。

	Wanga	Maragoli	Gusii	Kuria
Giryama	44%	42.75%	42.5%	43.25%

　次に、Giryama と、Sukuma（スクマ語）、Nilamba（ニランバ語）、Nyaturu（ニャトゥル語）、Langi（ランギ語）等との語彙一致率を見る。

	Sukuma	Nilamba	Nyaturu	Langi
Giryama	57.75%	54.25%	58%	63.25%

明らかに、ヴィクトリア湖東岸諸語との間よりこちらのほうが語彙一致率が高い。念のため、Kambe、Digo についても見る。

	Sukuma	Nilamba	Nyaturu	Langi
Kambe	59.5%	54%	57.25%	64.75%
Digo	57%	52.75%	57.5%	61.75%

全体として一致率は高いが、特に Langi との一致率が有意味的に高いようである。

第2章4節で見たように、Sukuma、Nilamba、Nyaturu、Langi の間がほぼ等距離な親近度を示すことを考えあわせると、これら4語の祖先が別れてしばらくして、Langi の祖先とケニア沿岸言語が別れたと考えてよかろう。

Kikuyu などのケニア中部諸語のうち、最も海岸部に近い Kamba(カンバ語)とケニア沿岸諸語との語彙一致率を見る。低くもないが、さほど高くないことが分かる。

	Giryama	Kambe	Digo
Kamba	47%	50.5%	48.25%

この数値が示すのは、Giryama、Kambe、Digo の話者の共通の祖先が、Sukuma、Nilamba、Nyaturu、Langi の話者の共通の祖先(あるいは、Langi の話者の祖先)と別れたのは、ケニア中部諸語(Kamba 等)の話者が別れてからかなり後であること、また、ケニア中部諸語は、それより前ではあるが、Sukuma、Nilamba、Nyaturu、Langi の話者の共通の祖先から別れたことが再確認できることであろう。

2. 北部タンザニア沿岸諸語

次に、北部タンザニア沿岸諸語、すなわち、Sambaa(サンバー語)、Zigua(ズィグア語)、Zalamo(ザラモ語)、Ruguru(ルグル語)相互間の語彙一致率を見る。

	Sambaa	Zigua	Zalamo	Ruguru
Sambaa	——	74.75%	61.75%	60.5%
Zigua	74.75%	——	63%	63%
Zalamo	61.75%	63%	——	73.75%
Ruguru	60.5%	63%	73.75%	——

従って、Sambaa、Zigua と Zalamo、Ruguru の二つのグループに分かれていると見るべきであろう。
　Sambaa とヴィクトリア湖東岸諸語(Wanga、Maragoli、Gusii、Kuria)の語彙一致率は、次の如くである。

	Wanga	Maragoli	Gusii	Kuria
Sambaa	37.75%	39.25%	43.5%	42.5%

Sukuma 等との語彙一致率は、次の如くである。

	Sukuma	Nilamba	Nyaturu	Langi
Sambaa	59.25%	51.5%	55.25%	58%

後者の一致率のほうが明らかに高い。因みに、Zigua と Sukuma 等との語彙一致率は、次の如くである。

	Sukuma	Nilamba	Nyaturu	Langi
Zigua	51.25%	51%	50.75%	58.25%

従って、Sambaa、Sukuma も、ヴィクトリア湖東岸諸語ではなく Sukuma 等と比較的近い過去に別れたと見てよい。ただし、Zigua には、ケニア沿岸言語と似て、Langi との間に特に高い数値が見られるが、Sambaa については Sukuma との一致度が高いことからそういうことはいえず、Zigua と Sambaa が明らかに近いことから、これらの言語が、Sukuma 等4言語の祖先が別れてしばらくして Langi の祖先から別れたとは結論できないであろう。
　Zalamo とヴィクトリア湖東岸諸語の語彙一致率は、次の如くである。

	Wanga	Maragoli	Gusii	Kuria
Zalamo	40.25%	39%	39%	35%

Sukuma 等との語彙一致率は、次の如くである。

	Sukuma	Nilamba	Nyaturu	Langi
Zalamo	52.5%	48.5%	46.5%	55%

ここでも、後者の一致率のほうが明らかに高い。因みに、Ruguru と Sukuma 等との語彙一致率は、次の如くである。

	Sukuma	Nilamba	Nyaturu	Langi
Ruguru	50.75%	46.25%	50%	53.25%

従って、Zalamo、Ruguru も、ヴィクトリア湖東岸諸語とではなく Sukuma 等と比較的近い過去に別れたと見てよい。Langi との間に特に高い数値が見られるわけではない。

3. スワヒリ語

Swahili(スワヒリ語)が、ザンジバル(Zanzibar)や首都ダル・エス・サラーム(Dar es Salaam)などの現在の中心地とは異なり、ケニア沿岸において発生したことは多くの意見の一致するところである。しかし、それが現在行っている語彙比較によって証明できるだろうか。

Swahili とケニア沿岸諸語の一つ Giryama(ギリヤマ語)との語彙一致率は 71% であり、Swahili と Swahili の現在の中心地に話されている(た)Zalamo との語彙一致率は 69.25% である。この程度の差では、Swahili がどちらに近いかということはできない。

さて、上の数値は 200 の基礎語彙で計算したものであるが、200 の基礎語彙のうち、より基礎的な 100 の語彙を選択して比較すると、Swahili と Giryama との語彙一致率が 83.5%、Swahili と Zalamo との語彙一致率が 75% となり、意味のある差が出る。つまり、より基礎的でない語彙を含めると語彙一致率が接近するということが示すように、Swahili と Zalamo の語彙一致のある部分は、Swahili が Zalamo の地域を中心に話されるようになったことによる借用によると考えられる。

100 語彙の表(番号は 200 語彙の表の番号)
1. 4. 5. 6. 7. 8. 9. 11. 16. 19. 20. 22. 24. 26. 28. 29. 30. 35. 36. 38. 40. 42. 43. 44. 46. 47. 48. 49. 51. 52. 53. 54. 55. 56. 57. 59. 60. 61. 63. 64. 65. 66. 68. 69. 74. 77. 78. 79. 82. 85. 87. 88. 89. 90. 92. 95. 97. 98. 101. 103. 105. 109. 111. 113. 114. 117. 118. 122. 123. 124. 127. 128. 129. 133. 134. 135. 136. 137. 138. 142. 145. 146. 152. 155. 156. 160. 161. 162. 163. 166. 168. 175. 179. 180. 182. 184. 185. 186. 194. 195.

なお、それ以外にも Swahili とケニア沿岸言語の近い関係を示すことがある。Swahili では、親族名称の場合、mke wake「彼の妻」が規則的な形のはずなのに mkewe という形がよく用いられる。これは Zalamo 等にはない現象である。Giryama では、子音＋e で「彼の～」、子音＋o で「あなたの～」をあらわす。これが借用である可能性は、Swahili の現在の中心地がタンザニア沿岸にあることからいって低く、当初から持っていたものと考えるべきであり、従って、Swahili とケニア沿岸言語との系統的に近い関係を示すものである。

なお、タンザニア沿岸言語と Swahili の特殊な関係を示すものもある。Swahili の入門書に見つけるのは困難であるが、kalala「彼寝ちゃってる」といった、過去形にあらわれる単数3人称主格接辞がある。この ka は、さらに、大陸側の Swahili の ameshatoka「彼は出かけている」に対応するザンジバル島の Swahili の keshatoka(＜ka-isha-toka. isha は「終わる」)を説明するのに必須のものである。ka は、タンザニア沿岸言語で単数3人称の過去形動詞にあらわれる主格接辞である。この現象は、Swahili がこの地域を中心とすることになったことによる、この地域の言語から Swahili への借用によると考えられる。

参考までに、スワヒリ語と、あとで検討する言語も含めて他の諸語との 200 項目リストの語彙一致率を数値の高い順に示しておく。

Digo	73.75%	Kambe	73.5%	Giryama	71%
Zalamo	69.25%	Sambaa	65.75%	Zigua	63.5%
Ruguru	63.25%	Langi	61%	Nyamwezi	58.25%
Makonde	58.25%	Sukuma	57%	Bena	54.25%
Taita	53.25%	Matumbi	52.25%	Manda	52%
Gogo	51.25%	Kikuyu	50%	Nilamba	49.75%
Kamba	48.75%	Nyiha	48%	Nyakyusa	46.75%
Machame	46.5%	Cewa	45.5%		

4. タイタ語

ケニア沿岸諸語とケニア中部諸語の中間に話される Taita(タイタ語)と周辺の諸語(後に検討する言語も含む)の語彙一致率を数値の高い順に示す。

Kambe	55%	Langi	52.5%	Kikuyu	49%
Sambaa	49%	Digo	48.75%	Nyaturu	48.25%
Giryama	47.5%	Machame	46.5%	Kamba	46.25%

| Sukuma | 46.25% | Zalamo | 44.75% | Nilamba | 44.5% |
| Zigua | 44% | Ruguru | 43.5% | Gogo | 39% |

なお、ヴィクトリア湖東岸諸語とでは、Wanga 33.75%、Gusii 41.75%、Kuria 39% であり、また、Swahili とでは 53.25% である。

矛盾する数値もあるが、大まかにいえば、ケニア沿岸諸語、Langi/Sukuma 等、ケニア中部諸語、タンザニア北部沿岸諸語とほぼ等距離にあるようである。おそらく、今あげた諸語が Langi や Sukuma 等から別れる時には独自に別れたのであろう。そして、ヴィクトリア湖東岸諸語からではなく、Langi/Sukuma 等から別れたものらしい。

5. チャガ語

キリマンジャロ(Kilimanjaro)の南山麓に話されるチャガ(Chaga)諸語について、その一つ Machame(マチャメ語)と周辺の諸語の語彙一致率を数値の高い順に示す。

Giryama	48.75%	Sambaa	47.5%	Langi	47%
Taita	46.5%	Nyaturu	45.75%	Ruguru	45.5%
Nilamba	45.25%	Digo	44.5%	Kikuyu	43.75%
Kamba	43.75%	Zalamo	43.75%	Sukuma	41.75%

また、Swahili とでは 46.5% である。

やはり、大まかにいって、ケニア沿岸諸語、Langi/Sukuma 等、ケニア中部諸語、タンザニア北部沿岸諸語とほぼ等距離にあるようである。

ただし、この言語の話し手たちは、外見から明らかなように、人種的に一般のバントゥ諸語の話し手とは異なっており、ナイロート(Nilotic)らしい人々がいつの時期にかバントゥ系の言語を受け入れたものらしい。その受け入れられたもとの言語の性格が上の数値にあらわれているはずであるが、このような「言語の取り替え」においては、さまざまな不規則なことがおこりうる。上記の数値から何か確定的なことをいおうというのは、やや無理がある。

なお、チャガ諸語は言語(方言)が異なれば通じなくなる、とチャガの人々はいう。言語の取り替えが複数の場所でおこったために生じた差異が大きいのかも知れない。

第5章　タンザニア南部諸語

　ここでは、タンザニア諸語のうち、第4章で扱わなかった南部の諸語を見る。Map 3 (p. 65)参照。

1. タンザニア南部沿岸諸語

　タンザニア南部の沿岸に話されるMatumbi(マトゥンビ語)、Makonde(マコンデ語)と周辺言語、すなわち、Manda(マンダ語)、Ruguru(ルグル語)、Zigua(ズィグア語)、Sukuma(スクマ語)、Gogo(ゴゴ語)、Giryama(ギリヤマ語)、Zalamo(ザラモ語)、Nyakyusa(ニャキュサ語)、Nyiha(ニハ語)との語彙一致率を数値の高い順に示す。

　Matumbiの場合は次の如くである。

Manda	61.25%	Makonde	54.75%	Ruguru	53.25%
Zigua	50.25%	Sukuma	49.5%	Gogo	49.25%
Giryama	49.25%	Zalamo	48%	Nyakyusa	47.75%
Nyiha	47%				

すべて遠くはないが、Mandaの近さが目につく。なお、MatumbiとSwahiliとは、52.25%である。

　Makondeの場合は次の如くである。

Manda	56%	Matumbi	54.75%	Ruguru	50.75%
Zalamo	50.5%	Zigua	49.75%	Sukuma	49.5%
Gogo	43.5%	Nyiha	43.5%	Nyakyusa	41%

やはり、Mandaとの近さが目につく。なお、Swahiliとは58.25%であるが、Swahiliからの借用が多いためかも知れない。

いずれの言語も Manda との一致率が Zalamo 等との一致率より有意味的に高い。つまり、Matumbi, Makonde は、海岸沿いに南下したのではなく、内陸部の Manda 地域から東進したものか、少なくとも Manda の話者の祖先と比較的近い過去まで同一グループを形成していたと考えられる。Manda については、次に見る。

2. タンザニア中南部内陸諸語

次に、タンザニア中南部の内陸部の言語を見てみよう。

タンザニアのほぼ中央に話される Gogo(ゴゴ語)と周辺の諸言語、すなわち、Ruguru、Bena(ベナ語)、Zalamo、Manda、Langi(ランギ語)、Sambaa(サンバー語)、Zigua、さらに Sukuma、Nyaturu(ニャトゥル語)、Nyamwezi(ニャムウェズィ語)、Nilamba(ニランバ語)、Digo(ディゴ語)、Giryama(ギリヤマ語)、Matumbi、Nyakyusa、Nyiha、Makonde との語彙一致率は、次の如くである。数値の高い順に示す。

Ruguru	59.5%	Bena	57.5%	Zalamo	56.5%
Manda	55.75%	Langi	55%	Sambaa	53.25%
Zigua	52.75%	Sukuma	52.75%	Nyaturu	52%
Nyamwezi	51.75%	Nilamba	51.5%	Digo	50.25%
Giryama	49.75%	Matumbi	49.25%	Nyakyusa	48.75%
Nyiha	47%	Makonde	43.5%		

Bena とも近いが、Ruguru や Zalamo と高い一致率を示し、タンザニア北部沿岸諸語に近いと見られる。Gogo が Sukuma/Nilamba 等と別れたのは Sukuma 等が互いに別れる以前であり、おそらくその時点ではタンザニア北部沿岸言語と一体であったのではないかと思われる。なお、Swahili との一致率は 51.25% である。

Bena と周辺の言語の語彙一致率は、次の如くである。

Zalamo	58.5%	Manda	57.75%	Gogo	57.5%
Ruguru	56.5%	Sambaa	54.25%	Zigua	54.25%
Giryama	50.5%	Digo	50%	Nyaturu	49.5%
Nilamba	48.5%	Langi	48.5%	Nyakyusa	47.25%
Nyamwezi	46.75%	Matumbi	44.75%	Makonde	44.75%
Nyiha	42.5%	Sukuma	42.25%		

やはり、Zalamo や Ruguru と比較的高い一致率を示し、タンザニア北部沿岸諸語に近いと見られる。沿岸部からかなり離れた地域に話されることを考えると目立つ。一方、Gogo に比して Nilamba、Langi、Nyamwezi、Sukuma との語彙一致率が低いのが不可解である。いずれにしても、Nilamba 等と別れたのは Nilamba 等が別れる以前で、その時点ではタンザニア北部沿岸言語と一体であったはずである。Swahili とは 53% である。

上述の不可解さは、実は、Bena の問題ではなくて、Gogo の位置で説明がつくのかも知れない。Gogo は、Nyaturu と地域的に接しており、相互に影響が今でもあって不思議ではないからである。ただし、それでも、Bena の Nilamba 等との語彙一致率が、Nilamba 等と遠く離れて話されるタンザニア北部沿岸諸語と Nilamba 等との語彙一致率に比して低いのが気になる。

次に、タンザニアとザンビアの国境に近い地域で話される三言語、すなわち、Manda、Nyakyusa、Nyiha について見てみよう。

マラウィ (Malawi) 湖 (ニャサ (Nyasa) 湖とも) の東北岸に話される Manda とその他の言語の語彙一致率は、次の如くである。

Matumbi	61.25%	Bena	57.75%	Makonde	56%
Gogo	55.75%	Zalamo	55%	Nyakyusa	54.75%
Ruguru	54.25%	Sukuma	50.5%	Langi	49.25%
Giryama	49.25%	Nyaturu	48.75%	Nyiha	48.75%
Zigua	48.25%	Nilamba	47.25%		

Matumbi、Makonde といった南部沿岸諸語との親近性、Bena、Gogo、Zalamo、Ruguru といった北部沿岸諸語およびそれに近い諸語との親近性、近隣の Nyakyusa との親近性が見てとれる。北部沿岸諸語とは Nilamba、Sukuma 等と別れてから後に別れ、その後、南部沿岸諸語と別れたものであろう。

同湖の北岸に話される Nyakyusa とその他の言語の語彙一致率は、次の如くである。

Manda	54.75%	Zalamo	49.75%	Nyiha	49.5%
Ruguru	49%	Gogo	48.75%	Langi	48%
Nyamwezi	47.5%	Matumbi	47.75%	Nyaturu	47.5%
Nilamba	46.75%	Giryama	46.25%	Sukuma	45.25%
Makonde	41%				

近隣の Manda との親近性が見えるが、その他の点では周辺の諸語からほぼ等距離にある

ように思われる。Manda との見かけ上の親近性も、Matumbi 等南部沿岸諸語と特に親近性を示していない点で Manda と対照的であることから考えて、系統上の親近性を示すというより地理的に近いことによる相互影響の存在を示すだけかも知れない。この言語は、Sukuma 等とかなり前に(ケニア中部諸語が別れる頃に)別れて以来独自の歴史を刻んできた可能性がある。

その北西に話される Nyiha とその他の言語の語彙一致率は次の如くである。

Nyaturu	54.75%	Sukuma	51.25%	Nyamwezi	50.75%
Langi	50%	Nyakyusa	49.5%	Nilamba	49.25%
Manda	48.75%	Giryama	48%	Gogo	47%
Zalamo	47%	Matumbi	47%	Ruguru	46.5%
Makonde	43.5%	Bena	42.5%		

この言語は、Nyakyusa よりあとで Sukuma 等から別れてのち、独自の歴史を刻んできた可能性がある。

このように、タンザニア・ザンビアの国境近くに話される三言語は、現在は近接しているが、歴史的には、Manda は Sukuma 等と別れてからも北部沿岸諸語と行動を共にし、後に南部沿岸諸語と別れたという経過をとり、Nyakyusa は Sukuma 等とかなり前に別れて以来独自に動き、Nyiha はそれより後に Sukuma 等と別れて以来独自に動いた、という異なる経緯を有しているようである。

タンザニア中南部内陸諸語については、これらが系統樹に示せるように分岐したというより、二次元的にじわじわ広まり二次元的にじわじわ別れてきたような印象を受ける。ここでさらに、これら三言語とザンビア北東部の Bemba(ベンバ語)との関係を見ておこう。Sukuma 等との語彙一致率は、再掲数値も含めて次の如くである。

	Sukuma	Nilamba	Langi	Nyaturu
Manda	50.5%	47.25%	49.25%	48.75%
Nyakyusa	45.25%	46.75%	48%	47.5%
Nyiha	51.25%	49.25%	50%	54.75%
Bemba	53%	45.5%	47.5%	49.25%

大まかにいえば、ほぼ同時期に Sukuma 等と別れたようである。Bemba と三言語の語彙一致率は、次の如くである。

	Manda	Nyakyusa	Nyiha
Bemba	46.25%	45%	47.75%

この数値は、Bemba が Sukuma 等と別れた頃もしくはそれ以前にこれら三言語のいずれもと別れたらしいことを示している。なお、Bemba の話者の祖先は、Manda、Nyakyusa はもちろん、Nyiha についても、その地域を通らなければ(あるいは、その話者と行動をともにしなければ)タンガニーカ(Tanganyika)湖東側を南下できなかったというわけではない。タンガニーカ湖に近いところを通れば、接触することはなかったであろう。

第6章　ザンビア諸語とルバ語

　ここでは、ザンビア国内のバントゥ諸語と、コンゴ民主共和国内のルバ語について検討する。

1. ザンビア北東諸語

　ザンビア北東部およびコッパーベルト(Copperbelt)には、Bemba(ベンバ語)およびそれに近い言語、すなわち、Swaka(スワカ語)やLamba(ランバ語)が話されている。Bembaとの語彙一致率を見る。なお、Map 1(p. 63)とMap 3(p. 65)参照。

	Swaka	Lamba
Bemba	85%	88.25%

　これらの言語の話者の祖先がヴィクトリア(Victoria)湖周辺から移動してきたことは、BembaとKiga(チガ語。ヴィクトリア湖の西に話される。第2章参照)との語彙一致率が44.5%であることから、まず間違いなさそうであるが、では、タンガニーカ(Tanganyika)湖の西側を通ってきたのだろうか、東側を通ってきたのだろうか。
　この問題を見る場合、ポイントとなるのは、Bembaと、タンガニーカ湖の東側に分布するNyamwezi(ニャムエズィ語)、Sukuma(スクマ語)との語彙一致率の相対的高さである。

	Nyamwezi	Sukuma
Bemba	54.25%	53%

　すなわち、さほど遠くない過去のある時点まで、これらの言語は同一集団を形成していたはずである。
　このことは、ヴィクトリア湖西岸を出た集団が、Bembaの話者とNyamwezi, Sukumaの

話者とにヴィクトリア湖の南、タンガニーカ湖の東側のどこかの地点で別れたと考えると、十分に説明できる。つまり、ベンバ語の話者はタンガニーカ湖の東側を通って南下したと考えるのが自然である。

もし、Bembaの話者がタンガニーカ湖の西側を通ってきたと考えるなら、Sukumaの話者はタンガニーカ湖の南端まで、タンガニーカ湖の西側を通って、Bembaの話者に同行し、その後彼らと別れ、ヴィクトリア湖周辺に舞い戻ったと考える他はない。ありえないことではないが、別のもっと自然な仮説(東側南下説)があるのだから、そちらを採用すべきであろう。

なお、決定的とはいえないかも知れないが、Bembaの話者がタンガニーカ湖の西側を通ってきたのではないらしいことを示すデータがある。上に見た、Bembaに極めて近い言語Lamba、および、(2節で見るように)Bembaにかなり近いKaonde(カオンデ語)とヴィクトリア湖西岸諸語のうちのKiga(チガ語)、および、Bemba語等がタンガニーカ湖の西側を通ってきたとすれば途中で別れた可能性の強いShi(シ語)の語彙一致率を見る。

	Kiga	Shi
Bemba	44.5%	42%
Lamba	43.25%	39.75%
Kaonde	40.75%	34.25%

いずれも、Shiとの一致率が低い。そろってそうであるというのは、有意味的であろう。Bemba等の話者がタンガニーカ湖の西側を通ってきたとすれば、出発点近辺のKigaより移動の途中(もしくは、途中の地点の近く)に話されるShiとのほうが後に別れたはずであり、Shiとの語彙一致率のほうが高いはずなのに、事態は逆なのである。

ただ、「決定的とはいえないかも知れないが」といったのは、Shiの話者が先にKigaの話者と別れてタンガニーカ湖北端の北西の現在地に定住した後に、Bemba等の話者が、そこことタンガニーカ湖に間をすりぬけて南下したという可能性が全くないというわけではないからである。

タンガニーカ湖西岸に現在話される言語のデータがあれば、もっとはっきりしたことがいえるはずであるが、上記の検討に基づいて、一応西岸南下の可能性は否定しておこう。

Bemba とNyiha(ニハ語)等タンザニア南部内陸諸語との関係は既に見た通りである。

2. ザンビア諸語

Bembaの話者がタンガニーカ湖の東側を通って南下したと仮定すると、それより南側

のザンビア諸語は Bemba 地域を通った、もっとはっきりいえば、Bemba から別れたと考えてよかろう。

　Bemba にごく近い Swaka、Lamba 以外のザンビア諸語、すなわち、Nsenga(ンセンガ語)、Kaonde、Ila(イラ語)、Cewa(チェワ語)、Sala(サラ語)、Nkoya(ンコヤ語)、Tonga(トンガ語)、Tumbuka(トゥンブカ語)、Mwenyi(ムエニ語)、Kwangwa(クワングワ語)、Luvale(ルヴァレ語)、Lunda(ルンダ語)の Bemba に対する語彙一致率は、次の如くである。なお、Map 4(p. 66)参照。

Nsenga	66.75%	Kaonde	62.5%	Ila	58.5%
Cewa	58.25%	Sala	57.25%	Nkoya	56.25%
Tonga	55.75%	Tumbuka	54.75%	Mwenyi	48.75%
Kwangwa	45.25%	Luvale	44.25%	Lunda	41.75%

　ベンバ語の東方に話される Tumbuka と、その北方の、タンザニアの言語 Nyiha(ニハ語)、Nyakyusa(ニャキュサ語)の語彙一致率は、次の如くである。

	Nyiha	Nyakyusa
Tumbuka	46.5%	44.5%

明らかに、Tumbuka は、Bemba との親近性のほうが強い。
　この Tumbuka と、Bemba の南方に話される Nsenga、Cewa との語彙一致率は、次の如くである。

	Tumbuka	Nsenga	Cewa
Tumbuka	——	59.75%	60.5%
Nsenga	59.75%	——	74.75%
Cewa	60.5%	74.75%	——

Nsenga、Cewa は互いに相当近く、それぞれ Tumbuka に対し 60% 前後の語彙一致率を示し、かつ、そのすべてが Bemba とある程度近い過去に別れたものといえる。
　ザンビア南部に話される Ila、Sala、Tonga は、従来から親近関係を示すことが認められてきた。これらの言語で「3 人の人」をあらわす語句 bantu botatwe に基づいて、Bantu Botatwe Languages と呼ばれることもある。これらの言語の相互の語彙一致率は、次の如くである。

	Ila	Sala	Tonga
Ila	——	94.25%	83.25%
Sala	94.25%	——	82%
Tonga	83.25%	82%	——

　Ila、Sala という非常に近い言語群が Tonga とも近く、そして、やはりすべてが Bemba とある程度近い過去に別れたものといえる。
　ザンビア中西部に話される Nkoya と、西部のルヤナ(Luyana)語の二方言である Kwangwa、Mwenyi の相互の語彙一致率は、次の如くである。

	Nkoya	Kwangwa	Mwenyi
Nkoya	——	57%	58%
Kwangwa	57%	——	76.75%
Mwenyi	58%	76.75%	——

　Tonga のグループほどではないが、Kwangwa、Mwenyi は互いに方言関係にあること、また、Bemba との関係ではそれらがやや昔に別れた(前述の如く、48.75/45.25%)ことを示し、Nkoya はこれらとある程度の近さを示しながら、Bemba との関係では、おそらくは Kwangwa、Mwenyi が Bemba から別れた後に別れたことを示している(前述の如く、56.25%)。Nkoya と Kwangwa、Mwenyi の近さは、地理的に近いことの反映(相互影響)もある可能性がある。なお、Nkoya と Tonga の語彙一致率が 48.5% で、Nkoya と Bemba の語彙一致率 56.25% より低いことから、ザンビア中南部のバントゥ諸族の移動の流れは放射線状であったらしい。
　ザンビア北西部に話される Lunda と Luvale の相互の語彙一致率は 61.25% であって比較的近い。これらと Nkoya、Kwangwa、Mwenyi の語彙一致率は、次の如くである。

	Nkoya	Kwangwa	Mwenyi
Lunda	51.75%	39.25%	41.75%
Luvale	53.75%	44.25%	47.25%

　両言語とも、Nkoya との数値が Bemba との数値(前述の如く、41.75/44.25%)より有意味的に高いので、これらが Bemba と別れた後に、Lunda、Luvale と Nkoya とが別れたのであろう。
　ザンビア西北部の Kaonde と、Nkoya、Kwangwa、Mwenyi および Lunda、Luvale の語

彙一致率は、次の如くである。

	Nkoya	Kwangwa	Mwenyi	Lunda	Luvale 語
Kaonde	52.25%	48%	48.5%	42.25%	43.5%

どの数値も、Kaonde と Bemba の語彙一致率(前述の如く、62.5%)より有意味的に低い。Kaonde は、Nkoya 等々が Bemba と別れた後に Bemba と別れたのであろう。

3. ロズィ語

　ザンビア西部に広く話される Lozi(ロズィ語)は、今まで見た諸語と異なり、南部アフリカから 19 世紀にやってきた、ソト(Sotho)系の人々 Kololo(コロロ)がもたらした言語である。ただし、Kololo には、かなり Tswana(ツアナ)系の人々が含まれていたようである。Lozi 自体には、さらにルヤナ(Luyana)諸語の要素が入っている。
　この言語の成立については、拙著『ロズィ語成立に関する研究』に詳しいが、語彙一致率でいうと、ソト・ツアナ(Sotho-Tswana)諸語とは 8 乃至 9 割である。Lozi の性格としては、「ツアナ語の要素を含み、かつ、ルヤナ諸語の影響を深いところで受けた、ソト語の一方言」とするのが妥当であろう。

4. ルバ語

　第 1 章で扱った、コンゴ民主共和国(旧ザイール)南部に話される Luba(ルバ語)についてここで見ておこう。第 1 章では、現在 Luba(Luba-Kasai および Luba-Lulua)が話されている地域がバントゥ祖地とは考えにくいことを示した。つまり、その地域に Luba がはじめから話されていたわけではないらしいことを示した。では、Luba はどこから来たのだろうか。Luba と、上に見たザンビア諸語、および、その他の周辺諸語、すなわち、コンゴ民主共和国の Teke East(東テケ語)、Lingala(リンガラ語)、Yombe(ヨンベ語)、Bobangi(ボバンギ語)、Ntomba(ントンバ語)、Shi(シ語)、Nande(ナンデ語)、Yans(ヤンス語)、Ngombe(ンゴンベ語)、Mongo(モンゴ語)、ルワンダの Rwanda(ルワンダ語)、コンゴ共和国の Njiku(ンジク語)、Laari(ラーリ語)との語彙一致率を、数値の高い順に示す。

Kaonde	48.75%	Nkoya	48.75%	Mwenyi	47.25%
Bemba	44.75%	Lamba	44.25%	Kwangwa	41.25%
Teke East	40.5%	Luvale	39.5%	Lunda	38.5%

Njiku	37.75%	Lingala	37.5%	Yombe	36.75%
Rwanda	36.5%	Bobangi	35%	Ntomba	34.25%
Shi	34%	Laari	34%	Nande	33.5%
Yans	31.5%	Ngombe	29%	Mongo	28%

あまり高い語彙一致率を示す言語はないが、相対的には、Kaonde、Nkoya、Mwenyi、Bemba、Lamba、Kwangwa といったところである。すなわち、Bemba および Bemba と比較的近い過去に別れた諸語との間に比較的近いことを示している。Bemba が Sukuma に比較的近く、タンガニーカ湖の東南側を南下したとすれば、Luba の話者が Kaonde、Nkoya、Mwenyi 等の話者とともに Bemba の話者と別れて西進し、今度は Kaonde、Nkoya、Mwenyi 等の話者と別れて北西に進んだと考えるのが妥当であろう。

Luba の話者がヴィクトリア湖西岸を通過したことは第9章に述べる文法的根拠によっても明らかである。ところが、Luba 地域とヴィクトリア湖西岸の間に話される Rwanda や Shi との語彙一致率が低いことが示しているのは、Luba の話者がヴィクトリア湖西岸から最短距離を通って現在の地域に来たわけではないらしいということである。さらに、ヴィクトリア湖南岸の Sukuma との語彙一致率が 40.5% であって、Shi との 34% に比して有意味的に高いことは、Luba の話者が Bemba 等の話者とともにタンガニーカ湖の東側を通って南下して、しかる後に現在地に移住したことを示しているようである。

Luba には、もう一つ Luba-Shaba(昔の呼び方では、Luba-Katanga)と呼ばれる方言があり、Luba-Lulua/Luba-Kasai と Bemba の丁度中間の辺に話されている。この方言のデータがあれば、Luba と Bemba の親近関係がもっとはっきり示せるであろう。

なぜ、ヴィクトリア湖西岸から南西に向かわなかったか。タンガニーカ湖北西岸の雨林が妨げたのかも知れない。もっとも、この問題設定は歴史上の移動の問題には適当でないかも知れない。歴史はかなり偶然に左右されるからである。

第7章　ナミビア諸語

　ナミビア(Namibia)のバントゥ諸語には、アンボ(Ambo)諸語(あるいはオヴァンボ(Ovambo)諸語)と Herero(ヘレロ語)がある。なお、Map 4(p. 66)参照。

1. アンボ諸語

　ナミビア北部に住むアンボ族(オヴァンボ)の話す諸方言、すなわち、Ndonga(ンドンガ語)、Kwanyama(クワニャマ語)、それに Mbalanhu(ンバラヌ語。又は Mbalantu(ンバラントゥ語))は、互いに高い親近関係を有する。

	Kwanyama	Mbalanhu
Ndonga	85.25%	90%

　Ndonga と若干のザンビアの諸言語、すなわち、Mwenyi(ムエニ語)、Nkoya(ンコヤ語)、Kwangwa(クワングワ語)、Luvale(ルヴァレ語)、Bemba(ベンバ語)、Tonga(トンガ語)の語彙一致率は、次の如くである。数値の高い順にあげる。

Mwenyi	43.5%	Nkoya	43%	Kwangwa	41.5%
Luvale	40%	Bemba	39.5%	Tonga	37%

一方、アンゴラ(Angola)を隔てて北方の Laari(ラーリ語。コンゴ語の一)との語彙一致率は 30.75% で低い。なお、Luba(ルバ語)との語彙一致率は、35.25% で、高くない。このような数値は、アンボ諸語がザンビアのほうからやって来たことを推察させる。

2. ヘレロ語

　ナミビア中部に話される Herero(ヘレロ語)と Ndonga との語彙一致率は 56.25% で、か

なり高い。また、Bemba とは 37.5% で、さほど低くない。このことは、Herero の話者の先祖がアンボ諸語話者の先祖とともに、ザンビア諸語と別れ、ナミビアにいたって後に互いに別れたことを暗示する。

第 8 章　南部アフリカ諸語

　ここでは、ジンバブエ・南アフリカ・ボツアナ等の南部アフリカのバントゥ諸語について見る。なお、Map 4(p. 66)参照。

1. ジンバブエ諸語

　ジンバブエ(Zimbamwe)の主なバントゥ系言語としては、Shona(ショナ語)と Ndebele(ンデベレ語)がある。Ndebele は、南アフリカの Ndebele との関連で後に扱う。
　Shona の若干の方言、すなわち、Buja(ブジャ語)、Karanga(カランガ語)、Ndau(ンダウ語)、Manyika(マニカ語)の語彙一致率を、Manyika を中心に見れば次の通りである。

	Buja	Karanga	Ndau
Manyika	93.75%	97.25%	86%

非常に等質的な方言群であるといえる。
　Manyika とザンビアの Bemba(ベンバ語)、Cewa(チェワ語)、Nsenga(ンセンガ語)およびタンザニアの Manda(マンダ語)、Makonde(マコンデ語)との語彙一致率は、次の如くである。

	Bemba	Cewa	Nsenga	Manda	Makonde
Manyika	48%	47.75%	55.5%	41.25%	40.5%

明らかに、ザンビアの諸語との語彙一致率が高い。つまり、Shona は、Bemba の地域を通って南下したのであって、マラウィ(Malawi)湖の東側から来たのではないということである。

2. 南アフリカ・ボツアナ諸語

南アフリカ(South Africa)とボツアナ(Botswana)には、ングニ(Nguni)語群、ソト・ツアナ(Sotho-Tswana)諸語、Venda(ヴェンダ語)、Tsonga(ツォンガ語)といったバントゥ系言語が分布する。

まず、いわゆるNguni語群、すなわち、Zulu(ズールー語)、Xhosa(コサ語)、Swati(スワティ語)、Ndebele South(南ンデベレ語)、Ndebele North(北ンデベレ語)について、最も有力な言語のZuluを中心にして、語彙一致率で見る。なお、ここでは、Ndebele Southは南アフリカ共和国内のNdebeleを、Ndebele NorthはジンバブエのNdebeleをさす。両者間の語彙一致率は84.5%である。

	Xhosa	Swati	Ndebele South	Ndebele North
Zulu	73.75%	88%	87%	87.5%

この数値から見て、Nguni語群が互いに近い語群であること、その分岐のしかたは次のようなものであったことが推定できる。

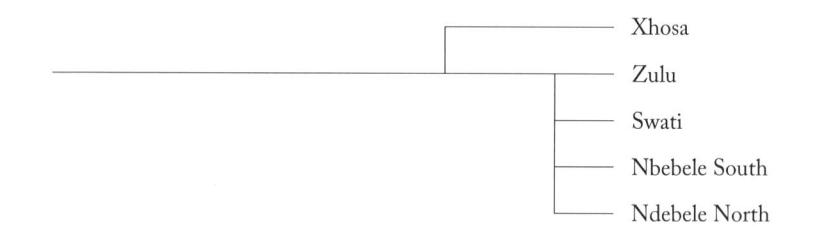

Xhosa
Zulu
Swati
Nbebele South
Ndebele North

なお、歴史的事実としては、ZuluとSwatiが別れた後に、NdebeleがZuluから別れ、その後、南北に別れたわけであるが、その分岐が短い時間の中でおこったために、そのずれが数値にあらわれていない(あるいは、逆のあらわれ方をしている)のである。

次に、Sotho-Tswana語群、すなわち、Kgatla(カタ語)、Ngwato(グアト語)、Hurutse(フルツェ語)、Rolong(ロロン語)、Tlhaping(タピン語)(以上、Tswanaの諸方言)およびPedi(ペディ語)、Sotho(ソト語)と、Tswanaの方言の一つKwena(クエナ語)との語彙一致率を見てみよう。

Kgatla	97%	Ngwato	93.75%	Hurutse	95%	Rolong	97%
Tlhaping	95.75%	Pedi	84.25%	Sotho	75.5%		

なお、Pedi と Sotho の語彙一致率は 73.75% である。Tswana 諸方言間の親近性は非常に高いが、Pedi は、別名 Northern Sotho(北ソト語)と呼ばれる割には、Sotho(Southern Sotho(南ソト語)とも呼ばれる)よりも Tswana に近いようである。その分岐のしかたは次のようなものであったことが推定できる。

```
────────────────────── Tswana 諸方言
                   └── Pedi
                   └── Soth
```

これらの言語の話し手の祖先が、海岸部を通って南下したのか、内陸部を南下したのかを見る。

タンザニア海岸部の最南端に話される Makonde(マコンデ語)やザンビアの Bemba(ベンバ語)と若干の南部アフリカ諸語の語彙一致率は次の如くである。ショナ(Shona)語の方言である Ndau(ンダウ語)も、海岸部まで分布地域が達しているので、対象に含める。

	Ndau	Venda	Tsonga	Zulu
Makonde	39%	35%	32%	33.5%
Bemba	46.5%	38.75%	40%	42.75%

いずれの場合も Bemba との語彙一致率のほうが高い。これらのことから、現在の南部アフリカ言語の話し手たちは、海岸部を通って南下したのではなく、内陸部、現在の Bemba 地域を通過して現在地にいたったらしいことがいえる。なお、Bemba とその他南部アフリカ言語の語彙一致率は、次の如くである。

Pedi　39.75%　　Kwena　38.75%　　Sotho　38%

ジンバブエの Manyika(マニカ語)を含めて、南部アフリカのバントゥ諸語の主なものの相互の語彙一致率は次の如くである。

	Manyika	Venda	Tsonga	Zulu	Kwena
Manyika	──	52.75%	43.5%	40.75%	42.75%
Venda	52.75%	──	54.25%	47.25%	52.5%
Tsonga	43.5%	54.25%	──	53%	46.5%

Zulu	40.75%	47.25%	53%	——	42.75%
Kwena	42.75%	52.5%	46.5%	42.75%	——

ところで、Manyika と Venda の 52.75% というのは、これらの言語と Bemba の語彙一致率に約 10% の差がある（Manyika と Bemba は 48%、Venda と Bemba は 38.75%。Bemba との分離の時期が明らかに異なる）のに、これらの言語同士がそのどちらの数値が示す時期より後で別れたことを暗示し、数値としては矛盾しているのである。これは、おそらく、Manyika を含むショナ（Shona）語と Venda が地域的に接しており、相互の影響があったためであろう。また、Tsonga というのは、シャンガヌ（Hlanganu）族の言語の基層の上に、後に彼らを支配するようになったングニ（Nguni）系の人々の言語が乗っかったものなので、Tsonga と Zulu の 53% というのも、分岐の時期を正確に示す数値ではなさそうである。

こうしたことを考慮すると、分岐の歴史は次のようなものであったのではないかと推定される。

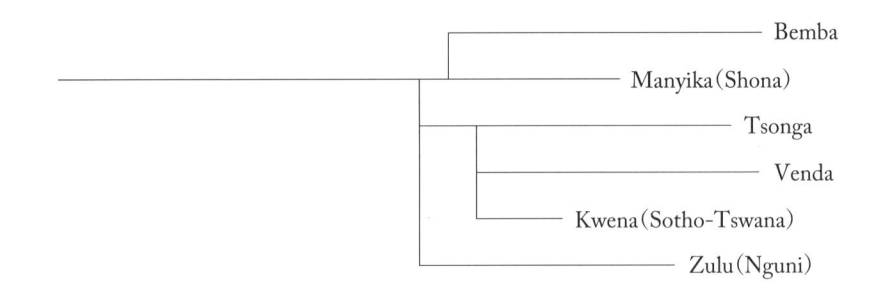

Bemba
Manyika（Shona）
Tsonga
Venda
Kwena（Sotho-Tswana）
Zulu（Nguni）

第 9 章　東南諸語の文法的特徴

　ヴィクトリア(Victoria)湖周辺の諸語およびヴィクトリア湖周辺を過去に通過した諸語を仮に東南諸語と呼ぶ。これらの諸語がかつて、他のバントゥ諸語とは別の、一つの言語を形成していたらしいことは、語彙比較だけでなく文法比較からもいえる。ここでは、この点の検討およびバントゥ語圏西端における東南諸語の境界の問題を見る。

1. 東南諸語の文法的特徴
　ここで問題にする点について、Swahili(スワヒリ語)で例をあげると、

　　kitabu kilianguka「本が落ちた」
　　本　　落ちた

では、主格接辞 ki が名詞接頭辞 ki と一致しているが、

　　mkuki ulianguka「槍が倒れた」
　　槍　　倒れた
　　mikuki ilianguka「槍(pl.)が倒れた」
　　槍(pl.)
　　mayai yalianguka「卵(pl.)が落ちた」
　　卵(pl.)

のように、MU/MI/MA クラスではそうでない。また、m(u)/mi/ma から m が落ちて u/i/a が主格接辞としてあらわれているというのも考えにくい。しかも、MA クラスの主格接辞は ya である。東南諸語の MU/MI/MA クラス(祖語においては、mu/mi の u/i は広い u/i である)と対応する主格接辞を見ると、後にあげる Table 1 の如くである。
　これらのデータからいえるのは、散発的には例外もあるが、次のことである。

(1) MU/MI/MA クラスにおいては、東南諸語に関する限り、名詞接頭辞 gumu/gimi/gama、主格接辞 gu/gi/ga(7母音言語においては、ここの u/i は普通広い u/i)というのが元来の状態であった。
(2) その後、多くの言語においては、名詞接頭辞の g が落ちた。残った母音は「冒頭母音」と呼ばれることがある。
(3) かなりの言語において、名詞接頭辞の冒頭母音も落ちた。
(4) かなりの言語において、主格接辞の g が落ちた。

このうち、(1)が最も重要なことであるが、これを、特に名詞接頭辞 gumu/gimi/gama を実証している言語は少ない。Gisu(ギス語)においては、括弧内の gu があらわれる場合が限定されている。Bukusu(ブクス語)は名詞接頭辞 kumu/kimi/kama であるが、この言語は元来の g が k に変化しているので、最も明確に元来の名詞接頭辞 gumu/gimi/gama 主格接辞 gu/gi/ga を示している。もう一つ重要なのは、Ruguru(ルグル語)の状態である。この言語では、MI クラスのみ g を失っているがそれ以外は Gisu、Bukusu と軌を一にする。Ruguru と Gisu、Bukusu の地域は非常に離れており、こういうところで偶然の類似とは到底いえない状態が見られるということは、東南諸語の当初の姿であったというべきであろう。

一方、東南諸語に属さない言語は、上記のような状態ではない。Table 2 参照。すなわち、基本的には MU/MI/MA のような名詞接頭辞と、それと同じ主格接辞が対応している。MU クラスについては、m のない主格接辞が対応している言語もあるが、g/k が前にあらわれるものは一つもない。

主格接辞が MU/MI/MA クラスまたは MI/MA クラスにおいて名詞接頭辞と一致している言語と名詞接頭辞の gu/gi/ga の現在または過去の存在を仮定する必要のある言語の境目は、ヴィクトリア湖周辺言語・Luba(ルバ語)・ナミビア諸語とガボンの言語・コンゴ河沿岸言語との間にある。このことは他のところで見たバントゥ諸語の境界線の一つと一致する。本書でいう東南諸語が前者であり、語彙一致率から推定できる範囲と一致する。

Guthrie は、バントゥ諸語に名詞二重接頭辞を有するものがあり、その場合接頭辞の前の部分と主格接辞が対応することに気づいていた。ただ、それをバントゥ諸語の分岐のしかたと関連づけては考えなかったようである。

2. アンゴラの言語

東南諸語とそれ以外の諸語との境界は、大西洋側において不明確である。ナミビア諸語

が東南諸語に属し、Laari(ラーリ語)、Yombe(ヨンベ語)等のコンゴ(Congo、Kongo)語がそれに属さないことはいえそうだが、アンゴラの言語についてはどうであろうか。著者自身はこれらの言語の調査を実施できてないし、他の研究者のデータから基礎語彙 200 語を正確に選びだせるかどうか問題である。この結論は将来に待つとして、文法的な面から見通しをつけておく。他の研究者の記述に依拠して、この国の中部のやや南寄りに話される Umbundu(ウンブンドゥ語)と北寄りに話される Kimbundu(キンブンドゥ語)を見てみる。

	MU クラス		MI クラス		MA クラス	
	名詞接頭辞	主格接辞	名詞接頭辞	主格接辞	名詞接頭辞	主格接辞
Umbundu	u/omu	u	ovi	vi	a/ova	(y)a
Kimbundu	mu	u	mi	i	ma	ma

Umbundu については、名詞冒頭母音があることから、東南諸語に属することは間違いなさそうである。

一方、Kimbundu については、Guthrie はコンゴ語に近いものとして見ており、MA クラスが ma : ma であることからその可能性もあるが、MU/MI クラスが mu : u/mi : i であること、動詞の語尾に、コンゴ語とは異なり、近隣の東南諸語に属するらしい言語(Luvale、Lunda、Nkoya、Mwenyi など、ザンビア・アンゴラ・コンゴ民主共和国の三国国境に近い地域に話される言語)と共通のもの(語幹最後の母音と同じ母音から成る語尾)があることから、東南諸語に属する可能性もある。

なお、これらの言語の文法については、M. Guthrie の *Comparative Bantu* と Thilo C. Schadeberg の A *Sketch of Umbundu*(1990, Köln)および Heli Chatelain の *Grammatica elementar do Kimbundu ou Lingua de Angola*(1964[2], New Jersey)を参照した。

Table 1

東南諸語	MUクラス 名詞接頭辞	MUクラス 主格接辞	MIクラス 名詞接頭辞	MIクラス 主格接辞	MAクラス 名詞接頭辞	MAクラス 主格接辞
Kiga	omu	gu	emi	gi	ama	ga
Rwanda	umu	u	imi	i	ama	a
Nande	omu̱	a	emi̱	i	ama	a
Lega	m	u	mi	i	ma	ma
Shi	omu	gu	emi	e	ama	ga
Haya	omu	gu	emi	e	ama	ga
Ganda	omu	gu	emi	gi	ama	ga
Soga	omu	gu	emi	gi	ama	ga
Gisu	(gu)mu	gu	(gi)mi	gi	(ga)ma	ga
Bukusu	kumu	ku	kimi	ki	kama	ka
Wanga	omu	ku	emi	chi	ama	ka
Nyala East	omu	ku	emi	ki	ama	ka
Maragoli	u̱mu̱	gu̱	i̱mi̱	ji̱	ama	ga
Gusii	omo	o	eme	e	ama	a
Kuria	omo	go	eme	ge	ama	ga
Kikuyu	mũ	û	mĩ	ĩ	ma	ma
Meru	mũ	jû	mî	ĩ	ma	ja
Kamba	mũ	ũ	mĩ	ĩ	ma	ma
Machame	mu	u	mi	i	ma	a
Taita	m	gu	mi	i	ma	gi
Giryama	mu	u	mi	i	ma	ga
Sambaa	m	u	mi	i	ma	ya
Zalamo	m	u	mi	i	ma	ga
Zigua	umu	u	imi	i	ama	ya
Ruguru	gumu	gu	imi	i	gama	ga
Gogo	mu	wu	mi	yi	ma	ga
Bena	umu	gu	imi	gi	ama	ga
Sukuma	mu̱	gu̱	mi̱	i̱	ma	ga
Nilamba	mu̱	u̱	mi̱	i̱	ma	ma
Nyaturu	mu̱	u̱	mi̱	i̱	ma	a
Langi	mu̱	u̱	mi̱	i̱	ma	ya
Nyiha	umu	v̱u	--	--	ama	ga
Nyakyusa	u̱n	gu̱	i̱mi̱	gi̱	ama	ga
Manda	mu	u	mi	i	ma	ga
Matumbi	mu̱	u̱	mi̱	i̱	ma	ga
Makonde	mu	u	mi	i	ma	la
Bemba	umu	u	imi	i	ama	ya
Tumbuka	mu	u	mi	yi	ma	gha/ya

Cewa	mu	u	mi	i	ma	a
Kaonde	mu	u	mi	i	ma	a
Luba	mu	u	mi	i	ma	a
Lunda	mu	u	nyi	i	ma	a
Luvale	mu	(w)u	mi	(y)i	ma	(w)a
Nkoya	mu	u	mi	i	ma	a
Kwangwa	omu	u	emi	i	ama	a
Mwenyi	omu	u	emi	ci	ama	a
Ila	mu	u	mi	i	ma	a
Tonga	mu	u	mi	i	ma	a
Manyika	mu	u	mi	i	ma	a
Venda	mu	u	mi	i	ma	a
Tsonga	n	wu	mi	yi	ma	ma
Zulu	um	u	imi	i	ama	a
Xhosa	um	u	imi	i	ama	a
Kwena	mọ	ọ	mẹ	ẹ	ma	a
Pedi	mọ	ọ	mẹ	ẹ	ma	a
Sotho	mọ	ọ	mẹ	ẹ	ma	a
Ndonga	omu	gu	omi	dhi	oma	ga
Kwanyama	omu	u	omi	(d)i	oma	a
Mbalanhu	omu	u	omi	vi	oma	ya
Herero	omu	u	omi	vi	oma	ye

Table 2

非東南諸語	MUクラス		MIクラス		MAクラス	
	名詞接頭辞	主格接辞	名詞接頭辞	主格接辞	名詞接頭辞	主格接辞
Mongo	mo	mo	me	me	ma	ma
Ntomba	mo	mo	me	me	ma	ma
Lingala	mo	mo	mi	mi	ma	ma
Ngombe	mo	mo	mi	mi	ma	ma
Bobangi	mo	mo	mi	mi	ma	ma
Teke East	mu̱	a	mi̱	mi̱	ma	ma
Ndjiku	u̱	a	i̱	i̱	a	a
Laari	mu	wu	mi	mi	ma	ma
Yombe	n	wu	min	mi	ma	ma
Punu	mu	u	mi	mi	ma	ma
Ewondo	m	o	min	mi	m	m
Bulu	n	e	min	mi	m	m
Eton	n	o	mi	mi	m	m
Bafia	n	wu	--	--	ma	ma
Basaa	n	u	min	mi	ma	ma
Duala	mu	mu	mi	mi	ma	ma

第10章　コンゴ河諸語

ここではコンゴ民主共和国・コンゴ共和国・ガボンの諸語を見る。Map 1、2参照。

1. コンゴ民主共和国の諸語

コンゴ民主共和国(旧ザイール)のコンゴ(Congo)河中流のバントゥ系言語と同国東部のバントゥ系言語の間のどこかに大きな境界が存在するらしいことは既に第2章で見た。後者の諸語については、ここでは扱わない。

コンゴ河中流言語、すなわち、Bobangi(ボバンギ語)、Ntomba(ントンバ語)、Mongo(モンゴ語)、Lingala(リンガラ語)、Ngombe(ンゴンベ語)の間の語彙一致率は、次の如くである。

	Bobangi	Ntomba	Mongo	Lingala	Ngombe
Bobangi	——	59.25%	52%	68.75%	46.5%
Ntomba	59.25%	——	70.75%	59.5%	41%
Mongo	52%	70.75%	——	58.5%	43.25%
Lingala	68.75%	59.5%	58.5%	——	50.75%
Ngombe	46.5%	41%	43.25%	50.75%	——

広域共通語である Lingala を除いてこの表を見てみると、次のようなことがいえる。

(1) Ngombe は他のコンゴ河中流言語からやや離れているが、他の言語同士は近い関係にある。
(2) Ntomba は Mongo と方言関係にある。現地人もそういい、その認識は実態を反映している。
(3) Bobangi と Mongo とはそんなに語彙一致率が高いわけではないのに、Bobangi と Ntomba との語彙一致率はかなり高い。これは、両者が近接しているため、相互の

影響があったためと考えられる。なお、Bobangi は、かつては広域共通語の地位にあったらしい。

従って、次のような別れ方をしたものと考えることができる。

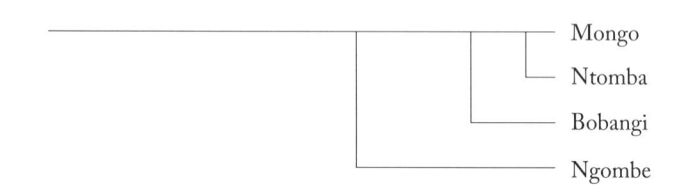

Mongo
Ntomba
Bobangi
Ngombe

Lingala については、Bobangi との語彙一致率が高い。明らかに、Bobangi は Lingala 成立に最も深く関係する言語である。しかし、Lingala には Bobangi で説明できない約 30% の語彙があり、そのうち 10% 強は Mongo で説明できるという事実があるため、単に名前を変えて Bobangi に替わって広域共通語となったというわけではなさそうである。すなわち、Bobangi に Mongo や他の周辺言語の影響が加わって新しい広域共通語が発生したと考えるべきかも知れない。

なお、著者が調査したのは、Lingala の標準方言とされるコンゴ河中流地域の町リサラ(Lisala)近辺の方言であるが、Lingala はコンゴ河中流地域のキサンガニ(Kisangani)より下流から中流地域およびキンシャサ(Kinshasa)を経てコンゴ河が海に達するまでの地域に話され、さらに、隣国コンゴ共和国でも 90% の地域に通用するとのことである。そうであれば、方言差の存在も考えられ、以上のことが全体としての Lingala にいえることかどうか、未詳である。

なお、バントゥ祖地がカメルーン・ナイジェリア国境地帯であるという前提に立つと、コンゴ河中流言語は、カメルーン東部から川沿いに熱帯雨林を南下し、コンゴ河に到達後コンゴ河もしくはその支流沿いにさかのぼったものと推定できる。それは、相当昔のことらしく、カメルーン東部の Kaka(カカ語)との語彙一致率は、Bobangi 35.5%、Ntomba 35.25% で、高くない。

なお、コンゴ河中流言語は、既に見た通り、同国中南部の Luba(ルバ語)とは近い関係にはない。コンゴ河中流諸言語と Luba との語彙一致率は次の如くである。

Mongo	28%	Lingala	37.5%	Ngombe	29%
Ntomba	34.25%	Bobangi	35%		

次に、コンゴ河下流言語、すなわち、Ndjiku(ンジク語)、Teke East(東テケ語)、Yans(ヤンス語)、Laari(ラーリ語)、Yombe(ヨンベ語)の相互の語彙一致率を見る。このうち、Ndjiku と Teke East はテケ(Teke)語の方言とされており、Laari と Yombe はコンゴ(Kongo)語の方言である。

	Ndjiku	Teke East	Yans	Laari	Yombe
Ndjiku	——	60.75%	45.5%	40.75%	41.5%
Teke East	60.75%	——	52.25%	44.75%	48.25%
Yans	45.5%	52.25%	——	48.5%	49.5%
Laari	40.5%	44.75%	48.5%	——	71.25%
Yombe	41.5%	48.25%	49.5%	71.25%	——

Ndjiku と Teke East は比較的近く、テケ語の方言とされていることに合致する。Yans は従来 Teke との親近性がいわれ、確かに遠くはないが、コンゴ語とも遠くない。

また、Laari と Yombe は互いにさらに近く、コンゴ語の方言とされていることに対応している。

なお、コンゴ語とテケ・ヤンス(Teke-Yans)語群が全体として互いにひどく遠くはないことは注目に値する。というのは、テケ・ヤンス語群は奇妙な音韻変化、語末脱落を経過し、コンゴ語とは一見似ても似つかぬ言語になっているが、語彙一致率の点では、比較的遠くない過去に別れたことを示しているのである。

なお、既に見た通り、コンゴ河下流言語も同国中南部の Luba とは近い関係にはない。コンゴ河中流言語と Luba との語彙一致率は次の如くである。

Teke East	40.5%	Ndjiku	37.75%	Yans	31.5%
Laari	34%	Yombe	36.75%		

Luba との交流がかなり推察できる Teke East を除き、すべて 40% 以下である。

次に、コンゴ河中流言語と下流言語の間の語彙一致率を検討する。

	Ndjiku	Teke East	Yans	Laari	Yombe
Lingala	38.75%	43%	44.75%	42.5%	46.75%
Ngombe	30.75%	34.25%	38.5%	31.75%	34.75%
Mongo	34.75%	36.5%	40%	31.5%	38.25%
Ntomba	35.5%	37.75%	39.75%	33.75%	36.25%

| Bobangi | 34.5% | 38.5% | 40% | 36.25% | 38.75% |

広域共通語で、さまざまな言語との接触が考えられる Lingala との語彙一致率を別にすれば、全体として 40% 以下の語彙一致率であり、コンゴ河中流言語と下流言語それぞれの内部での語彙一致率に比べてかなり低い。従って、これら二つの言語群が別個に現在地に到達したと考えても差し支えはないであろう。

2. ガボンの言語

ガボン (Gabon) の Punu (プヌ語) とコンゴ河下流言語のうちの Yombe との語彙一致率は 40.25%、Laari とのそれは 43%、Ndjiku とのそれは 36.5% で、コンゴ語 2 方言との一致率はいくらか高い。

バントゥ諸語の祖地がカメルーン西部であるという仮説を前提とすれば、以上のことから、コンゴ河下流言語は、カメルーンのほうから海岸沿いに南下してきたと推察することが可能であろう。

第11章　カメルーン諸語

ここでは、本書で想定された祖地に近いカメルーン(Cameroon)のバントゥ諸語を見る。なお、Map 2(p. 64)参照。

カメルーンで著者が調査した(狭義の)バントゥ諸語のうち、Ewondo(エウォンド語)、Eton(エトン語)のBulu(ブル語)に対する語彙一致率は、次の如くである。

Ewondo	82%	Eton	79.25%

従って、これら3言語は、極めて近い関係にある。

Buluとその他のカメルーン・バントゥ諸語、すなわち、Duala(ドゥアラ語)、Basaa(バサ語)、Bafia(バフィア語)、Yambasa(ヤンバサ語)、Makaa(マカー語)、Kaka(カカ語)の語彙一致率は次の如くである。ただし、カメルーンの言語には語末が脱落する傾向が顕著なため、語源を共にするのかいなかの判断が極度に困難で、筆者もかなり無理に判断しているため、ここの数値自体そんなに信用できるものではない。

Duala	40%	Basaa	48%	Bafia	44.75%
Yambasa	25.25%	Makaa	43.75%	Kaka	42.5%

Yambasaを除いて、Buluに対してある程度の親近性を示している。ただし、この数値は、これらの言語が比較的狭い地域に併存していることによる相互影響を含んだものであるはずで、そのまま系統的親近関係をあらわしているわけではないであろう。

DualaとBasaaでは30.75%、BasaaとBafiaでは33.75%、DualaとBafiaでは28%と上の数値にやや矛盾する数値が出ているが、いずれにしてもYambasaとの関係よりは親近性が示されている。

また、東部のMakaaとKakaでは49.75%で、互いに比較的近い。

この6言語からYambasaを除いた5言語が、どのように分岐して出てきたかという問いは、日本語祖語から各方言がどう分岐したかという問いに似て解明が困難である。とい

うのは、これらの言語間の関係においては、分岐の時期以上に、比較的狭い地域に長期に渡って共存してきたという事実のほうが重要な意味を持つからである。確実にいえるのは、Ewondo、Eton、Buluが互いに近い過去に分岐したことを除けば、かなり過去に分岐したらしいということのみであろう。

　Yambasaは調査したどの言語からも離れている。Yambasaと若干の言語の語彙一致率は次の如くである。

| Bafia | 24% | Eton | 29.5% | Basaa | 29% |
| Duala | 24.25% | | | | |

この数値が示すのは、Yambasaがどこか別の地域から現在の地に比較的近い過去にやって来たということであろう。ただし、筆者の有するデータからでは、もとの地域がどこであったかを推定することはできない。

終章　バントゥ諸語分岐の歴史

　これまでの考察をまとめると次のようになる。
　カメルーン西部近辺の祖地を起源とするバントゥ諸語は大まかにいって次の四つに分岐したと、著者の収集したデータは語っているようである。
　第1のグループは、熱帯雨林の北の縁を通って東進し、ヴィクトリア湖西岸付近に定着し、その後、一部は時計まわりにヴィクトリア湖岸を移動して定住したが、一部は逆回りに移動し定住したものやケニア中部に至った。さらに、逆回りの集団はタンザニア中部からケニア・タンザニアの南部や海岸部に至っている。さらに、タンガニーカ湖の東方を南下したグループからは、さらに南下してザンビア、ジンバブエ、南アフリカに至ったものがあり、西方にむかってザンビア中部・西部・北部、コンゴ民主共和国南部、ナミビアに至ったものもある。東南諸語と呼んだものである。
　第2のグループは、カメルーン東部から川沿いにコンゴ河に達し、その上流にも広まったものである。
　第3のグループは、カメルーンから大西洋沿岸沿いに南下し、その先端はコンゴ河下流に達している。
　第4のグループは、カメルーンの祖地の近くに留まったものである。
　この考えは、未だ仮説の域を出ないかも知れないが、著者のデータから推定できるものである。他の研究者からの、データに基づく多くの批判・反論を期待する。
　最後に、分岐推定図と移動推定地図を示す。
　分岐推定図は、すべての言語を含めると複雑になりすぎるので主な言語のみを扱った。詳しくは、それぞれの記述の箇所を参照されたい。なお、線の分岐点の間の長さはあまり意味がない。分岐点が同じ線の右にあるか左にあるかは、もちろん意味がある。
　移動推定地図は、分岐推定図にあげた全言語の分布位置を示し、矢印で推定される移動ルートをあらわす。ただし、それは大まかなルートであって、厳密なものではない。筆者自身がその辺りを踏破し移動可能であったかどうかを確認したわけではない。

分岐推定図

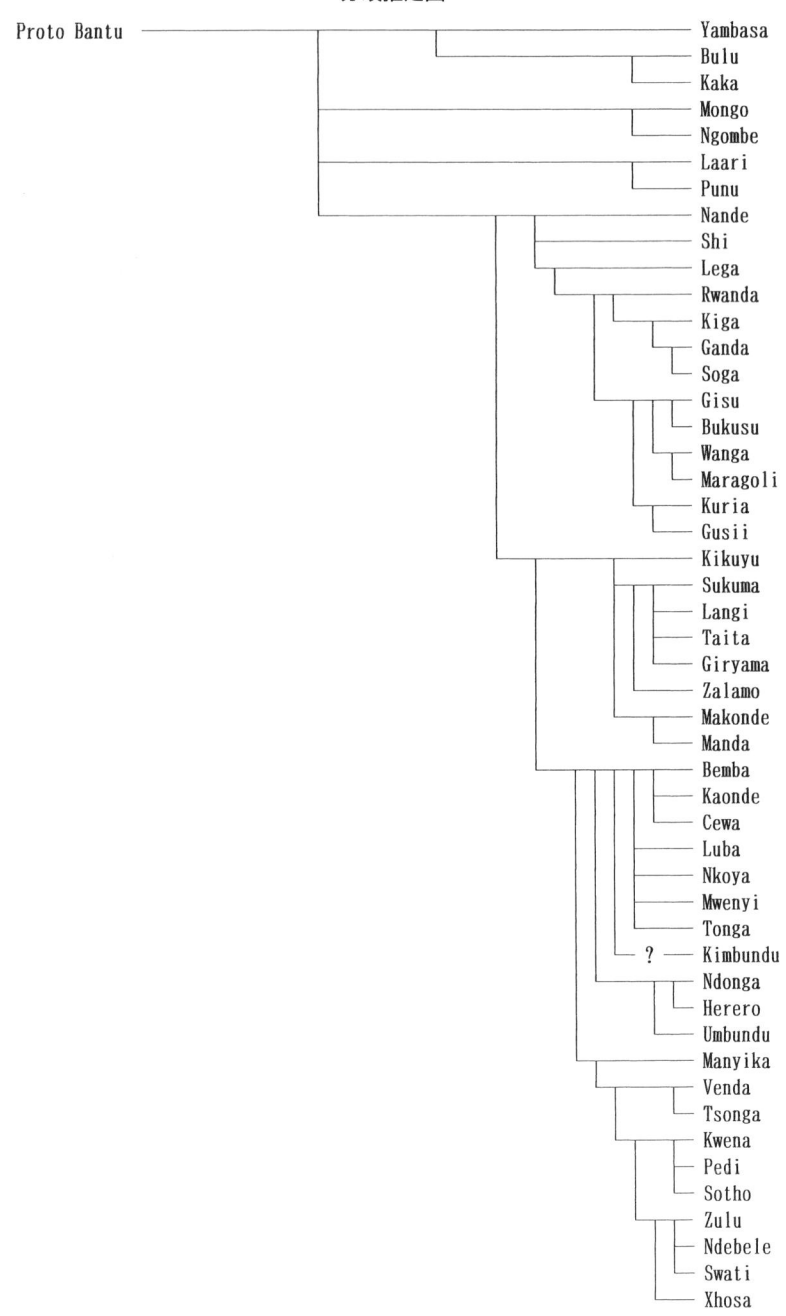

Proto Bantu
Yambasa
Bulu
Kaka
Mongo
Ngombe
Laari
Punu
Nande
Shi
Lega
Rwanda
Kiga
Ganda
Soga
Gisu
Bukusu
Wanga
Maragoli
Kuria
Gusii
Kikuyu
Sukuma
Langi
Taita
Giryama
Zalamo
Makonde
Manda
Bemba
Kaonde
Cewa
Luba
Nkoya
Mwenyi
Tonga
?
Kimbundu
Ndonga
Herero
Umbundu
Manyika
Venda
Tsonga
Kwena
Pedi
Sotho
Zulu
Ndebele
Swati
Xhosa

移動推定図

Yambasa
Bulu
Kaka
Ngombe
Mongo
Nande
Gisu
Soga
Bukusu
Ganda
Wanga
Maragoli
Kiga
Gusii
Kikuyu
Rwanda
Kuria
Lega
Shi
Sukuma
Taita
Punu
Giryama
Langi
Laari
Luba
Zalamo
Kimbundu
Bemba
Kaonde
Manda
Makonde
?
Cewa
Nkoya
Mwenyi
Tonga
Umbundu
Ndonga
Manyika
Ndebele
Herero
Venda
Tsonga
Kwena
Ndebele
Swati
Pedi
Sotho
Zulu
Xhosa

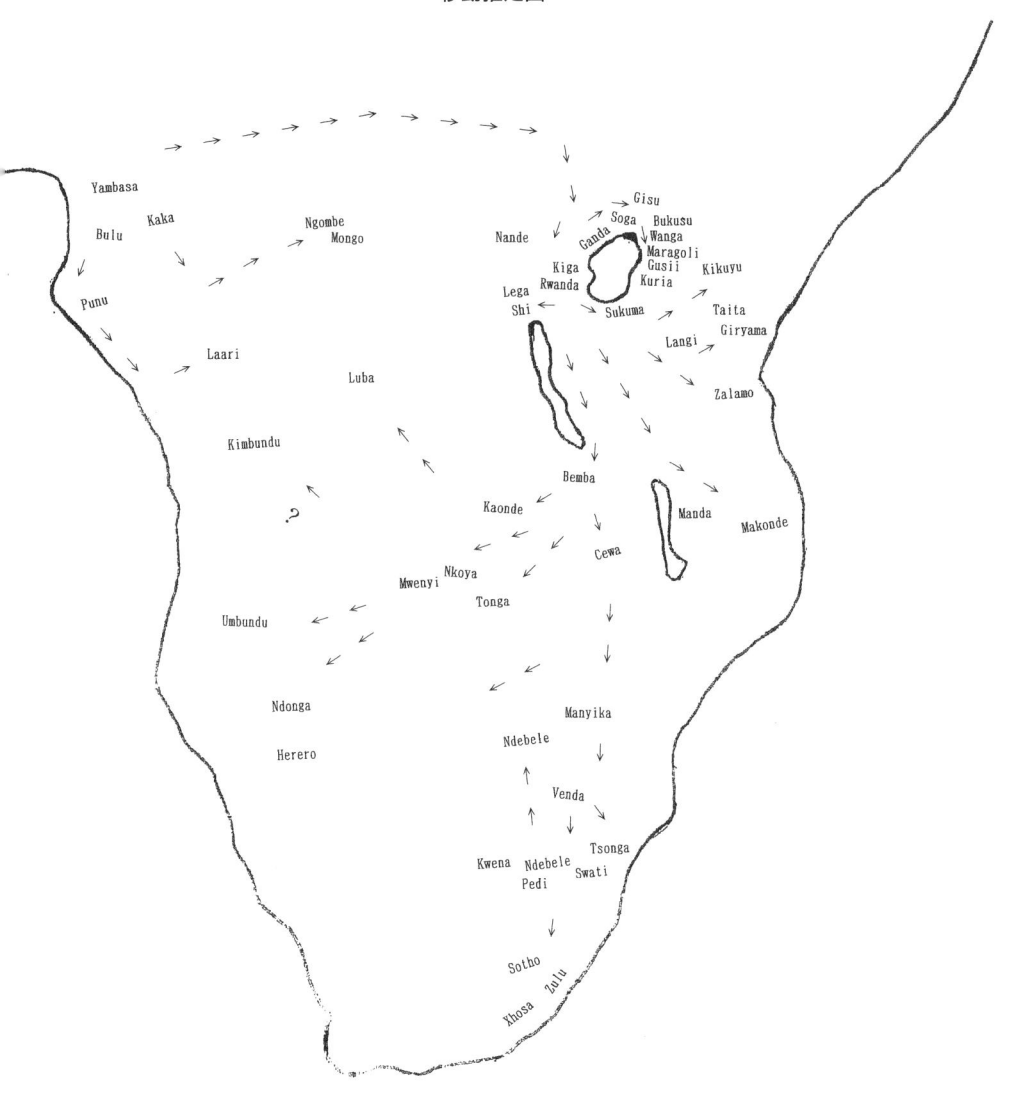

Maps

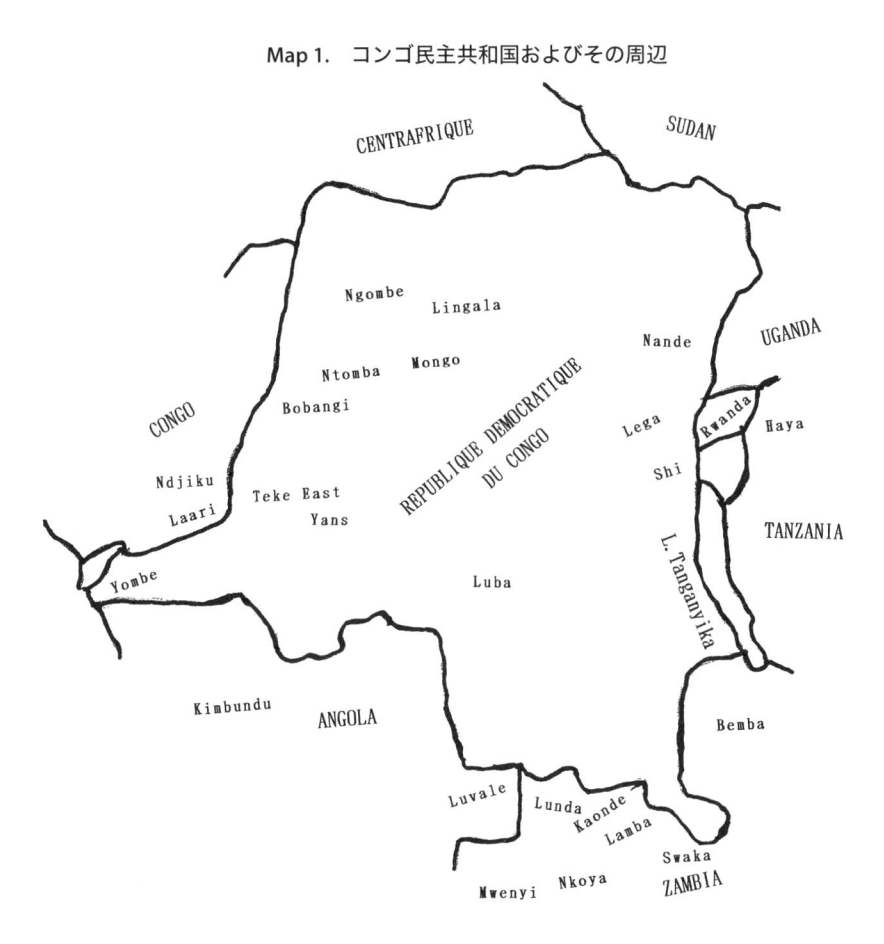

Map 1. コンゴ民主共和国およびその周辺

Map 2. カメルーン・ガボン・コンゴ

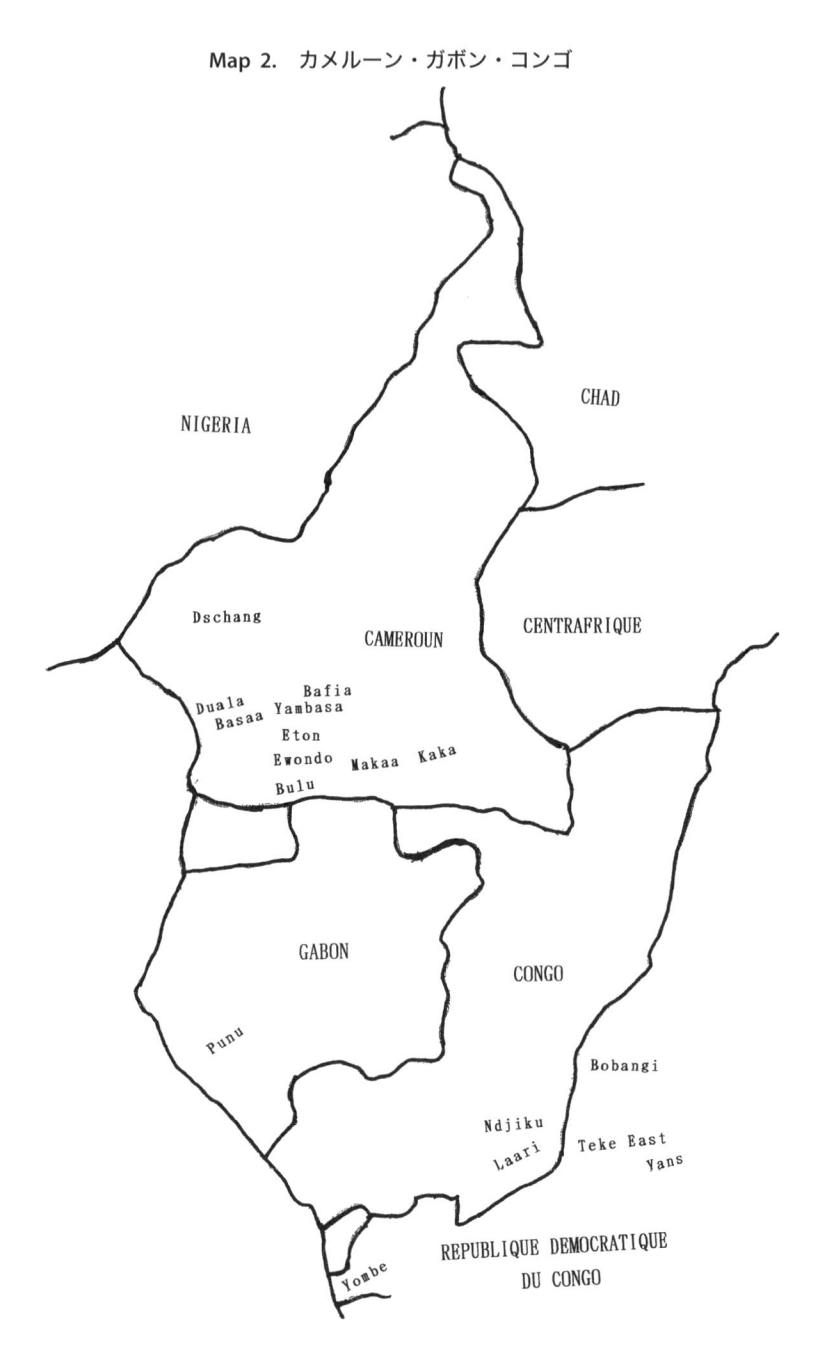

NIGERIA
CHAD
CENTRAFRIQUE
CAMEROUN
Dschang
Bafia
Duala
Basaa
Yambasa
Eton
Ewondo
Makaa
Kaka
Bulu
GABON
Punu
CONGO
Bobangi
Ndjiku
Laari
Teke East
Yans
Yombe
REPUBLIQUE DEMOCRATIQUE
DU CONGO

Maps 65

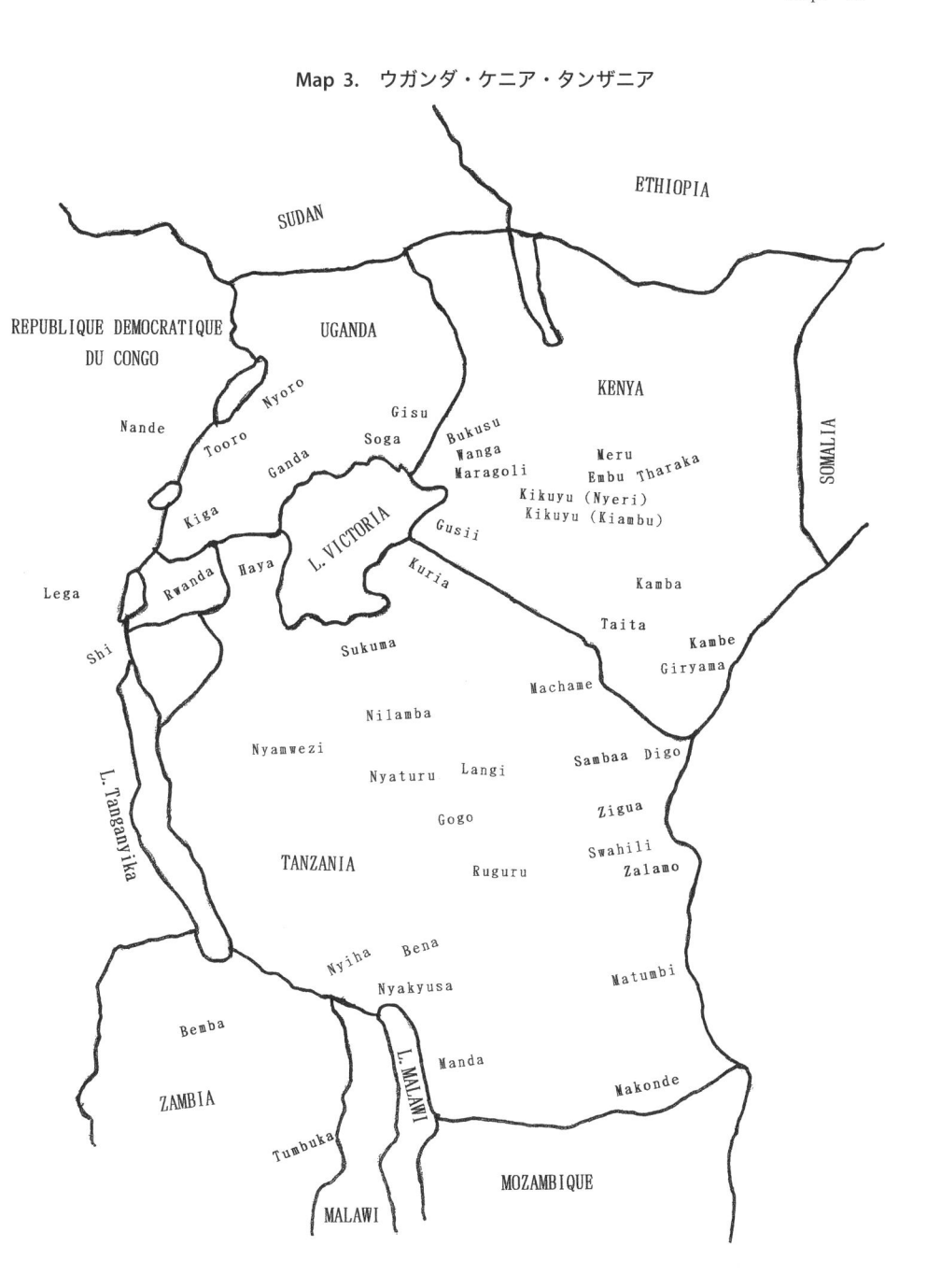

Map 3. ウガンダ・ケニア・タンザニア

Map 4.　南部アフリカ

REPUBLIQUE DEMOCRATIQUE
DU CONGO
Nyakyusa
Bemba
Manda
Tumbuka
L. MALAWI
MALAWI
Luvale
Lunda
Kaonde
Lamba
Umbundu
Swaka
Cewa
Nsenga
ANGOLA
Mwenyi
Nkoya
ZAMBIA
Kwangwa
Lozi
Ila
Sala
Tonga
Buja
ZIMBABWE
Kwanyama
Mbalanhu
Ndonga
Manyika
Karanga
Ndebele North
Ndau
BOTSWANA
NAMIBIA
MOZAMBIQUE
Herero
Ngwato
Venda
Hurutse
Kgatla
Ndebele South
Tsonga
Kwena
Pedi
Swati
Rolong
Tlhaping
Sotho
Zulu
SOUTH AFRICA
Xhosa

LIST OF COGNATE RATES

　ここにあげるのは、あとに示す各言語基礎語彙一覧に基づいて二言語間の語彙比較を行って同根と思われるものの比率を％で表示したものである。もちろん、必要な二言語比較のみを行ったものである。200 語彙の比較なので、〜.5 という数値があるのは当然であるが、同根かどうか判定困難なものは半分一致としたため、〜.25 とか〜.75 といった数値もある。序章にも触れたことであるが、同根であるかどうかの判定は、ただ似ているかということではなくて、両言語の音韻対応の通則に合致しているかどうかの判定であるが、音韻対応の通則ははじめから分かっているわけではなく、同根と判定されたものの音韻対応から帰納されるものである。従って、あるペアが音韻対応の通則に合致しているかどうかは、あまり他の対応による補強証拠がなく、専らそのペアが同根であるかどうかによるという循環論に陥ることがある。そういう場合は、半分一致とするしかなかった。また、カメルーンの多くの言語などのように、語の後半部の脱落が目立つ言語を含む比較においては、残っている部分が似ていても判定不能の場合が多く半分一致とするしかなかった。

　なお、厳密にいえば、音韻対応の通則に合致していても、同根というより、一方の言語から他方への借用である場合がある。これは、例外的に借用と分かる場合を除き同根との区別がつかないので、表では一応同根と扱っている。（ただし、両者の系統上の遠近を判断する場合、かなり借用が生じた可能性のある場合には、各章の本文中でその旨言及しておいた。）

LIST OF COGNATE RATES

Bafia	• Basaa 33.75	Bulu 44.75	Duala 28	Yambasa 24
Basaa	• Bafia 33.75	Bulu 48	Duala 30.75	Yambasa 29
Bemba	• Bena 38	Cewa 59.25	Digo 48	Giryama 47.75
	Gogo 38.25	Haya 41.5	Herero 37.5	Ila 58.5
	Kambe 48	Kaonde 62.5	Kiga 44.5	Kwangwa 45.25
	Kwanyama 39.75	Kwena 38.75	Lamba 88.25	Langi 47.5
	Luba 44.75	Lunda 41.75	Luvale 44.25	Manda 46.25
	Manyika 48	Mwenyi 48.75	Ndau 46.5	Ndonga 39.5
	Nilamba 45.5	Nkoya 56.25	Nsenga 66.25	Nyakyusa 45
	Nyamwezi 54.25	Nyaturu 49.25	Nyiha 47.75	Pedi 39.75
	Ruguru 44.25	Rwanda 47.75	Sala 57.25	Shi 42.25
	Sotho 38	Sukuma 53	Swahili 48.75	Swaka 85
	Tonga 55.75	Tsonga 40	Tumbuka 54.75	Venda 38.75
	Xhosa 43	Zalamo 43	Zigua 45	Zulu 42.75
Bena	• Bemba 38	Cewa 39.75	Digo 50	Giryama 50.5
	Gogo 57.5	Langi 48.5	Makonde 44.75	Manda 57.75
	Matumbi 44.75	Nilamba 45.25	Nyakyusa 47.25	Nyamwezi 46.75
	Nyaturu 49.5	Nyiha 42.5	Ruguru 56.5	Sambaa 54.25
	Sukuma 42.25	Swahili 53	Zalamo 58.5	Zigua 54.25
Bobangi	• Bulu 30.75	Duala 34.5	Kaka 35.5	Laari 36.25
	Lingala 68.75	Luba 35	Mongo 53	Ndjiku 34.5
	Ngombe 46.5	Ntomba 59.25	Teke East 38.5	Yans 40
	Yombe 38.75			
Buja	• Cewa 51.75	Manyika 93.75	Nsenga 55.25	
Bukusu	• Ganda 43.25	Gisu 75.75	Kiga 42.5	
	Nyara East 80.25		Wanga 69.5	
Bulu	• Bafia 44.75	Basaa 48	Bobangi 30.75	Duala 40
	Eton 79.25	Ewondo 82	Kaka 42.5	Makaa 43.75
	Mongo 29.25	Ndjiku 36.5	Ngombe 33.5	Punu 28.5
	Yambasa 25.25			
Cewa	• Bemba 58.25	Bena 39.75	Buja 51.75	Kamba 38
	Kaonde 44.75	Kikuyu (Kiambu) 39.25		Makonde 45.25
	Manda 48.75	Manyika 47.75	Nsenga 74.75	Nyakyusa 41.75
	Nyiha 43.5	Sukuma 47.25	Swahili 45.5	Tonga 47
	Tsonga 43.5	Tumbuka 60.5		
Digo	• Bemba 38	Bena 50	Giryama 74.75	Gogo 50.25
	Kamba 48.25	Kambe 77.75	Langi 61.75	Machame 44.5
	Nilamba 52.75	Nyaturu 57.5	Ruguru 58.75	Sambaa 64.75
	Sukuma 57	Swahili 73.75	Taita 48.75	Zalamo 58.25
	Zigua 62.25			
Duala	• Bafia 28	Basaa 30.75	Bobangi 34.5	Bulu 40
	Mongo 25	Ndjiku 28.25	Yambasa 24.25	
Embu	• Kamba 76.5	Kikuyu (kiambu) 85		Meru 77.25
	Tharaka 83			
Eton	• Bulu 79.25	Yambasa 29.5		
Ewondo	• Bulu 82			
Ganda	• Bukusu 43.25	Gisu 51.25	Gusii 41.25	Haya 55
	Kiga 60.5	Kuria 41.75	Nande 42.75	Nyoro 59.25
	Rwanda 47.75	Soga 87	Sukuma 43.75	Tooro 56.75
	Wanga 42.25			
Giryama	• Bemba 47.75	Bena 50.5	Digo 74.75	Gogo 49.75
	Gusii 42.5	Langi 63.25	Kamba 47	Kambe 90.75
	Kuria 43.26	Machame 48.25	Manda 49.25	Maragoli 42.75
	Matumbi 49.25	Nilamba 54.25	Nyakyusa 46.25	Nyaturu 58
	Nyiha 48	Ruguru 59.25	Sambaa 63. 5	Sukuma 57.75
	Swahili 71	Taita 47.5	Wanga 44	Zalamo 56.75
	Zigua 57.5			
Gisu	• Bukusu 75.75	Ganda 51.25	Kiga 46.25	Soga 56.25
	Wanga 58			
Gogo	• Bemba 38.25	Bena 57.5	Digo 50.25	Giryama 49.75

	Langi 55	Makonde 43.5	Manda 55.75	Matumbi 49.25
	Nilamba 51.5	Nyakyusa 48.75	Nyamwezi 51.75	Nyaturu 52
	Nyiha 47	Ruguru 59.5	Sambaa 53.25	Sukuma 52.75
	Swahili 51.25	Taita 39	Zalamo 56.5	Zigua 52.75
Gusii	・Ganda 41.25	Giryama 42.5	Haya 42	Kamba 44
	Kiga 38.25	Kikuyu (Nyeri) 43.75		Kuria 60.25
	Maragoli 48.25	Sambaa 43.5	Sukuma 43.75	Taita 41.25
	Wanga 45.75	Zalamo 39		
Haya	・Bemba 41.5	Ganda 55	Gusii 42	Kiga 74.25
	Kuria 39.5	Lega 35	Luba 33.25	Nande 44
	Nyoro 70.5	Rwanda 49.25	Shi 40.5	Sukuma 43.5
	Tooro 69			
Herero	・Bemba 37.5	Kwena 27.5	Laari 33.25	Luba 34.75
	Luvale 38.25	Manyika 35	Ndonga 56.25	Venda 29.75
	Xhosa 27.25			
Hurutse	・Kwena 95			
Ila	・Bemba 58.5	Kaonde 48.75	Kwangwa 46.5	Manyika 48.25
	Sala 94.25	Sotho 39.75	Tonga 83.25	Venda 45.75
	Xhosa 38.75	Zulu 42.5		
Isukha	・Wanga 73.75			
Kaka	・Bobangi 35.5	Bulu 42.5	Makaa 49.75	Ngombe 29.5
	Ntomba 35.25			
Kamba	・Cewa 38	Digo 48.25	Embu 76.5	Giryama 47
	Gusii 44	Kambe 50.5	Kikuyu (Kiambu) 74.25	
	Kuria 45	Langi 46.5	Machame 43.75	Makonde 35.5
	Meru 67.75	Nilamba 43.75	Nyaturu 46.75	Sambaa 44.5
	Sukuma 47	Swahili 48.75	Taita 46.25	Tharaka 70.5
Kambe	・Bemba 48	Digo 77.75	Giryama 90.75	Langi 64.75
	Kamba 50.5	Nilamba 54	Nyaturu 57.25	Sukuma 59.5
	Swahili 73.5	Taita 55		
Kaonde	・Bemba 62.5	Cewa 44.75	Ila 48.75	Kiga 40.75
	Kwangwa 48	Lamba 62.75	Luba 48.75	Lunda 42.25
	Luvale 43.5	Mwenyi 48.5	Nkoya 52.25	Nsenga 48.25
	Rwanda 40	Shi 34.25	Tonga 50.25	
Karanga	・Manyika 97.25	Ndebele North 41.5	Ndebele South 42.25	
Kgatla	・Kwena 97			
Kiga	・Bemba 44.5	Bukusu 42.5	Cewa 43.5	Ganda 60.5
	Gisu 46.25	Gusii 38.25	Haya 74.25	Kaonde 40.75
	Kuria 40.25	Lamba 43.25	Lega 39.75	Maragoli 42.5
	Mongo 30.5	Nande 44.75	Nyoro 79	Rwanda 59.75
	Shi 43.25	Soga 57.25	Sukuma 46.75	Tooro 79.25
	Wanga 41.75			
Kikuyu (Kiambu)	・Cewa 39.25	Embu 85	Kamba 74.25	
	Kikuyu (Nyeri) 97.5		Langi 48.5	Machame 43.75
	Makonde 38.75	Meru 73.5	Nilamba 44	Nyala East 37
	Nyaturu 46.75	Sukuma 48	Swahili 50	Taita 49
	Tharaka 77.75			
Kikuyu (Nyeri)	・Gusii 43.75	Kikuyu (Kiambu) 97.5		Kuria 42.75
	Wanga 37.25			
Kuria	・Ganda 41.75	Giryama 43.25	Gusii 60.25	Haya 39.5
	Kamba 45	Kiga 40.25	Kikuyu (Nyeri) 42.75	
	Maragoli 48.25	Sambaa 42.5	Sukuma 44.25	Taita 39
	Wanga 45.5	Zalamo 35		
Kwangwa	・Bemba 45.25	Ila 46.5	Kaonde 48	Lamba 44.25
	Lozi 38	Luba 41.25	Lunda 39.25	Luvale 44.25
	Mwenyi 76.75	Ndonga 41.5	Nkoya 57	Tonga 49.25
Kwanyama	・Bemba 39.75	Laari 32.5	Luba 38.25	Ndonga 85.25
Kwena	・Bemba 38.75	Kgatla 97	Herero 27.5	Hurutse 95
	Lozi 71.75	Manyika 42.75	Ngwato 93.75	Pedi 84.25
	Rolong 97	Sotho 75.5	Tlhaping 95.75	Tsonga 46.5
	Venda 52.5	Xhosa 43.75	Zulu 42.75	

Laari	• Bobangi 36.25	Giryama 28.75	Herero 33.25	Kwanyama 32.5
	Lingala 42.5	Luba 34	Lunda 30.5	Luvale 32.25
	Mongo 31.5	Ndjiku 40.5	Ndonga 30.75	Ngombe 31.75
	Ntomba 33.75	Punu 43	Teke East 44.75	Yans 48.5
	Yombe 71.25			
Lamba	• Bemba 88.25	Kaonde 62.75	Kiga 43.25	Kwangwa 44.25
	Luba 44.25	Rwanda 44.75	Shi 39.75	
Langi	• Bemba 47.5	Bena 48.5	Digo 61.75	Giryama 63.25
	Gogo 55	Kamba 46.5	Kambe 64.75	
	Kikuyu (Kiambu) 48.5		Machame 47	Manda 49.25
	Nilamba 56.25	Nyakyusa 48	Nyaturu 58.5	Nyiha 50
	Ruguru 53.25	Sambaa 58	Sukuma 61.75	Swahili 61
	Taita 52.5	Zalamo 55	Zigua 58.25	
Lega	• Haya 35	Kiga 39.75	Luba 38.75	Mongo 31.5
	Nande 43.75	Ngombe 30.25	Rwanda 40.75	Shi 45.5
	Tooro 35.75			
Lingala	• Bobangi 68.75	Laari 42.5	Luba 37.5	Mongo 58.5
	Nande 25.5	Ndjiku 38.75	Ngombe 50.75	Ntomba 59.5
	Teke East 43	Yans 44.75	Yombe 46.75	
Lozi	• Kwangwa 38	Kwena 71.75	Mwenyi 37.5	Pedi 67.5
	Sotho 77.5			
Luba	• Bemba 44.75	Bobangi 35	Haya 33.25	Herero 34.75
	Kaonde 48.75	Kwangwa 41.25	Kwanyama 38.25	Laari 34
	Lamba 44.25	Lega 38.75	Lingala 37.5	Lunda 38.5
	Luvale 39.5	Mongo 28	Mwenyi 47.25	Nande 33.5
	Ndjiku 37.75	Ndonga 35.25	Ngombe 29	Nkoya 48.75
	Ntomba 34.25	Rwanda 36.5	Shi 34	Sukuma 40.5
	Teke East 40.5	Yans 31.5	Yombe 36.75	
Lunda	• Bemba 41.75	Kaonde 42.25	Kwangwa 39.25	Laari 30.5
	Luba 38.5	Luvale 61.25	Mwenyi 41.75	Nkoya 51.75
	Tonga 40.25	Yombe 31		
Luvale	• Bemba 44.25	Herero 38.25	Kaonde 43.5	Kwangwa 44.25
	Laari 32.25	Luba 39.5	Lunda 61.25	Mwenyi 47.25
	Ndonga 40	Nkoya 53.75	Tonga 39.75	Yombe 32
Machame	• Digo 44.5	Giryama 48.25	Kamba 43.75	
	Kikuyu (Kiambu) 43.75		Langi 47	Nilamba 45.25
	Nyaturu 45.75	Ruguru 45.5	Sambaa 47.5	Sukuma 41.75
	Swahili 46.5	Taita 46.5	Zalamo 43.25	
Makaa	• Bulu 43.75	Kaka 49.25		
Makonde	• Bena 44.75	Cewa 45.25	Gogo 43.5	Kamba 35.5
	Kikuyu (Kiambu) 38.75		Manda 56	Manyika 40.5
	Matumbi 54.75	Ndau 39	Nyakyusa 41	Nyiha 43.5
	Ruguru 50.75	Sukuma 49.5	Swahili 58.25	Tsonga 32
	Venda 35	Zalamo 50.5	Zigua 49.75	Zulu 33.5
Manda	• Bena 57.75	Bemba 46.25	Cewa 48.75	Giryama 49.25
	Gogo 55.75	Langi 49.25	Makonde 56	Manyika 41.25
	Matumbi 61.25	Nilamba 47.25	Nyakyusa 54.75	Nyaturu 48.75
	Nyiha 48.75	Ruguru 54.25	Sukuma 50.5	Swahili 52
	Zalamo 55	Zigua 48.25		
Manyika	• Bemba 48	Buja 93.75	Cewa 47.75	Herero 35
	Ila 48.25	Karanga 97.25	Kwena 42.75	Makonde 40.5
	Manda 41.25	Ndau 86	Nsenga 55.5	Pedi 36.5
	Sotho 39.75	Sukuma 45.75	Tonga 52	Tsonga 43.5
	Venda 52.25	Xhosa 41.5	Zulu 40.75	
Maragoli	• Giryama 42.75	Gusii 48.25	Kiga 42.5	Kuria 48.25
	Nyala East 63	Sambaa 39.25	Sukuma 42.25	Wanga 66.25
	Zalamo 39			
Maraki	• Wanga 90.75			
Matumbi	• Bena 44.25	Giryama 49.25	Gogo 49.25	Makonde 54.75
	Manda 61.25	Nyakyusa 47.75	Nyiha 47	Ruguru 53.25
	Sukuma 49.5	Swahili 52.25	Zalamo 48	Zigua 50.25

Mbalanhu	• Ndonga 90			
Meru	• Embu 77.25	Kamba 67.75	Kikuyu (Kiambu) 73.5	
	Tharaka 86.75			
Mongo	• Bobangi 53	Bulu 29.75	Duala 25	Kiga 30.5
	Laari 31.5	Lega 31	Lingala 58.5	Luba 28
	Nande 27.25	Ndjiku 34.75	Ngombe 43.25	Ntomba 70.75
	Shi 27.25	Teke East 36.5	Yans 40	Yombe 38.25
Mwenyi	• Bemba 48.75	Kaonde 48.5	Kwangwa 76.75	Lozi 37.5
	Luba 47.25	Lunda 41.75	Luvale 47.25	Ndonga 43.5
	Nkoya 58	Tonga 49.25		
Nande	• Ganda 42.75	Haya 44	Kiga 44.75	Lega 43.75
	Lingala 25.5	Luba 33.5	Mongo 27.25	Nyoro 44.25
	Rwanda 48	Shi 51.75	Sukuma 42.5	Tooro 43
Ndau	• Bemba 46.5	Makonde 39	Manyika 86	Tsonga 49.5
	Venda 51			
Ndebele North	• Karanga 41.5	Ndebele South 84.5		Pedi 46.5
	Venda 46.75	Zulu 87.5		
Ndebele South	• Karanga 42.25	Ndebele North 84.5		Pedi 48
	Sotho 47.5	Swati 87.25	Tsonga 52.25	Venda 49.25
	Xhosa 73.25	Zulu 87		
Ndjiku	• Bobangi 34.5	Bulu 36.5	Duala 28.25	Laari 40.5
	Lingala 38.75	Luba 37.75	Mongo 34.75	Ngombe 30.75
	Ntomba 35.5	Punu 36.75	Teke East 60.75	Yans 45.5
	Yombe 41.5			
Ndonga	• Bemba 39.5	Herero 56.25	Kwangwa 41.5	Kwanyama 85.25
	Laari 30.75	Luba 35.25	Luvale 40	Mbalanhu 90
	Mwenyi 43.5	Nkoya 43	Tonga 37	
Ngombe	• Bobangi 46.5	Bulu 33.5	Kaka 29.5	Laari 31.75
	Lega 30.25	Lingala 50.75	Luba 29	Mongo 43.25
	Ndjiku 30.75	Ntomba 41	Teke East 34.25	Yansu 38.5
	Yombe 34.75			
Ngwato	• Kwena 93.75			
Nilamba	• Bemba 45.5	Bena 45.25	Digo 52.75	Giryama 54.25
	Gogo 51.5	Kamba 43.75	Kambe 54	
	Kikuyu (Kiambu) 44		Langi 56.25	Machame 45.25
	Manda 47.25	Nyakyusa 46.75	Nyaturu 64.5	Nyiha 49.25
	Ruguru 46.25	Sambaa 51.5	Sukuma 64.75	Swahili 49.75
	Taita 44.5	Zalamo 48.5	Zigua 51	
Nkoya	• Bemba 56.25	Kaonde 52.25	Kwangwa 57	Luba 48.75
	Lunda 51.75	Luvale 53.75	Mwenyi 58	Ndonga 43
	Tonga 48.5			
Nsenga	• Bemba 66.25	Buja 55.25	Cewa 74.75	Kaonde 48.25
	Manyika 55.5	Sukuma 49	Tonga 56.75	Tumbuka 59.75
Ntomba	• Bobangi 59.25	Kaka 35.25	Laari 33.75	Lingala 59.5
	Luba 34.25	Mongo 70.75	Ndjiku 35.5	Ngombe 41
	Teke East 37.75		Yans 39.75	Yombe 36.25
Nyakyusa	• Bemba 45	Bena 47.25	Cewa 41.75	Giryama 46.25
	Gogo 48.75	Langi 48	Makonde 41	Manda 54.75
	Matumbi 47.75	Nilamba 46.75	Nyamwezi 47.5	Nyaturu 47.5
	Nyiha 49.5	Ruguru 49	Sukuma 45.25	Swahili 46.75
	Tumbuka 44.5	Zalamo 49.75		
Nyala East	• Bukusu 80.25	Kikuyu (Kiambu) 37		Maragoli 63
	Nyala West 83.75		Soga 49.25	Sukuma 46.75
	Wanga 85			
Nyala West	• Nyala East 83.75		Wanga 86	
Nyamwezi	• Bemba 54.25	Bena 46.75	Gogo 51.75	Nyakyusa 47.5
	Nyiha 50.75	Ruguru 50	Sukuma 89.25	Swahili 58.25
Nyaturu	• Bemba 49.25	Bena 49.5	Digo 57.5	Giryama 58
	Gogo 52	Langi 58.5	Kamba 46.75	Kambe 57.25
	Kikuyu (Kiambu) 46.75		Machame 45.75	Manda 48.75
	Nilamba 64.5	Nyakyusa 47.5	Nyiha 54.75	Ruguru 50

	Sambaa 55.25	Sukuma 63.5	Swahili 54.75	Taita 48.25
	Zalamo 46.5	Zigua 50.75		
Nyiha	• Bemba 47.75	Bena 42.5	Cewa 43.5	Giryama 48
	Gogo 47	Langi 50	Makonde 43.5	Manda 48.75
	Matumbi 47	Nilamba 49.25	Nyakyusa 49.5	Nyamwezi 50.75
	Nyaturu 54.75	Ruguru 46.5	Sukuma 51.25	Swahili 48
	Tumbuka 46.5	Zalamo 47		
Nyoro	• Ganda 59.25	Haya 70.5	Kiga 79	Nande 44.25
	Rwanda 53.5	Sukuma 43.5	Tooro 91.75	
Pedi	• Bemba 39.75	Kwena 84.25	Lozi 67.5	Manyika 36.5
	Ndebele North 46.5		Ndebele South 48	
	Sotho 73.75	Tsonga 52.5	Venda 54	Xhosa 46
	Zulu 47.75			
Punu	• Bulu 28.5	Laari 43	Ndjiku 36.75	Yombe 40.25
Rolong	• Kwena 97			
Ruguru	• Bemba 44.25	Bena 56.5	Digo 58.75	Giryama 59.25
	Gogo 59.5	Langi 53.25	Machame 45.5	Makonde 50.75
	Manda 54.25	Matumbi 53.25	Nilamba 46.25	Nyakyusa 49
	Nyamwezi 50	Nyaturu 50	Nyiha 46.5	Sambaa 60.5
	Sukuma 50.75	Swahili 63.26	Taita 43.5	Zalamo 73.75
	Zigua 53			
Rwanda	• Bemba 47.75	Ganda 47.75	Haya 49.25	Kaonde 40
	Kiga 59.75	Lamba 44.75	Lega 40.75	Luba 36.5
	Nande 48	Nyoro 53.5	Shi 51.25	Sukuma 46.75
	Tooro 51.25			
Sala	• Bemba 57.25	Ila 94.25	Tonga 82	
Sambaa	• Bena 54.25	Digo 64.75	Giryama 63.5	Gogo 53.25
	Gusii 43.5	Kamba 44.5	Kuria 42.5	Langi 58
	Machame 47.5	Maragoli 39.25	Nilamba 51.5	Nyaturu 55.25
	Ruguru 60.5	Sukuma 59.25	Swahili 65.75	Taita 49
	Wanga 37.75	Zalamo 61.75	Zigua 74.75	
Shi	• Bemba 42.25	Haya 40.5	Kaonde 34.25	Kiga 43.25
	Lamba 39.75	Lega 45.5	Luba 34	Mongo 27.25
	Nande 51.75	Rwanda 51.25		
Soga	• Ganda 87	Gisu 56.25	Kiga 57.25	
	Nyala East 48.25			
Sotho	• Bemba 38	Ila 39.75	Kwena 75.5	Lozi 77.5
	Manyika 39.75	Ndebele North 47.5		Pedi 73.75
	Swati 48.25	Tsonga 52	Venda 45.5	Xhosa 44.25
	Zulu 47.5			
Sukuma	• Bemba 53	Bena 42.25	Cewa 47.25	Digo 57
	Ganda 43.75	Giryama 57.75	Gogo 52.75	Gusii 43.75
	Haya 43.5	Kamba 47	Kambe 59.5	Kiga 46.75
	Kikuyu (Kiambu) 48		Kuria 44.25	langi 61.75
	Luba 40.5	Machame 41.75	Makonde 49.5	Manda 50.5
	Manyika 45.75	Maragoli 42.25	Matumbi 49.5	Nande 42.5
	Nilamba 64.75	Nsenga 49	Nyala East 46.75	
	Nyakyusa 45.25	Nyamwezi 89.25	Nyaturu 63.5	Nyiha 51.25
	Nyoro 43.5	Ruguru 50.75	Rwanda 46.75	Sambaa 59.25
	Swahili 57	Taita 46.25	Tooro 43	Tumbuka 43
	Venda 41	Wanga 44	Zalamo 52.5	Zigua 51.25
Swahili	• Bemba 48.75	Bena 54.25	Cewa 45.5	Digo 73.75
	Giryama 71	Gogo 51.25	Kamba 48.75	Kambe 73.5
	Kikuyu (Kiambu) 50		Langi 61	Machame 46.5
	Makonde 58.25	Manda 52	Matumbi 52.25	Nilamba 49.75
	Nyakyusa 46.75	Nyamwezi 58.25	Nyaturu 54.75	Nyiha 48
	Ruguru 63.25	Sambaa 65.75	Sukuma 57	Taita 53.25
	Zalamo 69.25	Zigua 63.5		
Swaka	• Bemba 85			
Swati	• Ndebele South 87.25		Sotho 48.25	Tsonga 53.25
	Xhosa 75.5	Zulu 88		

LIST OF COGNATE RATES 73

Taita	• Digo 48.75	Giryama 47.5	Gogo 39	Gusii 41.25
	Kamba 46.25	Kambe 55	Kikuyu (Kiambu) 49	
	Kuria 39	Langi 52.5	Machame 46.5	Nilamba 44.5
	Nyaturu 48.25	Ruguru 43.5	Sambaa 49	Sukuma 46.25
	Swahili 53.25	Wanga 33.75	Zalamo 44.75	Zigua 44
Teke East	• Bobangi 38.5	Laari 44.75	Lingala 43	Luba 40.5
	Mongo 36.5	Ndjiku 60.75	Ngombe 34.25	Ntomba 37.75
	Yans 52.25	Yombe 48.25		
Tharaka	• Embu 83	Kamba 70.5	Kikuyu (Kiambu) 77.75	
	Meru 86.75			
Tlhaping	• Kwena 95.75			
Tonga	• Bemba 55.75	Cewa 47	Ila 83.25	Kaonde 50.25
	Kwangwa 49.25	Lunda 40.25	Luvale 39.75	Manyika 52
	Mwenyi 49.25	Ndonga 37	Nkoya 48.5	Nsenga 56.75
	Sala 82			
Tooro	• Ganda 56.75	Haya 69	Kiga 79.25	Lega 35.75
	Nande 43	Nyoro 91.75	Rwanda 51.25	Sukuma 43
Tsonga	• Bemba 40	Kwena 46.5	Makonde 32	Manyika 43.5
	Ndau 49.5	Ndebele South 52.25		Pedi 52.5
	Sotho 52	Swati 53.25	Venda 54.25	Xhosa 52.75
	Zulu 53			
Tumbuka	• Bemba 54.75	Cewa 60.5	Nsenga 59.75	Nyakyusa 44.5
	Nyiha 46.5	Sukuma 43		
Venda	• Bemba 38.75	Herero 29.75	Ila 45.75	Kwena 52.5
	Makonde 35	Manyika 52.25	Ndau 51	
	Ndebele North 46.75		Ndebele South 49.25	
	Pedi 54	Sotho 45.5	Sukuma 41	Tsonga 54.25
	Xhosa 45	Zulu 47.25		
Wanga	• Bukusu 69.5	Ganda 42.25	Giryama 44	Gisu 58
	Gusii 45.75	Isukha 73.75	Kiga 41.75	
	Kikuyu (Nyeri) 37.25		Kuria 45.5	Maragoli 66.25
	Maraki 90.75	Nyala East 85	Nyala West 86	Sambaa 37.75
	Sukuma 44	Taita 33.75	Zalamo 40.25	
Xhosa	• Bemba 43	Herero 27.25	Ila 38.75	Kwena 43.75
	Manyika 41.5	Ndebele South 73.25		Pedi 46
	Sotho 44.25	Swati 75.5	Tsonga 52.75	Venda 45
	Zulu 73.75			
Yambasa	• Bafia 24	Basaa 29	Bulu 25.25	Duala 24.25
	Eton 29.5			
Yans	• Bobangi 40	Laari 48.5	Lingala 44.75	Luba 31.5
	Mongo 40	Ndjiku 45.5	Ngombe 38.5	Ntomba 39.75
	Teke East 52.25		Yombe 49.5	
Yombe	• Bobangi 38.75	Laari 71.25	Lingala 46.75	Luba 36.75
	Lunda 31	Luvale 32	Mongo 38.25	Ndjiku 41.5
	Ngombe 34.75	Ntomba 36.25	Punu 40.25	Teke East 48.25
	Yans 49.5			
Zalamo	• Bemba 43	Bena 58.5	Digo 58.25	Giryama 56.75
	Gogo 56.5	Gusii 39	Langi 55	Kuria 35
	Machame 43.25	Makonde 50.5	Manda 55	Maragoli 39
	Matumbi 48	Nilamba 48.5	Nyakyusa 49.75	Nyaturu 46.5
	Nyiha 47	Ruguru 73.75	Sambaa 61.75	Sukuma 52.5
	Swahili 69.25	Taita 44.75	Wanga 40.25	Zigua 63
Zigua	• Bemba 45	Bena 52.75	Digo 62.25	Giryama 57.5
	Gogo 52.75	Langi 58.25	Makonde 49.75	Manda 48.25
	Matumbi 50.25	Nilamba 51	Nyaturu 50.75	Ruguru 63
	Sambaa 74.75	Sukuma 51.25	Swahili 63.5	Taita 44
	Zalamo 63			
Zulu	• Bemba 42.75	Ila 42.5	Kwena 42.75	Makonde 33.5
	Manyika 40.75	Ndebele North 87.5		Ndebele South 87
	Pedi 47.75	Sotho 47.5	Swati 88	Tsonga 53
	Venda 47.25	Xhosa 73.75		

各言語基礎語彙一覧

　ここでは、本書における分析に用いたバントゥ諸語の基礎語彙 200 を示す。筆者の分析を追跡調査されたい方、あるいは、データ自体を追跡調査されたい方はご利用いただきたい。ここのデータはすべて著者が調査して集めたものである。
　さまざまな補助記号を用いている箇所もあるが、その意味についてはあとの各言語に関するコメントの該当言語の項を見ていただきたい。なお、すべての言語に関して、アクセントは捨象している。アクセント分析ができていない言語のデータも利用しなければならないのと、同根かどうかの判断だけならアクセントを無視しても原則的に可能だからである。
　アルファベット順に配列したが、狭義のバントゥ諸語には含まれない Dschang については、最後に載せた。

Bafia

1	head	nto - mato
2	hair	cong
3	face	isu - masu
4	eye	dis - mis
5	nose	dywei - mwei
6	mouth	ngom - myom
7	tongue	re̱lemag - malemag
8	tooth	dîn - min
9	ear	iri - mari
10	neck	ime̱e̱ - beme̱e̱
11	body	nyôô - nyôô
12	shoulder	ilan - belan
13	breast	dye̱lḙ - me̱lḙ
14	back	byas
15	buttock	rḙkan - makan
16	arm	cag - byag
17	finger	mḙn a cag - bo̱n ba byag
18	nail	go̱o̱ - go̱o̱
19	leg	ikoo - makoo
20	bone	iwob - bewob
21	blood	bwab
22	heart	ndem - maarem
23	liver	bḙndem
24	tears	mise̱
25	spittle	tucêe
26	to see	ige̱n
27	to look for	ikaa
28	to hear	iwog
29	wound	be̱n
30	to vomit	il̂oo
31	to be tired	ifol
32	to become well	igo̱n
33	witchdoctor	mfyḙnfyḙn a mon, bafye̱nfyḙn ba bon
34	clothes	ilaa - be̱laa
35	to wear	iwaate̱n
36	to wash	isoo
37	to spread to dry	iganḙ
38	to sew	irai
39	salt	kḙkon - bḙkon
40	oil	mo̱o̱
41	to cook	ilam
42	to roast	igan
43	to eat	idi
44	to drink	ino
45	to become hungry	iwog de̱ zai
46	to become rotten	iboe
47	house	me̱e̱
48	to build	iton
49	to shut	isim
50	to sweep	ifye̱n
51	father	tata - batata
52	mother	mma - bamma
53	child	ngo̱bte̱ - bo̱bte̱, man - bo̱n
54	husband	ii - baii
55	wife	yib - bayib
56	to bear	iyai
57	name	dii - mii
58	to grow up	ito̱o̱
59	person	mom - bom
60	to die	iu
61	dog	bu - bu
62	to bite	irume̱
63	cattle	saniâ - besania
64	pig	djee - djee
65	goat	buii - buii
66	animal	nyam - nyam
67	lion	laie̱n
68	elephant	zog
69	hippopotamus	gbang - be̱gbang
70	tail	ngee - maĝee
71	spear	re̱kong - makong
72	trap	fêram - teram
73	meat	bye̱n
74	snake	nyo̱o̱ - nyo̱o̱
75	crocodile	gan - gan
76	frog	igborḙ - bḙgborḙ, gbo̱gto̱ - bḙgbo̱gto̱
77	fish	ize̱n - be̱ze̱n
78	bird	fiile̱ - tîilḙ
79	chicken	zag - zag
80	egg	dḙ̃g - mḙ̃g
81	to fly	ilḙng
82	bee	nyii - nyii
83	mosquito	fe̱konkon - te̱konkon
84	fly	gaacee - gaacee
85	tree	ite̱ - be̱te̱
86	branch	ngwa se̱n
87	leaf	ce̱n - ce̱n
88	seed	boo
89	root	gan - gan
90	to cultivate	isai
91	hoe	fe̱gke̱n - te̱gke̱n
92	to sleep	ile̱e̱
93	dream	be̱dendem
94	to wake up	iĝimbe̱n
95	to stand up	irere̱
96	to sit down	iko̱rḙ
97	to go	ike̱n
98	to come	iwii
99	to enter	ide̱e̱
100	to come out	ikpâng

101	to arrive	ikpang		151	to bend	itag
102	to pass	iken		152	to cut	ikpee
103	path	bee - bee		153	to snap	ibag
104	axe	fesen - tesen		154	to tear	igaske
105	fire	duu		155	up	adjoo
106	ashes	kebu - bebu		156	down	aze
107	smoke	fesile		157	inside	bedem
108	to burn	ideg		158	outside	bedyom
109	to extinguish			159	red	mbang
		idimze		160	white	mpu
110	firewood	fewon - tewon		161	black	nfin
111	water	manig		162	sun	ngos
112	to become dry			163	moon	ngwii
		iwom		164	star ·	fyeei - ceei
113	to say	ikale		165	cloud	kekus - bekus
114	to call	irege		166	rain	bwee
115	to question	itog de ntooto		167	wind	beb
116	to teach	irese		168	mountain	don - don
117	to play	icagke		169	forest	cog - byog
118	to sing	ikee		170	river	nshom - mashom
119	drum	fekorong - tekorong		171	to sink	ibim
120	to throw	iloo		172	to cross	ishaa
121	to abuse	isem		173	to swim	iwog
122	to strike	ikui		174	ground	ze
123	to give	ifa		175	stone	gog
124	to steal	ifyaase		176	soil	ze
125	guest	nken - baken		177	hole	dias
126	to wait	ibong		178	to bury	idenze
127	to kill	iwei		179	day	ngos - bengos
128	to laugh	iwei		180	night	iru - maru
129	to weep	iren		181	yesterday	renko
130	to like	ikeise		182	today	geena
131	to fear	irise		183	tomorrow	iduru
132	to forget	idimzen		184	year	beg
133	one	bog		185	good	-syeesyee
134	two	bee		186	bad	mbebten
135	three	raa		187	big	-gwee
136	four	nyin		188	small	-sak
137	five	tan		189	long	-rab
138	ten	nteig		190	short	-den
139	many	leegwee		191	heavy	-ndeig
140	all	-cem		192	It's cold	ifeb keeke
141	God	bei		193	new	-nyon
142	to drop	ikpe		194	thing	com - byom
143	to pick up	ikpese		195	me	me
144	to bring	iwii diiko		196	you	wo
145	to put	ifõõ		197	us	bese
146	to hide	inyam		198	you pl.	mene
147	to pull	itug		199	who	gen
148	to push	icog		200	what	ce
149	to tie a knot					
		isonde				
150	to untie	ifume				

Basaa

1	head	ngo - mingo
2	hair	hyong - cong
3	face	su - masu
4	eye	jis - mis
5	nose	jol - mol
6	mouth	nyo - manyo
7	tongue	hilemb - dilemb
8	tooth	lisong - masong
9	ear	oo - maoo
10	neck	joo - moo
11	body	nyuu - manyuu
12	shoulder	tuu - bituu
13	breast	libee - mee
14	back	mbus - mbus
15	buttock	gweb - gweb
16	arm	woo - moo
17	finger	kut - bikut
18	nail	yalag - gwalag
19	leg	koo - makoo
20	bone	ohies - bihies
21	blood	macel
22	heart	ngem - mingem
23	liver	sahaa - bisahaa
24	tears	yiha - gwiha
25	spittle	matai
26	to see	tehe
27	to look for	yen
28	to hear	nok
29	wound	mbaaba - mambaaba
30	to vomit	lo
31	to be tired	meye nwaag
32	to become well	tibla
33	witchdoctor	mut matibla mankon
34	clothes	mbot - mambot
35	to wear	haba
36	to wash	so
37	to spread to dry	bamb
38	to sew	kongoo
39	salt	bas
40	oil	moo
41	to cook	lamb
42	to roast	bom
43	to eat	je
44	to drink	nyo
45	to become hungry	njal igwe ～
46	to become rotten	bolos
47	house	ndap - mandap
48	to build	ong
49	to shut	yibi
50	to sweep	hol ndap
51	father	tata - batata, nsong - basong, nsang - basang
52	mother	inni, nyung - banyung, nyang - banyang
53	child	man'ge - bon'ge
54	husband	nlom - balom
55	wife	mudaa - bodaa
56	to bear	gwal
57	name	jol - mol
58	to grow up	nang
59	person	mut - bot
60	to die	wo
61	dog	n'gwo - ŋ'gwo
62	to bite	kogoo
63	cattle	nyaga - nyaga
64	pig	n'goi - n'goi
65	goat	n'ya kembee, bep kembee
66	animal	nuga - binuga
67	lion	mbondo njee
68	elephant	njok - njok
69	hippopotamus	n'gubi - n'gubi
70	tail	ngwel - mangwel
71	spear	likong - makong
72	trap	hyandi - candi, nkume - minkume
73	meat	nuga
74	snake	nyoo - nyoo
75	crocodile	hikombat - bikombat, n'gan - n'gan
76	frog	nkongo - minkongo, yol - gwol
77	fish	hyobi - cobi
78	bird	hinuni - dinuni
79	chicken	kop - kop
80	egg	licee - macee
81	to fly	puuwe
82	bee	nyoi - nyoi
83	mosquito	hikala - dikala
84	fly	njembe - banjembe, lisun - masun
85	tree	e - bie
86	branch	ncep - mincep
87	leaf	hyai - cwai
88	seed	mboo - mboo
89	root	nkang - minkang
90	to cultivate	seee
91	hoe	hisoo - disoo
92	to sleep	ke hilo
93	dream	eem - biem
94	to wake up	tode
95	to stand up	telep
96	to sit down	yen
97	to go	ke
98	to come	lo
99	to enter	jop
100	to come out	pam

101	to arrive	pam	151	to bend	hot	
102	to pass	tagbe̲	152	to cut	kit, ke̲g	
103	path	lo̲lo̲n'ga – bilo̲lo̲n'ga, nsing – mising nje̲l – manje̲l, nlo̲ng – minlo̲ng	153	to snap	bog	
			154	to tear	pat, was	
			155	up	n'gii	
			156	down	si	
			157	inside	kedekede	
104	axe	nkule̲ng – minkule̲ng	158	outside	mbegde	
			159	red	koyob	
105	fire	hyee – cee	160	white	puba	
106	ashes	libuu	161	black	nlanga, hindi	
107	smoke	hida	162	sun	hyan'gaa	
108	to burn	legba	163	moon	song	
109	to extinguish	lem	164	star	hyodot – codot	
			165	cloud	o̲nd	
110	firewood	hyee – cee	166	rain	no̲p	
111	water	malep	167	wind	mbe̲bi	
112	to become dry	nomog	168	mountain	hikowa – dikowa	
			169	forest	lipan – mapan	
113	to say	po̲t	170	river	lep – malep	
114	to call	sebel	171	to sink	yin	
115	to question	bat	172	to cross	yap	
116	to teach	niiga	173	to swim	ho̲g	
117	to play	tog	174	ground	si	
118	to sing	tob	175	stone	n'go̲k – n'go̲k	
119	drum	n'go̲mo̲ – din'go̲mo̲	176	soil	si	
120	to throw	leng	177	hole	bee – bibe̲e̲	
121	to abuse	so̲l	178	to bury	jo	
122	to strike	o̲m kut	179	day	hilo̲ – dilo̲, ke̲l – make̲l	
123	to give	ti				
124	to steal	nip, wip	180	night	u – mau	
125	guest	nken – baken	181	yesterday	yani	
126	to wait	be̲m(b)	182	today	le̲n	
127	to kill	no̲l	183	tomorrow	yani	
128	to laugh	no̲l, hyo̲l	184	year	ngwii – mangwii	
129	to weep	e̲e̲	185	good	lo̲n'ge̲ – bilo̲n'ge̲	
130	to like	gwes	186	bad	beba	
131	to fear	ko̲n wo̲ngi	187	big	so̲so̲	
132	to forget	hoya	188	small	himagaa – dimagaa	
133	one	yada	189	long	ntendee, ntel – minte̲l	
134	two	bibaa				
135	three	iaa	190	short	hikidigo – bikidigo	
136	four	ina				
137	five	bitan	191	heavy	-et	
138	ten	jom	192	It's cold	insune	
139	many	n'gandak	193	new	hiyo̲ndo̲ – diyo̲ndo̲	
140	all	-baso	194	thing	jam – mam, yo̲m – gwo̲m	
141	God	nyambe̲ – banyambe̲				
142	to drop	kwo̲	195	me	me̲	
143	to pick up	bada	196	you	we̲	
144	to bring	lo̲na	197	us	bes	
145	to put	bii	198	you pl.	bee	
146	to hide	soo	199	who	nje̲e̲	
147	to pull	ot	200	what	kii	
148	to push	nyuge̲				
149	to tie a knot	teng				
150	to untie	ho̲ho̲l				

Bemba

1	head	umutwe - imitwe
2	hair	umushishi - imishishi
3	face	ichinso - ifinso
4	eye	ilinso - amenso
5	nose	umoona - imiona
6	mouth	akanwa - utunwa
7	tongue	ululimi - indimi
8	tooth	iliino - ameeno
9	ear	ukutwi - amatwi
10	neck	umukoshi - imikoshi
11	body	umubili - imibili
12	shoulder	ichipeeya - ifipeeya, ukubeya - amabeya
13	breast	ibeele - amabeele
14	back	inuma
15	buttock	itako - amatako
16	arm	ukuboko - amaboko
17	finger	umunwe - iminwe
18	nail	uluala - amaala, ingala
19	leg	ukuulu - amoolu
20	bone	ifupa - amafupa
21	blood	umulopa
22	heart	umutima - imitima
23	liver	ilibu - amabu
24	tears	iminsoshi, ichilamba - ifilamba
25	spittle	amate
26	to see	ukumona
27	to look for	ukufwaya, ukufwayafwaya
28	to hear	ukumfwa
29	wound	ichilonda - ifilonda
30	to vomit	ukuluka
31	to be tired	ukunaka
32	to become well	ukupola
33	witchdoctor	shing'anga - bashing'anga
34	clothes	ichaakufwala - ifyaakufwala
35	to wear	ukufwala
36	to wash	ukuchapa
37	to spread to dry	ukuanika
38	to sew	ukubila, ukutunga
39	salt	umuchele
40	oil	amafuta
41	to cook	ukuipika
42	to roast	ukoocha
43	to eat	ukulya
44	to drink	ukunwa
45	to become hungry	ukumfwa insala
46	to become rotten	ukubola
47	house	ing'anda - amayanda
48	to build	ukukuula
49	to shut	ukuisala
50	to sweep	ukupyanga
51	father	taata, baataata, baawiso, baawishi
52	mother	maayo, baamaayo, baanoko, baanyina
53	child	umuana - abaana
54	husband	umulume - abalume
55	wife	umukashi - abakashi
56	to bear	ukufyala, ukubeleka
57	name	ishina - amashina
58	to grow up	ukukula
59	person	umuntu - abantu
60	to die	ukufwa
61	dog	imbwa - imbwa
62	to bite	ukusuma
63	cattle	ing'ombe - ing'ombe
64	pig	inkumba - inkumba
65	goat	imbushi - imbushi
66	animal	inama - inama
67	lion	inkalamo - inkalamo
68	elephant	insofu - insofu
69	hippopotamus	imfubu - imfubu
70	tail	umuchila - imichila
71	spear	ifumo - amafumo
72	trap	ichiteyo - ifiteyo
73	meat	inama
74	snake	insoka - insoka
75	crocodile	ing'wena - ing'wena, ichibookolo - ifibookolo
76	frog	chuula - baachuula
77	fish	isabi
78	bird	ichuuni - ifyuuni
79	chicken	inkoko - inkoko
80	egg	ilini - amani
81	to fly	ukupululuka, ukupupuka
82	bee	ulushimu - inshimu
83	mosquito	mung'wing'wi - baamung'wing'wi
84	fly	lunshi - baalunshi
85	tree	ichiimuti - ifiimiti, umuti - imiti
86	branch	umusambo - imisambo
87	leaf	ibuula - amabuula
88	seed	ulubuto - imbuto, uluseke - inseke
89	root	umushila - imishila
90	to cultivate	ukulima
91	hoe	ulukasu - inkasu
92	to sleep	ukulaala, ukusendama
93	dream	ichilooto - ifilooto
94	to wake up	ukubuuka
95	to stand up	ukuima, ukuiminina
96	to sit down	ukuikala
97	to go	ukuya, ukupita
98	to come	ukuisa
99	to enter	ukuingila, ukupula
100	to come out	ukufuma

101	to arrive	ukufika
102	to pass	ukupita
103	path	inshila - inshila
104	axe	isembe - amasembe,
105	fire	umulilo
106	ashes	imito
107	smoke	ichuushi - ifyuushi
108	to burn	ukupya, ukubilima
109	to extinguish	ukushimya
110	firewood	ulukuni - inkuni
111	water	amenshi
112	to become dry	ukuuma
113	to say	ukulanda
114	to call	ukuita
115	to question	ukuipusha
116	to teach	ukufunda
117	to play	ukuangala
118	to sing	ukuimba
119	drum	ing'oma
120	to throw	ukupoosa
121	to abuse	ukutuka, ukutukana
122	to strike	ukupuma, ukuuma
123	to give	ukupeela, ukupa
124	to steal	ukuiba
125	guest	umueni - abeeni
126	to wait	ukupembela
127	to kill	ukuipaya
128	to laugh	ukuseka
129	to weep	ukulila
130	to like	ukutemwa
131	to fear	ukutiina
132	to forget	ukulaba
133	one	chimo
134	two	fibili
135	three	fitatu
136	four	fine
137	five	fisaano
138	ten	ikumi
139	many	-ingi
140	all	-onse
141	God	mulungu - imilungu, leesa - baleesa
142	to drop	ukupona
143	to pick up	ukutoola
144	to bring	ukuleeta
145	to put	ukubiika
146	to hide	ukufisa
147	to pull	ukutinta
148	to push	ukusunka
149	to tie a knot	ukufundika
150	to untie	ukukakula, ukufundukula
151	to bend	ukupeta, ukupetamika, ukongamika
152	to cut	ukuteeta, ukucheka, ukuukuputula
153	to snap	ukukontola, ukufuna
154	to tear	ukulepula, ukulepaula
155	up	pamuulu
156	down	panshi
157	inside	mukati
158	outside	panse, kunse
159	red	ukukashika
160	white	ukubuuta
161	black	ukufiita
162	sun	akasuba
163	moon	umueshi
164	star	ulutanda - intanda
165	cloud	ikumbi - amakumbi
166	rain	imfula
167	wind	ichipuupu, umuela
168	mountain	ulupili - impili
169	forest	umutengo - imitengo
170	river	umumana - imimana
171	to sink	ukuibila
172	to cross	ukuabuka
173	to swim	ukoowa
174	ground	panshi
175	stone	ilibwe - amabwe
176	soil	iloba - amaloba, umushili
177	hole	ichilindi - ifilindi
178	to bury	ukushiika
179	day	ubushiku, inshiku
180	night	ubushiku
181	yesterday	mailo
182	today	leelo
183	tomorrow	mailo
184	year	umuaka - imiaka
185	good	-suma
186	bad	-bi
187	big	-kulu, -kalamba
188	small	-noono, -che
189	long	-tali
190	short	-ipi
191	heavy	ukufina
192	It's cold	naakutalala
193	new	-pya
194	thing	ichintu - ifintu
195	me	ine
196	you	iwe
197	us	ifwe
198	you pl.	imwe
199	who	nani
200	what	chinshi

Bena

1	head	umtwe - imitwe	51	father	daada, udaada
2	hair	ulufwili - ifwili	52	mother	maama, umaama
3	face	uhumiiho	53	child	umwana - avaana
4	eye	iliiho - amiiho	54	husband	umnyidaama - avanyidaama
5	nose	imeeng'elo - imeeng'elo	55	wife	umudala - avadala
6	mouth	umulomo - imilomo	56	to bear	uhuhola
7	tongue	ulumyango - imyango	57	name	ilitaawa - amataawa
8	tooth	iliino - amiino	58	to grow up	uhukula
9	ear	ilipulihilo - amapulihilo	59	person	umuunu - avaanu
			60	to die	uhufwa
10	neck	isingo - isingo	61	dog	imbwa - imbwa
11	body	umvili - imivili	62	to bite	uhuluma
12	shoulder	ilibega - amabega	63	cattle	isenga - isenga
13	breast	iliveele - amaveele	64	pig	iligubi - amagubi
14	back	umgongo - imigongo	65	goat	imene - imene
15	buttock	ilidaho - amadaho	66	animal	umnyama - avanyama
16	arm	iliwoho - amawoho	67	lion	iduuma - iduuma
17	finger	ihyala - ifyala	68	elephant	indembwe - indembwe/amandembwe
18	nail	ulukutsa - ikutsa			
19	leg	iligulu - amagulu	69	hippopotamus	ihiboho - ifiboho
20	bone	ihitsege - ifitsege	70	tail	umukila - imikila
21	blood	idanda	71	spear	umugoha - imigoha
22	heart	umooyo - imyoyo, inumbula - inumbula	72	trap	umutego - imitego
			73	meat	inyama
23	liver	iliini - amaini	74	snake	iliyoha - amayoha
24	tears	ilinyotsi - amanyotsi	75	crocodile	not found
25	spittle	amate	76	frog	ihyuula - ifyuula
26	to see	uhuwona	77	fish	isamaahi - isamaahi
27	to look for	uhusaha	78	bird	ihidege - ifidege
28	to hear	uhupuliha	79	chicken	ing'uhu - ing'uhu
29	wound	ihikoongo - ifikoongo	80	egg	ilikaang'a - amakaang'a
30	to vomit	uhudeeha	81	to fly	uhutsumba
31	to be tired	uhutsoha	82	bee	inzuhi - inzuhi
32	to become well	uhupona, uhuponywa	83	mosquito	inzuguni - inzuguni
			84	fly	ilinyaatsi - amanyaatsi
33	witchdoctor	umganga - avaganga			
34	clothes	umwenda - imyenda	85	tree	ilibihi - amabihi, imbihi - imbihi
35	to wear	uhufaala			
36	to wash	uhufuva	86	branch	ilitaawi - amataawi
37	to spread to dry	uhwaniha	87	leaf	ilijani - amajani
			88	seed	imbegu - imbegu
38	to sew	uhuhona	89	root	umudela - imidela
39	salt	umuunyo	90	to cultivate	uhulima
40	oil	amafuta	91	hoe	iligimilo - amagimilo
41	to cook	uhuteleha			
42	to roast	uhunyaanya	92	to sleep	uhugona
43	to eat	uhulya	93	dream	indooto
44	to drink	uhunywa	94	to wake up	uhulamuha
45	to become hungry	uhuva n'inzala	95	to stand up	uhwima
			96	to sit down	uhwikala
46	to become rotten	uhuwola	97	to go	uhubita
			98	to come	uhwatsa
47	house	inyumba - inyumba	99	to enter	uhwingila
48	to build	uhutsenga	100	to come out	uhuhuma
49	to shut	uhufunga			
50	to sweep	uhufyagila			

101	to arrive	uhufiha
102	to pass	uhulutila
103	path	ing'aasi - ing'aasi
104	axe	ishooha - ishooha
105	fire	umooto - imyooto
106	ashes	ilijifu - amajifu
107	smoke	ilyosi - ilyosi
108	to burn	uhupya, uhwaha
109	to extinguish	uhutsimya
110	firewood	ulutsagala - isagala/inzagala
111	water	ululenga
112	to become dry	uhukala
113	to say	uhulonga
114	to call	uhukemela
115	to question	uhuwuutsa
116	to teach	uhufundiisa
117	to play	uhukina
118	to sing	uhwimba
119	drum	ingoma - ingoma
120	to throw	uhutootsa
121	to abuse	uhuliga
122	to strike	uhutova
123	to give	uhutawula
124	to steal	uhuhiitsa
125	guest	umugenzi - avagenzi
126	to wait	uhutsindila
127	to kill	uhuwulaga
128	to laugh	uhuheha
129	to weep	uhuvemba
130	to like	uhudoboha
131	to fear	uhoogopa
132	to forget	uhuseemwa
133	one	yimwi
134	two	tsivili
135	three	tsidatu
136	four	tsitayi
137	five	tsihaanu
138	ten	tsilikumi
139	many	-olofu
140	all	-onda
141	God	unguluvi
142	to drop	uhugwa
143	to pick up	uhutegula
144	to bring	uhuleeta
145	to put	uhuviiha
146	to hide	uhufiha
147	to pull	uhukwega
148	to push	uhusuhuma
149	to tie a knot	uhufunga
150	to untie	uhufungula
151	to bend	uhukunza
152	to cut	uhudumula
153	to snap	uhudeenya
154	to tear	uhutsana
155	up	huhyaana
156	down	paasi
157	inside	mugati
158	outside	mwivala
159	red	nzaano
160	white	-elu
161	black	-tiitu
162	sun	ilitsuwa
163	moon	umwetsi
164	star	inodwe - inondwe
165	cloud	iliwingu - amawingu
166	rain	indoonya
167	wind	uwupepo
168	mountain	umulima - imilima
169	forest	ihitsaha - ifitsaha, umusitu - imisitu
170	river	umuto - imito
171	to sink	uhuzaama
172	to cross	uhulooha
173	to swim	uhoogeelela
174	ground	paasi
175	stone	iliganga - amaganga
176	soil	ililongo
177	hole	ilisimo - amasimo, ililindi - amalindi
178	to bury	uhusiila
179	day	isiku
180	night	pakilo
181	yesterday	igolo
182	today	neeng'uni
183	tomorrow	hilawu
184	year	umwaha - imyaha
185	good	-nofu
186	bad	-baya
187	big	-komi
188	small	-doodo
189	long	-taali
190	short	-fupi
191	heavy	-sito
192	It's cold	ng'aala
193	new	-piya
194	thing	ihiinu - ifiinu
195	me	uneene
196	you	uveeve
197	us	uhwehwe
198	you pl.	unyeenye
199	who	yenaani
200	what	kihi

Bobangi

1	head	mutu - mitu
2	hair	lontswe - ntswe
3	face	elongi - bilongi
4	eye	liso - miso
5	nose	miolo
6	mouth	munya - minya
7	tongue	lolemu - malemu
8	tooth	lino - mino
9	ear	litoi - matoi
10	neck	nkingo - nkingo
11	body	nzoto - nzoto
12	shoulder	libe̱ke̱ - mabe̱ke̱
13	breast	libe̱le̱ - mabe̱le̱
14	back	monkundu - minkundu
15	buttock	linyo̱ko̱ - manyo̱ko̱
16	arm	lo̱bo̱ko̱ - mabo̱ko̱
17	finger	mose̱yi - mese̱yi
18	nail	e̱te̱ke̱ - bite̱ke̱
19	leg	lokolo - makolo
20	bone	monkuwa - minkuwa
21	blood	malongo
22	heart	moloko - meloko
23	liver	libale - mabale
24	tears	mbiso̱li
25	spittle	nte̱yi
26	to see	no̱bo̱no̱, nokeka
27	to look for	noluka
28	to hear	noyoka
29	wound	mpota - mpota
30	to vomit	nolwa
31	to be tired	no̱ko̱yo̱
32	to become well	nokoswa
33	witchdoctor	nganga - banganga
34	clothes	elamba - bilamba
35	to wear	noswa
36	to wash	noponga, nososa
37	to spread to dry	noyomisa, notanda
38	to sew	noso̱no̱
39	salt	mokwa
40	oil	mali
41	to cook	nolamba
42	to roast	no̱bo̱bo̱lo̱
43	to eat	no̱le̱
44	to drink	nonwa
45	to become hungry	noyoka nzala
46	to become rotten	no̱bo̱lo̱
47	house	ndako - ndako
48	to build	notonga
49	to shut	noliba
50	to sweep	no̱ko̱mbo̱
51	father	papa - bapapa, sango - basango
52	mother	mama - bamama, nyango - banyango
53	child	mwana - bana
54	husband	mobali - babali
55	wife	mwasi - basi
56	to bear	nobota
57	name	lina - mina
58	to grow up	noyola
59	person	moto - bato
60	to die	nowa
61	dog	mbwa - mbwa
62	to bite	nosua, no̱le̱
63	cattle	ngo̱mbo̱ - ngo̱mbo̱
64	pig	ngoya - ngoya
65	goat	ntaba - ntaba, mboli - mboli
66	animal	e̱bwe̱le̱ - bibwe̱le̱
67	lion	nko̱si - nko̱si
68	elephant	nzo̱ku - nzo̱ku
69	hippopotamus	ngubu - ngubu
70	tail	monkila - minkila, zela - mela
71	spear	liko̱ngo̱ - mako̱ngo̱, mosiki - misiki
72	trap	lilonga - malonga
73	meat	mosuni - misuni
74	snake	mose̱me̱ - mise̱me̱
75	crocodile	nko̱li - nko̱li
76	frog	e̱ko̱ko̱ko̱ - biko̱ko̱ko̱, eloso - biloso
77	fish	ntsu - ntsu
78	bird	mo̱le̱ke̱ - mile̱ke̱, nyo̱li - nyo̱li
79	chicken	ntsoso - ntsoso
80	egg	monkele - minkele, like̱i - make̱i
81	to fly	noyumbwa
82	bee	monzoi - minzoi
83	mosquito	ngungi - ngungi, nkutu - nkutu
84	fly	linge̱nze̱ - mange̱nze̱
85	tree	mwete - myete
86	branch	e̱ko̱ki - biko̱ki, e̱ko̱ko̱ - biko̱ko̱
87	leaf	likasi - makasi
88	seed	lombolo - mbolo
89	root	monsisa - minsisa
90	to cultivate	notokola, nosala
91	hoe	lokongo - nkongo
92	to sleep	notutuma
93	dream	ndo̱to̱
94	to wake up	nosekwa
95	to stand up	no̱te̱me̱
96	to sit down	nozala
97	to go	no̱ke̱
98	to come	noya
99	to enter	no̱we̱le̱
100	to come out	nopima

101	to arrive	noyetela
102	to pass	noleka
103	path	nzela - nzela
104	axe	soka - soka
105	fire	meya
106	ashes	ntsweke
107	smoke	ndumbele
108	to burn	nolika
109	to extinguish	nolimisa
110	firewood	esingi - bisingi, lokanzu - nkanzu
111	water	mai
112	to become dry	noyoma
113	to say	noloba
114	to call	nobyanga
115	to question	nolukisa montuna
116	to teach	noteya
117	to play	nosana
118	to sing	noyemba
119	drum	ngo̱mo̱ - ngo̱mo̱
120	to throw	nobwaka
121	to abuse	notswaka
122	to strike	no̱be̱te̱
123	to give	no̱pe̱se̱
124	to steal	noyiba
125	guest	mopaya - bapaya, mobuto - babuto
126	to wait	nolembisa
127	to kill	noboma
128	to laugh	no̱ze̱ke̱
129	to weep	nolela
130	to like	nolinga
131	to fear	notila, nozala na botili
132	to forget	nobosana, nolimba
133	one	yo̱ko̱
134	two	libale
135	three	lisato
136	four	line̱i
137	five	litaano
138	ten	zomi
139	many	-yike
140	all	-ntso̱
141	God	nyambe, nzambe
142	to drop	nokita
143	to pick up	nolungola
144	to bring	nonetola
145	to put	no̱te̱le̱
146	to hide	nobimbisa
147	to pull	nobenda
148	to push	notinza
149	to tie a knot	nokanga
150	to untie	nokangola, nolibola, nofungola
151	to bend	noyumba
152	to cut	notena, no̱ke̱te̱
153	to snap	nobunya
154	to tear	nokala, noyatola
155	up	likolo
156	down	ntse
157	inside	ntyantei
158	outside	ndanda
159	red	-telu
160	white	-mpumpu
161	black	-yindo
162	sun	mwese, linkanga
163	moon	sanza
164	star	mo̱nzo̱to̱ - minzo̱to̱, molambi - milambi
165	cloud	limpata - mampata
166	rain	mbula
167	wind	mo̱mpe̱
168	mountain	ngomba - ngomba
169	forest	zamba - mamba
170	river	moliba - miliba, ebale - bibale
171	to sink	nolinda
172	to cross	noke̱tinya
173	to swim	no̱be̱te̱ mai
174	ground	ntse
175	stone	libwa - mabwa
176	soil	mabele
177	hole	libela - mabela, lilusu - malusu
178	to bury	nokunda
179	day	busa/musa, mo̱ko̱lo̱ - miko̱lo̱
180	night	mo̱ko̱lo̱ - x
181	yesterday	lobi
182	today	le̱lo̱
183	tomorrow	lobi
184	year	mobu - mibu
185	good	-lamu
186	bad	-be
187	big	-ne̱
188	small	-ke̱
189	long	-sanda
190	short	-kuse
191	heavy	-lito, -dito
192	It's cold	longana mpio
193	new	-te̱mu
194	thing	e̱lo̱ko̱ - bilo̱ko̱
195	me	ngai
196	you	yo̱
197	us	biso
198	you pl.	bino
199	who	nani
200	what	nde

Buja

1	head	musoro - misoro
2	hair	bvudzi - bvudzi
3	face	kuuso - x
4	eye	ziso - maziso
5	nose	mhuno - mhino
6	mouth	muromo - miromo, mukamwa - mikamwa
7	tongue	rurimi - x
8	tooth	zino - mazino
9	ear	nzewe - nzewe
10	neck	mutsipa - mitsipa
11	body	muwiri - miwiri
12	shoulder	bendekete - mapendekete, pfudze - mapfudze
13	breast	zamu - mazamu
14	back	musana - misana
15	buttock	garo - magaro
16	arm	ruoko - maoko
17	finger	munwe - minwe, chara - zvara
18	nail	nzara - nzara
19	leg	gumbo - makumbo
20	bone	bhonzo - mabhonzo
21	blood	ropa - x
22	heart	mwoyo - mwoyo, hana - hana
23	liver	chiropa - zviropa
24	tears	musodzi - misodzi
25	spittle	mate
26	to see	kuona
27	to look for	kutsvaga
28	to hear	kunzwa
29	wound	chironda - zvironda
30	to vomit	kurutsa
31	to be tired	kuneta
32	to become well	kurapwa, kuporeswa, kupona
33	witchdoctor	n'anga - n'anga, mushoperi - washoperi
34	clothes	hembe - hembe
35	to wear	kupfeka, kusimira
36	to wash	kuwacha
37	to spread to dry	kuyanika
38	to sew	kusona
39	salt	munyu, sauti
40	oil	mafuta
41	to cook	kubika
42	to roast	kugocha
43	to eat	kuja
44	to drink	kumwa
45	to become hungry	kuwa nenzara
46	to become rotten	kuwora
47	house	imba - dzimba
48	to build	kuwaka
49	to shut	kuvhara, kupfiga
50	to sweep	kutsvaira
51	father	baba - wana baba
52	mother	amai - wana amai
53	child	mwana - wana
54	husband	murume - warume
55	wife	mukadzi - wakadzi, mudzimayi - wadzimayi/madzimayi
56	to bear	kuzvara, kubereka
57	name	zita - mazita
58	to grow up	kukura
59	person	munhu - wanhu
60	to die	kufa, kushayika
61	dog	imbwa - imbwa
62	to bite	kuruma
63	cattle	mombe - mombe, n'ombe - n'ombe
64	pig	nguruwe - nguruwe, humba - humba
65	goat	mbudzi - mbudzi
66	animal	mhuka - mhuka
67	lion	shumba - shumba
68	elephant	nzou - nzou
69	hippopotamus	mvuu - mvuu
70	tail	muswe - miswe
71	spear	pfumo - mapfumo
72	trap	riwa - mariwa, chikirimbani - zvikirimbani
73	meat	nyama
74	snake	nyoka - nyoka
75	crocodile	garwe - makarwe, ngwena - ngwena
76	frog	datya - matatya, chura - machura/wana chura
77	fish	howe - howe
78	bird	shiri - shiri
79	chicken	huku - huku
80	egg	zai - mazai
81	to fly	kubhururuka
82	bee	nyuchi - nyuchi
83	mosquito	umhutu - umhutu
84	fly	nhunzi - nhunzi
85	tree	muti - miti
86	branch	bazi - mapazi
87	leaf	shizha - mashizha, zanhi - mazanhi
88	seed	mhozi - mhozi, mbeu - mbeu
89	root	mudzi - midzi
90	to cultivate	kurima, kusakura, kutimba
91	hoe	badza - mapadza
92	to sleep	kurara
93	dream	chiroto - zviroto
94	to wake up	kumuka, kumutsiwa
95	to stand up	kusimuka, kumira, kumuka
96	to sit down	kugara pasi
97	to go	kuenda
98	to come	kuwuya
99	to enter	kupinda
100	to come out	kubuda

101	to arrive	kusvika
102	to pass	kupfuwura
103	path	nzira - nzira
104	axe	demo - matemo
105	fire	moto
106	ashes	madota
107	smoke	hutsi
108	to burn	kutsva
109	to extinguish	kudzima
110	firewood	huni - huni
111	water	mvura
112	to become dry	kuoma
113	to say	kutaura
114	to call	kudaidza
115	to question	kubvunza
116	to teach	kufundisa, kudzidzisa
117	to play	kutamba
118	to sing	kuimba
119	drum	ngoma - ngoma
120	to throw	kukanda
121	to abuse	kutuka
122	to strike	kurowa
123	to give	kupa
124	to steal	kuba
125	guest	murendo - warendo
126	to wait	kumirira
127	to kill	kuuraya
128	to laugh	kuseka
129	to weep	kuchema
130	to like	kuda
131	to fear	kutya
132	to forget	kukangamwa
133	one	posi
134	two	piri
135	three	tatu
136	four	china
137	five	chishanu
138	ten	gumi - makumi
139	many	-akawanda, -zhinji
140	all	-ese
141	God	mwari, musiki
142	to drop	kudonha, kugwa
143	to pick up	kunonga
144	to bring	kuunza
145	to put	kuisa
146	to hide	kuwiga, kusvusva
147	to pull	kudhonza
148	to push	kusandudzira
149	to tie a knot	kusunga
150	to untie	kusunungura
151	to bend	kubhendesa
152	to cut	kucheka
153	to snap	kudimbura
154	to tear	kubvarura
155	up	mudenga, pamusoro
156	down	pasi
157	inside	mukati
158	outside	panze
159	red	-tsvuku
160	white	-chena
161	black	-tema
162	sun	zuwa
163	moon	mwedzi
164	star	nyenyedzi - nyenyedzi
165	cloud	gore - makore
166	rain	mvura
167	wind	mhepo
168	mountain	gomo - makomo
169	forest	sango - masango
170	river	rwizi - nzizi
171	to sink	kunyura
172	to cross	kuyambuka
173	to swim	kushambira
174	ground	pasi
175	stone	dombo - matombo
176	soil	ivhu - mavhu
177	hole	mwena, gomba - makomba
178	to bury	kuwiga
179	day	zuva, musi - misi
180	night	usiku
181	yesterday	nezuro
182	today	nhasi
183	tomorrow	mangwana
184	year	gore - makore, mwaka
185	good	kunaka
186	bad	kunyangara
187	big	-kuru
188	small	-duku, -diki
189	long	-refu, kureba
190	short	-pfupi
191	heavy	-remu, kurema
192	It's cold	kurikutonhora
193	new	-dzva
194	thing	chinhu - zvinhu
195	me	ini
196	you	iwe
197	us	isu
198	you pl.	imi
199	who	ani
200	what	chii

Bukusu

1	head	kumurwe - kimirwe
2	hair	liichuune
3	face	mumoni - x
4	eye	emoni - chimoni
5	nose	lilyolu - kamoolu
6	mouth	kumunwa - kiminwa
7	tongue	luulimi - chindimi
8	tooth	liliino - kameeno
9	ear	liiru - kamaru
10	neck	liikosi - kamakosi
11	body	kumubili - kimibili
12	shoulder	liibeka - kamabeka
13	breast	liituru - kamaturu
14	back	kumukongo - kimikongo
15	buttock	liitakho - kamatakho
16	arm	kumukhono - kimikhono
17	finger	lulwala - chinjala
18	nail	liitere - kamatere
19	leg	siikele - biikele
20	bone	siikumba - biikumba
21	blood	kamafuki
22	heart	kumwoyo - kimyoyo
23	liver	liini - biini
24	tears	kamasika
25	spittle	kamare
26	to see	khuubona
27	to look for	khuuyima
28	to hear	khuulila
29	wound	liikonjo - kamakonjo
30	to vomit	khuurusia
31	to be tired	khuulwa
32	to become well	khuuona
33	witchdoctor	omufumu - baafumu
34	clothes	engubo - chingubo
35	to wear	khufwara
36	to wash	khuusinga
37	to spread to dry	khukhuanikhila
38	to sew	khuusoona
39	salt	chumbi
40	oil	kamafura
41	to cook	khuufuka
42	to roast	khukhuosia
43	to eat	khuulya
44	to drink	khuunywa
45	to become hungry	khuuba n'enjala
46	to become rotten	khuubola
47	house	enju - chinju
48	to build	khukhuombakha
49	to shut	khukhuikala
50	to sweep	khukhueya
51	father	paapa - paapa
52	mother	maayi - maayi
53	child	omuana - babaana
54	husband	omuseecha - baaseecha
55	wife	omukhasi - baakhasi
56	to bear	khukhuibula
57	name	liisina - kamasina
58	to grow up	khuukhula, khuuchoa
59	person	omundu - babandu
60	to die	khuufwa
61	dog	embwa - chimbwa
62	to bite	khukhuupa, khuuluma
63	cattle	ekhaafu - chikhaafu
64	pig	engurue - chingurue
65	goat	embusi - chimbusi
66	animal	esaang'i - chisaang'i
67	lion	esimba - chisimba
68	elephant	enjofu - chinjofu
69	hippopotamus	efubu - chifubu
70	tail	kumukhinga - kimikhinga
71	spear	liifumo - kamafumo
72	trap	kumuteeko - kimiteeko, luureko - chindeko
73	meat	eenyama - chiinyama
74	snake	endemu - chindemu
75	crocodile	ekuena - chikuena
76	frog	liikhele - kamakhele
77	fish	eng'eeni - ching'eeni
78	bird	enyuni - chinyuni
79	chicken	engokho - chingokho
80	egg	liiki - kamaki
81	to fly	khuupurukha
82	bee	enjukhi - chinjukhi
83	mosquito	siing'eng'e - biing'eng'e
84	fly	eesi - chiisi
85	tree	kumusaala - kimisaala
86	branch	luusakya - chiisakya
87	leaf	liisaafu - kamasaafu
88	seed	luumiicho - chiimiicho
89	root	luusia - chiisia
90	to cultivate	khuulima
91	hoe	embako - chimbako
92	to sleep	khuukona
93	dream	kamarooro
94	to wake up	khukhuinyokha
95	to stand up	khukhuinyokha, khukhuima
96	to sit down	khukhuikhala
97	to go	khuucha
98	to come	khukhuicha
99	to enter	khukhuingila
100	to come out	khuurura

101	to arrive	khukhuola
102	to pass	khuubira
103	path	engila - chingila
104	axe	esioka - chisioka
105	fire	kumumilo - x
106	ashes	liikokhe
107	smoke	liliisi - x
108	to burn	khuuya
109	to extinguish	khuusimia
110	firewood	luukhu - chiikhu
111	water	kameechi
112	to become dry	khukhuoma
113	to say	khuuloma
114	to call	khuulanga
115	to question	khuureeba liiswali
116	to teach	khuusomia
117	to play	khukhuinyaa
118	to sing	khukhuimba
119	drum	eeng'oma - chiing'oma
120	to throw	khuutuupa
121	to abuse	khuukhoma
122	to strike	khukhuupa
123	to give	khuupeana, khuueelesia
124	to steal	khukhuiba
125	guest	omukeni - baakeni
126	to wait	khuulinda
127	to kill	khukhuira
128	to laugh	khuuchakha
129	to weep	khuulila
130	to like	khuusiima
131	to fear	khuuria
132	to forget	khukhuibilila
133	one	ndala
134	two	chibiri
135	three	chitaru
136	four	chine
137	five	chiraano
138	ten	kumi
139	many	-kali
140	all	-osi
141	God	weele
142	to drop	khuukwa
143	to pick up	khukhuangala
144	to bring	khuureera
145	to put	khuura
146	to hide	khuukisa
147	to pull	khuukhwesa
148	to push	khuusukuma
149	to tie a knot	khuuboa
150	to untie	khuukangulula
151	to bend	khuufumba
152	to cut	khuukhala
153	to snap	khuufuna
154	to tear	khuutabula
155	up	mungaaki
156	down	aasi
157	inside	mukari
158	outside	enche
159	red	-besemu
160	white	-wanga
161	black	-mali
162	sun	enyanga
163	moon	kumuesi
164	star	eng'eniesi - ching'eniesi
165	cloud	liifumbi - kamafumbi
166	rain	efula
167	wind	embeo
168	mountain	siikulu - biikulu
169	forest	kumusiru - kimisiru
170	river	luluuchi - chinjichi
171	to sink	khuutumbuukha
172	to cross	khuutuuma, khukhuambukha
173	to swim	khuusoka
174	ground	aasi
175	stone	liibaale - kamabaale
176	soil	liiloba
177	hole	liiloo - kamaloo
178	to bury	khuusiikha
179	day	eesuku - chiisuku
180	night	musilo
181	yesterday	likolooba
182	today	luno
183	tomorrow	muchuli
184	year	kumuaka - kimiaka
185	good	-layi
186	bad	-bi
187	big	-boofu
188	small	-tiiti
189	long	-leyi
190	short	-imbi
191	heavy	-siro, -sitou
192	It's cold	enche enyifu
193	new	-ya
194	thing	sisindu - bibindu
195	me	eseese
196	you	eweewe
197	us	efwefwe
198	you pl.	enywenywe
199	who	naanu
200	what	siina

Bulu

1	head	nlo - minlo	51	father	esa - besa, tatẹ	
2	hair	esi - bisi	52	mother	nnya - bẹnnya, mêma	
3	face	asu - mẹsu	53	child	mọn - boñ	
4	eye	dis - mis	54	husband	nnom - bẹyom	
5	nose	joe - moe	55	wife	nga - bẹya	
6	mouth	anyu - mẹnyu	56	to bear	ẹbyai	
7	tongue	oyẹm - ayêm	57	name	eyole - biyole	
8	tooth	asóng - mêsong	58	to grow up	ẹyai	
9	ear	alọ - melọ	59	person	mot - bot	
10	neck	cing - m̂ecing	60	to die	ewu	
11	body	nyo - myó/menyo	61	dog	mvu - bẹmvu	
12	shoulder	etu - bitu	62	to bite	ҫlop	
13	breast	abe - mẹbe	63	cattle	nyak - nyak	
14	back	mvus - m̂emvus	64	pig	n'goe - bẹn'goe	
15	buttock	akan, tiñ akan	65	goat	kabat - bệkabat,	
16	arm	wọ - mọ			ekẹla - bikẹla	
17	finger	onyu - anyu	66	animal	tit - tit	
18	nail	jyai - byai	67	lion	engbẹm - bingbẹm	
19	leg	abọ - mebọ	68	elephant	zok - bezok	
20	bone	evẹs - b̂ivẹs	69	hippopotamus	n'gup - bẹn'gup	
21	blood	mẹci	70	tail	ebon - bibon	
22	heart	nlem - minlem	71	spear	akọng - mekọng	
23	liver	esẹk - bisẹk	72	trap	olam - alâm	
24	tears	milik	73	meat	tit	
25	spittle	menden	74	snake	nyọ - bẹnyọ	
26	to see	ẹyen	75	crocodile	nkom - minkom,	
27	to look for	ẹjẹng			n'gan - bẹn'gan	
28	to hear	ҫwok	76	frog	nkon'go - minkon'go	
29	wound	aveng - mẹveng	77	fish	kọs - bẹkọs	
30	to vomit	ẹyô	78	bird	onọn - anọn	
31	to be tired	mẹnẹ nte'an?	79	chicken	kup - bẹkup	
32	to become well		80	egg	aci - mẹci	
		ẹsaban	81	to fly	eyelẹ	
33	witchdoctor	n'gẹn'gan -	82	bee	mvofom - bẹmvofom	
		min'gẹn'gan	83	mosquito	enyonyọng -	
34	clothes	byom bajai			binyonyọng	
35	to wear	ẹjai	84	fly	nlọ - minlọ	
36	to wash	ẹsop	85	tree	ele - bile	
37	to spread to dry		86	branch	ncae - mincae	
		ẹyane	87	leaf	okae - akae	
38	to sew	ẹloe	88	seed	mbang - mimbang	
39	salt	nku - minku	89	root	nkang - minkang	
40	oil	mbọn - mimbọn	90	to cultivate	ẹbe	
41	to cook	ẹyam	91	hoe	ebak - bibak	
42	to roast	ebup	92	to sleep	ẹkẹ oyọ	
43	to eat	ẹdi	93	dream	ẹyẹyem - biyẹyem	
44	to drink	ẹnyu	94	to wake up	evê ôyọ	
45	to become hungry		95	to stand up	etẹbe, etelẹ	
		ẹwok zae	96	to sit down	etabẹ	
46	to become rotten		97	to go	ẹkẹ	
		ẹbọe	98	to come	ẹzu	
47	house	nda - mẹnda	99	to enter	ẹnyin	
48	to build	elong	100	to come out	ekwi	
49	to shut	êfẹt				
50	to sweep	ẹvọs				

101	to arrive	ezu
102	to pass	ȩlot
103	path	zȩn – mezȩn
104	axe	ovon – avon
105	fire	nduan
106	ashes	asup – mȩsup
107	smoke	otita – âtita
108	to burn	edi'iban
109	to extinguish	ȩdim
110	firewood	nja'a – bȩnja'a
111	water	mȩndim
112	to become dry	ȩkotbo
113	to say	ȩjo
114	to call	ȩlo̲o̲n
115	to question	ȩsili
116	to teach	ȩyȩ'ȩlȩ
117	to play	ȩbo̲ bivoe
118	to sing	ȩya
119	drum	mbai – mimbai, n'go̲m – bȩn'go̲m
120	to throw	ȩwa
121	to abuse	ȩta
122	to strike	ȩbom
123	to give	ȩvȩ
124	to steal	ȩwup
125	guest	nnȩng – bȩyȩng
126	to wait	ȩyan'gȩ
127	to kill	ȩwoe
128	to laugh	ȩwae
129	to weep	ȩyon
130	to like	ȩnyȩ'e
131	to fear	ȩko̲ wo̲ng
132	to forget	ȩvuan
133	one	fo̲k
134	two	bae
135	three	la
136	four	nyin
137	five	tan
138	ten	awom
139	many	abui
140	all	-sȩ
141	God	zambȩ – bȩzambȩ
142	to drop	ȩku
143	to pick up	ȩto̲'o̲e
144	to bring	ezuu
145	to put	ȩfuti
146	to hide	ȩso̲le
147	to pull	ȩlimti
148	to push	ȩpus
149	to tie a knot	etingti
150	to untie	ȩkuli
151	to bend	ȩnyik
152	to cut	ȩcik
153	to snap	ȩbuk
154	to tear	ȩnyap
155	up	ȩyop
156	down	ȩsi
157	inside	êtei
158	outside	ȩnsȩng
159	red	evȩlȩ – bivȩlȩ
160	white	efumlu – bifumlu
161	black	evindi – bivindi
162	sun	jop
163	moon	ngo̲n
164	star	otetei – atetei
165	cloud	nkut – minkut
166	rain	mvȩng
167	wind	mfȩp – mimfȩp
168	mountain	nko – minko
169	forest	afan – mȩfan
170	river	osoe – asoe
171	to sink	ȩnyo̲ng
172	to cross	ȩci'an
173	to swim	ȩjo̲k
174	ground	si
175	stone	ako̲k – mȩko̲k
176	soil	cia
177	hole	ebe – bibe
178	to bury	ȩjam
179	day	mmos – mimos
180	night	alu – mȩlu
181	yesterday	an'go'e
182	today	dȩn
183	tomorrow	akiti
184	year	mbu – mimbu
185	good	ȩbȩng – mimbȩng
186	bad	âbe
187	big	anȩn – mȩnȩn
188	small	mo̲n – bo̲n
189	long	ayap
190	short	etun – bitun
191	heavy	adit
192	It's cold	anȩ avȩp
193	new	mfȩfe – mimfȩfe
194	thing	jom – byom
195	me	ma
196	you	wo̲
197	us	bia
198	you pl.	mia
199	who	za
200	what	je

Cewa

1	head	mutu - mitu
2	hair	tsitsi
3	face	(n)khope - (n)khope
4	eye	diso - maso
5	nose	(m)phuno - (m)phuno
6	mouth	pakamwa, mukamwa
7	tongue	lilime - malilime
8	tooth	dzino - mano
9	ear	khutu - makutu
10	neck	khosi - makosi
11	body	thupi - matupi
12	shoulder	phewa - mapewa
13	breast	bele - mawele
14	back	msana - misana
15	buttock	thako - matako
16	arm	dzanja - manja
17	finger	cala - dzala
18	nail	khadabu - zikadabu
19	leg	mwendo - myendo
20	bone	fupa - mafupa
21	blood	gazi - magazi, mwazi
22	heart	mtima - mitima
23	liver	ciwindi - ziwindi
24	tears	misozi
25	spittle	mata
26	to see	kuona
27	to look for	kufunafuna
28	to hear	kumva
29	wound	cilonda - zilonda
30	to vomit	kusanza
31	to be tired	kutopa, kulema
32	to become well	kupola, kucila, kucilisidwa
33	witchdoctor	ng'anga - ang'anga
34	clothes	covala - zovala
35	to wear	kuvala
36	to wash	kucapa
37	to spread to dry	kuyanika
38	to sew	kusoka, kutunga
39	salt	mucele
40	oil	mafuta
41	to cook	kuphika
42	to roast	kuoca
43	to eat	kudya
44	to drink	kumwa
45	to become hungry	kumva njala
46	to become rotten	kuola, kuvunda
47	house	nyumba - manyumba
48	to build	kumanga
49	to shut	kutseka, kucinjika
50	to sweep	kusesa, kupsela
51	father	tate - atate/azitate, bambo - azibambo
52	mother	mai - amai/azimai
53	child	mwana - ana
54	husband	mwamuna - amuna
55	wife	mukazi - akazi
56	to bear	kubala, kubeleka
57	name	dzina - maina
58	to grow up	kukula
59	person	munthu - anthu
60	to die	kufa, kumwalila
61	dog	galu - agalu
62	to bite	kuluma
63	cattle	ng'ombe - ng'ombe
64	pig	(n)khumba - (n)khumba
65	goat	mbuzi - mbuzi
66	animal	nyama - nyama
67	lion	mkango - mikango
68	elephant	njovu - njovu/vinjovu
69	hippopotamus	mvuwu - mvuwu/vimvuwu
70	tail	mucila - micila
71	spear	mukondo - mikondo
72	trap	musampha - misampha
73	meat	nyama
74	snake	njoka - njoka
75	crocodile	ng'ona - ang'ona
76	frog	cule - acule
77	fish	nsomba - nsomba
78	bird	mbalame - mbalame, kambalame - timbalame
79	chicken	(n)khuku - (n)khuku
80	egg	dzila - madzila
81	to fly	kuuluka
82	bee	(n)juci - (n)juci
83	mosquito	uzuzu
84	fly	(n)chenche - (n)chenche, cilumbu - vilumbu
85	tree	mutengo - mitengo
86	branch	(n)thambi - zinthambi
87	leaf	tsamba - masamba, dzani - mayani
88	seed	mbeu - zimbeu, (n)jele - (n)jele
89	root	mudzu - midzu
90	to cultivate	kulima
91	hoe	khasu - makasu
92	to sleep	kugona
93	dream	loto - maloto
94	to wake up	kudzuka
95	to stand up	kuima, kuimilila, kunyamuka
96	to sit down	kukhala
97	to go	kupita
98	to come	kubwela, kudza
99	to enter	kulowa
100	to come out	kutuluka

101	to arrive	kufika
102	to pass	kupita
103	path	njila - njila
104	axe	(n)khwangwa - (n)khwangwa
105	fire	moto
106	ashes	phulusa - maphulusa
107	smoke	utsi
108	to burn	kupsa, kuyaka moto
109	to extinguish	kuzimya
110	firewood	(n)khuni - (n)khuni
111	water	madzi
112	to become dry	kuuma
113	to say	kulankhula, kunena
114	to call	kuitana, kuita
115	to question	kufunsa
116	to teach	kuphunzisa
117	to play	kusowela
118	to sing	kuimba
119	drum	ng'oma - ng'oma
120	to throw	kuponya
121	to abuse	kudzudzula
122	to strike	kumenya, kupanda
123	to give	kupasa, kupatsa
124	to steal	kuba
125	guest	mulendo - alendo
126	to wait	kuyembekeza, kulindila
127	to kill	kupha
128	to laugh	kuseka, kusekelela
129	to weep	kulila
130	to like	kukonda
131	to fear	kuopa
132	to forget	kuiwala
133	one	cimozi/cimodzi
134	two	ziwili
135	three	zitatu
136	four	zinai
137	five	zisano/zisanu
138	ten	khumi
139	many	-ambili
140	all	-onse
141	God	mulungu - milungu
142	to drop	kugwa
143	to pick up	kutola, kudoba
144	to bring	kubwelesa
145	to put	kuika
146	to hide	kubisa
147	to pull	kuguza, kukoka
148	to push	kukankha
149	to tie a knot	kumanga
150	to untie	kumasula
151	to bend	kukhotesa, kupeteka, kupeta
152	to cut	kudula, kutema, kuceka
153	to snap	kuthyola
154	to tear	kung'amba
155	up	pa mwamba
156	down	pansi, kunsi
157	inside	mukati
158	outside	panja, pabwalo, kunja, kubwalo
159	red	kufiila
160	white	kuyela
161	black	kuda
162	sun	dzuwa
163	moon	mwezi
164	star	nyenyezi - nyenyezi, (n)thanda - (n)thanda, (n)thandala - (n)thandala
165	cloud	khumbi -makumbi
166	rain	mvula
167	wind	(m)phepo
168	mountain	phili - mapili
169	forest	thengo - matengo
170	river	mutsinje - mitsinje
171	to sink	kumila
172	to cross	kuyambuka, kuoloka
173	to swim	kunyaya, kusambila
174	ground	pansi
175	stone	mwala - miyala/minyala
176	soil	(n)thaka, dothi - madothi, dongo - madongo
177	hole	dzenje - mayenje
178	to bury	kufotsela
179	day	tsiku - masiku
180	night	usiku
181	yesterday	dzulo
182	today	lelo
183	tomorrow	mawa
184	year	caka - dzaka
185	good	bwino
186	bad	kuipa
187	big	-kulu
188	small	-ng'ono
189	long	-tali
190	short	-fupi
191	heavy	kulema, kulemela
192	It's cold	kwazizila
193	new	-a tsopano
194	thing	cinthu - zinthu
195	me	ine
196	you	iwe
197	us	ife
198	you pl.	inu
199	who	ndani
200	what	ciani

1	head	chitswa - vitswa
2	hair	nyere - nyere
3	face	uso - nyuso
4	eye	dzitso - matso
5	nose	pura - pura
6	mouth	mromo - miromo
7	tongue	rurimi - ndimi
8	tooth	dzino - meno
9	ear	sikiro - masikiro
10	neck	singo - singo
11	body	mwiri - miri
12	shoulder	bega - mabega
13	breast	nyao - nyao
14	back	mongo - myongo
15	buttock	ako - maako
16	arm	mkono - mikono
17	finger	chara - vyara
18	nail	kombe - kombe
19	leg	mguru - miguru
20	bone	mfupha - mifupha
21	blood	damu
22	heart	moyo - myoyo
23	liver	ini - maini
24	tears	tsozi - matsozi
25	spittle	mahe
26	to see	kuona
27	to look for	kuenza
28	to hear	kusikira
29	wound	chironda - vironda, chidonda - vidonda
30	to vomit	kuaphika
31	to be tired	kukorwa
32	to become well	kuphora
33	witchdoctor	mganga - aganga
34	clothes	nguo - nguo
35	to wear	kuvwara
36	to wash	kufura
37	to spread to dry	kuanika
38	to sew	kushona
39	salt	munyu - myunyu
40	oil	mafuha
41	to cook	kudjita
42	to roast	kuocha, kuwada
43	to eat	kuya
44	to drink	kunwa, kufurura
45	to become hungry	kurumwa nzara, kusikira nzara
46	to become rotten	kuora
47	house	nyumba - nyumba
48	to build	kudzenga
49	to shut	kufunga, kusindika
50	to sweep	kuphyera

Digo

51	father	baba - baba, sowe, ise
52	mother	mayo, chinakwenu, nine
53	child	mwana - ana
54	husband	mrume - arume
55	wife	mchetu - achetu
56	to bear	kuvyara
57	name	dzina - madzina
58	to grow up	kukura
59	person	mtu - atu
60	to die	kufwa
61	dog	diya - madiya
62	to bite	kung'ata
63	cattle	ng'ombe - ng'ombe
64	pig	nguruwe - nguruwe
65	goat	mbuzi - mbuzi
66	animal	mnyama - anyama
67	lion	simba - simba
68	elephant	ndzovu - ndzovu
69	hippopotamus	chiboko - viboko
70	tail	mchira - michira
71	spear	fumo - mafumo
72	trap	muego - miego, muambo - miambo
73	meat	nyama
74	snake	nyoka - nyoka
75	crocodile	mamba - mamba
76	frog	gura - magura
77	fish	ng'onda - ng'onda
78	bird	tsongo - tsongo, ndege - ndege
79	chicken	kuku - kuku
80	egg	yai - mayai
81	to fly	kuuruka
82	bee	nyuchi - nyuchi
83	mosquito	imbu - imbu
84	fly	inzi - inzi
85	tree	muhi - mihi
86	branch	panda - panda
87	leaf	kodza - makodza
88	seed	mbeyu - mbeyu
89	root	muzi - mizi
90	to cultivate	kurima
91	hoe	djembe - madjembe
92	to sleep	kurara
93	dream	ndzozi
94	to wake up	kuramka
95	to stand up	kuima
96	to sit down	kusagara
97	to go	kuphia
98	to come	kwedza
99	to enter	kuinjira
100	to come out	kuphia kundze

101	to arrive	kutsoroka
102	to pass	kutsapa
103	path	uchochoro - vichochoro, njira - njira
104	axe	shoka - shoka
105	fire	moho - myoho
106	ashes	ivu - maivu
107	smoke	mosi - myosi
108	to burn	kuphya
109	to extinguish	kuzima
110	firewood	rukuni - kuni
111	water	madzi
112	to become dry	kuuma
113	to say	kunena
114	to call	kuhiha
115	to question	kuuza
116	to teach	kufundisha
117	to play	kuvumba
118	to sing	kuvwina
119	drum	ngoma - ngoma
120	to throw	kutsupha
121	to abuse	kuraphiza
122	to strike	kupiga
123	to give	kuravya
124	to steal	kuiya
125	guest	mdjeni - adjeni
126	to wait	kugodzera
127	to kill	kuoraga
128	to laugh	kutseka
129	to weep	kurira
130	to like	kumendza
131	to fear	kuogopha
132	to forget	kuraya
133	one	mwenga
134	two	mbiri
135	three	tahu
136	four	nne
137	five	tsano
138	ten	kumi
139	many	-nji
140	all	-osi
141	God	mrungu
142	to drop	kugwa
143	to pick up	kutsora
144	to bring	kureha
145	to put	kuika
146	to hide	kufwitsa
147	to pull	kumweha
148	to push	kusukuma
149	to tie a knot	kupiga fundo
150	to untie	kuvugura
151	to bend	kukundza
152	to cut	kukata
153	to snap	kuvundza
154	to tear	kukwanyura
155	up	dzuru
156	down	photsi, tsini
157	inside	ndani
158	outside	kondze
159	red	kundu
160	white	-ereru
161	black	-iru
162	sun	dzuwa
163	moon	mwezi
164	star	nyota - nyota
165	cloud	ingu - maingu
166	rain	mvura
167	wind	kuse
168	mountain	mlima - milima
169	forest	mwitu
170	river	muho - miho
171	to sink	kuzama
172	to cross	kutsapuka
173	to swim	kuodjerera
174	ground	photsi, aridhi
175	stone	iwe - mawe
176	soil	udongo
177	hole	dimbwi - madimbwi
178	to bury	kuzika
179	day	siku - siku
180	night	usiku
181	yesterday	dzana
182	today	rero
183	tomorrow	muondo
184	year	mwaka - myaka
185	good	-nono
186	bad	-i
187	big	-baha
188	small	-dide
189	long	-refu
190	short	-fupi
191	heavy	-zito
192	It's cold	kuna mnyevi
193	new	-pya
194	thing	chitu - vitu
195	me	mimi, mino
196	you	uwe
197	us	swiswi, swino
198	you pl.	mwimwi, mwino
199	who	yuphi
200	what	chitu chani

Duala

1	head	mulopo - milopo
2	hair	nyo
3	face	boso - myoso
4	eye	diso - miso
5	nose	mpemba - mpemba
6	mouth	mudumbu - midumbu
7	tongue	eyeme - beyeme
8	tooth	songa - masonga
9	ear	toi - matoi
10	neck	nyingo - nyingo
11	body	nyolo - manyolo
12	shoulder	dikata - makata
13	breast	dibe - mabe
14	back	mongo - myongo
15	buttock	dikandi - makandi
16	arm	diya - maa
17	finger	muni - mini
18	nail	nyandi - nyandi
19	leg	mwende - myende
20	bone	ewese - bewese
21	blood	mayaa
22	heart	mulema - milema
23	liver	dibadi - mabadi
24	tears	misodi
25	spittle	malodi
26	to see	jene
27	to look for	wasa
28	to hear	senga
29	wound	ebangu - bebangu
30	to vomit	dowa
31	to be tired	wolo
32	to become well	ja bwam
33	witchdoctor	mota bwanga - bato banyanga
34	clothes	mboti - mboti
35	to wear	boto
36	to wash	jowa
37	to spread to dry	janjise
38	to sew	bangwa
39	salt	wanga
40	oil	muula
41	to cook	jipe
42	to roast	bumba
43	to eat	da
44	to drink	nyo
45	to become hungry	senga njai
46	to become rotten	bo
47	house	bolongi - milongi, ndabo - ndabo
48	to build	longa
49	to shut	kwese
50	to sweep	papa
51	father	sango - basango, songo
52	mother	nyango - banyango, nyongo
53	child	muna - bana
54	husband	mumi - bomi
55	wife	muto - bito
56	to bear	ya
57	name	dina - mina
58	to grow up	koka
59	person	moto - bato
60	to die	wo
61	dog	mbo - mbo
62	to bite	kukwa
63	cattle	nyaka - nyaka
64	pig	ngowa - ngowa
65	goat	mbodi - mbodi
66	animal	nyama - nyama
67	lion	ngila - ngila
68	elephant	njoo - njoo
69	hippopotamus	njonji - njonji
70	tail	mondo - myondo
71	spear	jongo - mongo
72	trap	lambi - malambi
73	meat	nyama
74	snake	nyama bwaba - nyama bwaba
75	crocodile	mombe - myombe
76	frog	mukonge - mikonge, mukosukosu - mikosukosu
77	fish	suwe - suwe
78	bird	inon - lonon
79	chicken	wuba - wuba
80	egg	mweing' - myeing'
81	to fly	pumwa
82	bee	ndombi - ndombi
83	mosquito	lungu - lungu
84	fly	ngingi - ngingi
85	tree	ebongo - bebongo
86	branch	dikanjo - makanjo
87	leaf	eyadi - byadi
88	seed	mbolako - mbolako
89	root	mwanga - myanga
90	to cultivate	sa
91	hoe	dibao - mabao
92	to sleep	nanga, ko iyo
93	dream	ndoti
94	to wake up	wema
95	to stand up	teme o mony
96	to sit down	ja
97	to go	jala
98	to come	ya, po
99	to enter	jingea
100	to come out	busa

101	to arrive	po
102	to pass	tomba
103	path	ngeya - ngeya
104	axe	ewondo - bewondo
105	fire	weya
106	ashes	dibudu - mabudu
107	smoke	itutu
108	to burn	diya
109	to extinguish	dimse
110	firewood	weya
111	water	madiba
112	to become dry	janja
113	to say	kwala
114	to call	bele
115	to question	baise mwedi
116	to teach	leye
117	to play	jooka loko
118	to sing	longo
119	drum	ngomo - ngomo
120	to throw	jangwa
121	to abuse	lowa
122	to strike	dipa
123	to give	bola
124	to steal	jiba
125	guest	mwen - ben
126	to wait	jengele
127	to kill	bwa
128	to laugh	yo
129	to weep	jea
130	to like	tondo
131	to fear	bongo
132	to forget	dimbea
133	one	ewo
134	two	bebae
135	three	belalo
136	four	beneing'
137	five	betanu
138	ten	dom
139	many	jita
140	all	-ese
141	God	loba - maloba
142	to drop	ko
143	to pick up	pondo
144	to bring	wana
145	to put	wele
146	to hide	wuta
147	to pull	duta
148	to push	nyimele
149	to tie a knot	tinge
150	to untie	wunja
151	to bend	nyie
152	to cut	ke
153	to snap	ke
154	to tear	nyawa
155	up	mony
156	down	wase
157	inside	oteten, obolongi
158	outside	o eboko
159	red	jola
160	white	sanga
161	black	muundo, winda
162	sun	wei
163	moon	modi
164	star	ngengeti - ngengeti
165	cloud	diwindi - mawindi
166	rain	mbua
167	wind	ngoo
168	mountain	mudongo - midongo
169	forest	eyidi - beyidi
170	river	munja - myunja
171	to sink	ko o madiba
172	to cross	tomba
173	to swim	nyoye
174	ground	mundi - myundi
175	stone	dale - madale
176	soil	minyangadu
177	hole	ekukudu - bekukudu, dipondi - mapondi
178	to bury	wusa
179	day	bunya - minya
180	night	budu
181	yesterday	kiyele nitumbi
182	today	wenge
183	tomorrow	kiyele, kiyele niwabupe
184	year	mbu - mimbu
185	good	bwam
186	bad	bobe
187	big	koka, nindene
188	small	sala, -sadi
189	long	bwaba
190	short	esungu
191	heavy	dididi, -dilo
192	It's cold	bunya bwe muloloko
193	new	penya
194	thing	lambo - mambo
195	me	mba
196	you	owa
197	us	biso
198	you pl.	binyo
199	who	nja
200	what	nje

Embu

No.	English	Embu
1	head	kĩongo - ciongo
2	hair	rũcũĩrĩ - njũĩrĩ
3	face	ũthiũ - moothiũ
4	eye	riitho - meetho
5	nose	ĩniurũ - maniurũ
6	mouth	kanyua - tũnyua
7	tongue	rũrĩmĩ - tũrĩmĩ
8	tooth	ĩgego - magego
9	ear	gũtũ - matũ
10	neck	ngingo - ngingo
11	body	mũĩrĩ - mĩĩrĩ
12	shoulder	kĩande - ciande, gĩturo - ituro
13	breast	nyondo - nyondo
14	back	mũgongo - mĩgongo, mũrukuthu - mĩrukuthu
15	buttock	ĩtina - matina
16	arm	njara - njara
17	finger	kĩara - ciara, kaara - tuara
18	nail	rũkũnyũ - ngũnyũ
19	leg	kũgũrũ - magũrũ
20	bone	ĩvĩndĩ - mavĩndĩ
21	blood	nthakame
22	heart	ngoro - ngoro
23	liver	ĩvu - mavu
24	tears	yeethori - meethori
25	spittle	mata
26	to see	kwona
27	to look for	gũcũũtha, gũcaria
28	to hear	kwigua
29	wound	kĩonda - ironda
30	to vomit	gũtavĩka
31	to be tired	kũnoga
32	to become well	kũvora
33	witchdoctor	mũragũri - aragũri, mũrogi - arogi
34	clothes	nguo - nguo
35	to wear	gwĩkĩra
36	to wash	gũthambia, kũvũũra
37	to spread to dry	kwanĩka
38	to sew	gũtuma
39	salt	cumbĩ
40	oil	maguta
41	to cook	kũruga
42	to roast	gwokia
43	to eat	kũrĩa
44	to drink	kũnywa, gũkunda
45	to become hungry	kũvũũta, ng'aragu
46	to become rotten	kwora
47	house	nyomba - nyomba
48	to build	gũtuma
49	to shut	kũyinga
50	to sweep	kũvaata
51	father	vaava - aavaava, ithe - meethe
52	mother	maami - aamaami, nina - aanina
53	child	mwana - ciana, kaana - tuana
54	husband	mũthuuri - athuuri, mũrũme - arũme
55	wife	mũka - aka, mũtumia - atumia
56	to bear	gũciara
57	name	rĩĩtwa - marĩĩtwa
58	to grow up	gũkũra
59	person	mũndũ - andũ
60	to die	gũkua
61	dog	ngui - ngui, ngitĩ - ngitĩ
62	to bite	kũrũma
63	cattle	ng'ombe - ng'ombe
64	pig	ngũrũe - ngũrũe
65	goat	mbũri - mbũri
66	animal	nyamũ - nyamũ
67	lion	cimba - cimba
68	elephant	njogu - njogu
69	hippopotamus	nguũ - nguũ
70	tail	mũkia - mĩkia
71	spear	ĩtumo - matumo
72	trap	mũtego - mĩtego
73	meat	nyama
74	snake	njoka - njoka
75	crocodile	kĩng'ang'i - ing'ang'i
76	frog	kĩũra - ciũra
77	fish	nthamaki - nthamaki
78	bird	gĩsoni - isoni
79	chicken	ngũkũ - ngũkũ
80	egg	ĩtumbĩ - matumbĩ
81	to fly	kũgũrũka
82	bee	njũkĩ - njũkĩ
83	mosquito	rwagĩ - x
84	fly	ngi - ngi
85	tree	mũtĩ - mĩtĩ
86	branch	kĩvũa - ivũa/mvũa
87	leaf	ĩthangũ - mathangũ
88	seed	mbegũ - mbegũ, mvĩndĩ - mvĩndĩ
89	root	mũri - mĩri
90	to cultivate	kũrĩma, gũcimba
91	hoe	ĩcembe - macembe
92	to sleep	kũmaama
93	dream	kĩrooto - irooto
94	to wake up	gũũkĩra, kũramũka
95	to stand up	kũrũũgama
96	to sit down	gwĩkara nthĩ
97	to go	kũthiĩ
98	to come	gũũka
99	to enter	gũtoonya
100	to come out	kuuma nja

101	to arrive	gũkinya
102	to pass	kũvĩtũkĩra
103	path	njĩra - njĩra
104	axe	ĩthanũa - mathanũa
105	fire	mwaki - mĩaki
106	ashes	mũu - mĩu
107	smoke	ndoogo
108	to burn	kũvĩa
109	to extinguish	kũvoria, kũthima
110	firewood	rũkũ - ngũ
111	water	maaĩ
112	to become dry	kũũma
113	to say	kuuga, kwaria
114	to call	gwĩta
115	to question	kũũria kĩũria
116	to teach	kũthoomithia
117	to play	kũthaaka
118	to sing	kwina
119	drum	ndiraamu - ndiraamu
120	to throw	gwikia
121	to abuse	kũruma
122	to strike	kũringa
123	to give	kũva
124	to steal	kwĩa
125	guest	mũgeni - ageni
126	to wait	gweterera
127	to kill	kũũraga
128	to laugh	kũtheka
129	to weep	kũrĩra
130	to like	kwenda
131	to fear	kwigua guoya
132	to forget	kũriganĩrwa
133	one	ĩmwe
134	two	igĩrĩ
135	three	ithatũ
136	four	iinya
137	five	ithaano
138	ten	ĩkũmi
139	many	-ingĩ
140	all	-onthe
141	God	ngai
142	to drop	kũgwa
143	to pick up	gwosa
144	to bring	kũreete
145	to put	gwĩkĩra
146	to hide	kũthitha
147	to pull	kũguucia
148	to push	gũcukuma
149	to tie a knot	gũkundĩka, kwova
150	to untie	gũkundũra, kwovora
151	to bend	gũkũnja
152	to cut	gũtinia, kũrenga, gũtema
153	to snap	kuunania, kwenyũra
154	to tear	gũtembũra
155	up	ĩgũrũ
156	down	nthĩ
157	inside	ndaarĩ
158	outside	nja
159	red	-tuune
160	white	-cerũ
161	black	-irũ
162	sun	riũa
163	moon	mweri
164	star	njata - njata
165	cloud	ĩtu - matu
166	rain	mbura
167	wind	rũkũngi - ngũngi
168	mountain	kĩrĩma - irĩma
169	forest	mũtitũ - mĩtitũ
170	river	rũũĩ - njũĩ
171	to sink	kũũrĩra
172	to cross	gũkĩra
173	to swim	kwĩvutĩra
174	ground	nthĩ
175	stone	ĩthiga - mathiga
176	soil	mũthetu, ĩthetu
177	hole	ĩrima - marima
178	to bury	kũthika
179	day	mũthenya - mĩthenya
180	night	ũtukũ - maũtukũ
181	yesterday	ĩgoro
182	today	ũmũnthi
183	tomorrow	rũũciũ
184	year	mwaka - miaka
185	good	-ega
186	bad	-cũũku
187	big	-nene
188	small	-niini
189	long	-raaca
190	short	-kuvĩ
191	heavy	-rito
192	It's cold	kwĩha mvevo
193	new	-niũ
194	thing	kĩndu - indo
195	me	nie
196	you	we
197	us	tue
198	you pl.	mue
199	who	ũ
200	what	ndũĩ

Eton

1	head	no - mino
2	hair	long
3	face	asu - męsu
4	eye	dis - mis
5	nose	doi - moi
6	mouth	anung - męnung
7	tongue	ojęm - ajęm
8	tooth	asông - męsong
9	ear	alo̱ - męlo̱
10	neck	tching - mętching
11	body	nkuk - nkuk
12	shoulder	itul - bitul
13	breast	abę - mębę
14	back	mbus - mbus
15	buttock	akan - mękan
16	arm	inam - bînam
17	finger	onung - anung
18	nail	ja - bya
19	leg	akol - mękol
20	bone	ive̱s - bive̱s
21	blood	mętchi
22	heart	nęm - minęm
23	liver	zo̱ng nęm - zo̱ng nęm
24	tears	ibęgę - bibęgę
25	spittle	męte̱
26	to see	ye̱n
27	to look for	jęng
28	to hear	wok
29	wound	avęng - mevęng
30	to vomit	jo
31	to be tired	wok so̱m
32	to become well	ja
33	witchdoctor	n'gęn'gan - min'gęn'gan
34	clothes	iję - biję
35	to wear	dal
36	to wash	so
37	to spread to dry	yani
38	to sew	lat
39	salt	nku
40	oil	mo̱n
41	to cook	jam
42	to roast	yang, kan'ga
43	to eat	di
44	to drink	nyung
45	to become hungry	wok za
46	to become rotten	bo̱
47	house	nda - męnda
48	to build	long
49	to shut	pe̱t
50	to sweep	vi
51	father	isa - bo̱isa, tara
52	mother	nya - bo̱nya
53	child	mongo - bo̱ngo̱, mwan - bwan
54	husband	nyom - bęjom
55	wife	ngal - bęyal
56	to bear	wo̱
57	name	doi - moi
58	to grow up	nang
59	person	mot - bot
60	to die	wu
61	dog	mbu - mbu
62	to bite	lob
63	cattle	nyak - nyak
64	pig	n'goi - n'goi
65	goat	kabat - kabat
66	animal	tit - tit
67	lion	imgbam - bimgbam
68	elephant	zo̱k - zo̱k
69	hippopotamus	ngup - ngup
70	tail	mmęzut - mimęzut
71	spear	akông - mękông
72	trap	olam - alâm
73	meat	tit
74	snake	nywai - nywai
75	crocodile	ngan - ngan
76	frog	nko̱ngo̱ - minko̱ngo̱
77	fish	kwas - kwas
78	bird	onwan - anwan
79	chicken	ku - ku
80	egg	atchi - mętchi
81	to fly	ndem
82	bee	mbumbung - mbumbung
83	mosquito	inyęnyo̱ng - binyęnyo̱ng
84	fly	nwai - minwai
85	tree	ilę - bilę
86	branch	apâl - mępal
87	leaf	ka - męka
88	seed	mbo̱ng - mbo̱ng
89	root	nkang - minkang
90	to cultivate	se̱n
91	hoe	iko̱p - biko̱p
92	to sleep	kę ojo̱
93	dream	bîjęjęm
94	to wake up	vębę ôjo̱
95	to stand up	tębę, tętelę
96	to sit down	bo'obo
97	to go	kę
98	to come	zu
99	to enter	nyi
100	to come out	pam

101 to arrive suhni
102 to pass lot
103 path zen - mḙzen
104 axe ovon - avon
105 fire ndwan
106 ashes asui
107 smoke vira
108 to burn dig
109 to extinguish dim
110 firewood ngala
111 water mḙndim
112 to become dry nkot
113 to say kat, to̱ng
114 to call lo̱ngo̱
115 to question bolo molo
116 to teach yḙgḙl
117 to play vo, ko̱m bivoi
118 to sing ja ja̱
119 drum mai - mibai
120 to throw gba
121 to abuse sḙ
122 to strike ikura
123 to give ve
124 to steal jib
125 guest nyḙngḙ - bḙjḙngḙ
126 to wait yanga
127 to kill woi
128 to laugh wo̱
129 to weep nyon
130 to like ding
131 to fear wok wo̱ng
132 to forget vuuna
133 one po̱k
134 two baa
135 three laa
136 four naa
137 five tan
138 ten awom
139 many abwi
140 all -sḙ
141 God zama - bozama
142 to drop ku
143 to pick up to̱'i
144 to bring so̱ edam
145 to put puri
146 to hide so̱li
147 to pull limḙra
148 to push tin
149 to tie a knot tin'gḙra
150 to untie ti
151 to bend bo̱k
152 to cut tchik
153 to snap buk
154 to tear nyap
155 up dop
156 down asi
157 inside annḙm
158 outside ntchḙng
159 red ivḙlḙ
160 white ipumla
161 black ivini
162 sun no dobo
163 moon ngmḙl
164 star otḙtḙ - atḙtḙ
165 cloud not found
166 rain mbḙng
167 wind nkula
168 mountain nkol - minkol
169 forest apan - mḙpan
170 river oso - aso
171 to sink ku mḙndim
172 to cross dang
173 to swim wak
174 ground si
175 stone n'go̱k - n'go̱k
176 soil si
177 hole ibḙ - bibḙ, ajo̱ng - mḙjo̱ng
178 to bury dḙ
179 day alu - mḙlu
180 night alu - mḙlu
181 yesterday an'goge
182 today ana
183 tomorrow kiri
184 year mu - mibu
185 good mḙm
186 bad mḙ
187 big nyamoro
188 small obanḙg
189 long nto̱ng
190 short itun
191 heavy dit
192 It's cold avḙb anḙ
193 new mkpamak
194 thing dam - dam
195 me ma
196 you wo̱
197 us bya
198 you pl. mina
199 who za
200 what jḙ

Ewondo

1	head	nlo - minlo
2	hair	isil
3	face	asu - mẹsu
4	eye	dis - mis
5	nose	djwe - mwe
6	mouth	anyu - mẹnyu
7	tongue	oyẹm - ayẹm
8	tooth	asong - mẹsong
9	ear	alwa - mẹlwa
10	neck	king - mẹking
11	body	nyo̱ - nyo̱
12	shoulder	itu - bitul
13	breast	abe̱e̱ - mẹbe̱e̱
14	back	mvus - mvus
15	buttock	akan - mẹkan
16	arm	inam - binam
17	finger	onyu - anyu
18	nail	dje - bye
19	leg	akoo - mẹkoo
20	bone	ihe̱s - bive̱s
21	blood	mẹki
22	heart	nnam - minam
23	liver	isag - bisag
24	tears	ibage - bibage, milk
25	spittle	mẹnden
26	to see	ayen
27	to look for	ajeng
28	to hear	awog
29	wound	avẹng - mẹvẹng
30	to vomit	ayo
31	to be tired	awog swam
32	to become well	ajye
33	witchdoctor	n'gẹn'gan - min'gẹn'gan
34	clothes	iye - biye
35	to wear	abwad
36	to wash	asob
37	to spread to dry	ayani
38	to sew	alad
39	salt	nku - minku
40	oil	mbwan
41	to cook	ayam
42	to roast	akid
43	to eat	adi
44	to drink	anyu
45	to become hungry	awog zie
46	to become rotten	ibwal
47	house	nda - mẹnda
48	to build	along
49	to shut	afe̱d
50	to sweep	ahaa ngun

51	father	isia - bẹisia, tara
52	mother	nnya - bẹnya
53	child	mo̱ngo̱ - bo̱ngo̱
54	husband	nnom - beyom
55	wife	nga - bẹyal
56	to bear	abye
57	name	jwe - mwe
58	to grow up	anang
59	person	mod - bod
60	to die	awu
61	dog	mvu - mvu
62	to bite	alob
63	cattle	nyag - nyag
64	pig	n'gwe - n'gwe
65	goat	kabad - bẹkabad
66	animal	cid - cid
67	lion	in'gbẹm - bin'gbẹm
68	elephant	zo̱g - zo̱g
69	hippopotamus	ngub - ngub
70	tail	ibon cid - bibon bi cid
71	spear	ako̱ng - mẹko̱ng
72	trap	olam - mẹlam
73	meat	cid
74	snake	nywal/nyo̱o̱ - bẹnyo̱o̱
75	crocodile	nkomgan - minkomgan, ngan - ngan
76	frog	nkwango̱ - minkwango̱
77	fish	kwas - kwe̱e̱
78	bird	onwan - anwan
79	chicken	kub - kub
80	egg	aki - mẹki
81	to fly	a'yẹlẹ, andẹm
82	bee	mvumvon - mvumvon
83	mosquito	inyinywang - binyinywang
84	fly	kob - kob
85	tree	ile - bile
86	branch	fala - mẹfal
87	leaf	okye - mẹkye
88	seed	mbang - mimbang
89	root	nkang - minkang
90	to cultivate	asẹn
91	hoe	ikob - bikob
92	to sleep	akẹ oywa
93	dream	(ayẹm nlo)
94	to wake up	ahẹbẹ
95	to stand up	atẹbẹ, atẹlẹ
96	to sit down	ato̱bo̱
97	to go	akẹ
98	to come	azu
99	to enter	anyan
100	to come out	akwi

101	to arrive	akwi
102	to pass	alod
103	path	zen - mệzen
104	axe	ovon - mêvon
105	fire	ndwon
106	ashes	asub - mệsub
107	smoke	otsira - ˆatsira
108	to burn	adig
109	to extinguish	adim
110	firewood	ngala
111	water	mệndib
112	to become dry	akod
113	to say	akad
114	to call	aloe
115	to question	asili
116	to teach	ayệgệlệ
117	to play	abô bivoe
118	to sing	aya
119	drum	mba - mimba
120	to throw	awa
121	to abuse	asei
122	to strike	abimi
123	to give	ahệ
124	to steal	awûb
125	guest	nnệng - bệyệng
126	to wait	ayanga
127	to kill	awoi, awẹ
128	to laugh	awe
129	to weep	aywon
130	to like	ading
131	to fear	awog wang
132	to forget	avwan
133	one	fọg
134	two	bẹẹ
135	three	lee
136	four	nyii
137	five	tan
138	ten	awom
139	many	abui
140	all	-sệ
141	God	zamba - bệzamba
142	to drop	aku
143	to pick up	anwang, atwab
144	to bring	aswe
145	to put	afuri
146	to hide	aswali
147	to pull	alindi
148	to push	atsin, atsindi
149	to tie a knot	atsindi
150	to untie	atsii
151	to bend	ahid
152	to cut	akig
153	to snap	abug
154	to tear	anyab
155	up	ayob
156	down	asi
157	inside	annệm
158	outside	nsệng
159	red	aiĥye
160	white	afum
161	black	ahin
162	sun	yen
163	moon	ngmệl
164	star	otîtsye - atitsye
165	cloud	not found
166	rain	mvệng
167	wind	nkûla
168	mountain	nkol - minkol, nkoo - minkoo
169	forest	afan - mệfan
170	river	oso - aswê
171	to sink	aku mệndib
172	to cross	adang
173	to swim	ajwag
174	ground	si
175	stone	n'gọg - n'gọg
176	soil	ibang - bibang
177	hole	mbil - mimbil
178	to bury	abẹ
179	day	amos - mệmos
180	night	alu - mệlu, alwasệ
181	yesterday	on'goge
182	today	ana
183	tomorrow	okiri
184	year	mbu - minbu
185	good	mbệngbệ
186	bad	mbệ
187	big	mor
188	small	man
189	long	ayab
190	short	itun
191	heavy	adid
192	It's cold	ahab anệ
193	new	mkpaman
194	thing	jom - byom
195	me	ma
196	you	wọ
197	us	bya
198	you pl.	mina
199	who	za
200	what	je

Ganda

1	head	omutwe - emitwe
2	hair	oluviri - emviri
3	face	mumaaso ?
4	eye	eriiso - amaaso
5	nose	enyindo - enyindo
6	mouth	omumwa - emimwa
7	tongue	olulimi - ennimi
8	tooth	erinnyo - amannyo
9	ear	okutu - amatu
10	neck	ensingo - ensingo
11	body	omubiri - emibiri
12	shoulder	ekibegaabega - ebibegaabega
13	breast	ebbeere - amabeere
14	back	omugongo - emigongo
15	buttock	akabina - obubina, ettako - amatako
16	arm	omukono - emikono
17	finger	olunwe - ennwe, olugalo - engalo
18	nail	olwaala - enjala
19	leg	okugulu - emigulu/amagulu
20	bone	eggumba - amagumba
21	blood	omusaayi - emisaayi
22	heart	omutima - emitima
23	liver	ekibumba - ebibumba
24	tears	ezziga - amaziga
25	spittle	amalusu
26	to see	okulaba
27	to look for	okunoonya, okusaka
28	to hear	okuwulira
29	wound	ebbwa - amabwa
30	to vomit	okusesema
31	to be tired	okukoowa
32	to become well	okuwona
33	witchdoctor	omuganga - abaganga, omulaguzi - abalaguzi, omusawo owekinansi
34	clothes	olugoye - engoye
35	to wear	okwambula
36	to wash	okwoza
37	to spread to dry	okwanika
38	to sew	okutunga
39	salt	omunnyo
40	oil	buto, amafuta
41	to cook	okufumba
42	to roast	okwokya
43	to eat	okulya
44	to drink	okunywa
45	to become hungry	okufuna enjala
46	to become rotten	okuvunda
47	house	enyumba - amayumba
48	to build	okuzimba
49	to shut	okuggalawo
50	to sweep	okwera
51	father	taata - bataata, kitaa - bakitaa
52	mother	maama - bamaama, nyoko, nyina
53	child	omwana - abaana
54	husband	omwami - abaami
55	wife	omukyaala - abakyaala omukaziwe
56	to bear	okuzaala
57	name	erinnya - amannya
58	to grow up	okukula
59	person	omuntu - abantu
60	to die	okufa
61	dog	embwa - embwa
62	to bite	okuluma
63	cattle	ente - ente
64	pig	embizzi - embizzi
65	goat	embuzi - embuzi
66	animal	ekisolo - ebisolo
67	lion	empologoma - empologoma
68	elephant	enjovu - enjovu
69	hippopotamus	emvubo - emvubo
70	tail	omukira - emikira
71	spear	effumu - amafumu
72	trap	omutego - emitego
73	meat	enyama
74	snake	omusota - emisota
75	crocodile	goonya - goonya
76	frog	ekikere - ebikere
77	fish	ekyenyanja - ebyenyanja
78	bird	ekinyonyi - ebinyonyi
79	chicken	enkoko - enkoko
80	egg	eggi - amagi
81	to fly	okubuuka
82	bee	enjuki - enjuki
83	mosquito	ensiri - ensiri
84	fly	enswera - enswera
85	tree	omuti - emiti
86	branch	ettabi - amatabi
87	leaf	ekikoola - ebikoola
88	seed	ensigo - ensigo
89	root	ekikolo - ebikolo
90	to cultivate	okulima
91	hoe	enkumbi - enkumbi
92	to sleep	okwebaka
93	dream	ekilooto - ebilooto
94	to wake up	okuzukuka, okusisimuka
95	to stand up	okuyimirira, okusituka
96	to sit down	okutuula
97	to go	okugenda
98	to come	okujja
99	to enter	okuyingila
100	to come out	okuva

101	to arrive	okutuuka
102	to pass	okuyisa, okuyita
103	path	oluguudo - enguudo, akakubo - obukubo
104	axe	embazzi - embazzi
105	fire	omuliro - emiliro
106	ashes	evvu
107	smoke	omukka
108	to burn	okwaka
109	to extinguish	okuzikiza
110	firewood	enku - enku
111	water	amazzi
112	to become dry	okukala
113	to say	okugamba, okwogera
114	to call	okuyita
115	to question	okubuuza
116	to teach	okusomesa
117	to play	okuzanya
118	to sing	okuyimba
119	drum	engoma - engoma
120	to throw	okukasuka
121	to abuse	okuvuma
122	to strike	okukuba
123	to give	okuwa
124	to steal	okubba
125	guest	omugenyi - abagenyi
126	to wait	okulinda
127	to kill	okutta
128	to laugh	okuseka
129	to weep	okukaaba
130	to like	okwagala
131	to fear	okutya
132	to forget	okwelabira
133	one	emu
134	two	biri
135	three	satu
136	four	nya
137	five	taano
138	ten	kumi
139	many	-nji
140	all	-onna
141	God	katonda
142	to drop	okugwa
143	to pick up	okulonda
144	to bring	okuleeta
145	to put	okuteeka
146	to hide	okukweka
147	to pull	okusika, okukulula
148	to push	okusindika
149	to tie a knot	okufundikira, okufunga
150	to untie	okusumulula, okufundukula
151	to bend	okuweta
152	to cut	okusala, okutema
153	to snap	okumenya
154	to tear	okuyuza
155	up	wagulu
156	down	wansi
157	inside	munda
158	outside	wabwelu
159	red	-myufu
160	white	-eru
161	black	-ddugavu
162	sun	omusana, enjuba
163	moon	omwezi
164	star	emunyeenye - emunyeenye
165	cloud	ekire - ebire
166	rain	enkuba
167	wind	empewo
168	mountain	olusozi - ensozi
169	forest	ekibira - ebibira, ekisaka - ebisaka
170	river	enyanja - enyanja
171	to sink	okubbira
172	to cross	okusala
173	to swim	okuwuga
174	ground	wansi
175	stone	ejjinja - amayinja
176	soil	enfufu, ettaka
177	hole	ekinnya - ebinnya
178	to bury	okuziika
179	day	olunaku - ennaku
180	night	ekiro
181	yesterday	jjo
182	today	leero
183	tomorrow	enkya
184	year	omwaka - emyaka
185	good	-rungi
186	bad	-bi
187	big	-nene
188	small	-tono
189	long	-wamvu
190	short	-mpi
191	heavy	-zito
192	It's cold	lunnyogoga
193	new	-jja
194	thing	ekintu - ebintu
195	me	nze
196	you	gwe
197	us	ffe
198	you pl.	mmwe
199	who	ani
200	what	kiki

Giryama

1	head	kitswa - vitswa
2	hair	ludzere - nyere
3	face	uso - nyuso
4	eye	dzitso - matso
5	nose	pula - pula
6	mouth	mulomo - milomo
7	tongue	ludhimi - ndhimi
8	tooth	dzino - meno
9	ear	sikiro - masikiro
10	neck	singo - singo
11	body	mwiri - miri
12	shoulder	kithuro - vithuro
13	breast	hombo - mahombo
14	back	mongo - myongo
15	buttock	mahako
16	arm	mkono - mikono
17	finger	chala - mala
18	nail	lukombe - kombe
19	leg	kigulu - magulu
20	bone	musoza - misoza
21	blood	milatso
22	heart	moyo - myoyo
23	liver	ini - maini
24	tears	tsozi - matsozi
25	spittle	mahe
26	to see	kuona
27	to look for	kumala
28	to hear	kusikira
29	wound	kironda - vironda
30	to vomit	kuhahika
31	to be tired	kutsoka
32	to become well	kuhola
33	witchdoctor	mganga - aganga
34	clothes	nguo - nguo
35	to wear	kuvala
36	to wash	kufula
37	to spread to dry	kunika
38	to sew	kushona
39	salt	munyu
40	oil	mafuha
41	to cook	kugita
42	to roast	kuocha
43	to eat	kurya
44	to drink	kunwa
45	to become hungry	kuhenda nzala, kugwira ni nzala
46	to become rotten	kuola
47	house	nyumba - nyumba
48	to build	kujenga
49	to shut	kufunga
50	to sweep	kushera
51	father	baba - baba
52	mother	mama - mama
53	child	muhoho - ahoho
54	husband	mulume - alume
55	wife	muche - ache
56	to bear	kuzhala
57	name	dzina - madzina
58	to grow up	kukula
59	person	mutu - atu
60	to die	kufa, kunongeka
61	dog	kuro - kuro
62	to bite	kuluma
63	cattle	ng'ombe - ng'ombe
64	pig	nguluwe - nguluwe
65	goat	mbuzi - mbuzi
66	animal	munyama - anyama
67	lion	simba - simba
68	elephant	nzovu - nzovu
69	hippopotamus	kiboko - viboko
70	tail	mukira - mikira
71	spear	nzagaya - nzagaya
72	trap	muhambo - mihambo
73	meat	nyama
74	snake	nyoka - nyoka
75	crocodile	ngwena - ngwena
76	frog	chula - zhula
77	fish	kumba - makumba
78	bird	kanyama - unyama
79	chicken	kuku - kuku
80	egg	iji - maji
81	to fly	kubururuka
82	bee	nyuchi - nyuchi
83	mosquito	kasunye - usunye
84	fly	inzi - mainzi
85	tree	muhi - mihi
86	branch	kitai - vitai
87	leaf	kodza - makodza
88	seed	mbeyu - mbeyu, tembe - tembe
89	root	muziji - miziji
90	to cultivate	kurima
91	hoe	jembe - majembe
92	to sleep	kulala
93	dream	ndoso
94	to wake up	kulamuka
95	to stand up	kuima
96	to sit down	kukelesi
97	to go	kwenda
98	to come	kudza
99	to enter	kungira
100	to come out	kumbola

101	to arrive	kungira, kufika
102	to pass	kukira
103	path	ngira - ngira
104	axe	tsoka - matsoka
105	fire	moho - myoho
106	ashes	ivu
107	smoke	mosi
108	to burn	kusha
109	to extinguish	kuzinya
110	firewood	lukuni - kuni
111	water	madzi
112	to become dry	kuuma
113	to say	kunena
114	to call	kuiha
115	to question	kuuza swali
116	to teach	kufundisha
117	to play	kuzaziga
118	to sing	kuimba
119	drum	ngoma - ngoma
120	to throw	kutsuha
121	to abuse	kuhukana
122	to strike	kutsuha ngumi
123	to give	kupa
124	to steal	kuiya
125	guest	mjeni - ajeni
126	to wait	kuthariza
127	to kill	kwalaga
128	to laugh	kutseka
129	to weep	kurira
130	to like	kuhenza
131	to fear	kugoha
132	to forget	kusahau
133	one	mwenga
134	two	mbiri
135	three	tahu
136	four	ne
137	five	tsano
138	ten	kumi
139	many	-nji
140	all	-osi
141	God	mulungu
142	to drop	kugwa
143	to pick up	kutsola
144	to bring	kureha
145	to put	kuika
146	to hide	kufitsa
147	to pull	kuvuha
148	to push	kusukuma
149	to tie a knot	kufunga, kulunganya
150	to untie	kuvugula
151	to bend	kukunza
152	to cut	kutosa
153	to snap	kubanda
154	to tear	kutharura
155	up	dzulu
156	down	tsini
157	inside	ndani
158	outside	nze
159	red	-thune
160	white	-ruhe
161	black	-iru
162	sun	dzua
163	moon	mwezi
164	star	nyenyezi - nyenyezi
165	cloud	ingu - maingu
166	rain	vula
167	wind	luvutho
168	mountain	murima - mirima
169	forest	tsaka - matsaka, nyika
170	river	muho - myuho
171	to sink	kudodomera
172	to cross	kuvuka
173	to swim	kuogerera
174	ground	tsini
175	stone	iwe - mawe
176	soil	mitsanga
177	hole	wina - maina
178	to bury	kuzika
179	day	siku
180	night	usiku
181	yesterday	dzana
182	today	rero
183	tomorrow	machero
184	year	mwaka - myaka
185	good	-dzo
186	bad	-i
187	big	-bomu
188	small	-thithe
189	long	-re
190	short	-futi
191	heavy	-ziho
192	It's cold	kupeho
193	new	-sha
194	thing	kitu - vitu
195	me	mimi
196	you	uwe
197	us	siswi
198	you pl.	ninwi
199	who	hani
200	what	noni

Gisu

1	head	mutye - mitye
2	hair	liizuune - mazuune
3	face	mumoni
4	eye	imoni - zimoni
5	nose	limuulu - muulu
6	mouth	munwa - minwa
7	tongue	luulimi - ziinimi
8	tooth	lisiino - meeno/masiino
9	ear	kukutu - zikutu
10	neck	ligosi - magosi
11	body	mubili - mibili
12	shoulder	liibega - mabega
13	breast	liibeele - mabeele
14	back	mugongo - migongo
15	buttock	lidako - madako
16	arm	mukono - mikono
17	finger	lulwala - zinzala
18	nail	kidete - bidete
19	leg	kigele - bigele
20	bone	ligumba - magumba
21	blood	musaai - misaai
22	heart	mooyo - myooyo
23	liver	ciini - biini
24	tears	masiga
25	spittle	matye
26	to see	kubona
27	to look for	kuyoda
28	to hear	kuulila
29	wound	ciwundu - biwundu
30	to vomit	kulusa
31	to be tired	kuluwa
32	to become well	kuwona
33	witchdoctor	musawo w'ekinansi
34	clothes	ingubo - zingubo
35	to wear	kugwata
36	to wash	kusinga
37	to spread to dry	kwanikira
38	to sew	kutunga
39	salt	muunyu, muganda
40	oil	mafuta
41	to cook	kudeeka
42	to roast	kukokya
43	to eat	kudya
44	to drink	kunywa
45	to become hungry	kuulila inzala
46	to become rotten	kubola
47	house	inzu - zinzu
48	to build	kwimbaka
49	to shut	kwigalawo
50	to sweep	kweya
51	father	baaba - babaaba
52	mother	maai - bamaai
53	child	umwana - baana
54	husband	umuseeza - baaseeza
55	wife	umukasi - baakasi
56	to bear	kusaala
57	name	erieta - amarieta, lisiino - meeno
58	to grow up	kukula
59	person	umuutu - baatu
60	to die	kufa
61	dog	imbwa - zimbwa
62	to bite	kuruma
63	cattle	ikafu - zikafu
64	pig	imbiizi - zimbiizi
65	goat	imbusi - zimbusi
66	animal	isolo - zisolo
67	lion	ipologoma - zipologoma
68	elephant	inzofu - zinzofu
69	hippopotamus	imvubu - zimvubu
70	tail	mukinga - mikinga
71	spear	lifumo - mafumo
72	trap	mutego - mitego
73	meat	inyama - zinyama
74	snake	itemu - zitemu
75	crocodile	goonya - zigoonya
76	frog	likyele - makyele
77	fish	inyeni - zinyeni
78	bird	kaanyoni - buunyoni
79	chicken	ingoko - zingoko
80	egg	ligi - magi
81	to fly	kubululuka
82	bee	inzuki - zinzuki
83	mosquito	namunyeenye - zinamunyeenye
84	fly	isami - zisami
85	tree	gusaala - misaala
86	branch	lusha - zisha
87	leaf	liitu - matu
88	seed	immiizo - zimmiizo
89	root	luuli - zindi
90	to cultivate	kulima
91	hoe	kisili - bisili
92	to sleep	kugona
93	dream	kilooto - bilooto
94	to wake up	kwinyuka
95	to stand up	kwima
96	to sit down	kwikala
97	to go	kuza
98	to come	kweza
99	to enter	kwingila
100	to come out	kuza hanzi

101	to arrive	kudabula
102	to pass	kubita, kubitisa
103	path	lugudo - zingudo, inzila - zinzila
104	axe	isooka - zisooka
105	fire	mulilo - mililo
106	ashes	ligokye - magokye
107	smoke	lisusi - masusi
108	to burn	kwoka
109	to extinguish	kusimisa
110	firewood	luku - ziku
111	water	meezi
112	to become dry	kwoma
113	to say	kuganika
114	to call	kulanga
115	to question	kubuuza, kuteba kibuuzo
116	to teach	kusomesa
117	to play	kwinya
118	to sing	kuyimba
119	drum	ing'oma - zing'oma
120	to throw	kuduma
121	to abuse	kusanyusa
122	to strike	kukuba
123	to give	kuwa
124	to steal	kwiba
125	guest	umugyeni - baagyeni
126	to wait	kulinda
127	to kill	kwita
128	to laugh	kuseka
129	to weep	kulila
130	to like	kugana
131	to fear	kutya
132	to forget	kwibilila
133	one	kyoong'ane
134	two	bibili
135	three	bidatu
136	four	bine
137	five	bitaano
138	ten	likumi
139	many	-gali
140	all	-osi
141	God	katonda - bakatonda
142	to drop	kugwa
143	to pick up	kwangala
144	to bring	kuleeta
145	to put	kutawo
146	to hide	kubisa
147	to pull	kukwesa
148	to push	kusindika
149	to tie a knot	kufundika, kusiba
150	to untie	kugangulula
151	to bend	kufumba
152	to cut	kusala, kukala, kusheeta
153	to snap	kumenya
154	to tear	kwinula
155	up	mungagi
156	down	haasi
157	inside	mugati
158	outside	hanze
159	red	-tandalafu
160	white	-mwanga
161	black	-mali
162	sun	muumu
163	moon	mwesi
164	star	inyenyesi - zinyenyesi
165	cloud	namufweli
166	rain	ifula
167	wind	imbewo
168	mountain	lukungu - zikungu
169	forest	kisaali - bisaali
170	river	luluuzi - ziluuzi
171	to sink	kwika
172	to cross	kwambuka
173	to swim	kuwuga
174	ground	haasi
175	stone	libaale - mabaale
176	soil	litaaka - mataaka
177	hole	liloho - maloho
178	to bury	kusinda
179	day	lunako - zinako
180	night	kilo - bilo
181	yesterday	ingoloobe
182	today	kyeleero
183	tomorrow	mugamba
184	year	mwaka - myaka
185	good	-layi
186	bad	-bi
187	big	-kulu
188	small	-dambi
189	long	-leyi
190	short	-nyipi
191	heavy	-sito
192	It's cold	bunyifu
193	new	-shaaka
194	thing	kiitu - biitu
195	me	isese
196	you	iwewe
197	us	ifefe
198	you pl.	inyenye
199	who	naanu
200	what	kiina

Gogo

1	head	mutwe - mitwe
2	hair	mvwili - mvwili
3	face	usu - usu
4	eye	liso - meso
5	nose	mhula - mhula
6	mouth	mulomo - milomo
7	tongue	lulimi - ndimi/milimi
8	tooth	lino - meno
9	ear	ikutu - makutu
10	neck	singo - singo
11	body	mwili - miwili
12	shoulder	iwega - mawega
13	breast	itombo - matombo
14	back	mugongo - migongo
15	buttock	idako - madako
16	arm	muwoko - miwoko
17	finger	cidole - vidole
18	nail	nghombazala - nghombazala
19	leg	mugulu - migulu
20	bone	ifupa - mafupa
21	blood	sakami
22	heart	nhumbula - nhumbula
23	liver	itoga - matoga
24	tears	ihozi - mahozi
25	spittle	mate
26	to see	kuwona
27	to look for	kulondola
28	to hear	kuhulika
29	wound	ilonda - malonda, iwamba - mawamba
30	to vomit	kudeka
31	to be tired	kukatala, kutimba
32	to become well	kupona
33	witchdoctor	muganga - waganga
34	clothes	mwenda - myenda
35	to wear	kuvwala
36	to wash	kukanza
37	to spread to dry	kwanika
38	to sew	kuhona
39	salt	mwino
40	oil	mafuta
41	to cook	kuvuga
42	to roast	kukasika
43	to eat	kulya
44	to drink	kung'wa
45	to become hungry	kuhulika nzala, kutamwa nzala
46	to become rotten	kudoda, kuwola
47	house	nyumba - nyumba
48	to build	kuzenga
49	to shut	kudinda
50	to sweep	kufwagula
51	father	sogo - wasogo, baba
52	mother	nyina - wanyina, yaya
53	child	mwana - wana
54	husband	mulume - walume
55	wife	mucekulu - wacekulu, mhuga - mhuga
56	to bear	kulela
57	name	itagwa - matagwa
58	to grow up	kwiluka
59	person	munhu - wanhu, nhendu - nhendu
60	to die	kufwa
61	dog	ibwa - mabwa, mbwa - mbwa
62	to bite	kuluma
63	cattle	ng'ombe - ng'ombe
64	pig	igubi - magubi
65	goat	mhene - mhene
66	animal	ilimu - malimu
67	lion	isimba - masimba
68	elephant	nhembo - nhembo
69	hippopotamus	ibogo - mabogo
70	tail	mucila - micila
71	spear	mugoha - migoha
72	trap	mutego - mitego
73	meat	nyama
74	snake	nzoka - nzoka, izoka - mazoka
75	crocodile	imamba - mamba
76	frog	ibula - mabula/mbula
77	fish	somba - somba
78	bird	ndeje - ndeje
79	chicken	nghuku - nghuku
80	egg	igangha - magangha
81	to fly	kuguluka
82	bee	nzuci - nzuci
83	mosquito	izuguni - mazuguni, nzuguni - nzuguni
84	fly	ihazi - mahazi, hazi - hazi
85	tree	mubici - mibici
86	branch	inhambi - manhambi
87	leaf	ihamha - mahamha
88	seed	mbeyu - mbeyu
89	root	mulela - milela
90	to cultivate	kulima
91	hoe	isili - masili
92	to sleep	kugona
93	dream	ndoto
94	to wake up	kwinuka
95	to stand up	kwinuka
96	to sit down	kwikala
97	to go	kubita
98	to come	kuza
99	to enter	kwinjila
100	to come out	kulawaniza

101	to arrive	kufika
102	to pass	kupuluta
103	path	nzila - nzila
104	axe	nhemo - nhemo
105	fire	moto - myoto
106	ashes	ivu - mavu
107	smoke	lyosi - malyosi
108	to burn	kupya
109	to extinguish	kuzimya
110	firewood	ngwagu - ngwagu, itinde - matinde
111	water	malenga
112	to become dry	kunyala
113	to say	kulonga
114	to call	kucema
115	to question	kuwuza
116	to teach	kwijiza
117	to play	kwidawala
118	to sing	kwimba
119	drum	ng'oma - ng'oma
120	to throw	kugumila
121	to abuse	kuliga
122	to strike	kutowa
123	to give	kupela
124	to steal	kuhiza
125	guest	mujenzi - wajenzi
126	to wait	kulindila
127	to kill	kuwulaga
128	to laugh	kuseka
129	to weep	kulila
130	to like	kwenda
131	to fear	kogopa, kudoda
132	to forget	kusemwa
133	one	monga
134	two	nyejete
135	three	idatu
136	four	ine
137	five	ihano
138	ten	ikumi
139	many	-inji, mapuga
140	all	-ose
141	God	mulungu - milungu
142	to drop	kugwa
143	to pick up	kutondola
144	to bring	kuleta
145	to put	kuwika
146	to hide	kuhundika
147	to pull	kukwega
148	to push	kukumha, kukundujiza
149	to tie a knot	kuwopa
150	to untie	kuwopola
151	to bend	kukunga, kupindya
152	to cut	kudumula
153	to snap	kubena
154	to tear	kudemula
155	up	kucanhya
156	down	ivungu
157	inside	mugati
158	outside	kudeha
159	red	-dunghu
160	white	-zelu
161	black	-titu
162	sun	izuwa
163	moon	mwezi
164	star	nyelezi - nyelezi
165	cloud	ivunde - mavunde
166	rain	mvula
167	wind	mbeho
168	mountain	itunda - matunda
169	forest	mbago - mbago
170	river	ikolongo - makolongo
171	to sink	kudidimila, kuzwila
172	to cross	kulowoka
173	to swim	kutowa nhumbwe
174	ground	hasi
175	stone	ibwe - mabwe
176	soil	wulongo
177	hole	ikombo - makombo
178	to bury	kuzika, kufuciza, kuhimbila
179	day	izuwa - mazuwa
180	night	cilo - vilo
181	yesterday	igolo
182	today	zwali
183	tomorrow	mitondo
184	year	mwaka - myaka
185	good	-swanu
186	bad	-bi
187	big	-waha
188	small	-dodo
189	long	-tali
190	short	-fupi
191	heavy	-zito
192	It's cold	zwali mbeho
193	new	-pya
194	thing	cinhu - vinhu
195	me	nene
196	you	gwegwe
197	us	sese
198	you pl.	nyenye
199	who	nani
200	what	cici

Gusii

1	head	omotwe - emetwe
2	hair	etuukia - x
3	face	obosio - x
4	eye	eriiso - amaiso
5	nose	emioro - cimioro
6	mouth	omonua - emenua
7	tongue	oromeme - x
8	tooth	eriino - amaino
9	ear	ogoto - amato
10	neck	riigoti - amagoti
11	body	omobere - emebere
12	shoulder	riireko - amareko
13	breast	orobeere - cimbeere
14	back	omogongo - emegongo
15	buttock	enyonga - cinyonga
16	arm	okoboko - amaboko
17	finger	egecara - ebicara
18	nail	ekegunca - ebigunca
19	leg	okogoro - amagoro
20	bone	riiuba - amauba
21	blood	amaanyinga
22	heart	enkoro - cinkoro
23	liver	riina - amani
24	tears	amariga
25	spittle	amate
26	to see	okorora
27	to look for	okorigia, okomagamaga
28	to hear	okoigua
29	wound	riiyote - amayote
30	to vomit	okoroka
31	to be tired	okorosa
32	to become well	okobwena
33	witchdoctor	omonyamesiira - abanyamesiira
34	clothes	eyanga - ciyanga
35	to wear	ogwesoka
36	to wash	ogosibia
37	to spread to dry	okoanekera
38	to sew	ogosona
39	salt	ecumbi - cicumbi, omoonyo
40	oil	amaguta
41	to cook	okoruga
42	to roast	ogosamba
43	to eat	okoraagera
44	to drink	okonyua
45	to become hungry	okoba n'encara
46	to become rotten	okogunda
47	house	enyomba - cinyomba
48	to build	okwagaaca
49	to shut	ogosieka
50	to sweep	okoabuusa
51	father	taata
52	mother	maama
53	child	omwana - abaana
54	husband	omosaaca - abasaaca
55	wife	omokungu - abakungu
56	to bear	okobiara
57	name	erieta - amarieta
58	to grow up	ogokiina
59	person	omonto - abanto
60	to die	ogokwa
61	dog	eseese - ciseese
62	to bite	okoruma
63	cattle	eng'ombe - cing'ombe
64	pig	enguruwe - cinguruwe
65	goat	embori - cimbori
66	animal	abanyama
67	lion	esimba - cisimba
68	elephant	encogu - cincogu
69	hippopotamus	engubo - cingubo
70	tail	omokera - emekera
71	spear	riitimo - amatimo
72	trap	omotego - emetego
73	meat	enyama - cinyama
74	snake	eng'iti - cing'iti
75	crocodile	emamba - cimamba
76	frog	egioto - ebioto
77	fish	enswe - cinswe
78	bird	enyoni - cinyoni
79	chicken	engoko - cingoko
80	egg	riigena - amagena
81	to fly	okoburuka
82	bee	encoke - cincoke
83	mosquito	eumbu - ciumbu
84	fly	engi - cingi
85	tree	omote - emete
86	branch	riiaga - amaaga
87	leaf	riito - amato
88	seed	entetere - cintetere
89	root	omori - emeri
90	to cultivate	okorema
91	hoe	obokombe - amakombe
92	to sleep	okoraara
93	dream	endooto - x
94	to wake up	okobooka
95	to stand up	ogotenena
96	to sit down	ogoisaransa
97	to go	okogenda
98	to come	ogooca
99	to enter	ogosoa
100	to come out	ogosooka

101	to arrive	ogoika
102	to pass	ogweta
103	path	encera - cincera
104	axe	egesire - ebisire
105	fire	omorero - emerero
106	ashes	riibu
107	smoke	erioki
108	to burn	okoyia
109	to extinguish	okorimia
110	firewood	oroko - cinko
111	water	amaace
112	to become dry	okwoma
113	to say	ogoteeba, ogokwana
114	to call	okorangeria
115	to question	okobooria
116	to teach	okobundiisa, ogosoomia
117	to play	ogotiena, ogociesa
118	to sing	ogoteera
119	drum	ekono - cikono
120	to throw	okoruta
121	to abuse	okoraama
122	to strike	ogoaaka
123	to give	okoa
124	to steal	okoiba
125	guest	omogeni - abageni
126	to wait	okoganya
127	to kill	ogoita
128	to laugh	ogoseka
129	to weep	okorera
130	to like	ogwanca
131	to fear	okwoboa
132	to forget	okweba
133	one	eyeemo
134	two	ibere
135	three	isato
136	four	inye
137	five	isaano
138	ten	ikomi
139	many	-nge
140	all	-onsi
141	God	nyasaae
142	to drop	okogwa
143	to pick up	okoimokia
144	to bring	okorenta
145	to put	okobeeka
146	to hide	okobisa
147	to pull	okong'usa
148	to push	ogosuguma
149	to tie a knot	ogosiba, ogokundeka
150	to untie	ogosibora, ogokundora
151	to bend	ogokanya
152	to cut	okonaca, okobutora
153	to snap	okobuna
154	to tear	ogotabora, ogotandora
155	up	igoro
156	down	nse
157	inside	ime
158	outside	isiko
159	red	-bariiri
160	white	-rabu
161	black	-mwamu
162	sun	omobaso
163	moon	omotienyi
164	star	eng'enang'enia - cing'enang'enia
165	cloud	riire - amare
166	rain	embura
167	wind	embeo
168	mountain	egetunwa - ebitunwa
169	forest	riinani - amanani
170	river	orooce - x
171	to sink	okorimeria
172	to cross	ogotamboka
173	to swim	not found
174	ground	inse
175	stone	riigena - amagena
176	soil	omocanga
177	hole	engoro - cingoro
178	to bury	ogotindeka
179	day	riituko - amatuko
180	night	obotuko
181	yesterday	igoro
182	today	reero
183	tomorrow	maambia
184	year	omwaka - emyaka
185	good	-ya
186	bad	-be
187	big	-nene
188	small	-ke
189	long	-tambe
190	short	-eng'e
191	heavy	-rito
192	It's cold	n'embeo, n'obokendu
193	new	-nyia
194	thing	egento - ebinto
195	me	ince
196	you	aye
197	us	intwe
198	you pl.	inwe
199	who	ing'o
200	what	inki

Haya

1 head omutwe - emitwe
2 hair olushoke - eishokye
3 face obuso - x
4 eye eliisho - amaisho
5 nose enyindo - enyindo
6 mouth akanwa - x
7 tongue olulimi - x
8 tooth eliino - amaino
9 ear okutwi - amatwi
10 neck engoto - engoto
11 body omubili - emibili
12 shoulder eibega - amabega
13 breast eibeele - amabeele
14 back omugongo - emigongo
15 buttock eitako - amatako
16 arm omukono - emikono
17 finger ekyala - ebyala
18 nail empango - empango
19 leg okugulu - amagulu
20 bone eigufa - amagufa
21 blood obwamba
22 heart omwoyo - emyoyo
23 liver eine - amaine
24 tears eilila - amalila
25 spittle ekichwanta - ebichwanta
26 to see okubona
27 to look for okwiga
28 to hear okuulila
29 wound ekilonda - ebilonda
30 to vomit okutanaka, okutabika
31 to be tired okulemwa
32 to become well okutambilwa
33 witchdoctor omufumu - abafumu
34 clothes omwendo - emyendo
35 to wear okujwala
36 to wash okufula
37 to spread to dry okwanika
38 to sew okushona
39 salt omwonyo
40 oil amajuta
41 to cook okuchumba
42 to roast okwokya
43 to eat okulya
44 to drink okunywa
45 to become hungry okuulila enjala, okugila enjala
46 to become rotten okujunda
47 house enju - enju
48 to build okwombeka
49 to shut okukinga
50 to sweep okwelelela
51 father taata - bataata, isho, ishe
52 mother maawe - bamaawe, nyoko, nyina
53 child omwana - abaana
54 husband omushaija - abashaija
55 wife omukazi - abakazi
56 to bear okuzaala
57 name eibala - amabala
58 to grow up okukula
59 person omuntu - abantu
60 to die okufa
61 dog embwa - embwa
62 to bite okuluma
63 cattle ente - ente
64 pig empunu - empunu
65 goat embuzi - embuzi
66 animal ekigunju - ebigunju
67 lion entale - entale
68 elephant enjoju - enjoju
69 hippopotamus enjubu - enjubu
70 tail omukila - emikila
71 spear eichumu - amachumu
72 trap omutego - emitego
73 meat enyama
74 snake enjoka - enjoka
75 crocodile emamba - emamba
76 frog ekikele - ebikele
77 fish emfulu - emfulu
78 bird ekinyonyi - ebinyonyi
79 chicken enkoko - enkoko
80 egg eiuli - amauli
81 to fly okwalala
82 bee enjoki - enjoki
83 mosquito omubwi - emibwi
84 fly enshwela - enshwela
85 tree omuti - emiti
86 branch eitabi - amatabi
87 leaf ekibabi - ebibabi, olubabi - embabi
88 seed empambo - empambo
89 root omuzi - emizi
90 to cultivate okulima
91 hoe emfuka - emfuka,
92 to sleep okunagila
93 dream ebilooto
94 to wake up okwimuka
95 to stand up okwemeelela
96 to sit down okushuntama
97 to go okugenda
98 to come okwija
99 to enter okutaamu
100 to come out okushoola

101	to arrive	okugoba
102	to pass	okulabao
103	path	omwanda - emyanda
104	axe	endiamiti - endiamiti
105	fire	omulilo - emililo
106	ashes	eijwi
107	smoke	omwika - emiika
108	to burn	okuya
109	to extinguish	okulaaza
110	firewood	olukwi - enkwi
111	water	amaizi
112	to become dry	okwoma
113	to say	okugamba
114	to call	okweta
115	to question	okubaza
116	to teach	okwegesa
117	to play	okuzaana
118	to sing	okwoya
119	drum	engoma - engoma
120	to throw	okulasha
121	to abuse	okujuma
122	to strike	okuteela
123	to give	okua
124	to steal	okwiba
125	guest	omugenyi - abagenyi
126	to wait	okulinda
127	to kill	okwita
128	to laugh	okusheka
129	to weep	okulila
130	to like	okwenda
131	to fear	okutiina
132	to forget	okwebwa
133	one	emo
134	two	ibili
135	three	ishatu
136	four	ina
137	five	itaanu
138	ten	ikumi
139	many	-ngi
140	all	-ona
141	God	katonda, omukama - abakama, omukama katonda,
142	to drop	okulagala
143	to pick up	okulonda
144	to bring	okuleeta
145	to put	okutao, okuteekao
146	to hide	okusheleka
147	to pull	okunyulula
148	to push	okusindika
149	to tie a knot	okukoma
150	to untie	okukomoolola
151	to bend	okwenda
152	to cut	okushala
153	to snap	okwenda, okugutula
154	to tear	okunyaamula
155	up	eigulu
156	down	aansi
157	inside	omunda
158	outside	aeelu, enja
159	red	okutukula
160	white	okwela
161	black	okwilagula
162	sun	eizooba
163	moon	omwezi
164	star	enyanyiinyi - enyanyiinyi
165	cloud	ekichwi - ebichwi
166	rain	enjula
167	wind	omuyaga
168	mountain	eibanga - amabanga
169	forest	ekibila - ebibila
170	river	omwiga - emiiga
171	to sink	okwibila
172	to cross	okushaabuka
173	to swim	okuziya
174	ground	aansi, ensi
175	stone	eibaale - amabaale
176	soil	eitaka
177	hole	ekiina - ebiina
178	to bury	okuziika
179	day	ekilo - ebilo
180	night	omukilo
181	yesterday	nyeigolo
182	today	mbwenu
183	tomorrow	nyenkya
184	year	omwaka - emyaka
185	good	-lungi
186	bad	-bi
187	big	-ango
188	small	-ke
189	long	-lailula, -landanda
190	short	-gufi
191	heavy	-sikiizi, okusikiila
192	It's cold	aliyo embeo
193	new	-iya
194	thing	ekintu - ebintu
195	me	inye
196	you	iwe
197	us	ichwe
198	you pl.	inywe
199	who	owa
200	what	kiki

Herero

1	head	otjuuru - ovyuuru
2	hair	ozondjise
3	face	omurungu - omirungu
4	eye	eho - omeho
5	nose	euru - omauru
6	mouth	otjinyo - ovinyu
7	tongue	eraka - omaraka
8	tooth	eyo - omayo
9	ear	okutwi - omatwi
10	neck	osengo - ozosengo
11	body	orutu - otutu
12	shoulder	otjiṱuve - oviṱuve
13	breast	everê - omaverê
14	back	etambo - omatambo
15	buttock	etako - omatako
16	arm	okwoko - omaoko
17	finger	omunwe - ominwe
18	nail	onyara - ozonyara
19	leg	okurama - omarama
20	bone	eṱupa - omaṱupa
21	blood	ombinḓu - ozombinḓu
22	heart	omutima - omitima
23	liver	ehuri - x
24	tears	ehoze - omahoze
25	spittle	omate
26	to see	okumuna
27	to look for	okutara
28	to hear	okuzuva
29	wound	otjiraro - oviraro
30	to vomit	okukunga
31	to be tired	okuurwa
32	to become well	okupangwa
33	witchdoctor	onganga - ozonganga
34	clothes	ombanda - ozombanda
35	to wear	okuzara, okurihikika
36	to wash	okukoha
37	to spread to dry	okunyaneka
38	to sew	okuyatata
39	salt	omongwa - omyongwa
40	oil	omaze, onḓura
41	to cook	okuzika, okutereka
42	to roast	okumbaraerisa
43	to eat	okurya
44	to drink	okunwa
45	to become hungry	okuṱa ondjara
46	to become rotten	okuwora
47	house	ondjiwo - ozondjiwo
48	to build	okutunga
49	to shut	okupata
50	to sweep	okukomba
51	father	tate - ootate, oiho
52	mother	mama - oomama, nyoko, oina
53	child	omwatje - ovanatje
54	husband	omurumendu - ovarumendu
55	wife	omukaendu - ovakaendu
56	to bear	okupanduka
57	name	ena - omana
58	to grow up	okukura
59	person	omundu - ovandu
60	to die	okukoka, okuṱa
61	dog	ombwa - ozombwa
62	to bite	okurumata
63	cattle	ongombe - ozongombe
64	pig	ombinda - ozombinda
65	goat	ongombo - ozongombo
66	animal	otjipuka - ovipuka
67	lion	ongeyama - ozongeyama
68	elephant	ondjou - ozondjou
69	hippopotamus	not found
70	tail	omutjira - omitjira
71	spear	enga - omanga
72	trap	otjipate - ovipate
73	meat	onyama - ozonyama
74	snake	onyoka - ozonyaka
75	crocodile	ongorokotela - ozongorokotela
76	frog	otjisume - ovisume
77	fish	ehundju - omahundju, ohi - ozohi
78	bird	onḓera - ozonḓera
79	chicken	ohunguriva - ozohunguriva
80	egg	ei - omai
81	to fly	okutuka
82	bee	onde - ozonde, onywitji - ozonywitji
83	mosquito	orumwe - otumwe
84	fly	eze - omaze
85	tree	omuti - omiti
86	branch	orutavi - otutavi
87	leaf	otjiyao - oviyao
88	seed	ondwi - ozondwi
89	root	omuze - omize
90	to cultivate	okuka
91	hoe	ombike - ozombike
92	to sleep	okurara
93	dream	oruroto - oturoto
94	to wake up	okupenduka
95	to stand up	okusekama
96	to sit down	okuhaama
97	to go	okuyenda
98	to come	okuya
99	to enter	okuhita
100	to come out	okupita

101 to arrive okuya
102 to pass okukapita
103 path ondjira - ozondjira
104 axe ekuva - omakuva
105 fire omuriro - omiriro
106 ashes omutwe - omitwe
107 smoke omwise - omise
108 to burn okupya, okuyaka
109 to extinguish okuhaṋa
110 firewood orukuṋe - ozonguṋe
111 water omeva
112 to become dry okukaha, okupwira
113 to say okutja
114 to call okwiisana, okukwa
115 to question okupura
116 to teach okuhonga
117 to play okunyanda
118 to sing okuumbura
119 drum ongoma - ozongoma
120 to throw okuumba
121 to abuse okutukana, okututamisa
122 to strike okutona, okuveta
123 to give okuyandja
124 to steal okuvaka
125 guest omuenda - ovaenda, omuryange - ovaryange
126 to wait okuundja
127 to kill okuzepa
128 to laugh okuyora
129 to weep okurira
130 to like okuvanga
131 to fear okutira
132 to forget okuzemba
133 one iimwe
134 two imbari
135 three indatu
136 four iine
137 five indano
138 ten omurongo
139 many -ingi
140 all -ehe
141 God mukuru, ndjambi, tate
142 to drop okuwa, okupweṋa
143 to pick up okutoora
144 to bring okuyeta
145 to put okutwapo
146 to hide okuhoreka
147 to pull okunana
148 to push okuundura
149 to tie a knot okukuta
150 to untie okukutura
151 to bend okupeta
152 to cut okukonda
153 to snap okuteya
154 to tear okutaura
155 up omeuru
156 down pehi
157 inside moukoto
158 outside pendje
159 red -serandu
160 white -vapa
161 black -zorondu
162 sun eyuva
163 moon omweze
164 star onyose - ozonyose
165 cloud otjikamba - ovikamba
166 rain ombura
167 wind ombepo - ozombepo
168 mountain ondundu - ozondundu
169 forest ovisoko
170 river onḓonḓu - ozonḓonḓu
171 to sink okuṋiṋiwa
172 to cross okukonda
173 to swim okutjaara
174 ground ehi
175 stone ewe - omawe
176 soil ehi - omahi
177 hole omwina - omina
178 to bury okusira
179 day eyuva - omayuva
180 night ouṱuku - omauṱuku
181 yesterday erero
182 today ndino
183 tomorrow muhuka
184 year ombura - ozombura
185 good -wa
186 bad -vi
187 big -nene
188 small -ṱiṱi
189 long -re
190 short -supi
191 heavy -zeu
192 It's cold kunombepera
193 new -pe
194 thing otjiṋa - oviṋa
195 me ami
196 you ove
197 us eṱe
198 you pl. eṋe
199 who ouṋe
200 what ongwae

Hurutse

1	head	tlhogo - ditlhogo
2	hair	mọriri - mẹriri
3	face	sẹfatlhego - difatlhego
4	eye	lẹitlho - matlho
5	nose	nko - dinko
6	mouth	mọlọmọ - mẹlọmọ, lẹgana - magana
7	tongue	lẹlẹmẹ - malẹmẹ
8	tooth	lẹino - meno
9	ear	tsebe - ditsebe
10	neck	mọlala - mẹlala
11	body	mmẹlẹ - mẹbẹlẹ
12	shoulder	lẹgetla - magetla
13	breast	lẹbele - mabele
14	back	mọkọkọtlọ - mẹkọkọtlọ
15	buttock	lẹrago - marago
16	arm	lẹbogo - mabogo
17	finger	mọnwana - mẹnwana
18	nail	lẹnala - manala
19	leg	lẹọtọ - maọtọ
20	bone	lẹrapọ - marapọ
21	blood	madi
22	heart	pẹlọ - dipẹlọ
23	liver	sebẹtẹ - dibẹtẹ
24	tears	kẹledi - dikeledi
25	spittle	mathẹ
26	to see	gọbona
27	to look for	gọbatla
28	to hear	gọutlwa
29	wound	ntho - dintho
30	to vomit	gọkgwa
31	to be tired	gọlapa
32	to become well	gọalafiwa
33	witchdoctor	ngaka ya sẹtswana, dingaka tsa sẹtswana
34	clothes	sẹaparo - diaparo
35	to wear	gọapara
36	to wash	gọtlhatswa
37	to spread to dry	gọanega
38	to sew	gorọka
39	salt	lẹtswai - matswai
40	oil	mafura
41	to cook	gọapaya
42	to roast	gọbesa
43	to eat	gọja
44	to drink	gọnwa
45	to become hungry	gọtshwarwa kẹ tlala
46	to become rotten	gọbola
47	house	ntlọ - dintlọ
48	to build	gọaga
49	to shut	gọtswala
50	to sweep	gọfeela
51	father	ntate, rre - borre
52	mother	mme - bomme
53	child	ngwana - bana
54	husband	mọnna - banna
55	wife	mọsadi - basadi
56	to bear	gọbelega, gọtshọla
57	name	lẹina - maina
58	to grow up	gọgọla
59	person	mọthọ - bathọ
60	to die	gọswa
61	dog	ntša - dintša
62	to bite	gọlọma
63	cattle	kgọmọ - dikgọmọ
64	pig	kọlọbe - dikọlọbe
65	goat	pudi - dipudi
66	animal	phologolo - diphologolo
67	lion	tau - ditau
68	elephant	tlou - ditlou
69	hippopotamus	kubu - dikubu
70	tail	mọgatla - mẹgatla
71	spear	lẹrumo - marumo
72	trap	sẹlaga - disẹlaga
73	meat	nama - dinama
74	snake	noga - dinoga
75	crocodile	kwẹna - dikwẹna
76	frog	sẹgọgwanẹ - digọgwanẹ
77	fish	tlhapi - ditlhapi
78	bird	nonyanẹ - dinonyanẹ
79	chicken	kọkọ - dikọkọ
80	egg	lẹẹ - maẹ
81	to fly	gọfọfa
82	bee	notshi - dinotshi
83	mosquito	mọnang - mẹnang
84	fly	ntsi - dintsi
85	tree	sẹtlharẹ - ditlharẹ
86	branch	kala - dikala
87	leaf	lẹtlharẹ - matlharẹ
88	seed	peọ - dipeọ
89	root	mọdi - mẹdi
90	to cultivate	gọlẹma, gọthagọla
91	hoe	mọgọma - mẹgọma
92	to sleep	gọrobala
93	dream	toro - ditoro
94	to wake up	gọtsọga
95	to stand up	gọema
96	to sit down	gọnna
97	to go	gọtsamaya
98	to come	gọtla
99	to enter	gọtsena
100	to come out	gọtswa

101	to arrive	gọfitlha, gọgoroga
102	to pass	gọfẹta
103	path	tsẹla - ditsẹla
104	axe	sẹlepe - dilepe
105	fire	mọlẹlo - mẹlẹlo
106	ashes	mọlora - mẹlora
107	smoke	mọsi - mẹsi
108	to burn	gọša
109	to extinguish	gọtima
110	firewood	lẹgong - dikgong
111	water	metsi
112	to become dry	gọoma
113	to say	gọbua
114	to call	gọbitsa
115	to question	gọbọtsa
116	to teach	gọruta
117	to play	gọtshamẹka
118	to sing	gọopela
119	drum	mọrọpa - mẹrọpa
120	to throw	gọkonọpa
121	to abuse	gọsọtla
122	to strike	gọbẹtsa
123	to give	gọfa, gọneela
124	to steal	gọutswa
125	guest	mọeng - baeng
126	to wait	gọlẹtela, gọemẹla
127	to kill	gọbọlaya
128	to laugh	gọtshega
129	to weep	gọlẹla
130	to like	gọrata
131	to fear	gọboifa
132	to forget	gọlebala
133	one	bọngwẹ
134	two	bọbedi
135	three	bọrarọ
136	four	bọnẹ
137	five	bọtlhanọ
138	ten	lesọmẹ
139	many	-ntsi
140	all	-otlhe
141	God	mọdimọ - badimọ
142	to drop	gọwa
143	to pick up	gọsela, gọtsaya
144	to bring	gọtsisa, gọtlisa
145	to put	gọbaya
146	to hide	gọfitlha
147	to pull	gọgoga
148	to push	gọkgatlhametsa
149	to tie a knot	gọbofa, gọfunela
150	to untie	gọbofọlọla, gọfunọlọla
151	to bend	gọoba
152	to cut	gọsega, gọkgaọla
153	to snap	gọrobaganya
154	to tear	gọgagọla
155	up	gọdimọ
156	down	ko tlasẹ
157	inside	fathọko
158	outside	kwantle
159	red	-hibidu
160	white	-sweu
161	black	-ntshọ
162	sun	lẹtsatsi
163	moon	ngwedi
164	star	nalẹdi - dinalẹdi
165	cloud	lẹru - maru
166	rain	pula
167	wind	phẹfo - diphẹfo
168	mountain	thaba - dithaba
169	forest	sẹkgwa - dikgwa
170	river	nọka - dinọka
171	to sink	gọnwela
172	to cross	gọtshẹla, gọtlọla, gọkgabaganya
173	to swim	gọthuma, gọšapa
174	ground	ha fatsẹ
175	stone	lẹtlapa - matlapa, lẹntswe - mantswe
176	soil	mmu - mẹbu
177	hole	mosima - mẹsima
178	to bury	gọfitlha
179	day	lẹtsatsi - matsatsi
180	night	bosigọ - masigọ
181	yesterday	maabanẹ
182	today	gompienọ, gompiẹkọ
183	tomorrow	kamọso
184	year	ngwaga - dingwaga
185	good	gọsiama
186	bad	gọsasiama
187	big	-golọ, -tọna
188	small	-nnyanẹ, -nnyẹ
189	long	-telele
190	short	-khutshwanẹ
191	heavy	bọkẹtẹ
192	It's cold	gọtsididi
193	new	-tšha
194	thing	sẹlo - dilo
195	me	nna
196	you	wena
197	us	rọna
198	you pl.	lọna
199	who	mang
200	what	ẹng

Ila

1	head	mutwi - mitwi
2	hair	isusu - masusu
3	face	bushu - mashu
4	eye	linso - menso
5	nose	inango - manango
6	mouth	mulomo - milomo, kanwa - tunwa
7	tongue	mulaka - milaka, lulimi - milimi
8	tooth	lino - meno
9	ear	kutwi - matwi
10	neck	inshingo - inshingo
11	body	mubili - mibili
12	shoulder	cifunzhi - shifunzhi
13	breast	lukolo - inkolo
14	back	inuma - inuma
15	buttock	itako - matako
16	arm	itashi - matashi, kuboko - maboko
17	finger	munwe - minwe
18	nail	lwala - mala
19	leg	mwendo - myendo
20	bone	cifuwa - shifuwa
21	blood	bulowa
22	heart	monzo - myonzo
23	liver	muni - mini
24	tears	musozhi - misozhi
25	spittle	mate
26	to see	kubona
27	to look for	kukopola
28	to hear	kuteelela
29	wound	cilonda - shilonda
30	to vomit	kuluka
31	to be tired	kukatala
32	to become well	kushilikwa, kupona
33	witchdoctor	mung'anga - bang'anga
34	clothes	cisani - shisani
35	to wear	kusama
36	to wash	kusanzha
37	to spread to dry	kuzanika
38	to sew	kutunga
39	salt	mwino
40	oil	mafuta
41	to cook	kuika
42	to roast	kuzoca
43	to eat	kulya
44	to drink	kunwa
45	to become hungry	kufwa inzala
46	to become rotten	kubola
47	house	ing'anda - maanda
48	to build	kuzaka
49	to shut	kuyala
50	to sweep	kupeela
51	father	bataata, bauso, baushi
52	mother	baama, banoko, baina
53	child	mwana - bana
54	husband	mulumi - balumi
55	wife	mwina - beena, mukazhi - bakazhi
56	to bear	kutumbuka, kuzhala
57	name	izhina - mazhina
58	to grow up	kukula
59	person	muntu - bantu
60	to die	kufwa
61	dog	mubwa - babwa
62	to bite	kuluma
63	cattle	ing'ombe - ing'ombe
64	pig	cuulube - bacuulube
65	goat	impongo - impongo
66	animal	munyama - banyama
67	lion	shuumbwa - bashuumbwa
68	elephant	muzovu - bazovu
69	hippopotamus	cifubwe - bacifubwe
70	tail	mucila - micila
71	spear	isumo - masumo
72	trap	kooze - tooze, iliba - maliba
73	meat	buzani
74	snake	muzoka - bazoka
75	crocodile	ciwena - baciwena
76	frog	kabombwe - bakabombwe
77	fish	inswi - inswi
78	bird	muzuni - bazuni
79	chicken	inkuku - inkuku
80	egg	iyi - mayi
81	to fly	kuuluka
82	bee	inzuki - inzuki
83	mosquito	imwe - mamwe
84	fly	inzhi - inzhi
85	tree	isamu - masamu
86	branch	mutabi - mitabi
87	leaf	ituvu - matuvu
88	seed	inseke - inseke, inungu - inungu, insangu - insangu, imbuto - imbuto
89	root	muzanda - mizanda
90	to cultivate	kulima
91	hoe	iyamba - mayamba
92	to sleep	koona
93	dream	ciloto - shiloto
94	to wake up	kushishimuka
95	to stand up	kuzhimuka, kuzhima
96	to sit down	kukala anshi
97	to go	kuya
98	to come	kuiza
99	to enter	kunjila, kuinjila
100	to come out	kuvwa

101	to arrive	kushika
102	to pass	kuita
103	path	inzhila - inzhila
104	axe	keembe - tweembe
105	fire	mulilo - mililo
106	ashes	itwe
107	smoke	bushi
108	to burn	kuzaka
109	to extinguish	kuzhimya
110	firewood	lukuni - inkuni
111	water	meenzhi
112	to become dry	kuzuma
113	to say	kuamba
114	to call	kwita, koompola
115	to question	kubuzha
116	to teach	kuiyisha
117	to play	kusobana
118	to sing	kuimba
119	drum	ingoma - ingoma
120	to throw	kufusa
121	to abuse	kutuka, kutukana
122	to strike	kuuma
123	to give	kupa
124	to steal	kwiba
125	guest	mwenzu - beenzu
126	to wait	kulindila
127	to kill	kuyaya
128	to laugh	kuseka
129	to weep	kulila
130	to like	kuzanda
131	to fear	kutiya
132	to forget	kuluba
133	one	komwi
134	two	tobile
135	three	totatwe
136	four	tone
137	five	tosanwe
138	ten	ikumi
139	many	-nji-nji
140	all	-onse
141	God	leza
142	to drop	kuwa
143	to pick up	kubweza
144	to bring	kuleta
145	to put	kubika
146	to hide	kusoseka
147	to pull	kututa
148	to push	kutonka
149	to tie a knot	kuanga
150	to untie	kuangulula
151	to bend	kooba
152	to cut	kutenda, kuceka
153	to snap	kukonona
154	to tear	kuzapula
155	up	mwizeulu, ezeulu
156	down	munshi
157	inside	mukati
158	outside	ansengwe
159	red	kusubila
160	white	kutuba
161	black	kushiya
162	sun	izuba
163	moon	mwezhi
164	star	intongwezhi - intongwezhi
165	cloud	ikumbi - makumbi
166	rain	imvula
167	wind	muuwo
168	mountain	lupili - mapili
169	forest	isokwe - masokwe, luundu, kasaka - tusaka
170	river	mulonga - milonga, lweenje - meenje
171	to sink	kwibila
172	to cross	kukosola
173	to swim	kusamba
174	ground	anshi
175	stone	ibwe - mabwe
176	soil	ivu
177	hole	cilindi - shilindi, bwina
178	to bury	kuzhika
179	day	buzuba - mazuba, bushiku
180	night	mashiku
181	yesterday	uzona
182	today	ubwasunu
183	tomorrow	uzona
184	year	mwaka - myaka
185	good	-botu
186	bad	-yabi
187	big	-kando
188	small	-shoonto
189	long	-lamfu
190	short	-fuafwi
191	heavy	-lemu, kulema
192	It's cold	kulatontola, kuli impeyo
193	new	-pya
194	thing	cintu - shintu
195	me	ume
196	you	uwe
197	us	uswe
198	you pl.	umwe
199	who	nguni
200	what	ciyi

Isukha

1	head	murwi - mirwi
2	hair	liswi - maswi
3	face	mumoni
4	eye	imoni - tsimoni
5	nose	liulu - muulu
6	mouth	munwa - minwa
7	tongue	lulimi - tsinimi
8	tooth	liino - miino
9	ear	shirui - virui
10	neck	ling'ori - mang'ori
11	body	mubili - mibili
12	shoulder	libeka - mabeka
13	breast	lubeele - tsimbeele
14	back	mukongo - mikongo
15	buttock	litakho - matakho
16	arm	mukhono - mikhono
17	finger	shitere - bitere
18	nail	likhubuyu - makhubuyu
19	leg	shilenje - bilenje
20	bone	shikumba - bikumba
21	blood	musaayi - misaayi
22	heart	muoyo - mioyo
23	liver	ingurumani - tsingurumani
24	tears	mulika - milika
25	spittle	mare
26	to see	khulola
27	to look for	khukhaaba
28	to hear	khuhulila
29	wound	likule - makule
30	to vomit	khusala
31	to be tired	khuchooka
32	to become well	khuhona
33	witchdoctor	muluchi - baluchi
34	clothes	ingubu - tsingubu
35	to wear	khufwaala
36	to wash	khufuuya
37	to spread to dry	khubakala
38	to sew	khunaba
39	salt	ichumbe
40	oil	makura
41	to cook	khuteekha
42	to roast	khusamba
43	to eat	khulia
44	to drink	khung'wa
45	to become hungry	khuhulila inzala
46	to become rotten	khuhunya
47	house	inzu - tsinzu
48	to build	khuumbakha
49	to shut	khuikala
50	to sweep	khuyenza
51	father	taata - bataata
52	mother	maama - bamaama
53	child	muana - baana
54	husband	musaatsa - basaatsa
55	wife	mukhali - bakhali
56	to bear	khuibula
57	name	liira - miira
58	to grow up	khutuukha
59	person	mundu - bandu
60	to die	khukhutsa
61	dog	isimbwa - tsisimbwa
62	to bite	khuluma
63	cattle	ing'ombe - tsing'ombe
64	pig	ingulume - tsingulume
65	goat	imbuli - tsimbuli
66	animal	inyama - tsinyama
67	lion	isimba - tsisimba
68	elephant	inzeku - tsinzeku
69	hippopotamus	ifubu - tsifubu
70	tail	mushila - mishila
71	spear	lirima - marima
72	trap	muteeko - miteeko
73	meat	inyama - tsinyama
74	snake	inzukha - tsinzukha
75	crocodile	ikueno - tsikueno
76	frog	lishere - mashere
77	fish	isutse - tsisutse
78	bird	linyunyi - manyunyi
79	chicken	ingokho - tsingokho
80	egg	libuyu - mabuyu
81	to fly	khupulukha
82	bee	inzushe - tsinzushe
83	mosquito	isuna - tsisuna
84	fly	inji - tsinji
85	tree	musaala - misaala
86	branch	lusia - tsisia
87	leaf	lisambu - masambu
88	seed	imuuma - tsimuuma
89	root	musishi - misishi
90	to cultivate	khulima
91	hoe	lichembe - machembe
92	to sleep	khukona
93	dream	liilooro - malooro
94	to wake up	khubuukha
95	to stand up	khushinjila
96	to sit down	khuikhala haasi
97	to go	khutsia
98	to come	khuitsa
99	to enter	khuinjila
100	to come out	khurula ilwanyi

101	to arrive	khutuukha
102	to pass	khubira
103	path	injila - tsinjila
104	axe	ikhaywa - tsikhaywa
105	fire	mulilu
106	ashes	likoshe - makoshe
107	smoke	lioshi, muoshi
108	to burn	khuiya
109	to extinguish	khutsiminya
110	firewood	lukhui - tsikhwi
111	water	maatsi
112	to become dry	khuuma
113	to say	khuboola
114	to call	khulanga
115	to question	khureeba
116	to teach	khuekitsa
117	to play	khubaaya
118	to sing	khuimba
119	drum	indumba - tsindumba
120	to throw	khusiuba
121	to abuse	khunyeka
122	to strike	khurumula, khukhupa
123	to give	khukhaana
124	to steal	khuiba
125	guest	mucheni - bacheni
126	to wait	khulinda
127	to kill	khuira
128	to laugh	khusekha
129	to weep	khuliila
130	to like	khuyanza
131	to fear	khuria
132	to forget	khuibilila
133	one	indala
134	two	tsibili
135	three	tsibaka
136	four	tsinne
137	five	tsiraanu
138	ten	kumi
139	many	-nyeeshe
140	all	-osi
141	God	nyasaae
142	to drop	khukwa
143	to pick up	khutoola
144	to bring	khureera
145	to put	khubiikha, khura
146	to hide	khubisa
147	to pull	khukhwesa
148	to push	khulumba
149	to tie a knot	khuboha
150	to untie	khuboholola
151	to bend	khuinaminya
152	to cut	khukhalaka
153	to snap	khumeneka, khutung'ula
154	to tear	khutwelanya
155	up	ikulu
156	down	haasi
157	inside	mukari
158	outside	ilwanyi
159	red	-muchi
160	white	-labu
161	black	-mwamu
162	sun	mbasu
163	moon	mweli
164	star	ing'eleng'ani - tsing'eleng'ani
165	cloud	lileesi - maleesi
166	rain	imbula
167	wind	bushindu
168	mountain	shikulu - bikulu
169	forest	mulilu
170	river	muchela - michela
171	to sink	khuyiina
172	to cross	khuruuma
173	to swim	khueleema
174	ground	haasi
175	stone	lichina - machina
176	soil	liloba - maloba
177	hole	buina
178	to bury	khura, khuyebela
179	day	lituhu - matuhu
180	night	butuhu
181	yesterday	mukoloobo
182	today	nuunu, nuunundi
183	tomorrow	mukamba
184	year	shirui - birui, muaka - miaka
185	good	-leyi
186	bad	-pi
187	big	-kali
188	small	-ti
189	long	-rambi
190	short	-imbi
191	heavy	-litoho
192	It's cold	bushindu
193	new	-hya
194	thing	shindu - bindu
195	me	yinzi
196	you	yibi
197	us	khutsi
198	you pl.	munyi
199	who	bii
200	what	shina

Kaka

1	head	to - to
2	hair	mbuuru to
3	face	mbo̲mbu - me̲mbo̲mbu
4	eye	misi - me̲misi
5	nose	ɟoi - meɟoi
6	mouth	numbu - me̲numbu
7	tongue	ɟem - meɟem
8	tooth	sung - mesung
9	ear	to̲ - me̲to̲
10	neck	n'ging - me̲n'ging
11	body	yotu - meyotu
12	shoulder	ɓaka - me̲ɓaka
13	breast	ɓe̲ri - me̲ɓe̲ri
14	back	ko̲ng - me̲ko̲ng
15	buttock	me̲ta
16	arm	ɓo̲ - me̲ɓo̲
17	finger	wanjala ɓo̲ - me̲wanjala ɓo̲
18	nail	nye̲ɓo̲ - me̲nye̲ɓo̲
19	leg	not found
	lower leg	kol - mekol
20	bone	yeso̲ - me̲yeso̲
21	blood	me̲kio̲
22	heart	temo̲ - me̲temo̲
23	liver	se̲ko̲ - me̲se̲ko̲
24	tears	misire̲
25	spittle	nce̲ri - me̲ceri
26	to see	ɓe̲ngna
27	to look for	sang
28	to hear	wokma
29	wound	peng - me̲peng
30	to vomit	jo
31	to be tired	not found
32	to become well	jongwa
33	witchdoctor	n'gang - ben'gang
34	clothes	lambo - melambo
35	to wear	le̲nge̲
36	to wash	so
37	to spread to dry	janye̲
38	to sew	lato̲
39	salt	kwa
40	oil	muto̲
41	to cook	jambo̲
42	to roast	jang
43	to eat	ɗi
44	to drink	di
45	to become hungry	ɓe̲ne nja
46	to become rotten	numbo̲
47	house	tung - me̲tung
48	to build	sumo̲
49	to shut	ɗiɓo̲
50	to sweep	wo̲mbele
51	father	san'gwe̲ - besan'gwe̲
52	mother	nyan'gwe̲ - benyan'gwe̲
53	child	mo̲no̲ sike̲ - bebo̲no̲ sike̲
54	husband	njong - benjong
55	wife	nyari - benyari
56	to bear	ja
57	name	ɗino - meɗino
58	to grow up	ɗo̲ng
59	person	mo̲mo̲ - bemo̲mo̲/bebotu
60	to die	gwi
61	dog	mbi - bembi
62	to bite	kwite̲
63	cattle	ndai - bendai
64	pig	n'go - ben'go
65	goat	taɓo̲ - betaɓo̲
66	animal	nyamo̲ - benyamo̲
67	lion	dila - bedila
68	elephant	njo̲ku - benjo̲ku
69	hippopotamus	njo̲ku ɗuku - benjo̲ku ɗuku
70	tail	kunda - mekunda
71	spear	kõ̲ - mekõ̲
72	trap	po̲ndo̲ - mepo̲ndo̲
73	meat	njai - me̲njai
74	snake	nyo̲nge̲ - benyo̲nge̲
75	crocodile	mbobo̲ - bembobo̲, n'gando - ben'gando
76	frog	njongɗong - benjonɗong, jo - bejo
77	fish	njanjo̲ - benjanjo̲
78	bird	no̲n - beno̲n
79	chicken	kuɓe - beƙube
80	egg	ki - me̲ki
81	to fly	je̲
82	bee	ɓoi - beɓoi
83	mosquito	ɗo̲ng - beɗo̲ng
84	fly	ɟe̲ngil - beɟe̲ngil
85	tree	jeti - me̲jeti/bejeti
86	branch	mando̲ - me̲mando̲
87	leaf	mbo̲ru jeti - me̲mbo̲ru jeti
88	seed	me̲ɓe̲na
89	root	kan'gil - me̲kan'gil
90	to cultivate	muko̲ me̲ne̲ti
91	hoe	gwalo̲ - magwalo̲
92	to sleep	me̲ti ne̲ n'gwe̲
93	dream	nye̲mo̲ - me̲nye̲mo̲
94	to wake up	jemnye̲
95	to stand up	te̲me̲
96	to sit down	ɗiyo̲ me̲tiɟe̲ ?
97	to go	ke̲
98	to come	nje
99	to enter	nyinge̲
100	to come out	pundo̲

101	to arrive	ɨangma
102	to pass	kwang
103	path	nje - me̱nje
104	axe	njeng - me̱njeng
105	fire	ɗite̱ - me̱ɗite̱
106	ashes	me̱sung me̱ɗite̱
107	smoke	yiɨe̱ - me̱yiɨe̱
108	to burn	lolo̱
109	to extinguish	ɗimo̱
110	firewood	yota - me̱yota
111	water	ɗuku - me̱ɗuku
112	to become dry	yoma so̱so̱
113	to say	le̱po̱
114	to call	jeɓa
115	to question	diye
116	to teach	teɨe
117	to play	ceɓo̱
118	to sing	jembina
119	drum	n'go̱m - me̱n'go̱m, ndumo̱ - me̱ndumo̱
120	to throw	to̱mse
121	to abuse	toye̱
122	to strike	so̱mo̱
123	to give	nye̱
124	to steal	dyiɓo
125	guest	je̱n'gwe̱ - beje̱n'gwe̱
126	to wait	laɨe
127	to kill	wo
128	to laugh	nye̱to̱
129	to weep	lelo̱
130	to like	kwaɨe, go̱ro̱
131	to fear	ɓe̱ne̱ ngwo̱
132	to forget	lengsa
133	one	we̱te̱
134	two	yiɓa
135	three	tati
136	four	ini
137	five	itan
138	ten	kamo̱
139	many	ɓuya
140	all	fe̱t
141	God	njamje̱
142	to drop	ɓalo̱
143	to pick up	to̱ke̱
144	to bring	nje ne̱ yasi
145	to put	tiko̱, nye̱
146	to hide	soɨe̱
147	to pull	nambe̱
148	to push	puso̱
149	to tie a knot	jan'gwe̱
150	to untie	pile̱
151	to bend	nyiko̱
152	to cut	ce̱ko̱
153	to snap	leke̱
154	to tear	nyalo̱
155	up	kwe̱i
156	down	ke̱njĩ
157	inside	ke̱tiye̱
158	outside	sẽ̱
159	red	tena
160	white	wumna
161	black	yindina
162	sun	yeso̱
163	moon	n'gwe̱nde̱
164	star	siso̱n - besiso̱n
165	cloud	kutu - mekutu
166	rain	mbiyo̱
167	wind	pupo̱ - me̱pupo̱, pupo̱lo̱ - me̱pupo̱lo̱
168	mountain	nyan'gwe̱ ceki - me̱nyan'gwe̱ ceki
169	forest	kombo̱ - me̱kombo̱
170	river	soi - mesoi, nyan'gwe̱ɗuku - me̱nyan'gwe̱ɗuku
171	to sink	nyinge̱ tiye̱ ɗuku
172	to cross	sabɨe
173	to swim	moko̱
174	ground	me̱ne̱ti
175	stone	tari - me̱tari, kusu - me̱kusu
176	soil	kil me̱ne̱ti - me̱kil me̱ne̱ti
177	hole	nje̱mbi - me̱nje̱mbi
178	to bury	pumbo̱
179	day	yeso̱ - meyeso̱
180	night	tũ - me̱tũ
181	yesterday	kwe̱i
182	today	muka
183	tomorrow	neme̱no
184	year	sewu - mesewu
185	good	kimo̱
186	bad	ɓiya
187	big	nyan'gwe̱
188	small	mo̱no̱
189	long	do̱ngna
190	short	ngbeti
191	heavy	ɗitina
192	It's cold	yo ke̱kelo̱ ɗuku, yone̱ ɗuku
193	new	jo̱n'gwe̱
194	thing	yasi - me̱yasi
195	me	mi
196	you	we̱
197	us	wuse̱
198	you pl.	wune̱
199	who	ndã
200	what	n'ge

Kamba

1	head	mũtwe - mĩtwe
2	hair	nzwĩĩ
3	face	ũthyũũ - moothyũũ
4	eye	itho - metho
5	nose	ĩnyũũ - manyũũ
6	mouth	mũnuka - mĩnuka
7	tongue	ũĩmĩ - ndĩmĩ
8	tooth	ĩeo - maeo
9	ear	kũtũ - matũ
10	neck	ngingo - ngingo
11	body	mwĩĩ - mĩĩ
12	shoulder	kĩtuo - ituo
13	breast	nondo - nondo
14	back	mũongo - mĩongo
15	buttock	kĩtimba - itimba
16	arm	kwoko - mooko
17	finger	kyaa - syaa
18	nail	waa - mbwaa
19	leg	kũũ - maaũ
20	bone	ĩvĩndĩ - mavĩndĩ
21	blood	nthakame
22	heart	ngoo - ngoo
23	liver	ĩtema - matema
24	tears	ĩthoi - methoi
25	spittle	mata
26	to see	kwona
27	to look for	kumantha
28	to hear	kwiw'a
29	wound	kĩtau - itau
30	to vomit	kũtavĩka
31	to be tired	kũnoa
32	to become well	kũvoa
33	witchdoctor	mũoi - aoi
34	clothes	ngũa - ngũa
35	to wear	kwĩkĩa
36	to wash	kũvũa
37	to spread to dry	kwanĩka
38	to sew	kũtuma
39	salt	mũũnyũ
40	oil	mauta
41	to cook	kũua
42	to roast	kũvĩvya
43	to eat	kũya
44	to drink	kũnywa
45	to become hungry	kwiw'a nzaa
46	to become rotten	koa, kwanda
47	house	nyũmba - nyũmba
48	to build	kwaka
49	to shut	kũfinga, kũvunga
50	to sweep	kũtuuta
51	father	ithe - maaithe, nau
52	mother	inya - maainya, mwaitũ
53	child	kaana - cyana, mwana - aana
54	husband	mũemeu - aemeu
55	wife	kĩveti - iveti
56	to bear	kũsyaa
57	name	isyĩtwa - masyĩtwa
58	to grow up	kweana
59	person	mũndũ - andũ
60	to die	kũkua, kũthela
61	dog	sũlũ - masũlũ, ngitĩ - makitĩ
62	to bite	kũũma
63	cattle	ng'ombe - ng'ombe, indo - x
64	pig	ngũlũe - ngũlũe
65	goat	mbũi - mbũi
66	animal	nyamu - nyamu
67	lion	mũnyambũ - mĩnyambũ
68	elephant	nzou - nzou
69	hippopotamus	nguũ - nguũ
70	tail	kĩsithe - isithe
71	spear	ĩtumo - matumo
72	trap	mũteo - mĩteo
73	meat	nyama sya nyamu
74	snake	nzoka - nzoka, nyamu
75	crocodile	kĩng'aang'i - ing'aang'i
76	frog	kyoa - syoa
77	fish	ĩkũyũ - makũyũ
78	bird	nyũnyi - nyũnyi, kasũni - tũsũni
79	chicken	ngũkũ - ngũkũ
80	egg	ĩtumbĩ - matumbĩ
81	to fly	kũũlũka
82	bee	nzũkĩ - nzũkĩ
83	mosquito	ũmuu - tũũmuu
84	fly	ngii - ngii, kaki - tũki
85	tree	mũtĩ - mĩtĩ, kĩti - iti
86	branch	ũvonge - mbonge, ũkava - ngava
87	leaf	ĩtu - matu
88	seed	mbeũ - mbeũ, ngii - ngii
89	root	mwĩĩ - mĩĩ
90	to cultivate	kũĩma
91	hoe	ĩembe - maembe
92	to sleep	kũkoma
93	dream	ndoto - ndoto
94	to wake up	kwamũka
95	to stand up	kungama
96	to sit down	kwikala nthĩ
97	to go	kũthi, kwenda
98	to come	kũũka
99	to enter	kũlika
100	to come out	kuuma nza

101	to arrive	kũvika
102	to pass	kũvĩta
103	path	nzĩa - nzĩa
104	axe	ĩthoka - mathoka
105	fire	mwaki - myaki
106	ashes	mũu
107	smoke	syũki
108	to burn	kũvya
109	to extinguish	kũvosya
110	firewood	ũkũ - ngũ
111	water	kĩuu
112	to become dry	kũnyaa
113	to say	kwasya, kũneena
114	to call	kwĩta
115	to question	kũkũlya
116	to teach	kũvundĩsya, kwelesya
117	to play	kũthaũka
118	to sing	kwina
119	drum	kĩthembe - ithembe
120	to throw	kwĩkya
121	to abuse	kũuma
122	to strike	kũkũna, kũtaalĩkya
123	to give	kũnenga
124	to steal	kũvya
125	guest	mũeni - aeni
126	to wait	kweteela
127	to kill	kũũwaa, kũmiina thaayũ
128	to laugh	kũtheka
129	to weep	kuĩa, kwĩta methoi
130	to like	kwenda, kwĩtĩkĩla
131	to fear	kũkĩa, kwiw'a wĩa
132	to forget	kũũlwa
133	one	ĩmwe
134	two	ilĩ
135	three	ithatũ
136	four	inya
137	five	itaano
138	ten	ĩkũmi
139	many	-ingĩ
140	all	-onthe
141	God	ngai
142	to drop	kũvalũla, kwĩvalũkya
143	to pick up	kwosa
144	to bring	kuete
145	to put	kuia, kwĩkĩa
146	to hide	kũvitha
147	to pull	kũkuusya
148	to push	kũsukuma
149	to tie a knot	kũkũndĩka, kwoya
150	to untie	kũkũndũa, kũthasya
151	to bend	kũkũnza
152	to cut	kũtema, kũtila
153	to snap	kũtilania
154	to tear	kũtembũa
155	up	ĩũlũ
156	down	nthĩ
157	inside	nthĩĩnĩ
158	outside	nza
159	red	-tune
160	white	-eũ
161	black	-iũ
162	sun	sua
163	moon	mwai
164	star	ndata - ndata
165	cloud	ĩtu - matu
166	rain	mbua
167	wind	kĩseve - x, ũkũngi - x
168	mountain	kĩĩma - syĩma
169	forest	kĩtheka - itheka
170	river	ũsĩ - maũsĩ
171	to sink	kũvota
172	to cross	kũkĩla, kũkĩlanĩlya
173	to swim	kũthambĩa
174	ground	nthĩ
175	stone	ĩvia - mavia, nyungũ - nyungũ
176	soil	mũthanga
177	hole	ĩima - maima
178	to bury	kũthika, kũvwĩka
179	day	mũthenya - mĩthenya
180	night	ũtũkũ - maũtũkũ
181	yesterday	ĩyoo
182	today	ũmũnthĩ
183	tomorrow	ũũnĩ
184	year	mwaka - myaka
185	good	-seo
186	bad	-thũũku
187	big	-nene
188	small	-niini
189	long	-asa
190	short	-kuvĩ
191	heavy	-ito
192	It's cold	nĩkũthithu
193	new	-eũ
194	thing	kĩndũ - syĩndũ
195	me	nyie
196	you	we
197	us	ithyĩ
198	you pl.	inywĩ
199	who	ũũ
200	what	nĩkyaũ, kyaũ

Kambe

1	head	chitswa - vitswa
2	hair	ludzere - nyere
3	face	uso - nyuso
4	eye	dzitso - matso
5	nose	pula - pula
6	mouth	mlomo - milomo, kanwa - makanwa
7	tongue	ulimi - milimi
8	tooth	dzino - meno
9	ear	sikiro - masikiro
10	neck	singo - singo
11	body	mwiri - miri
12	shoulder	bega - mabega
13	breast	hombo - mahombo
14	back	mongo - miongo
15	buttock	hako - mahako
16	arm	mkono - mikono
17	finger	chala - vyala
18	nail	lukombe - kombe
19	leg	chigulu - magulu
20	bone	msoza - misoza
21	blood	milatso
22	heart	moyo - mioyo
23	liver	ini - maini
24	tears	tsozi - matsozi
25	spittle	mahe
26	to see	kona
27	to look for	kutafuta
28	to hear	kusikira
29	wound	chironda - vironda
30	to vomit	kukahika
31	to be tired	kutsoka
32	to become well	kuhola
33	witchdoctor	mganga - aganga
34	clothes	nguo - nguo
35	to wear	kuvala
36	to wash	kufula
37	to spread to dry	kuanika
38	to sew	kushona
39	salt	munyu
40	oil	mafuha
41	to cook	kujita
42	to roast	kuocha
43	to eat	kurya
44	to drink	kunwa
45	to become hungry	kugwirwa ni nzala
46	to become rotten	kuola
47	house	nyumba - nyumba
48	to build	kujenga
49	to shut	kufunga
50	to sweep	kushera, kufagia
51	father	baba - baba
52	mother	mame - mame
53	child	muhoho - ahoho
54	husband	mulume - alume
55	wife	mche - ache
56	to bear	kuvyala
57	name	dzina - madzina
58	to grow up	kukula
59	person	mutu - atu
60	to die	kufa
61	dog	kuro - kuro
62	to bite	kuluma
63	cattle	ng'ombe - ng'ombe
64	pig	nguluwe - nguluwe
65	goat	mbuzi - mbuzi
66	animal	munyama - anyama, nyama - nyama
67	lion	simba - simba
68	elephant	nzovu - nzovu
69	hippopotamus	kiboko - viboko
70	tail	muchira - michira
71	spear	fumo - mafumo
72	trap	muhambo - mihambo, muhoto - mihoto
73	meat	nyama
74	snake	nyoka - nyoka
75	crocodile	mamba - mamba
76	frog	chulwa - vilwa?
77	fish	kumba - makumba, samaki - samaki
78	bird	tsongo - tsongo
79	chicken	kuku - kuku
80	egg	tumbi - matumbi
81	to fly	kubururuka, kuruka
82	bee	nyuchi - nyuchi
83	mosquito	usunyi
84	fly	inzi - maizi?
85	tree	mhi - mihi
86	branch	lupanda - panda
87	leaf	kodza - makodza, lukodza
88	seed	mbeyu - mbeyu
89	root	muzi - mizi
90	to cultivate	kurima
91	hoe	jembe - majembe
92	to sleep	kulala
93	dream	ndoho
94	to wake up	kulamuka
95	to stand up	kwema
96	to sit down	kusagala
97	to go	kwenda
98	to come	kudza
99	to enter	kwenjira
100	to come out	kombola

101	to arrive	kwenjira, kufika
102	to pass	kuchira
103	path	njira – njira
104	axe	tsoka – matsoka
105	fire	moho – mioho
106	ashes	ivu
107	smoke	mosi
108	to burn	kusha
109	to extinguish	kuzimya
110	firewood	lukuni – kuni
111	water	madzi
112	to become dry	kuuma
113	to say	kugomba
114	to call	kweha
115	to question	kuuza swali
116	to teach	kufundisha
117	to play	kucheza
118	to sing	kwemba
119	drum	ngoma – ngoma, msondo – misondo, chapuo – vyapuo
120	to throw	kutsuha, kurusha
121	to abuse	kuhukana
122	to strike	kutsuha ngumi
123	to give	kulavya
124	to steal	kweya
125	guest	mjeni – ajeni
126	to wait	kutariza
127	to kill	kwalaga
128	to laugh	kutseka
129	to weep	kurira
130	to like	kuhenza
131	to fear	kwogoha
132	to forget	kusahau
133	one	mwenga
134	two	mbiri
135	three	tahu
136	four	nne
137	five	tsano
138	ten	kumi, kuu
139	many	-nji
140	all	-osi, -osini
141	God	mulungu – miungu
142	to drop	kugwa
143	to pick up	kutsola
144	to bring	kureha
145	to put	kuika
146	to hide	kufitsa
147	to pull	kuruha
148	to push	kusukuma
149	to tie a knot	kufunga, kulunzanya
150	to untie	kufugula
151	to bend	kukunza
152	to cut	kutosa, kukaya, kutea
153	to snap	kubanda, kuvunza
154	to tear	kutarura
155	up	dzulu
156	down	tsini
157	inside	ndani
158	outside	nzee
159	red	-tune
160	white	-ruhe
161	black	-iru
162	sun	dzua
163	moon	mwezi
164	star	nyenyezi – nyenyezi
165	cloud	ingu – maingu
166	rain	mvula
167	wind	peho
168	mountain	murima – mirima
169	forest	tsaka – matsaka
170	river	muho – miho
171	to sink	kuzama
172	to cross	kuvuka
173	to swim	kuojorera
174	ground	tsini
175	stone	iwe/dziwe – mawe
176	soil	mutsanga – mitsanga
177	hole	wina – maina, tundu – matundu, bopo, shimo
178	to bury	kuzika
179	day	siku
180	night	usiku
181	yesterday	dzana
182	today	rero
183	tomorrow	machero
184	year	mwaka – miaka
185	good	-dzo
186	bad	-i
187	big	-bomu
188	small	-tite
189	long	-re
190	short	-fuhi
191	heavy	-ziho
192	It's cold	kupeho
193	new	-sha
194	thing	chitu – vitu
195	me	mimi
196	you	uwe'
197	us	siswi
198	you pl.	ninwi
199	who	nani
200	what	noni

Kaonde

1	head	mutwe - mitwe
2	hair	lusuki - nsuki
3	face	kilungi - bilungi
4	eye	jiiso - meeso
5	nose	moona - miona
6	mouth	kanwa - tunwa
7	tongue	lujimi - njimi
8	tooth	jiino - meeno
9	ear	kutwi - matwi
10	neck	nshingo - mashingo
11	body	mubiji - mibiji
12	shoulder	kipuzhi - bipuzhi
13	breast	jibeere - mabeere
14	back	nyuma - manyuma
15	buttock	jitako - matako
16	arm	mukoko - mikoko
17	finger	munwe - minwe
18	nail	luala - ngala
19	leg	kuulu - maulu
20	bone	kikupa - bikupa
21	blood	jishi - mashi
22	heart	muchima - michima
23	liver	jichima - machima
24	tears	mupolo - mipolo
25	spittle	mate
26	to see	kumona
27	to look for	kukeba, kusaka
28	to hear	kumvwa
29	wound	kilonda - bilonda
30	to vomit	kulasa
31	to be tired	kukooka
32	to become well	kubukwa
33	witchdoctor	ñanga - ba ñanga
34	clothes	kibwalo - bibwalo
35	to wear	kuvwala
36	to wash	kuchapa
37	to spread to dry	kuanyika
38	to sew	kutunga, kusona
39	salt	mukele
40	oil	mafuta, maanyi, kinkonja
41	to cook	kuteeka, kuipika
42	to roast	kusooka, kuanyika
43	to eat	kuja
44	to drink	kutoma
45	to become hungry	kumvwa nzala, kutembuka
46	to become rotten	kubola
47	house	nzubo - mazubo, kampunga - tumpunga
48	to build	kutunga
49	to shut	kushinka
50	to sweep	kupyanga
51	father	ba taata, bashoobe, bashenji
52	mother	ba maama, bainoobe, bainanji
53	child	muana - baana
54	husband	mulume - balume, muata - bamuata
55	wife	mukazhi - bakazhi
56	to bear	kusema, kupaapa
57	name	jizhina - mazhina
58	to grow up	kukoma
59	person	muntu - bantu
60	to die	kufwa
61	dog	kabwa - ba kabwa
62	to bite	kusuma, kusumana
63	cattle	ñombe - ba ñombe
64	pig	ngulu - bangulu
65	goat	mbuzhi - bambuzhi
66	animal	nyama - ba nyama
67	lion	bookwe - mabookwe
68	elephant	nzovu - banzovu
69	hippopotamus	kyoovwe - byoovwe
70	tail	mukila - mikila
71	spear	jifumo - mafumo
72	trap	kakose - tukose, kijiba - bijiba, mukomba - mikomba, mfimbo - mafimbo, kikola - bikola
73	meat	nyama
74	snake	muloolo - miloolo
75	crocodile	kiweele - biweele
76	frog	bombwe - ba bombwe/mabombwe, kalubinda - tubalubinda
77	fish	jisabi - masabi
78	bird	kañonyi - tuñonyi
79	chicken	nzoolo - banzoolo
80	egg	jike - make, kileka - bileka
81	to fly	kutumbuka
82	bee	lunyuki - nyuki
83	mosquito	lumwañenze - mwañenze
84	fly	lunzhi - ba lunzhi
85	tree	kichi - bichi
86	branch	musampi - misampi
87	leaf	jibuula - mabuula
88	seed	lukunwa - nkunwa, lutelele - ntelele
89	root	muzhaazhi - mizhaazhi
90	to cultivate	kujima
91	hoe	lukasu - makasu
92	to sleep	kulaala
93	dream	kilooto - bilooto
94	to wake up	kubuuka
95	to stand up	kuimana
96	to sit down	kuikala
97	to go	kuya
98	to come	kuiya
99	to enter	kutwela
100	to come out	kulupuka

101	to arrive	kufika
102	to pass	kupita
103	path	jishinda - mashinda
104	axe	kapasa - tupasa, katemo - tutemo
105	fire	mujilo - mijilo
106	ashes	buto
107	smoke	buishi
108	to burn	kupya, kuteema
109	to extinguish	kuzhima
110	firewood	lukunyi - nkunyi
111	water	meema, mansele
112	to become dry	kuuma
113	to say	kuamba
114	to call	kuita
115	to question	kuipuzha
116	to teach	kufunjisha
117	to play	kukaya
118	to sing	kuimba
119	drum	ñoma - maoma, kinkumbi - binkumbi
120	to throw	kwela, kutaaya
121	to abuse	kutuka, kutukana
122	to strike	kupuma
123	to give	kupaana
124	to steal	kuiba
125	guest	muenyi - beenyi
126	to wait	kupembela
127	to kill	kuipaya
128	to laugh	kuseka
129	to weep	kujila
130	to like	kutemwa
131	to fear	kuchiina
132	to forget	kuvulama, kulubako
133	one	kamo
134	two	tubiji
135	three	tusatu
136	four	tuna
137	five	tutaanu
138	ten	jikumi
139	many	-avula
140	all	-onse
141	God	leesa - ba leesa
142	to drop	kupona, kulakata, kupusumuka
143	to pick up	kutoola
144	to bring	kuleeta
145	to put	kubiika, kutuula
146	to hide	kufya
147	to pull	kukoka
148	to push	kushinjika
149	to tie a knot	kukasa
150	to untie	kukasulula
151	to bend	kukonkomeka
152	to cut	kuchiba
153	to snap	kumokola, kuchimuka
154	to tear	kutabula
155	up	peeulu
156	down	panshi
157	inside	mukachi
158	outside	pangye
159	red	kuchila
160	white	kutooka
161	black	kufiita
162	sun	juuba
163	moon	ñondo
164	star	kabangabanga - tubangabanga, kanyaanya - tunyaanya
165	cloud	jikumbi - makumbi
166	rain	mvula
167	wind	mwela
168	mountain	mutumba - mitumba
169	forest	jisaka - masaka
170	river	mukola - mikola
171	to sink	kuibila, kushikama
172	to cross	kuabuka
173	to swim	koowa
174	ground	panshi
175	stone	jibwe - mabwe
176	soil	maloba
177	hole	kimbo - bimbo
178	to bury	kuzhiika
179	day	juuba - mooba
180	night	bufuku
181	yesterday	keesha japita
182	today	leelo
183	tomorrow	keesha, keesha jikeeya
184	year	muaka - miaka
185	good	kuwama
186	bad	kutama, -bi
187	big	kubaya, -kata
188	small	kukeepa, -cheeche
189	long	kuleepa, -la
190	short	kuipipa, -ipi
191	heavy	kuneema
192	It's cold	kuapola
193	new	kataataaka
194	thing	kintu - bintu
195	me	amiwa
196	you	obewa
197	us	atueba
198	you pl.	anueba
199	who	ñanyi
200	what	kika

Karanga

1	head	musoro - misoro
2	hair	bvudzi
3	face	chiso - zviso/meso, pameso
4	eye	ziso - maziso
5	nose	mhuno - mhino
6	mouth	muromo - miromo, mukanwa - mikanwa
7	tongue	rurimi - x
8	tooth	zino? - meno
9	ear	zheve - x
10	neck	huro - huro
11	body	mumbiri - mimbiri
12	shoulder	gokora - makokora, bendekete - mapendekete
13	breast	zamu - mazamu
14	back	musana - misana
15	buttock	garo - magaro
16	arm	ruoko - maoko/mioko, ruvoko - mavoko/mivoko
17	finger	munwe - minwe, mumwe - mimwe
18	nail	nzara - nzara
19	leg	gumbo - makumbo
20	bone	pfupa - mapfupa, bondo - mapondo
21	blood	ropa, gazi
22	heart	mwoyo - mwoyo
23	liver	chiropa - zviropa
24	tears	musodzi - misodzi
25	spittle	mate
26	to see	kuvona
27	to look for	kutsvanga
28	to hear	kunzwa, kuhwa
29	wound	ronda/chironda - zvironda
30	to vomit	kurutsa
31	to be tired	kuneta, kunyara
32	to become well	kupora, kuponeswa, kurapwa, kupona
33	witchdoctor	n'anga - x, mushoperi - vashoperi
34	clothes	nhumbi - x
35	to wear	kipfeka, kusimira
36	to wash	kugeza, kusuka
37	to spread to dry	kuyanika
38	to sew	kutunga, kusona
39	salt	munyu
40	oil	mafuta
41	to cook	kubika
42	to roast	kugocha
43	to eat	kuhya
44	to drink	kumwa
45	to become hungry	kuva ne zhara
46	to become rotten	kuvora
47	house	imba - imba/dzimba
48	to build	kuvaka
49	to shut	kuvhara, kupfiga
50	to sweep	kutsvaira
51	father	baba - vana baba
52	mother	mai - vana mai
53	child	mwana - vana, chana - zvana
54	husband	murume - varume
55	wife	mukadzi - vakadzi
56	to bear	kubara, kuzvara, kubereka, kusununguka
57	name	zita - mazita
58	to grow up	kukura
59	person	munhu - vanhu
60	to die	kufa, kushaya, kupfuura
61	dog	imbwa - imbwa
62	to bite	kuruma
63	cattle	n'ombe - n'ombe
64	pig	nguruve - nguruve, hochi - hochi
65	goat	mbudzi - mbudzi
66	animal	mhuka - mhuka
67	lion	shumba - shumba
68	elephant	zhou - zhou
69	hippopotamus	mvuu - mvuu
70	tail	muswe - miswe
71	spear	pfumo - mapfumo
72	trap	dhibhura - madhibhura riva - mariva, chikirimbani - zvikirimbani
73	meat	nyama
74	snake	nyoka - nyoka
75	crocodile	garwe - makarwe
76	frog	datya - matatya
77	fish	hove - hove
78	bird	shiri - shiri
79	chicken	huku - huku
80	egg	zai - mazai
81	to fly	kubhururuka
82	bee	nyuchi - nyuchi
83	mosquito	umhutu - x, utunga - x
84	fly	nhunzi - nhunzi
85	tree	muti - miti
86	branch	bazi - mapazi
87	leaf	shizha - mashizha
88	seed	mhodzi - mhodzi, mbeu - mbeu
89	root	mudzi - midzi
90	to cultivate	kurima
91	hoe	badza - mapadza
92	to sleep	kuvata, kukotsira
93	dream	chiroto - zviroto
94	to wake up	kumuka, kusvinura
95	to stand up	kusumuka, kumira
96	to sit down	kugara pasi
97	to go	kuinda
98	to come	kuvuya
99	to enter	kupinda
100	to come out	kubuda

101	to arrive	kusvika
102	to pass	kupfuvura
103	path	zhira - zhira
104	axe	demo - matemo, sanhu - masanhu
105	fire	moto
106	ashes	dota - madota
107	smoke	utsi
108	to burn	kutsva
109	to extinguish	kudzimura
110	firewood	huni - x
111	water	mvura
112	to become dry	kuoma
113	to say	kureva, kutavura
114	to call	kushevedza, kudana, kudaindza
115	to question	kubvunza
116	to teach	kudzidzisa, kufundisa
117	to play	kutamba
118	to sing	kuimba
119	drum	ngoma - ngoma
120	to throw	kukanda
121	to abuse	kutuka
122	to strike	kurova
123	to give	kupa
124	to steal	kuba
125	guest	mweni - veni
126	to wait	kumirira, kurindira
127	to kill	kuvuraya
128	to laugh	kuseka
129	to weep	kuchema, kurira
130	to like	kuda
131	to fear	kuhla
132	to forget	kukangamwa, kokoshiwa
133	one	poshi
134	two	piri
135	three	tatu
136	four	ina
137	five	shanu
138	ten	gumi - makumi
139	many	-a zhinzhi
140	all	-ose
141	God	musiki, mwari, musikavanhu, muponesi
142	to drop	kudhona
143	to pick up	kunonga
144	to bring	kuvunza
145	to put	kuisa
146	to hide	kuviga, kuhwandisa
147	to pull	kuzvuva, kukweva, kudhonza
148	to push	kusandudzira
149	to tie a knot	kusunga
150	to untie	kusunungura
151	to bend	kukombamisa
152	to cut	kucheka
153	to snap	kutyora, kuvhuna
154	to tear	kutsemura, kubvarura
155	up	denga, kumusoro
156	down	pasi
157	inside	mukati
158	outside	pazhe, kuzhe
159	red	pfumbu, -tsvuku
160	white	-chena
161	black	-tema
162	sun	zuva
163	moon	mwedzi
164	star	nyenyedzi - nyenyedzi, nyeredzi - nyeredzi
165	cloud	gore - makore
166	rain	mvura
167	wind	mhepo
168	mountain	gomo - makomo
169	forest	sango - masango, dondo - matondo
170	river	rwizi - nzizi
171	to sink	kunyura
172	to cross	kuyambuka
173	to swim	kushambira, kutuhwina
174	ground	pasi
175	stone	dombo - matombo, ibwe - mabwe
176	soil	ivhu - mavhu
177	hole	gomba - makomba, mwena - mwena, buri - maburi
178	to bury	kuviga, kufushira
179	day	zuva - mazuva, musi - misi
180	night	manheru, (v)usiku
181	yesterday	zuro
182	today	nhasi
183	tomorrow	mangwana
184	year	gore - makore, mwaka - x
185	good	kunaka
186	bad	kushata, kuipa
187	big	-kuru, -hombe, kukura
188	small	-diki, -doko, -duku
189	long	-refu
190	short	-pfupi
191	heavy	-remu, kurema
192	It's cold	kuri kutonhora
193	new	-dzva
194	thing	chinhu - zvinhu
195	me	ini
196	you	iwe
197	us	isu
198	you pl.	imwi
199	who	ani
200	what	chinyi

Kgatla

1	head	tlhogo - ditlhogo
2	hair	mọriri - mẹriri
3	face	sẹfatlhego - difatlhego
4	eye	lẹitlho - matlho
5	nose	nko - dinko
6	mouth	mọlọmọ - mẹlọmọ, lẹgano - magano
7	tongue	lẹlẹmẹ - malẹmẹ
8	tooth	lẹino - meno
9	ear	tsebe - ditsebe
10	neck	mọlala - mẹlala
11	body	mmẹlẹ - mẹbẹlẹ
12	shoulder	legetla - magetla
13	breast	lẹtswele - matswele, lẹbele - mabele
14	back	mọkọkọtlọ - mẹkọkọtlọ, mọkwata - mẹkwata
15	buttock	lẹragọ - maragọ
16	arm	lẹtsogo - matsogo, lẹbogo - mabogo
17	finger	mọnwana - mẹnwana
18	nail	lẹnala/lọnala - manala
19	leg	lẹọtọ - maọtọ
20	bone	lẹrapọ - marapọ
21	blood	madi
22	heart	pẹlọ - dipẹlọ
23	liver	sẹbẹtẹ - dibẹtẹ
24	tears	kẹlẹdi - dikẹlẹdi
25	spittle	mathẹ
26	to see	gọbona
27	to look for	gọbatla
28	to hear	gọutlwa
29	wound	ntho - dintho
30	to vomit	gọtlhatsa, gọkgwa
31	to be tired	gọlapa
32	to become well	gọalafiwa
33	witchdoctor	ngakatshọtswa, ngaka ya mọlọi
34	clothes	sẹaparo - diaparo
35	to wear	gọapara
36	to wash	gọtlhatswa
37	to spread to dry	gọanega
38	to sew	gọrọka
39	salt	lẹtswai - matswai
40	oil	mafura
41	to cook	gọapaya
42	to roast	gọfọraya, gọbẹsa
43	to eat	gọja
44	to drink	gọnwa
45	to become hungry	gọtshwarwa kẹ tlala
46	to become rotten	gọbola
47	house	ntlo - dintlo, ntu - dintu
48	to build	gọaga
49	to shut	gọtswala
50	to sweep	gọfeela
51	father	ntate - bontate, rre
52	mother	mme - bomme
53	child	ngwana - bana
54	husband	mọnna - banna
55	wife	mọsadi - basadi
56	to bear	gọbelega, gọtshọla
57	name	lẹina - maina
58	to grow up	gọgọla
59	person	mọthọ - bathọ
60	to die	gọswa
61	dog	ntšwa - dintšwa
62	to bite	gọlọma
63	cattle	kgọmọ - dikgomo
64	pig	kọlọbe - dikọlọbe
65	goat	pọdi - dipọdi
66	animal	phologolo - diphologolo
67	lion	tau - ditau
68	elephant	tlou - ditlou
69	hippopotamus	kubu - dikubu
70	tail	mọgatla - megatla, mọsẹla - mẹsẹla
71	spear	lẹrumo - marumo
72	trap	sẹlaga - dilaga
73	meat	nama - dinama
74	snake	noga - dinoga
75	crocodile	kwẹna - dikwẹna
76	frog	sẹgwagwa - digwagwa, sẹgọgwanẹ - digọgwanẹ
77	fish	tlhapi - ditlhapi
78	bird	nonyanẹ - dinonyanẹ
79	chicken	kgọgọ - dikgọgọ
80	egg	lẹẹ - maẹ
81	to fly	gọfọfa
82	bee	notshẹ - dinotshẹ
83	mosquito	mọnang - mẹnang
84	fly	ntsi - dintsi
85	tree	sẹtlharẹ - ditlharẹ
86	branch	kala - dikala
87	leaf	lẹtlharẹ - matlharẹ
88	seed	peọ - dipeọ
89	root	mọdi - mẹdi
90	to cultivate	gọtlhagọla, gọlẹma
91	hoe	mọgọma - mẹgọma
92	to sleep	gọrobala
93	dream	toro - ditoro
94	to wake up	gọtsọga
95	to stand up	gọema
96	to sit down	gọnna fatshẹ
97	to go	gọtsamaya
98	to come	gọtla
99	to enter	gọtsena
100	to come out	gọtswa

101	to arrive	gọfitlha, gọgoroga
102	to pass	gọfẹta
103	path	tsẹla - ditsẹla
104	axe	sẹlepe - dilẹpe
105	fire	mọlẹlo - mẹlẹlo, mọllo - mẹllo
106	ashes	mọlora - mẹlora
107	smoke	mọsi - mẹsi
108	to burn	gọfya
109	to extinguish	gọtima
110	firewood	lẹgong - dikgong
111	water	metsi
112	to become dry	gọoma
113	to say	gọbua
114	to call	gọbitsa
115	to question	gọbọtsa pọtso
116	to teach	gọruta
117	to play	gọtshamẹka
118	to sing	gọopela
119	drum	mọrọpa - mẹrọpa
120	to throw	gọkọnọpa
121	to abuse	gọsọtla
122	to strike	gọšapa
123	to give	gọneela
124	to steal	gọutswa
125	guest	mọeng - baeng
126	to wait	gọemela, gọlẹtela
127	to kill	gọbọlaya
128	to laugh	gọtshega
129	to weep	gọlla
130	to like	gọrata
131	to fear	gọtshaba, gọbọiha
132	to forget	gọlẹbala
133	one	nngwẹ
134	two	pedi
135	three	tharọ
136	four	nne
137	five	thanọ
138	ten	lẹsọme
139	many	-ntsi
140	all	-otlhe
141	God	mọdimo - badimo
142	to drop	gọwa
143	to pick up	gọnọpa, gọsẹla
144	to bring	gọtlisa
145	to put	gọbeya, gọbaya
146	to hide	gọfitlha
147	to pull	gọgoga
148	to push	gọkgatlhamela
149	to tie a knot	gọbofa
150	to untie	gọbofọlọla
151	to bend	gọkoba, gọoba
152	to cut	gọkgaọla, gọsẹga
153	to snap	gọroba, gọrobaganya
154	to tear	gọkgaọla, gọkgarọla
155	up	gọdimọ
156	down	motlasẹ
157	inside	mọtẹng, mọgarẹ
158	outside	kontle
159	red	-hibidu
160	white	-sweu
161	black	-ntshọ
162	sun	lẹtsatsi
163	moon	ngwedi, kgwedi
164	star	naledi - dinaledi
165	cloud	lẹru - maru
166	rain	pula
167	wind	phẹfo - diphẹfo
168	mountain	thaba - dithaba
169	forest	sẹkgwa - dikgwa
170	river	nọka - dinọka
171	to sink	gọnwela
172	to cross	gọtshela, gọtọla
173	to swim	gọthuma, gọtunka
174	ground	mofatshẹ
175	stone	lẹtlapa - matlapa, lẹntswe
176	soil	mmu
177	hole	mọsima - mẹsima
178	to bury	gọfitlha
179	day	lẹtsatsi - matsatsi
180	night	bọsigọ
181	yesterday	maabanẹ
182	today	kajẹnọ, gọmpiẹnọ
183	tomorrow	kamọso
184	year	ngwaga - dingwaga
185	good	gọsiama
186	bad	gọsẹsiamẹ
187	big	-gọlọ, -tona
188	small	-nyanẹ, -nnyẹ
189	long	-telle
190	short	-khutswanẹ
191	heavy	-bọima, -kite
192	It's cold	gọtsididi
193	new	-ntšha
194	thing	sẹlo - dilo
195	me	nna
196	you	wena
197	us	rọna
198	you pl.	lọna
199	who	mang
200	what	eng

Kiga

1	head	omutwe - emitwe
2	hair	eishokye
3	face	omumiiso - x
4	eye	eriisho - amiisho
5	nose	enyindo - enyindo
6	mouth	omunwa/akanwa - eminwa
7	tongue	orurimi - endimi
8	tooth	eriino - amiino
9	ear	okutu - amatu
10	neck	ebikya - ebikya
11	body	omubiri - emibiri
12	shoulder	eibega - amabega
13	breast	eibeere - amabeere
14	back	omugongo - emigongo
15	buttock	emabega, eitako - amatako
16	arm	omukono - emikono
17	finger	orukumu - enkumu, orwara - enjora
18	nail	orwara - enjala
19	leg	okuguru - amaguru
20	bone	eigufa - amagufa
21	blood	eshagama
22	heart	omutima - emitima
23	liver	omwirima - emiirima
24	tears	eiziga - amaziga
25	spittle	amachwante
26	to see	okureeba, okuheeza
27	to look for	okusherura, okushaka, okuronda
28	to hear	okuhuurira
29	wound	ekironda - ebironda
30	to vomit	okutanaka
31	to be tired	okuruha
32	to become well	okukira
33	witchdoctor	omufumu - abafumu
34	clothes	ekijwaro - ebijwaro, emyenda, eby'okujwala
35	to wear	okujwara
36	to wash	okwozya
37	to spread to dry	okwanika
38	to sew	okutunga, okubaziira
39	salt	omwonyo
40	oil	obuto, amajuta
41	to cook	okuteeka
42	to roast	okwosya
43	to eat	okurya
44	to drink	okunywa
45	to become hungry	okuriibwa enjara, okugira enjara
46	to become rotten	okujunda
47	house	enju - enju
48	to build	okwombeka
49	to shut	okukinga, okwegyeka
50	to sweep	okweyerera, okusinguura, okukondoora
51	father	taata - bataata, ishe
52	mother	maama, nyoko, nyina - banyina
53	child	omwana - abaana
54	husband	omwami - abaami, ibanyi - abiibanyi
55	wife	omukyaara - abakyaara, omukazi - abakazi
56	to bear	okuzaara, okukurasa
57	name	eiziina - amaziina
58	to grow up	okukura
59	person	omuntu - abantu
60	to die	okufa
61	dog	embwa - embwa
62	to bite	okuruma
63	cattle	ente - ente
64	pig	empunu - empunu
65	goat	embuzi - embuzi
66	animal	ekisimba - ebisimba, enyamiishwa
67	lion	ekikyuukyu - ebikyuukyu, entare - entare
68	elephant	enjojo - enjojo
69	hippopotamus	enjubu - enjubu
70	tail	omukira - emikira
71	spear	eikyumu - amakyumu
72	trap	omutego - emitego
73	meat	enyama
74	snake	enjoka - enjoka
75	crocodile	goonya - goonya, ensambya - ensambya, enshwaashwa - enshwaashwa
76	frog	ekikyere - ebikyere
77	fish	ekyenyanja - ebyenyanja
78	bird	akanyonyi - obunyonyi
79	chicken	enkoko - enkoko
80	egg	eihuri - amahuri
81	to fly	okuguruka
82	bee	enjoki - enjoki
83	mosquito	omubu - emibu
84	fly	enshwera - enshwera
85	tree	omuti - emiti
86	branch	eitaagi - amataagi
87	leaf	orureere - endeere, eibabi - amababi
88	seed	ensigo - ensigo, eibabi - amababi
89	root	omuzi - emizi
90	to cultivate	okuhinga, okutabira
91	hoe	efuka - emfuka, efuuni
92	to sleep	okunyaama
93	dream	ekirooto - ebirooto
94	to wake up	okusisimuka
95	to stand up	okwemerera
96	to sit down	okushitama
97	to go	okugyenda, okuza
98	to come	okwija
99	to enter	okutaaha
100	to come out	okushohora

101	to arrive	okuhika
102	to pass	okuhingura
103	path	oruguudo - enguudo, omuhanda - emihanda
104	axe	empasha - empasha
105	fire	omuriro - emiriro
106	ashes	eiju
107	smoke	omwika
108	to burn	okwaka
109	to extinguish	okuraaza
110	firewood	enku - enku
111	water	amiizi
112	to become dry	okwoma
113	to say	okugamba, okugira
114	to call	okweta
115	to question	okubuuza
116	to teach	okushomesa, okwegyesa
117	to play	okuzaana
118	to sing	okweshongora
119	drum	engoma - engoma
120	to throw	okukashuka, okutambika
121	to abuse	okujuma
122	to strike	okuteera
123	to give	okuha, okuheereza
124	to steal	okwiba
125	guest	omugyenyi - abagyenyi
126	to wait	okutegyerera
127	to kill	okwita
128	to laugh	okusheka
129	to weep	okurira
130	to like	okusiima
131	to fear	okutiina
132	to forget	okwebwa
133	one	emwe
134	two	ibiri
135	three	ishatu
136	four	ina
137	five	itaano
138	ten	ikumi
139	many	-ingi
140	all	-ona
141	God	ruhanga
142	to drop	okugwa
143	to pick up	okutoratoora
144	to bring	okureeta
145	to put	okuta
146	to hide	okushereka, okubisha
147	to pull	okukurura
148	to push	okusindika
149	to tie a knot	okuboha, okukoma
150	to untie	okubohorora, okukomorora

151	to bend	okugondeka
152	to cut	okushara
153	to snap	okuhenda
154	to tear	okukywa, okutaagurura
155	up	ahiiguru
156	down	ahansi
157	inside	omunda
158	outside	aheeru
159	red	okutukura
160	white	okwera
161	black	okwiragura
162	sun	eizooba
163	moon	okwezi
164	star	enyonyoozi - enyonyoozi
165	cloud	ekikyu - ebikyu
166	rain	enjura
167	wind	omuyoga
168	mountain	orushozi - enshozi
169	forest	ekibira - ebibira, ekishaka - ebishaka
170	river	omugyera - emigyera
171	to sink	okwibira
172	to cross	okwambuka, okushara
173	to swim	okuziha
174	ground	ahansi
175	stone	eibaare - amabaare
176	soil	eitaka - amataka
177	hole	ekiina - ebiina
178	to bury	okuziika
179	day	eizooba - amazooba
180	night	ekiro - ebiro
181	yesterday	nyomwebazo
182	today	eriizooba
183	tomorrow	nyenkyakare
184	year	omwaka - emyaka
185	good	-rungi
186	bad	-bi
187	big	-hango
188	small	-kye
189	long	-ringwa
190	short	-gufa
191	heavy	-hango, okuremeera
192	It's cold	nibufuka
193	new	-sya
194	thing	ekintu - ebintu
195	me	nyowe
196	you	iwe
197	us	itwe
198	you pl.	imwe
199	who	oha
200	what	enki

Kikuyu (Kiambu)

1	head	kĩongo - ciongo, mũtwe - mĩtwe
2	hair	rũcũĩrĩ - njũĩrĩ
3	face	ũthiũ - moothiũ
4	eye	riitho - maitho
5	nose	iniuru - maniuru
6	mouth	kanua - tũnua, mũromo - mĩromo
7	tongue	rũrũmĩ - nĩmĩ
8	tooth	igego - magego
9	ear	gũtũ - matũ
10	neck	ngingo - ngingo
11	body	mũĩrĩ - mĩĩrĩ
12	shoulder	kĩande - ciande
13	breast	rũnyondo - nyondo
14	back	mũgongo - mĩgongo
15	buttock	ndina - ndina, thende - thende, njikarĩro - njikarĩro
16	arm	guoko - mooko
17	finger	kĩara - ciara
18	nail	rũara - ndũara
19	leg	kũgũrũ - magũrũ
20	bone	ihĩndĩ - mahĩndĩ
21	blood	thakame
22	heart	ngoro - ngoro
23	liver	ini - mani
24	tears	rĩithori - maithori
25	spittle	mata
26	to see	kuona
27	to look for	gũetha, gũcaria,
28	to hear	kũigua
29	wound	kĩronda - ironda
30	to vomit	gũtahĩka
31	to be tired	kunoga
32	to become well	kũhona
33	witchdoctor	mũndũ mũgo - andũ ago, mũragũri - aragũri, mũrigiti - arigiti
34	clothes	nguo - nguo, itoonyo - matoonyo
35	to wear	kũhumba, kũĩgũĩka
36	to wash	gũtandũka, kũhũũra
37	to spread to dry	kũanĩka
38	to sew	gũtuma
39	salt	cumbĩ
40	oil	maguta
41	to cook	kuruga
42	to roast	gũcina, kũhĩĩhia
43	to eat	kũrĩa
44	to drink	kũnyua
45	to become hungry	kũhũũta, kũigua ng'aragu
46	to become rotten	kũbutha
47	house	nyũmba - nyũmba
48	to build	gũaka
49	to shut	kũhinga
50	to sweep	kũhaata
51	father	baaba, awa, thooguo, ithe
52	mother	maitũ, mami, nyũkũa, nyina
53	child	mũana - ciana, kaana - tũana
54	husband	mũthuuri - athuuri, mũrũme - arũme
55	wife	mũka - aka, mũtumia - atumia
56	to bear	gũciara
57	name	rĩĩtua - marĩĩtũa
58	to grow up	gũkũra
59	person	mũndũ - andũ
60	to die	gũkua
61	dog	ngui - ngui, ngitĩ - ngitĩ
62	to bite	kũrũma
63	cattle	ng'ombe - ng'ombe
64	pig	ngũrũwe - ngũrũwe
65	goat	mbũri - mbũri
66	animal	nyamũ - nyamũ
67	lion	mũrũũthi - mĩrũũthi, ngatia - ngatia
68	elephant	njogu - njogu
69	hippopotamus	nguuũ - nguuũ
70	tail	mũtiing'oe - mĩtiing'oe, gĩcuthi - icuthi
71	spear	itimũ - matimũ
72	trap	mũtego - mĩtego
73	meat	nyama
74	snake	nyoka - nyoka, nyamũ yaa thĩ - nyamũ cia thĩ
75	crocodile	kĩng'ang'i - ing'ang'i
76	frog	kĩũra - ciũra
77	fish	thamaki - thamaki, kĩũngũyũ - ciũngũyũ
78	bird	nyoni - nyoni
79	chicken	ngũkũ - ngũkũ
80	egg	itumbĩ - matumbĩ
81	to fly	kũũmbũka
82	bee	njũki - njũki
83	mosquito	rũagĩ - ndũagĩ, umbu
84	fly	ngi - ngi
85	tree	mũtĩ - mĩtĩ
86	branch	rũhonge - honge
87	leaf	ithangũ - mathangũ
88	seed	mbegũ - mbegũ, hĩndĩ - hĩndĩ
89	root	mũri - mĩri
90	to cultivate	kũrĩma
91	hoe	icembe - macembe
92	to sleep	gũkoma
93	dream	kĩrooto - irooto
94	to wake up	gũũkĩra
95	to stand up	kũrũũgama
96	to sit down	gũikaraa thĩ
97	to go	gũthiĩ
98	to come	gũũka
99	to enter	kũingĩra
100	to come out	kuuma

101	to arrive	gũkinya
102	to pass	kũhĩtũka
103	path	njĩra - njĩra, gacĩra - tũcĩra, gacocoro - tũcocoro
104	axe	ithanũa - mathanũa
105	fire	mũaki - mĩaki
106	ashes	mũhu - mĩhu, thiota
107	smoke	ndoogo
108	to burn	kũhĩa
109	to extinguish	kũhoria, gũthima
110	firewood	rũkũ - ngũ
111	water	maaĩ
112	to become dry	kũũma, kũniara
113	to say	kuuga
114	to call	gũĩta
115	to question	kuuria
116	to teach	kũruta, gũthoomithia, kũbundithia
117	to play	gũthaaka
118	to sing	kũina
119	drum	kĩhembe - ihembe, ndarama - ndarama
120	to throw	gũikia
121	to abuse	kũruma
122	to strike	kũringa, kũgũtha
123	to give	kũhe
124	to steal	kũiya
125	guest	mũgeni - ageni
126	to wait	gũeterera
127	to kill	kũũraga
128	to laugh	gũtheka
129	to weep	kũrĩra
130	to like	kũenda
131	to fear	gũĩtigĩra
132	to forget	kũriganĩrũo
133	one	ĩmwe
134	two	igĩrĩ
135	three	ithatũ
136	four	inya
137	five	ithaano
138	ten	ikumi
139	many	-ingĩ
140	all	-othe
141	God	ngai, mũeneenyaga
142	to drop	kũgũa
143	to pick up	kuoya
144	to bring	kũreehe
145	to put	kũiga
146	to hide	kũhitha
147	to pull	kũguucia
148	to push	gũtindĩka
149	to tie a knot	gũkundĩka
150	to untie	gũkundũra
151	to bend	kũgonya
152	to cut	gũtinia, kũrenga, gũtema
153	to snap	kuuna
154	to tear	gũceehũra, gũtarũra, gũtembũra
155	up	igũrũ
156	down	thĩ
157	inside	thĩinĩ
158	outside	nja
159	red	-tuune
160	white	-erũ
161	black	-iru
162	sun	riũa
163	moon	mũeri
164	star	njata - njata
165	cloud	itu - matu
166	rain	mbura
167	wind	rũhuuho - huuho
168	mountain	kĩrĩma - irĩma
169	forest	mũtito - mĩtito
170	river	rũũĩ - njũũĩ
171	to sink	gũthirĩra, kũrikĩra, kũrika, kũũrĩra
172	to cross	kũringa, gũkĩra
173	to swim	gũtubĩra, gũthambĩra
174	ground	thĩ
175	stone	ihiga - mahiga
176	soil	tĩĩri
177	hole	irima - marima, mũthongorima - mĩthongorima
178	to bury	gũthika
179	day	thikũ - thikũ, mũũthĩ - mĩũthĩ, mũthenya - mĩthenya
180	night	ũtukũ - matukũ
181	yesterday	ira
182	today	ũmũũthĩ
183	tomorrow	rũũciũ
184	year	mũaka - mĩaka
185	good	-ega
186	bad	-ũru
187	big	-nene
188	small	-nyiinyi, -niini
189	long	-raihu, -raaya
190	short	-kuhĩ
191	heavy	-ritũ
192	It's cold	nĩ kũhehu
193	new	-erũ
194	thing	kĩndũ - indo
195	me	niĩ
196	you	wee
197	us	ithui
198	you pl.	inyui
199	who	nũũ
200	what	nĩkĩ

Kikuyu (Nyeri)

1	head	kĩongo - ciongo, mũtwe - mĩtwe
2	hair	rũcuĩrĩ - njũĩrĩ
3	face	ũthiũ - moothiũ
4	eye	riitho - maitho
5	nose	iniũrũ - maniũrũ
6	mouth	kanua - tũnua
7	tongue	rũrũmĩ - nĩmĩ
8	tooth	igego - magego
9	ear	gũtũ - matũ
10	neck	ngingo - ngingo
11	body	mũĩrĩ - mĩĩrĩ
12	shoulder	kĩande - ciande
13	breast	rũnyondo - nyondo
14	back	mũgongo - mĩgongo
15	buttock	itina - matina, thende
16	arm	guoko - mooko, mũkono - mĩkono
17	finger	kĩara - ciara
18	nail	rũkunyu - ngunyu, rũara - njara
19	leg	kũgũrũ - magũrũ
20	bone	ihĩndĩ - mahĩndĩ
21	blood	thakame
22	heart	ngoro - ngoro
23	liver	ihũri - mahũri
24	tears	rĩĩthori - maithori
25	spittle	mata
26	to see	kuona
27	to look for	gũetha, gũcaria, kũriũnga, kũnyaagia
28	to hear	kũigua
29	wound	kĩronda - ironda
30	to vomit	gũthahĩka
31	to be tired	kũnoga
32	to become well	kũhona
33	witchdoctor	mũndũ mũgo - andũ ago
34	clothes	nguo - nguo, matoonyo
35	to wear	kũĩhumba, kũĩguĩka
36	to wash	gũthambia
37	to spread to dry	kũanĩka
38	to sew	gũtuma
39	salt	cumbĩ, mũũnyũ
40	oil	maguta
41	to cook	kũruga
42	to roast	gũcina, kũhĩĩhia
43	to eat	kũrĩa
44	to drink	kũnyua
45	to become hungry	kũhũũta, ng'aragu
46	to become rotten	kuora, kũbutha
47	house	nyũmba - nyũmba
48	to build	gũaka
49	to shut	kũhinga
50	to sweep	kũhaata
51	father	baaba - abaaba, awa, maithe
52	mother	maitũ - aamaitũ, mami, nyina, nyũkũa
53	child	mũana - ciana, kaana - tuana
54	husband	mũthuuri - athuuri, mũrũme - arũme
55	wife	mũtumia - atumia, mũka - aka
56	to bear	gũciara
57	name	rĩĩtũa - marĩĩtũa
58	to grow up	gũkũra, kũneneha
59	person	mũndũ - andũ
60	to die	gũkua
61	dog	ngui - ngui, ngitĩ - ngitĩ
62	to bite	kũrũma
63	cattle	ng'ombe - ng'ombe
64	pig	ngũrũ(w)e - ngũrũ(w)e
65	goat	mburi - mburi
66	animal	nyamũ - nyamũ
67	lion	mũrũũthi - mĩrũũthi, ngatia - ngatia
68	elephant	njogu - njogu
69	hippopotamus	nguuũ - nguuũ
70	tail	mũtiing'oe - mĩtiing'oe, mũcithĩ - mĩcithĩ
71	spear	itimũ - matimũ, mũnyago - mĩnyago
72	trap	mũtego - mĩtego
73	meat	nyama
74	snake	nyoka - nyoka, nyamũ yaa thĩ - nyamũ cia thĩ
75	crocodile	kĩng'ang'i - ing'ang'i, mamba - mamba
76	frog	kĩũra - ciũra
77	fish	thamaki - thamaki, kĩũngũyũ - ciũngũyũ
78	bird	nyoni - nyoni
79	chicken	ngũkũ - ngũkũ
80	egg	itumbĩ - matumbĩ
81	to fly	kũgũrũka
82	bee	njũkĩ - njũkĩ
83	mosquito	rũagĩ - x
84	fly	ngi - ngi
85	tree	mũtĩ - mĩtĩ
86	branch	rũhonge - honge, thundo - thundo
87	leaf	ithangũ - mathangũ
88	seed	mbegũ - mbegũ, hĩndĩ - hĩndĩ
89	root	mũri - mĩri
90	to cultivate	gũcimba
91	hoe	icembe - macimbe
92	to sleep	gũkoma
93	dream	kĩrooto - irooto
94	to wake up	gũũkĩra
95	to stand up	gũũkĩra, kũrũũgama
96	to sit down	gũikara
97	to go	gũthiĩ
98	to come	gũũka
99	to enter	kũingĩra
100	to come out	kuuma

101 to arrive gũkinya
102 to pass kũhĩtũka
103 path njĩra - njĩra
104 axe ithanua - mathanua, ithõka - mathõka
105 fire mũaki - mĩaki
106 ashes mũhu - mĩhu
107 smoke ndoogo
108 to burn kũhĩa
109 to extinguish kũhoria
110 firewood rũkũ - ngũ
111 water maaĩ
112 to become dry kũũma, kũniara
113 to say kuuga
114 to call gũĩta
115 to question kũũria kĩũria
116 to teach kũruta, gũthoomithia
117 to play gũthaaka
118 to sing kũina
119 drum kĩhembe - ihembe, ndarama - ndarama
120 to throw gũikia
121 to abuse kũruma
122 to strike kũringa, kũgũtha, gũcũtha
123 to give kũhe, kũha
124 to steal kũiya
125 guest mũgeni - ageni
126 to wait gũeterera
127 to kill kũũraga
128 to laugh gũtheka
129 to weep kũrĩra
130 to like kũenda
131 to fear gũĩtigĩra
132 to forget kũriganĩruo
133 one ĩmue
134 two igĩrĩ
135 three ithatũ
136 four inya
137 five ithaano
138 ten ikũmi
139 many -ingĩ
140 all -othe
141 God ngai, mũeneenyaga
142 to drop kũgũa
143 to pick up kuoya
144 to bring kũreeha, kũreehe
145 to put kũiga
146 to hide kũhitha
147 to pull kũgutha
148 to push gũtindĩka
149 to tie a knot gũkundĩka, kuoha
150 to untie gũkundũra, kuohora
151 to bend kũgonya, gũthiora
152 to cut gũtinia, kũrenga, gũkera
153 to snap kuuna
154 to tear gũceehũra, gũteehũra, gũtembũra
155 up igũrũ
156 down thĩ
157 inside thĩinĩ
158 outside nja
159 red -tuune
160 white -erũ
161 black -irũ
162 sun riũa
163 moon mũeri
164 star njata - njata
165 cloud itu - matu
166 rain mbura
167 wind rũhuuho - huuho
168 mountain kĩrĩma - irĩma
169 forest mũtitũ - mĩtitũ
170 river rũũĩ - njũũĩ
171 to sink gũthirĩĩra, kũrikĩra
172 to cross kũringa
173 to swim gũtubĩra, gũthambĩra
174 ground thĩ
175 stone ihiga - mahiga
176 soil tĩĩri
177 hole irima - marima
178 to bury gũthika
179 day thikũ - matukũ, mũũthĩ - mĩĩthĩ
180 night ũtukũ - x
181 yesterday ira
182 today ũmũũthĩ
183 tomorrow rũũciũ
184 year mũaka - mĩaka
185 good -ega
186 bad -ũrũ
187 big -nene
188 small -nyiinyi, -niini
189 long -raihu, -raaya
190 short -kuhĩ
191 heavy -ritũ
192 It's cold kũĩhaa heho
193 new -eru
194 thing kĩndũ - indo
195 me nii
196 you wee
197 us ithuĩ
198 you pl. inyuĩ
199 who nũũ
200 what nĩkĩ, nĩndũũ, nĩndũĩ

Kuria

1	head	omotwe - emetwe
2	hair	ituukia - icituukia
3	face	ubusio - amasio
4	eye	iriiso - amaiso
5	nose	irinyero - amanyero
6	mouth	umunywa - iminywa
7	tongue	ororeme - icindeme
8	tooth	iriino - amaino
9	ear	ugutwi - amatwi
10	neck	irigoti - amagoti
11	body	omobere - emebere
12	shoulder	iriireko - amareko
13	breast	orobeere - icimbeere
14	back	omogongo - emegongo
15	buttock	iritoro - amatoro
16	arm	okoboko - amaboko
17	finger	ekeera - ibiara
18	nail	orokomo - icinkomo
19	leg	okogoro - amagoro
20	bone	iriguha - amaguha
21	blood	amaanyinga
22	heart	enkoro - icinkoro
23	liver	iriini - amani
24	tears	iriisori - amaisori
25	spittle	iriitai - amatai
26	to see	okomaaha
27	to look for	ukurigia, ugutuna
28	to hear	ukuigwa
29	wound	egeseese - ibiseese
30	to vomit	okoroka
31	to be tired	okorosa
32	to become well	ukuhwena
33	witchdoctor	omoganga - abaganga, omoragori - abaragori
34	clothes	engebo - icingebo
35	to wear	ogosohia
36	to wash	ukuhura
37	to spread to dry	okoonekera
38	to sew	ugutuma
39	salt	umuonyo - imionyo
40	oil	amaguta
41	to cook	ukuruga
42	to roast	ogosamba
43	to eat	okorea
44	to drink	ukunywa
45	to become hungry	ukuigwa incara, okoramboka
46	to become rotten	ukugunda
47	house	inyumba - icinyumba
48	to build	okohagaaca
49	to shut	ugusiika
50	to sweep	ukueya
51	father	taata, isa - baisa
52	mother	baaba, ooma, nyakwabo - baanyakwabo
53	child	omoona - abaana
54	husband	omoteta - abateta
55	wife	omokari - abakari
56	to bear	ukuibora
57	name	iriiba - amariina
58	to grow up	ugukiina
59	person	omonto - abanto
60	to die	ugukwa
61	dog	eseese - iciseese
62	to bite	okoroma
63	cattle	eng'ombe - icing'ombe
64	pig	embeece - icimbeece
65	goat	imburi - icimburi
66	animal	itiinyi - icitiinyi
67	lion	indwi - icindwi
68	elephant	incugu - icincugu
69	hippopotamus	ingubo - icingubo
70	tail	omokera - emekera
71	spear	iriitimo - amatimo
72	trap	omotego - emetego
73	meat	inyama - icinyama
74	snake	incoka - icincoka
75	crocodile	emamba - icimamba, eng'oina - icing'oina
76	frog	ikiora - ibiora
77	fish	inswi - icinswi
78	bird	ikinyunyi - ibinyunyi
79	chicken	engoko - icingoko
80	egg	iriigi - amagi
81	to fly	ukuibururuka
82	bee	incoke - icincoke
83	mosquito	engege - icingege
84	fly	ingi - icingi
85	tree	omote - emete
86	branch	orosagia - icinsagia
87	leaf	iriito - amato
88	seed	entetere - icintetere, egesobe - ibisobe
89	root	umuri - imiri
90	to cultivate	okorema
91	hoe	iricembe - amacembe
92	to sleep	okoraara
93	dream	ekerooto - ibirooto
94	to wake up	okobooka
95	to stand up	ukuimoka
96	to sit down	uguikara
97	to go	ukuya
98	to come	uguuca
99	to enter	ogosoha
100	to come out	ukuricoka

101	to arrive	ukuhika
102	to pass	okoheta
103	path	encera - icincera
104	axe	icooka - icicooka
105	fire	omorro - emerro
106	ashes	iriibwi - amabwi
107	smoke	irioki - amooki
108	to burn	okohea
109	to extinguish	ukurimia
110	firewood	urukwi - icinkwi
111	water	amance
112	to become dry	ukuihoma
113	to say	okogamba
114	to call	okoberekera
115	to question	ukubuuria
116	to teach	ukuigia
117	to play	okohooya
118	to sing	okorentia, ukubina
119	drum	egetomo - ibitomo, embegete - icimbegete
120	to throw	okorekera
121	to abuse	ogotoka
122	to strike	ogotema
123	to give	okoha, okohaana
124	to steal	ukuiba
125	guest	omogeni - abageni
126	to wait	okoganya
127	to kill	uguita
128	to laugh	ogoseka
129	to weep	ugukuura
130	to like	okohanca
131	to fear	okooboha
132	to forget	ukueba
133	one	imwi
134	two	ibere
135	three	isato
136	four	iinyei
137	five	isaano
138	ten	ikumi
139	many	-aru
140	all	-onsu
141	God	mungu, enookwi
142	to drop	okogwa
143	to pick up	ukuimukia
144	to bring	okoreeta
145	to put	ogotoora
146	to hide	ukubisa
147	to pull	ukuruta
148	to push	ukuhunia
149	to tie a knot	okoboha, ogokondeka
150	to untie	ogotacora
151	to bend	ukuhiinya, ugukumba
152	to cut	ogokenga
153	to snap	ukubuna
154	to tear	ogotandora
155	up	igoro
156	down	hanse
157	inside	monse
158	outside	kebala
159	red	-bereretu
160	white	-rabu
161	black	-mwamu
162	sun	irioba
163	moon	umueri
164	star	inyunyuunyi - icinyunyuunyi
165	cloud	irisaaro - amasaaro
166	rain	imbura - icimbura
167	wind	omokama - emekama
168	mountain	inguku - icinguku
169	forest	ahaguutu
170	river	umuoro - imioro, egesaka - ibisaka ?
171	to sink	uguicibiria
172	to cross	okoomboka
173	to swim	ukuibiira, ukueremа
174	ground	hanse
175	stone	iriigena - amagena
176	soil	iriiroba - amaroba
177	hole	iriroomа - amaroomа, ubuina - amaina
178	to bury	ogotokera
179	day	omobaso - emebaso
180	night	ubutiko - amatiko
181	yesterday	iico
182	today	reero
183	tomorrow	iico
184	year	omooka - emeeka
185	good	-ya
186	bad	-beebe
187	big	-nene
188	small	-ke
189	long	-tambe
190	short	-eng'e
191	heavy	-rito
192	It's cold	n'urumititu
193	new	-hea
194	thing	egento - ibinto
195	me	uni
196	you	uwe
197	us	boito, baito
198	you pl.	bainyu
199	who	ng'ui
200	what	ke

Kwangwa

1	head	omutwi - emitwi
2	hair	etiñuki
3	face	esifateho - eifateho
4	eye	elitiyo - amatiyo
5	nose	eliyulu - amayulu
6	mouth	akanwa - otunwa
7	tongue	olulimi - amalimi
8	tooth	elieo - amaeo
9	ear	okutwi - amatwi
10	neck	endingo - etindingo
11	body	omwili - emiili
12	shoulder	elifuti - amafuti
13	breast	eliele - amaele
14	back	omoongo - emiongo
15	buttock	elitako - amatako
16	arm	elikaa - amakaa
17	finger	omunwe - eminwe
18	nail	olwala - etinyala
19	leg	elikondo - amakondo
20	bone	esifuba - eifuba
21	blood	amanyinga
22	heart	omuchima - emichima
23	liver	esibiti - eibiti
24	tears	emioko
25	spittle	amate
26	to see	okumona
27	to look for	okusayela
28	to hear	okuyupa
29	wound	esitombo - eitombo
30	to vomit	okulusa
31	to be tired	okukatala
32	to become well	okubala
33	witchdoctor	onganga - aanganga
34	clothes	esikumango - eikumango
35	to wear	ookumanga
36	to wash	okuyowa
37	to spread to dry	okuyaneha
38	to sew	okuluka
39	salt	omungwa - emingwa
40	oil	amaati
41	to cook	okuunga
42	to roast	okubona
43	to eat	okulya
44	to drink	okunwa
45	to become hungry	okuf'elishobo
46	to become rotten	okoola
47	house	endoo - etindoo
48	to build	okuyaka
49	to shut	okuyatila
50	to sweep	okufiela
51	father	ataate, asitowe, asitaye
52	mother	amaa, anyoko, anyina
53	child	omwanuke - aanuke, omwana - aana
54	husband	omulume - aalume
55	wife	omukati - aakati
56	to bear	okueleka
57	name	elitina - amatina
58	to grow up	okukula
59	person	omunu - aanu
60	to die	okufa
61	dog	ombwa - aambwa
62	to bite	okuuma
63	cattle	eñombe - etiñombe
64	pig	ongulube - etingulube
65	goat	embongo - etimbongo
66	animal	esiyamana - eiyamana
67	lion	onde - aande
68	elephant	ondopu - etindopu
69	hippopotamus	ombuu - aambuu
70	tail	omusila - emisila
71	spear	elisho - amasho
72	trap	akatwa - otutwa
73	meat	enyama - etinyama
74	snake	enyoka - etinyoka
75	crocodile	ongandu - aangandu
76	frog	esimbotwe - eimbotwe
77	fish	ondi - etindi
78	bird	akayunyi - otuyunyi
79	chicken	oñuku - etiñuku
80	egg	eliki - amaki
81	to fly	okutuka
82	bee	omuka - etimuka
83	mosquito	omumwe - emimwe
84	fly	ondindi - etindindi
85	tree	esitondo - eitondo
86	branch	omutayi - emitayi
87	leaf	elimuna - amamuna
88	seed	olundata - etindata
89	root	omubisi - emibisi
90	to cultivate	okulima
91	hoe	elikau - amakau
92	to sleep	okulangana
93	dream	esilooto - eilooto
94	to wake up	okuinguka
95	to stand up	okuimana
96	to sit down	okuikala bashi
97	to go	okuta
98	to come	okuiya
99	to enter	okuingena
100	to come out	okutunda bandee

101	to arrive	okukeela
102	to pass	okubita
103	path	endila - etindila
104	axe	esamu - eyamu
105	fire	omulilo - emililo
106	ashes	omute
107	smoke	owise
108	to burn	okubya, okutumbuka
109	to extinguish	okutima
110	firewood	olukunyi - etiñunyi
111	water	ameyi
112	to become dry	okukukuta
113	to say	okuamba
114	to call	okuisana
115	to question	okuibanguta
116	to teach	okuiyeta
117	to play	okubeba
118	to sing	okuimba
119	drum	engoma - etingoma
120	to throw	okukonda
121	to abuse	okunyaza
122	to strike	okufula
123	to give	okuba, okutambeka
124	to steal	okuita
125	guest	ongenda - aangenda
126	to wait	okutatela
127	to kill	okuibaa
128	to laugh	okusheka
129	to weep	okulila
130	to like	okusinga
131	to fear	okuchil'esinu
132	to forget	okuilwa
133	one	kamweya
134	two	tuili
135	three	tutanu
136	four	tunee
137	five	tusanu
138	ten	elishumi
139	many	okupela
140	all	-oshe
141	God	onyambe
142	to drop	okukwa
143	to pick up	okutola
144	to bring	okulita
145	to put	okubeka
146	to hide	okushweka
147	to pull	okukoka
148	to push	okukasha
149	to tie a knot	okununga
150	to untie	okunungulula
151	to bend	okupunga
152	to cut	okupatula
153	to snap	okuchola
154	to tear	okukayula
155	up	kuwilu, bawilu, muwilu
156	down	bashi, mushi
157	inside	mukachi
158	outside	bandee
159	red	okuchiya
160	white	olikena
161	black	okuilola
162	sun	akamwi
163	moon	omweti
164	star	enaleli - etinaleli
165	cloud	elikumbi - amakumbi
166	rain	ombula
167	wind	emebo
168	mountain	omulundu - amalundu
169	forest	omushitu - emishitu
170	river	omusindi - emisindi
171	to sink	okunwena
172	to cross	okushatuka
173	to swim	okuyowana
174	ground	bashi
175	stone	eliwe - amawe
176	soil	omumbu - emimbu
177	hole	omusima - emisima
178	to bury	okupumbeka
179	day	eliwa - amaiwa
180	night	ousiku
181	yesterday	ingolwa
182	today	balelo
183	tomorrow	byunda
184	year	esilimo - eilimo
185	good	okuwaba
186	bad	okuiba
187	big	okuneneba
188	small	nana, okuchaniba
189	long	okuleba
190	short	okuibiba
191	heavy	okulema
192	It's cold	kame kombola
193	new	-bya
194	thing	esinu - einu
195	me	mene
196	you	wene
197	us	achi
198	you pl.	anyi
199	who	anyine
200	what	eikene

Kwanyama

1	head	omutwe - omitwe
2	hair	oxwiki - ooxwiki
3	face	oshipala - oipala
4	eye	eisho - omesho
5	nose	eyulu - omayulu
6	mouth	okanya - omakanya
7	tongue	elaka - omalaka
8	tooth	eyoo - omayoo
9	ear	okutwi - omakutwi
10	neck	ofingo - eefingo
11	body	olutu - omalutu
12	shoulder	epepe - omapepe
13	breast	evele - omavele
14	back	ombuda - eembuda
15	buttock	etako - omatako
16	arm	okuoko - omaoko
17	finger	omunwe - ominwe, onyala - eenyala
18	nail	oshipanyala - oipanyala
19	leg	okuulu/okaulu - omaulu
20	bone	ekipa - omakipa
21	blood	ohonde - eehonde
22	heart	omutima - omitima
23	liver	exuli - omaxuli
24	tears	ehodi - omahodi
25	spittle	omate
26	to see	okumona
27	to look for	okukonga
28	to hear	okuuda
29	wound	oshipute - oipute
30	to vomit	okukunga
31	to be tired	okuloloka
32	to become well	okuveluka
33	medicineman	ondudu - eendudu
34	clothes	oshikutu - oikutu
35	to wear	okudjala
36	to wash	okukosha, okuwapaleka
37	to spread to dry	okunyaneka
38	to sew	okuhondja
39	salt	omongwa - eemongwa
40	oil	omaadi
41	to cook	okuteleka
42	to roast	okuyofa
43	to eat	okulya
44	to drink	okunwa
45	to become hungry	okusa ondjala
46	to become rotten	okuola
47	house	eumbo - omaumbo
48	to build	okutunga
49	to shut	okupata, okuidila
50	to sweep	okukomba

51	father	tate - ootate, xo, xe
52	mother	meme - oomeme, nyoko, yina
53	child	okaana - uunona
54	husband	omusamane - aasamane
55	wife	omukulukadi - aakulukadi
56	to bear	okumona okanona, okudala
57	name	edina - omadina
58	to grow up	okukula
59	person	omunhu - ovanhu
60	to die	okusa
61	dog	ombwa - eembwa
62	to bite	okulumata
63	cattle	ongobe - eengobe
64	pig	oshingulu - oingulu
65	goat	oshikombo - oikombo
66	animal	oshinamwenyo - oinyamwenyo
67	lion	onghoshi - eenghoshi
68	elephant	ondjaba - eendjaba
69	hippopotamus	ondjabameya - eendjabameya
70	tail	omushila - omishila
71	spear	ehonga - omahonga
72	trap	omwiyo - eemwiyo, okatenda - outenda
73	meat	ombelela - eembelela
74	snake	eyoka - omayoka
75	crocodile	ongadu - eengadu
76	frog	efuma - omafuma
77	fish	oshi - eeshi
78	bird	okadila - oudila
79	chicken	oxuxwa - eexuxwa
80	egg	ei - omai
81	to fly	okutuka
82	bee	onyiki - eenyiki
83	mosquito	omwe - eemwe
84	fly	odi - eedi
85	tree	omuti - omiti
86	branch	oshitai - oitai
87	leaf	efo - omafo
88	seed	ombuto - eembuto, oni - eeni
89	root	omudi - omidi
90	to cultivate	okulima
91	hoe	etemo - omatemo
92	to sleep	okukofa
93	dream	ondjodi - eendjodi
94	to wake up	okupenduka
95	to stand up	okufikama
96	to sit down	okukala omutumba
97	to go	okuya
98	to come	okuuya, okweya
99	to enter	okuuyamo, okupita
100	to come out	okudjamo, okuya

101	to arrive	okufika
102	to pass	okupitapo
103	path	ondjila – eendjila
104	axe	ekuva – omakuva
105	fire	omundilo – omindilo
106	ashes	omutoko – omitoko, omute – omite
107	smoke	omwifi – eemwifi
108	to burn	okupya
109	to extinguish	okudima
110	firewood	oshikuni – oikuni
111	water	omeya, omeva
112	to become dry	okukukuta, okukasha
113	to say	okucha, okupopya
114	to call	okuufana
115	to question	okupula
116	to teach	okulonga, okuhonga
117	to play	okudanauka
118	to sing	okuimba
119	drum	ongoma – eengoma
120	to throw	okukupula
121	to abuse	okutukana
122	to strike	okudenga
123	to give	okuyandja, okupa
124	to steal	okuvaka
125	guest	omuenda – ovaenda
126	to wait	okuteelela
127	to kill	okudipaya
128	to laugh	okuyola
129	to weep	okulila, okukwena
130	to like	okuhola
131	to fear	okutila
132	to forget	okudimbwa
133	one	shimwe
134	two	mbali
135	three	nhatu
136	four	nhee
137	five	nhano
138	ten	omulongo
139	many	-hapu
140	all	-eshe
141	God	okalunga
142	to drop	okuwilapo, okuwa
143	to pick up	okukufapo
144	to bring	okueta
145	to put	okutula
146	to hide	okuholeka
147	to pull	okushila
148	to push	okuundura
149	to tie a knot	okuditika
150	to untie	okuditula
151	to bend	okutonya, okutifula
152	to cut	okuteta, okuka
153	to snap	okuteya
154	to tear	okupombola
155	up	pombada
156	down	pedu
157	inside	meni, meumbo
158	outside	pondje
159	red	-tilyana
160	white	-toka
161	black	-laula
162	sun	etango
163	moon	omuedi
164	star	onyofi – eenyofi
165	cloud	oshilemo – oilemo
166	rain	odula
167	wind	omhepo
168	mountain	ondudu – eendudu
169	forest	omufitu – omifitu, moixwa
170	river	omulongo – omilongo
171	to sink	okuningina
172	to cross	okutauluka
173	to swim	okuyowa
174	ground	edu – omadu
175	stone	emanya – omamanya
176	soil	edu
177	hole	elambo – omalambo
178	to bury	okufudika
179	day	efiku – omafiku
180	night	oufiku
181	yesterday	onghela
182	today	nena
183	tomorrow	mongula
184	year	odula – eedula, omudo – omido
185	good	-wa
186	bad	-yi
187	big	-kulo
188	small	-shona
189	long	-le
190	short	-fupi
191	heavy	-djuu
192	It's cold	okwatalala
193	new	-pe
194	thing	oshiima/oshinima – oinima
195	me	ame
196	you	ove
197	us	se
198	you pl.	nye
199	who	olyelye
200	what	oshike

Kwena

1	head	tlhogo - ditlhogo
2	hair	mọriri - mẹriri
3	face	sẹfatlhego - difatlhego
4	eye	lẹitlho - matlho
5	nose	nko - dinko
6	mouth	mọlọmọ - mẹlọmọ
7	tongue	lẹlẹmẹ - ditẹmẹ
8	tooth	lẹino - meno
9	ear	tsebe - ditsebe
10	neck	mọlala - mẹlala
11	body	mmẹlẹ - mẹbẹlẹ
12	shoulder	lẹgetla - magetla
13	breast	lẹtswele - matswele
14	back	mọkokotlo - mẹkokotlo
15	buttock	lẹrago - marago
16	arm	lẹtsogo - matsogo
17	finger	mọnwana - mẹnwana
18	nail	lẹnala - manala
19	leg	lẹọtọ - maọtọ
20	bone	lẹrapọ - marapọ
21	blood	madi
22	heart	pẹlọ - dipẹlọ
23	liver	sẹbẹtẹ - dibẹtẹ
24	tears	kẹledi - dikẹledi
25	spittle	mathẹ
26	to see	gọbona
27	to look for	gọbatla
28	to hear	gọutlwa
29	wound	ntho - dintho
30	to vomit	gọtlhatsa
31	to be tired	gọlapa
32	to become well	gọfola, gọalafiwa
33	witchdoctor	ngaka ya sẹtso
34	clothes	sẹaparo - diaparo
35	to wear	gọapara
36	to wash	gọtlhatswa
37	to spread to dry	gọanega
38	to sew	gọrọka
39	salt	lẹtswai - matswai
40	oil	mafura
41	to cook	gọapaya
42	to roast	gọgadika
43	to eat	gọja
44	to drink	gọnwa
45	to become hungry	gọtshwarwa kẹ tlala
46	to become rotten	gọbola
47	house	ntlọ - dintlọ
48	to build	gọaga
49	to shut	gọtswala
50	to sweep	gọfeela
51	father	ntate - bontate, rre - borre
52	mother	mme - bomme
53	child	ngwana - bana
54	husband	mọnna - banna
55	wife	mọsadi - basadi
56	to bear	gọbelega, gọtshọla
57	name	lẹina - maina
58	to grow up	gọgọla
59	person	mọthọ - bathọ
60	to die	gọswa
61	dog	ntša - dintša
62	to bite	gọlọma
63	cattle	kgomọ - dikgomọ
64	pig	kọlọbe - dikọlọbe
65	goat	pọdi - dipọdi
66	animal	phologolo - diphologolo
67	lion	tau - ditau
68	elephant	tlou - ditlou
69	hippopotamus	kubu - dikubu
70	tail	mọgatla - mẹgatla
71	spear	lẹrumo - marumo
72	trap	sẹlaga - dilaga
73	meat	nama - dinama
74	snake	noga - dinoga
75	crocodile	kwena - dikwena
76	frog	sẹgwagwa - digwagwa
77	fish	tlhapi - ditlhapi
78	bird	nonyanẹ - dinonyanẹ
79	chicken	kgọkọ - dikgọkọ
80	egg	lẹẹ - maẹ
81	to fly	gọfọfa
82	bee	notshẹ - dinotshẹ
83	mosquito	mọnang - mẹnang
84	fly	ntsi - dintsi
85	tree	sẹtlharẹ - ditlharẹ
86	branch	kala - dikala
87	leaf	lẹtlharẹ - matlharẹ
88	seed	peọ - dipeọ, thotse - dithotse
89	root	mọdi - mẹdi
90	to cultivate	gọlẹma, gọtlhagọla
91	hoe	mọgọma - mẹgọma, petlwana - dipetlwana
92	to sleep	gọrobala
93	dream	toro - ditoro
94	to wake up	gọtsọga
95	to stand up	goema
96	to sit down	gọnna
97	to go	gọtsamaya
98	to come	gọtla
99	to enter	gọtsena
100	to come out	gọtswa

101	to arrive	gọfitlha, gọgoroga
102	to pass	gọfẹta
103	path	tsẹla - ditsẹla
104	axe	sẹlepe - dilẹpe
105	fire	mọlẹlo - mẹlẹlo
106	ashes	mọlọra - mẹlọra
107	smoke	mọsi - mẹsi
108	to burn	gọšwa
109	to extinguish	gọtima
110	firewood	lẹgong - magong
111	water	metsi
112	to become dry	gọọma
113	to say	gọbua
114	to call	gọbitsa
115	to question	gọbọtsa
116	to teach	gọruta
117	to play	gọtshamẹka
118	to sing	gọopela
119	drum	mọrọpa - mẹrọpa
120	to throw	gọkọnọpa
121	to abuse	gọsọtla
122	to strike	gọotla, gọphaila
123	to give	gọfa
124	to steal	gọutswa
125	ǵuest	mọeng - baeng
126	to wait	gọema, gọemela
127	to kill	gọbọlaya
128	to laugh	gọtshega
129	to weep	gọlla
130	to like	gọrata
131	to fear	gọtshaba
132	to forget	gọlẹbala
133	one	nngwẹ
134	two	pedi
135	three	tharọ
136	four	nne
137	five	tlhanọ
138	ten	lesọme
139	many	-ntsi
140	all	-otlhe
141	God	modimo - badimo
142	to drop	gọwa
143	to pick up	gọnopa
144	to bring	gọtlisa
145	to put	gọbaya
146	to hide	gọfitlha
147	to pull	gọgoga
148	to push	gọkgarametsa
149	to tie a knot	gọbofa
150	to untie	gọbofọlọla
151	to bend	gọkoba
152	to cut	gọsẹga
153	to snap	gọroba
154	to tear	gọkgeila
155	up	godimọ
156	down	motlasẹ
157	inside	kamogarẹ
158	outside	kwantle
159	red	-hibidu
160	white	-sweu
161	black	-ntshọ
162	sun	lẹtsatsi
163	moon	ngwedi
164	star	naledi - dinaledi
165	cloud	lẹru - maru
166	rain	pula
167	wind	phẹfo - diphẹfo
168	mountain	thaba - dithaba
169	forest	sẹkgwa - dikgwa
170	river	nọka - dinọka
171	to sink	gọnweela
172	to cross	gọtshela
173	to swim	gọthuma, gọšapa
174	ground	lẹfatshẹ - mafatshẹ
175	stone	lẹtlapa - matlapa
176	soil	mmu
177	hole	mọsima - mẹsima
178	to bury	gọepela
179	day	lẹtsatsi - matsatsi
180	night	bọsigọ - masigọ
181	yesterday	maabanẹ
182	today	gompienọ
183	tomorrow	kamọso
184	year	ngwaga - dingwaga
185	good	gọsiama
186	bad	gọsasiamẹ
187	big	-gọlọ, -tona
188	small	-nnyanẹ
189	long	-lelele
190	short	-khutshwanẹ
191	heavy	bọima
192	It's cold	gọtsididi
193	new	-tšha, -tšhwa
194	thing	sẹlo - dilo
195	me	nna
196	you	wena
197	us	rọna
198	you pl.	lọna
199	who	mang
200	what	ẹng

Laari

1	head	mutu - mitu
2	hair	lusuki - ntsuki
3	face	tidiri - bidiri
4	eye	disu - misu
5	nose	mbombo - mbombo
6	mouth	munwa - minwa
7	tongue	ludimi - x
8	tooth	dinu - meno
9	ear	kutu - makutu
10	neck	ntingu - ntingu
11	body	nitu - nitu
12	shoulder	hembo - mahembo
13	breast	dibeeni - mabeeni
14	back	nima - nima
15	buttock	ditaku - mataku
16	arm	kooko - mooko
17	finger	mulembo - milembo
18	nail	luzala - nzala
19	leg	kulu - makulu/malu
20	bone	tiyishi - biyishi
21	blood	menga
22	heart	mutima - mitima
23	liver	disakafulu - masakafulu
24	tears	mantsangaza
25	spittle	mante
26	to see	mona
27	to look for	dinga
28	to hear	wa
29	wound	mputa
30	to vomit	luka
31	to be tired	fwatika
32	to become well	wasa
33	witchdoctor	ngangambuki - bangangambuki
34	clothes	tsinkutsi - binkutsi
35	to wear	lwata
36	to wash	sukula
37	to spread to dry	yumisa
38	to sew	tunga
39	salt	mungwa
40	oil	mafuta
41	to cook	sa tsikuuku, lamba
42	to roast	yoka
43	to eat	dya
44	to drink	nwa
45	to become hungry	ntsatu
46	to become rotten	bola
47	house	nzo - nzo
48	to build	tunga
49	to shut	kanga
50	to sweep	komba
51	father	taata - batata
52	mother	maama - bamama
53	child	mwana - baala
54	husband	bakala - babakala
55	wife	nkento - bakento
56	to bear	buta
57	name	nkumbu - nkumbu
58	to grow up	kula
59	person	muntu - bantu
60	to die	fwa
61	dog	mbwa - jimbwa
62	to bite	tatika
63	cattle	ngombe - ngombe
64	pig	ngulu - ngulu
65	goat	nkombo - nkombo
66	animal	kibulu - bibulu
67	lion	ngwambulu - ngwambulu
68	elephant	nzau - nzau
69	hippopotamus	nguvu - nguvu
70	tail	mutila - mitila
71	spear	jonga - majonga
72	trap	mutambu - mitambu
73	meat	mbiji
74	snake	nyoka - nyoka
75	crocodile	ngandu - ngandu
76	frog	mpaangu - mpaangu
77	fish	mbiji ya mamba
78	bird	nuni - nuni
79	chicken	ntsuku - ntsuku
80	egg	diiki - meeki
81	to fly	pulumuka
82	bee	nyoshi - nyoshi
83	mosquito	lubu - mbu
84	fly	nyanji - nyanji
85	tree	muti - miti
86	branch	tintaala - bintaala
87	leaf	lukaya - makaya
88	seed	timwanga - bimwanga
89	root	mudza - midza
90	to cultivate	tsaba
91	hoe	ntsengo - ntsengo
92	to sleep	seeka
93	dream	ndoji
94	to wake up	vumbuka
95	to stand up	telama
96	to sit down	zakala
97	to go	yenda
98	to come	yiza
99	to enter	kota
100	to come out	duuka

101	to arrive	tuura
102	to pass	yooka
103	path	njila - njila
104	axe	soka - masoka
105	fire	tiya - tiya
106	ashes	bombi - mabombi
107	smoke	mwishi - miishi
108	to burn	tiyoka
109	to extinguish	wonda
110	firewood	lukuni - nkuni
111	water	maamba
112	to become dry	yuma
113	to say	zonza, ta musamu
114	to call	ta mbila
115	to question	yula musamu
116	to teach	longesa
117	to play	sakana
118	to sing	tanga
119	drum	ngoma - ngoma
120	to throw	losa
121	to abuse	finga
122	to strike	nwana
123	to give	gana
124	to steal	laba
125	guest	nzenza - banzenza
126	to wait	kela
127	to kill	gonda
128	to laugh	sega
129	to weep	kwaya
130	to like	zolo
131	to fear	bunkuta
132	to forget	jimbakana
133	one	moshi
134	two	zole
135	three	tatu
136	four	ya
137	five	taanu
138	ten	kumi
139	many	bingi
140	all	bantsu
141	God	nzambi
142	to drop	bwa
143	to pick up	toota
144	to bring	nata
145	to put	tula
146	to hide	sweka
147	to pull	benda
148	to push	nikuna
149	to tie a knot	kanga
150	to untie	sutula
151	to bend	kondimisa
152	to cut	bukuna
153	to snap	tabula
154	to tear	tenda
155	up	kuzulu
156	down	kuntsi, ku banda
157	inside	mukati
158	outside	kumbaji
159	red	mbwaki
160	white	mpembe
161	black	ndombi
162	sun	taangu
163	moon	ngonda
164	star	lubwetete - mbwetete
165	cloud	tutsi - matutsi
166	rain	mvula
167	wind	titembo - bitembo
168	mountain	mongo - myongo
169	forest	saangi - masangi
170	river	nto - zinto
171	to sink	dyama
172	to cross	sabuka
173	to swim	tsaba
174	ground	mutoto - mitoto
175	stone	tari - matari
176	soil	mutoto - mitoto
177	hole	bulu - mabulu
178	to bury	zika
179	day	tilumbu - bilumbu
180	night	mpimpa
181	yesterday	mazoono
182	today	lumbuti
183	tomorrow	mbazi
184	year	mvula - zimvula
185	good	toma
186	bad	-bi
187	big	-nene
188	small	fyeti
189	long	-la
190	short	-kufi
191	heavy	dema
192	It's cold	tyozi tyeku
193	new	mona
194	thing	tiima - biima
195	me	meno
196	you	nge
197	us	beto
198	you pl.	beno
199	who	nani
200	what	nti

Lamba

1	head	umutwi - imitwi
2	hair	umushishi - imishishi
3	face	ichinso - ifinso
4	eye	ilinso - amenso
5	nose	umoona - imiona
6	mouth	akanwa - utunwa
7	tongue	ululimi - indimi
8	tooth	iliino - ameeno
9	ear	ukutwi - amatwi
10	neck	umukoshi - imikoshi
11	body	umubili - imibili
12	shoulder	ichipeeya - amapeeya
13	breast	ibeele - amabeele
14	back	inuma - inuma
15	buttock	itako - amatako
16	arm	ukuboko - amaboko
17	finger	umunwe - iminwe
18	nail	iliala - amaala
19	leg	ukuulu - amoolu
20	bone	ifupa - amafupa
21	blood	umulopa - imilopa
22	heart	umutima - imitima
23	liver	ichibu - ifibu
24	tears	umunsoshi - iminsoshi
25	spittle	amate
26	to see	ukubona
27	to look for	ukufwaya
28	to hear	ukumfwa, ukukutika
29	wound	ichilonda - ifilonda
30	to vomit	ukuluka
31	to be tired	ukukatala
32	to become well	ukupola
33	witchdoctor	ing'anga - ing'anga
34	clothes	ichakufwala - ifyakufwala
35	to wear	ukufwala
36	to wash	ukuwasha
37	to spread to dry	ukuanika
38	to sew	ukubila, ukutunga
39	salt	umuchele
40	oil	amafuta
41	to cook	ukuipika
42	to roast	ukoocha
43	to eat	ukulya
44	to drink	ukunwa
45	to become hungry	ukumfwa insala
46	to become rotten	ukubola
47	house	inanda - amananda
48	to build	ukuibaka
49	to shut	ukisala
50	to sweep	ukupyanga
51	father	bataata, bawisho, bawishi
52	mother	bamaayo, banoko, banyina
53	child	umuana - abaana
54	husband	umulume - abalume
55	wife	umukashi - abakashi
56	to bear	ukufyala, ukubeleka
57	name	ishina - amashina
58	to grow up	ukukula
59	person	umuntu - abantu
60	to die	ukufwa
61	dog	imbwa - imbwa
62	to bite	ukusuma
63	cattle	ing'ombe - ing'ombe
64	pig	inkumba - inkumba
65	goat	imbushi - imbushi
66	animal	inama - inama
67	lion	inkalamu - inkalamu
68	elephant	insofu - insofu
69	hippopotamus	imfubu - imfubu
70	tail	umuchila - imichila
71	spear	ifumo - amafumo, umusumbo - imisumbo
72	trap	ichiteyo - ifiteyo, ichifu - ififu
73	meat	inama
74	snake	insoka - insoka
75	crocodile	ingwena - ingwena
76	frog	bombwe - babombwe
77	fish	isabi - isabi
78	bird	ichuuni - ifyuuni
79	chicken	inkoko - inkoko, insumbi - insumbi
80	egg	isana - amasana, ilindanda - amandanda
81	to fly	ukupupuka
82	bee	ulushimu - inshimu
83	mosquito	akabwibwi - utubwibwi
84	fly	lunshi - balunshi
85	tree	ichiti - ifiti
86	branch	umusambo - imisambo
87	leaf	ibuula - amabuula
88	seed	ulutetele - intetele, ulubuto - imbuto
89	root	umushila - imishila
90	to cultivate	ukulima
91	hoe	ulukasu - amakasu
92	to sleep	ukulaala
93	dream	ichilooto - ifilooto
94	to wake up	ukubuuka
95	to stand up	ukuimakana
96	to sit down	ukuikala
97	to go	ukuya
98	to come	ukuisa
99	to enter	ukuingila
100	to come out	ukufuma

各言語基礎語彙一覧 153

101	to arrive	ukufika
102	to pass	ukupita
103	path	inshila - inshila, umusebo - imisebo
104	axe	akasembe - utusembe
105	fire	umulilo
106	ashes	imito
107	smoke	ichuushi - ifyuushi
108	to burn	ukupya, ukuaka
109	to extinguish	ukushimya
110	firewood	ulukuni - inkuni
111	water	amenshi, amenda
112	to become dry	ukuuma
113	to say	ukulabila
114	to call	ukuita
115	to question	ukuipusha
116	to teach	ukufunda
117	to play	ukuangala
118	to sing	ukuimba
119	drum	ingoma - ingoma
120	to throw	ukupoosa
121	to abuse	ukutuka
122	to strike	ukupama
123	to give	ukupeela
124	to steal	ukuiba
125	guest	umuensu - abeensu
126	to wait	ukupembela
127	to kill	ukuipaya
128	to laugh	ukuseka
129	to weep	ukulila
130	to like	ukutemwa
131	to fear	ukutiina
132	to forget	ukuluba
133	one	chimo
134	two	fibili
135	three	fitatu
136	four	finai
137	five	fisaano
138	ten	ikumi
139	many	-ingi
140	all	-onse
141	God	leesa - baleesa
142	to drop	ukupona
143	to pick up	ukutoola
144	to bring	ukuleeta
145	to put	ukubiika
146	to hide	ukufisa
147	to pull	ukutinta
148	to push	ukushindika
149	to tie a knot	ukukaka
150	to untie	ukukakula
151	to bend	ukongamya
152	to cut	ukuputula, ukuteeta
153	to snap	ukukontola
154	to tear	ukulepula
155	up	peeulu
156	down	panshi
157	inside	mukati
158	outside	panse
159	red	ukukashika
160	white	ukutuba
161	black	ukufiita
162	sun	akasuba
163	moon	umueshi
164	star	ulutanda - intanda
165	cloud	ikumbi - amakumbi
166	rain	imfula
167	wind	umuela
168	mountain	ulupili - amapili
169	forest	impanga - impanga
170	river	inika - inika
171	to sink	ukuibila
172	to cross	ukuabuka
173	to swim	ukusamba
174	ground	panshi
175	stone	ibwe - amabwe
176	soil	umushili - imishili
177	hole	ichilindi - ifilindi
178	to bury	ukushiika
179	day	ubushiku - inshiku
180	night	ubushiku
181	yesterday	mailo
182	today	leelo
183	tomorrow	mailo
184	year	umuaka - imiaka
185	good	ukuwaama, -ne
186	bad	ukubiipa, -bi
187	big	-kulu
188	small	-niini
189	long	-tali
190	short	-ipi
191	heavy	ukulema
192	It's cold	kwatanta
193	new	bukuumo
194	thing	ichintu - ifintu
195	me	nebo
196	you	webo
197	us	fwebo
198	you pl.	mwebo
199	who	naani
200	what	nindo

Langi

1 head mutwe - mitwe
2 hair lujwiri - njwiri
3 face kisho - visho
4 eye liiso - miiso
5 nose mpula - mpula
6 mouth mulomo - milomo
7 tongue lurimi - lurimi
8 tooth ieo - meeo
9 ear kutu - matu
10 neck nkingo - nkingo
11 body muviri - miviri
12 shoulder ivea - mavea
13 breast itombo - matombo
14 back moongo - myongo
15 buttock itako - matoko
16 arm mukono - mikono
17 finger imamba - mamamba
18 nail mpaaha - mpaaha
19 leg kuulu - maulu
20 bone ikufa - makufa
21 blood sakami
22 heart mooyo - myoyo
23 liver itima - matima
24 tears miisori
25 spittle mati
26 to see koona
27 to look for kulangirra
28 to hear kuteera
29 wound kilonda - vilonda
30 to vomit kutaika
31 to be tired kukatala
32 to become well kulaulwa
33 witchdoctor mwanga - vaanga
34 clothes ingo - ingo
35 to wear kuvaa
36 to wash kufula
37 to spread to dry kwanika
38 to sew kuchuma
39 salt sangasa
40 oil makuta
41 to cook kusonga, kutereka
42 to roast kuchimika, kubanika
43 to eat kurya
44 to drink kunywa
45 to become hungry kuva na njala
46 to become rotten kusasa
47 house nyumba - nyumba
48 to build kujenga
49 to shut kweyeka
50 to sweep kufyaira
51 father baaba
52 mother maama
53 child mwana - vaana, musinga - vasinga
54 husband mulume - valume
55 wife muki - vaki
56 to bear kuvyaala
57 name irina - marina
58 to grow up kukula
59 person muntu - vantu
60 to die kukwya
61 dog kuri - kuri
62 to bite kuluma
63 cattle ng'ombe - ng'ombe
64 pig nguruve - nguruve
65 goat mburi - mburi
66 animal munyaama - vanyaama
67 lion simba - simba
68 elephant njowu - njowu
69 hippopotamus kibooko - vibooko
70 tail mukira - mikira
71 spear ichimu - machimu
72 trap mutewo - mitewo
73 meat nyama
74 snake njoka - njoka
75 crocodile mamba - mamba
76 frog kibuula - vibuula
77 fish samaaki - samaaki
78 bird ndee - ndee
79 chicken nkuku - nkuku
80 egg iyi - mayi
81 to fly kuwuluka
82 bee njuki - njuki
83 mosquito unu - unu
84 fly njusi - njusi
85 tree muti - miti
86 branch itampi - matampi
87 leaf ituutu - matuutu
88 seed mbeyu - mbeyu
89 root muriri - miriri
90 to cultivate kurima
91 hoe isiri - masiri
92 to sleep kulaala
93 dream ndooto
94 to wake up kuvuuka
95 to stand up kwima
96 to sit down kwikala
97 to go kuyenda, kudoma
98 to come kuuja
99 to enter kwingira
100 to come out kufuma

101	to arrive	kufika
102	to pass	kulooka
103	path	njira - njira
104	axe	chaarya - vyaarya
105	fire	mooto - myooto
106	ashes	ivu - mavu
107	smoke	muuki
108	to burn	kufya
109	to extinguish	kurimya
110	firewood	inkwi
111	water	maaji
112	to become dry	kuuma
113	to say	kuluusa
114	to call	kwanerra
115	to question	kuurya maswali
116	to teach	kufundisha
117	to play	kubwita
118	to sing	kwimba
119	drum	ngooma - ngooma
120	to throw	kuwuma
121	to abuse	kutukira
122	to strike	kugonga, kuvaa
123	to give	kuheera
124	to steal	kwiva
125	guest	muyeni - vayeni
126	to wait	kuwojera
127	to kill	kuulaa
128	to laugh	kuseka
129	to weep	kurira
130	to like	kwenda
131	to fear	koofa
132	to forget	kurimirya
133	one	imudu, imwi
134	two	iviri
135	three	itatu
136	four	ine
137	five	isaano
138	ten	ikimi
139	many	-rifoo
140	all	-osi
141	God	mulungu
142	to drop	kuwya
143	to pick up	kutoola
144	to bring	kureeta
145	to put	kuviika
146	to hide	kuvisa
147	to pull	kuruta
148	to push	kusukuma
149	to tie a knot	kuchunga
150	to untie	kuchungula
151	to bend	kwinamya
152	to cut	kukera
153	to snap	kuuna
154	to tear	kumoola
155	up	mweri
156	down	isi
157	inside	isi
158	outside	weerwi
159	red	nkundu
160	white	-eru
161	black	-iru
162	sun	mwasu
163	moon	mweri
164	star	nyenyeeri - nyenyeeri
165	cloud	ichu - machu
166	rain	mbula
167	wind	mpeho
168	mountain	luulu - njuulu
169	forest	isaka - masaka
170	river	luuji - luuji
171	to sink	kuzaama
172	to cross	kuferra
173	to swim	kooyerra
174	ground	isi
175	stone	iwye - mawye
176	soil	irongo
177	hole	idundu - madundu
178	to bury	kuzika, kufukira
179	day	siku - siku
180	night	noochiku
181	yesterday	niijo
182	today	ii siku
183	tomorrow	lumutondo
184	year	mwaka - myaka
185	good	kubooha
186	bad	kuviiha
187	big	-kuulu
188	small	-dudi
189	long	-liihi
190	short	-kufi
191	heavy	kurutaha
192	It's cold	kuri na mpeho
193	new	-fya
194	thing	kintu - vintu
195	me	niini
196	you	weewe
197	us	suusu
198	you pl.	nyuunyu
199	who	ani
200	what	che

Lega

1	head	luungu - ungu
2	hair	lushwili - njwili
3	face	ilanga - malanga
4	eye	liso - meso
5	nose	mwembe - myembe
6	mouth	anywa - tunywa
7	tongue	lulami - ndami
8	tooth	linyo - menyo
9	ear	itu - matu
10	neck	i-oshi - ma-oshi
11	body	mweko - myeko
12	shoulder	mea
13	breast	ibele - mabele
14	back	mkongo - mikongo
15	buttock	ita-o - mata-o
16	arm	ubo-o - mabo-o
17	finger	msa-i - misa-i
18	nail	lwala - ngwyala
19	leg	ukulu - makulu
20	bone	i-uba - ma-uba
21	blood	m-ila - mi-ila
22	heart	mtima - mitima
23	liver	ituku - matuku
24	tears	bisoshi
25	spittle	mate
26	to see	umona
27	to look for	ulonda
28	to hear	ungwa
29	wound	asili - tusili
30	to vomit	ulu-a
31	to be tired	i-utwa
32	to become well	uona
33	witchdoctor	mnganga - banganga
34	clothes	shushu
35	to wear	ushwala
36	to wash	ufula
37	to spread to dry	ukanyi-a
38	to sew	usona
39	salt	sumbi
40	oil	mwambo - myambo
41	to cook	ute-a
42	to roast	ute-a
43	to eat	ulya
44	to drink	usola
45	to become hungry	ungwa ngyala
46	to become rotten	ubola
47	house	nyumba - nyumba
48	to build	ukuba-a
49	to shut	ukanga
50	to sweep	uyakila
51	father	tata/sokyi/sekyi isetu/isenyu/isebo
52	mother	ma-a, maye/nyo-oki/nyakyi, inetu/inenyu/inebo
53	child	umwana - bana
54	husband	ulume - balume, ulunyala - balunyala
55	wife	m'ashana - baashana, m'ashi - baashi
56	to bear	ubuta
57	name	shina - mina
58	to grow up	u-ula
59	person	mtu - batu
60	to die	u-ua
61	dog	imbwa - tuwa
62	to bite	ulya meno
63	cattle	ngombe - ngombe
64	pig	ngulube - ngulube
65	goat	mbushi - mbushi
66	animal	nyama - nyama
67	lion	tambwe (kambwe?)
68	elephant	ngyoku - ngyoku
69	hippopotamus	iboko - biboko
70	tail	m'ila - miila
71	spear	ishimo - mashimo
72	trap	ateko - tuteko
73	meat	nyama
74	snake	ngyo-a - ngyo-a
75	crocodile	ngwena - ngwena
76	frog	mtende - mitende, iula - byula
77	fish	isonga - bisonga
78	bird	akyonyi - tukyoni
79	chicken	o-o - o-o
80	egg	iyungu - mungu
81	to fly	ulenga
82	bee	ngyu-i - ngyu-i
83	mosquito	mnunu - minunu
84	fly	mleshu - mileshu
85	tree	ati - tuti
86	branch	lutabi - tabi
87	leaf	isashi - bisashi
88	seed	lubuto - mbuto
89	root	mshinga - mishinga
90	to cultivate	ulema
91	hoe	shu-a - shu-a
92	to sleep	ulala
93	dream	ndoto
94	to wake up	ubyu-a
95	to stand up	ukyekyu-a
96	to sit down	ui-iana hasi
97	to go	uya
98	to come	ushwa
99	to enter	uingila
100	to come out	uolana

101	to arrive	ui-a
102	to pass	utinga
103	path	ngyila - ngyila
104	axe	mbasha - mbasha
105	fire	muliro - miliro
106	ashes	luvu
107	smoke	mugi - migi
108	to burn	uonga
109	to extinguish	ushimya
110	firewood	msali - misali?
111	water	makyi
112	to become dry	u-ama
113	to say	utenda
114	to call	ubusha
115	to question	utosha
116	to teach	uana
117	to play	u-ina
118	to sing	ukimba
119	drum	ngoma - ngoma
120	to throw	ualaka
121	to abuse	utu-a
122	to strike	ukomba
123	to give	uesha, uekyama
124	to steal	unyombala
125	guest	mkenyi - bakenyi
126	to wait	uleka
127	to kill	uyaka
128	to laugh	use-a
129	to weep	ulila
130	to like	ushima
131	to fear	u-wa woba
132	to forget	uibilila
133	one	umo
134	two	babili
135	three	basatu
136	four	banashi
137	five	batano
138	ten	i-umi
139	many	-ingi
140	all	-ose
141	God	ombe, alaka, mene-ushimu
142	to drop	ukwa
143	to pick up	utola
144	to bring	ulusha
145	to put	ubi-a
146	to hide	ubisa
147	to pull	ubuluta
148	to push	ushindi-a
149	to tie a knot	utende-a
150	to untie	ukangula
151	to bend	i-umba
152	to cut	usesa
153	to snap	ubela
154	to tear	ukata
155	up	uikulu
156	down	hasi
157	inside	mkatikati
158	outside	umkongo
159	red	tu-ula
160	white	kela
161	black	yina
162	sun	shuba, muba
163	moon	mweshi
164	star	lutonde - tonde
165	cloud	ishu - màshu
166	rain	mbula
167	wind	ishumbe - bishumbe, peyi
168	mountain	lukulu - ngulu
169	forest	mbala
170	river	lukyi - nyikyi
171	to sink	uya ulundu ua makyi
172	to cross	uso-a
173	to swim	uoka
174	ground	itete
175	stone	i-oyi - ma-oyi
176	soil	lutota
177	hole	iunyu - byunyu
178	to bury	ualaka
179	day	lushuku - shuku, lushi
180	night	bushuku
181	yesterday	m'ilya ikolo
182	today	unobuno
183	tomorrow	m'eshi
184	year	mwa-a - mya-a
185	good	-soka
186	bad	-bi
187	big	-nene
188	small	nyiha
189	long	leha
190	short	fila
191	heavy	nyema
192	It's cold	uli peho
193	new	mano mashuku
194	thing	itu - bitu
195	me	ine
196	you	ube
197	us	bashu
198	you pl.	banyu, benyu
199	who	benyi - babenyi
200	what	i-i

Lingala

1	head	moto - meto
2	hair	mosuki - suki
3	face	elongi - bilongi
4	eye	liso - miso
5	nose	zolo - zolo
6	mouth	monoko - minoko
7	tongue	lolemu - ndemu
8	tooth	lino - mino
9	ear	litoi - matoi
10	neck	kingo - x
11	body	nzotu - nzotu
12	shoulder	libeke - mabeke
13	breast	libele - mabele
14	back	mokongo - mikongo
15	buttock	lisoko - masoko
16	arm	loboko - maboko
17	finger	mosai - misai
18	nail	linjaka - manjaka
19	leg	lokolo - makolo
20	bone	mokuwa - mikuwa
21	blood	makila
22	heart	motema - mitema
23	liver	libale - mabale
24	tears	pizoli
25	spittle	(n)soi
26	to see	komona, komona
27	to look for	koluka
28	to hear	koyoka
29	wound	mpota - mpota
30	to vomit	kosanza
31	to be tired	kolembe
32	to become well	kobika
33	witchdoctor	ngangakisi - bangangakisi
34	clothes	elamba - bilamba
35	to wear	kolata
36	to wash	kosukola
37	to spread to dry	kotanda na moi
38	to sew	kotonga, kosono
39	salt	mungwa, monana
40	oil	mafuta
41	to cook	kolamba
42	to roast	kobabola
43	to eat	kolia
44	to drink	komela
45	to become hungry	koyoka nzala
46	to become rotten	kopola
47	house	ndako - ndako
48	to build	kotonga
49	to shut	kofunga, kokanga
50	to sweep	kokombo
51	father	tata - batata, papa
52	mother	mama - bamama
53	child	mwana - bana
54	husband	mobali - babali
55	wife	mwasi - basi
56	to bear	kobota
57	name	kombo - kombo
58	to grow up	kokola
59	person	moto - bato
60	to die	kokufa
61	dog	mbwa - mbwa
62	to bite	kosuwa
63	cattle	ngombe - ngombe
64	pig	ngulu - ngulu
65	goat	(n)taba - (n)taba
66	animal	nyama - nyama
67	lion	(n)kosi - (n)kosi
68	elephant	nzoku - nzoku
69	hippopotamus	ngubu - ngubu
70	tail	mokila - mikila
71	spear	likonga - makonga
72	trap	motambo - mitambo
73	meat	mosuni - misuni
74	snake	nyoka - nyoka
75	crocodile	ngando - ngando, koli - koli
76	frog	mombemba - mimbemba
77	fish	mbisi - mbisi
78	bird	ndeke - ndeke
79	chicken	soso - soso
80	egg	like - make, likei - makei
81	to fly	kopumbwa, kopimbwa
82	bee	monjoi - njoi
83	mosquito	mokungi - mikungi, (n)kungi - (n)kungi
84	fly	mokangi - (n)kangi, nzinzi - nzinzi
85	tree	nzete - nzete
86	branch	etape - bitape
87	leaf	kasa - kasa
88	seed	molona - milona
89	root	kinga - kinga
90	to cultivate	kobola, kolona
91	hoe	kongo - kongo
92	to sleep	kolala
93	dream	ndoto - ndoto
94	to wake up	kolamuka
95	to stand up	kotelema, koteleme, komitemisa
96	to sit down	kofanda
97	to go	kokende
98	to come	koya
99	to enter	kokoto
100	to come out	kobima

101	to arrive	kokoma
102	to pass	koleka
103	path	nzela - nzela
104	axe	soka - soka
105	fire	moto
106	ashes	putulu
107	smoke	molinga - milinga
108	to burn	kozika
109	to extinguish	kozimisa
110	firewood	lokoni - (n)koni
111	water	mai
112	to become dry	kokauka
113	to say	koloba
114	to call	kobianga
115	to question	kotuna motuna
116	to teach	koteya
117	to play	kosakana
118	to sing	koyemba
119	drum	mbonda - mbonda
120	to throw	kobwaka
121	to abuse	kofinga
122	to strike	kotuta, kobete
123	to give	kopesa
124	to steal	koyiba
125	guest	mopaya - bapaya
126	to wait	kozila
127	to kill	koboma
128	to laugh	koseke
129	to weep	kolela, koganga
130	to like	kolinga
131	to fear	kozala na bobangi
132	to forget	kobosana
133	one	moko
134	two	mibale
135	three	masato
136	four	minei
137	five	mitano
138	ten	zomi
139	many	mingi, ebele
140	all	-nso
141	God	nzambe
142	to drop	kokweya
143	to pick up	kolokoto
144	to bring	kokumba, komemele
145	to put	kotiya
146	to hide	kobomba
147	to pull	kobenda
148	to push	kosukuma, kotindika
149	to tie a knot	kokanga
150	to untie	kokangola
151	to bend	kogumba
152	to cut	kokata
153	to snap	kobuka
154	to tear	kopasola
155	up	likolo
156	down	se
157	inside	na kati
158	outside	libanda
159	red	makila, -tane
160	white	pembe
161	black	-yindu
162	sun	mwese
163	moon	sanza
164	star	monzoto - minzoto
165	cloud	lipata - mapata
166	rain	mbula
167	wind	mopepe - x
168	mountain	ngomba - ngomba
169	forest	zamba - mamba
170	river	moluka - miluka, ebale - bibale
171	to sink	kozinda
172	to cross	kokatisa
173	to swim	konyanya, kobete mai
174	ground	mabele
175	stone	libanga - mabanga
176	soil	mabele
177	hole	lilusu - malusu
178	to bury	kokunda
179	day	mokolo - mikolo
180	night	butu
181	yesterday	lobi
182	today	lelo
183	tomorrow	lobi
184	year	mobu - mibu, mbula - mbula
185	good	-lamu, -nzenga, kitoko
186	bad	-be
187	big	-nene
188	small	-ke
189	long	-lai
190	short	-kuse
191	heavy	bozitu, kilo
192	It's cold	pio, malili
193	new	-a sika
194	thing	eloko - biloko
195	me	ngai
196	you	yoo
197	us	biso
198	you pl.	bino
199	who	nani
200	what	nini

Lozi

1	head	toho - litoho
2	hair	mulili - milili
3	face	pata - lipata
4	eye	lito - meto
5	nose	ngo - lingo
6	mouth	mulomo - milomo, mwahanu
7	tongue	lulimi - malimi
8	tooth	liino - meeno
9	ear	zebe - mazebe
10	neck	mulala - milala
11	body	mubili - mibili
12	shoulder	liheta - maheta
13	breast	lizwele - mazwele
14	back	mukokoto - mikokoto
15	buttock	lilaho - malaho
16	arm	lizoho - mazoho
17	finger	munwana - minwana
18	nail	linala - manala
19	leg	lihutu - mahutu
20	bone	sisapo - bisapo, lisapo - masapo
21	blood	maali, gazi
22	heart	pilu - lipilu
23	liver	sibiti - libiti
24	tears	mioko
25	spittle	mati
26	to see	kubona
27	to look for	kubata
28	to hear	kuutwa
29	wound	sitombo - litombo
30	to vomit	kutaza
31	to be tired	kukatala
32	to become well	kufola, kualafiwa
33	witchdoctor	ñaaka - liñaaka
34	clothes	sitino - litino
35	to wear	kutina
36	to wash	kutapisa
37	to spread to dry	kuyaneha
38	to sew	kuluka
39	salt	lizwai
40	oil	mafula
41	to cook	kuapeha
42	to roast	kubesa
43	to eat	kuca
44	to drink	kunwa
45	to become hungry	kushwa tala
46	to become rotten	kubola
47	house	ndu - mandu
48	to build	kuyaha
49	to shut	kukwala
50	to sweep	kufiela
51	father	bondate, ndate
52	mother	boma, ma
53	child	mwana - bana
54	husband	wamuna, muna - bana
55	wife	musali - basali
56	to bear	kupuluha, kupepa
57	name	libizo - mabizo
58	to grow up	kuhula
59	person	mutu - batu
60	to die	kushwa
61	dog	nja - linja
62	to bite	kuluma
63	cattle	komu - likomu
64	pig	kulube - likulube
65	goat	puli - lipuli
66	animal	folofolo - lifolofolo
67	lion	tau - litau
68	elephant	tou - litou
69	hippopotamus	kubu - likubu
70	tail	muhata - mihata
71	spear	lilumo - malumo
72	trap	katwa - tutwa
73	meat	nama
74	snake	noha - linoha
75	crocodile	kwena - likwena
76	frog	simbootwe - limbootwe
77	fish	tapi - litapi
78	bird	nyunywani - linyunywani
79	chicken	kuhu - likuhu
80	egg	liyi - mayi
81	to fly	kufufa
82	bee	muka - limuka
83	mosquito	munañi - minañi
84	fly	nzi - linzi
85	tree	kota - likota
86	branch	mutayi - mitayi
87	leaf	litali - matali
88	seed	peu - lipeu, toze - litoze
89	root	mubisi - mibisi
90	to cultivate	kulima
91	hoe	muhuma - mihuma
92	to sleep	kulobala
93	dream	tolo - litolo
94	to wake up	kuzuha
95	to stand up	kuyema, kunanuha
96	to sit down	kuina
97	to go	kuya, kuzamaya
98	to come	kutaha
99	to enter	kukena
100	to come out	kuzwa fande

101	to arrive	kufita
102	to pass	kufita
103	path	nzila - linzila
104	axe	capu - licapu
105	fire	mulilo - mililo, malimi
106	ashes	mulola
107	smoke	musi
108	to burn	kuca
109	to extinguish	kutima
110	firewood	kota - likota
111	water	meezi
112	to become dry	kuoma
113	to say	kubulela
114	to call	kubiza
115	to question	kubuza
116	to teach	kuluta
117	to play	kubapala
118	to sing	kuopela
119	drum	mulupa - milupa
120	to throw	kuposa, kuyumba
121	to abuse	kunyaza
122	to strike	kunata
123	to give	kufa
124	to steal	kuuzwa
125	guest	mueni - baeni
126	to wait	kulitela
127	to kill	kubulaya
128	to laugh	kuseha
129	to weep	kulila
130	to like	kulakaza, kulata
131	to fear	kusaba
132	to forget	kulibala
133	one	kalikaan̄wi, kalikaamwi
134	two	totubeli, zepeli
135	three	totulalu, zetalu
136	four	totune, zene
137	five	totuketalizoho, zeketalizoho
138	ten	lishumi
139	many	-n̄ata
140	all	kaufela
141	God	mulimu - balimu
142	to drop	kuwa
143	to pick up	kunopa
144	to bring	kutisa
145	to put	kubeya
146	to hide	kupata
147	to pull	kuboha
148	to push	kukasha
149	to tie a knot	kutama
150	to untie	kutamulula
151	to bend	kuobamisa
152	to cut	kupuma
153	to snap	kuloba
154	to tear	kupazula
155	up	halimu
156	down	tasi
157	inside	hali
158	outside	nde
159	red	-fubelu
160	white	-sweu
161	black	-nsu
162	sun	lizazi
163	moon	kweli
164	star	naleli - linaleli
165	cloud	lilu - malu
166	rain	pula
167	wind	moya
168	mountain	lilundu - malundu
169	forest	mushitu - mishitu
170	river	nuka - linuka
171	to sink	kunwela
172	to cross	kusila
173	to swim	kutapa
174	ground	mubu
175	stone	licwe - macwe
176	soil	mubu
177	hole	musima - misima
178	to bury	kupumbeka
179	day	lizazi - mazazi
180	night	busihu
181	yesterday	maabani
182	today	kacenu
183	tomorrow	kamuso
184	year	silimo - lilimo
185	good	-nde
186	bad	-maswe
187	big	-tuna
188	small	-inyanyi
189	long	-telele
190	short	-kuswani
191	heavy	-bukiti
192	It's cold	kwabata
193	new	-nca
194	thing	sika - lika, nto - linto
195	me	na
196	you	wena
197	us	luna
198	you pl.	mina
199	who	man̄i'
200	what	n̄i

Luba

1	head	mutu - mitu
2	hair	lusuki - nsuki
3	face	mpala - mpala
4	eye	diisu - meesu
5	nose	dyuulu - muulu
6	mouth	mukana - mikana
7	tongue	ludimi - ndimi
8	tooth	diinu - meenu
9	ear	dicu - macu, dico - maco, dici - maci
10	neck	nshiing'u - nshiing'u
11	body	mubidi - mibidi
12	shoulder	dyaapha - maapha
13	breast	dibeele - mabeele
14	back	nyima - nyima
15	buttock	ditaku - mataku
16	arm	diboko - maboko, diboku - maboku
17	finger	munu - minu
18	nail	lwaala - ng'ala
19	leg	mukolu - mikolu
20	bone	mufufwa - mifufwa
21	blood	mashi
22	heart	mooyo - myooyo
23	liver	mucima - micima
24	tears	biinsonji
25	spittle	mate
26	to see	kumona
27	to look for	kukeba
28	to hear	kuumvwa
29	wound	mputa - mputa
30	to vomit	kuluka
31	to be tired	kuphuung'ila
32	to become well	kusamuluka
33	witchdoctor	ng'aang'a - bang'aang'a mubuki - babuki
34	clothes	cilaamba - bilaamba
35	to wear	kuvwaala, kulwaata
36	to wash	kusukula
37	to spread to dry	kwaanyika
38	to sew	kutela
39	salt	lweephu - ng'ephu
40	oil	mafuta
41	to cook	kulaamba
42	to roast	kukaang'a
43	to eat	kudya
44	to drink	kunwa
45	to become hungry	kwiikala ne nzala
46	to become rotten	kubola
47	house	nzubu - nzubu
48	to build	kwiibaka, kwaasa
49	to shut	kwiinjila, kukaang'a
50	to sweep	kukoomba
51	father	taatu - bataatu
52	mother	baaba - babaaba
53	child	mwaana - baana
54	husband	mulume - balume
55	wife	mukaji - bakaji
56	to bear	kulela
57	name	diina - meena
58	to grow up	kukola
59	person	muuntu - baantu
60	to die	kufwa
61	dog	mbwa - mbwa
62	to bite	kusuma
63	cattle	ng'oombe - ng'oombe
64	pig	ng'ulube - ng'ulube
65	goat	mbuji - mbuji, mbushi - mbushi
66	animal	nyama - nyama
67	lion	ntaambwe - ntaambwe
68	elephant	kaphuumbu - tuphuumbu
69	hippopotamus	ng'uvu - ng'uvu, ng'ufu - ng'ufu
70	tail	mukila - mikila
71	spear	difuma - mafuma, cikawa - bikawa, ciboong'e - biboong'e
72	trap	kaba - tuba
73	meat	munyinyi - minyinyi
74	snake	nyoka - nyoka
75	crocodile	ng'aandu - ng'aandu
76	frog	cuula - byuula
77	fish	muloomba - miloomba, mushipha - mishipha
78	bird	nyuunyu - nyuunyu
79	chicken	nzoolu - nzoolu
80	egg	diyu - mayu, diyi - mayi
81	to fly	kubuuka
82	bee	mbulubulu - mbulubulu
83	mosquito	kamwe - tumwe
84	fly	lujiiji - njiiji, lushiishi - nshiishi
85	tree	muci - mici
86	branch	ditaamba - mataamba
87	leaf	dibeshi - mabeshi, dyaanyi - maanyi
88	seed	diminu - maminu
89	root	mwiinshi - miinshi
90	to cultivate	kudima
91	hoe	lukasu - nkasu
92	to sleep	kulaala
93	dream	ndoota
94	to wake up	kutabala
95	to stand up	kwiimana
96	to sit down	kusoomba
97	to go	kuya
98	to come	kulwa
99	to enter	kubweela
100	to come out	kuphatuka

101 to arrive kuphika
102 to pass kuphita
103 path njila - njila, nshila - nshila
104 axe cisuyi - bisuyi
105 fire kaphya - tuphya
106 ashes butu
107 smoke mwiishi - miishi
108 to burn kuphya, kooshiibwa
109 to extinguish kushima
110 firewood lukunyi - nkunyi
111 water maayi
112 to become dry kuuma
113 to say kwaamba
114 to call kubiikila
115 to question kweela lukoonku
116 to teach kuloong'esha, kuyiisha
117 to play kunaya
118 to sing kwiimba
119 drum ng'oma - ng'oma
120 to throw kunyaka
121 to abuse kupheenda
122 to strike kukuma
123 to give kupha
124 to steal kwiiba
125 guest mweenyi - beenyi
126 to wait kwiindila
127 to kill kushipha
128 to laugh kuseka
129 to weep kudila
130 to like kunaang'a, kuswa
131 to fear kuciina
132 to forget kuphwa mooyo
133 one -mwe
134 two -bidi
135 three -satu
136 four -naayi
137 five -taanu
138 ten dikumi - makumi
139 many buung'i
140 all -onso
141 God mvidi mukulu, mfidi mukulu
142 to drop kukuluka
143 to pick up kwaang'ula
144 to bring kutwaadila
145 to put kweela, kuteeka
146 to hide kusokoka
147 to pull kukoka
148 to push kuphusa, kusakila
149 to tie a knot kuswiika
150 to untie kusuulula
151 to bend kutoonta
152 to cut kukosa
153 to snap kucibula
154 to tear kuphaanda, kutwaanya, kuphaasula
155 up muulu
156 down mwiinshi
157 inside muunda
158 outside phaambelu
159 red -kuunze
160 white -tooke
161 black -fiike
162 sun diiba
163 moon ng'oondo
164 star mutooto - mitooto
165 cloud divuba - mavuba
166 rain mvula, mfula
167 wind lupheephele - mpeephele
168 mountain mukuna - mikuna
169 forest diitu - meetu, cisuku - bisuku
170 river musulu - misulu
171 to sink kudiina
172 to cross kusaambuka
173 to swim koowela, koombela
174 ground buloba
175 stone dibwe - mabwe
176 soil buloba
177 hole dikela - makela, disosu - masosu
178 to bury kukuna
179 day dituku - matuku
180 night butuku
181 yesterday makeelela
182 today leelu
183 tomorrow makeelela
184 year cidimu - bidimu
185 good -impe
186 bad -bi
187 big -nene
188 small -kese
189 long -le
190 short -iphi
191 heavy bujitu, bushitu
192 It's cold kudi mashika
193 new -phyaa-phya
194 thing ciintu - biintu
195 me meeme
196 you weewe
197 us tweetu, tweetwe
198 you pl. nweenu, nweenwe
199 who ng'anyi
200 what ncinyi

Lunda

1	head	mut̲u - mit̲u
2	hair	insuki
3	face	kumesu
4	eye	disu - mesu
5	nose	muzulu - nyizulu
6	mouth	kanwa - t̲unwa
7	tongue	idimi - madimi
8	tooth	izhu - mazhu
9	ear	it̲u - mat̲u
10	neck	inshiñu - inshiñu
11	body	muzhimba - nyizhimba
12	shoulder	chifwizhi - yifwizhi
13	breast	iyeli - mayeli
14	back	inyima - inyima
15	buttock	ihanda - mahanda
16	arm	chikasa - yikasa
17	finger	munu - nyinu
18	nail	izala - mazala
19	leg	mwendu - nyendu
20	bone	ifwaha - mafwaha
21	blood	mashi
22	heart	muchima - michima
23	liver	muchima - michima
24	tears	idilu - madilu
25	spittle	mazeñi
26	to see	kumona
27	to look for	kukeñakeña
28	to hear	kutiya
29	wound	kalonda - t̲ulonda
30	to vomit	kusanza
31	to be tired	kuzeya
32	to become well	kuhanda
33	witchdoctor	iñaña - añaña
34	clothes	chakuvwala - yakuvwala
35	to wear	kuvwala
36	to wash	kukosa
37	to spread to dry	kuanyika
38	to sew	kutoña
39	salt	muñwa
40	oil	manzhi
41	to cook	kuteleka
42	to roast	kwocha
43	to eat	kudya
44	to drink	kunwa
45	to become hungry	kutiya nzala
46	to become rotten	kutoka
47	house	itala - matala
48	to build	kutuña
49	to shut	kwenzela
50	to sweep	kukomba

51	father	taata - ataata
52	mother	maama - amaama
53	child	mwana - nyana
54	husband	imfumu - amfumu
55	wife	iñodi - añodi
56	to bear	kusema, kupaapa, kuvwala?
57	name	izhina - mazhina
58	to grow up	kukula
59	person	munt̲u - ant̲u
60	to die	kufwa
61	dog	kawa - t̲uwa
62	to bite	kusuma
63	cattle	iñombi - añombi
64	pig	ingulu - angulu
65	goat	impembi - ampembi
66	animal	kanyama - t̲unyama
67	lion	mutupa - nyitupa
68	elephant	inzovu - anzovu
69	hippopotamus	iñuvu - añuvu
70	tail	mukila - nyikila
71	spear	mumba - nyimba
72	trap	muheetu - nyiheetu, katamba - t̲utamba, chidiya - yidiya
73	meat	imbizhi
74	snake	inoka - anoka
75	crocodile	iñand̲u - añand̲u, chiweli - yiweli
76	frog	chuula - yuula
77	fish	inshi - anshi
78	bird	kazhila - t̲uzhila
79	chicken	kasumbi - t̲usumbi
80	egg	iteeta - mateeta
81	to fly	kut̲uuka
82	bee	impuka - ampuka
83	mosquito	iñweneni - añweneni
84	fly	inzhinzhi - anzhinzhi
85	tree	mutondu - nyitondu
86	branch	mutayi - nyitayi
87	leaf	ifu - mafu
88	seed	musokwa - nyisokwa, imbuto - imbutu
89	root	mwizhi - nyizhi
90	to cultivate	kudima
91	hoe	itemwa - matemwa
92	to sleep	kukama
93	dream	chilota - yilota
94	to wake up	kuhind̲uka
95	to stand up	kwimana
96	to sit down	kushakama
97	to go	kuya, kwenda
98	to come	kwinza
99	to enter	kwinyila
100	to come out	kwidika

101	to arrive	kushika
102	to pass	kuhita
103	path	inzhila - inzhila
104	axe	kazembi - t̲uzembi
105	fire	keesi - t̲wesi
106	ashes	mula - nyula
107	smoke	mwishi
108	to burn	kusukuma
109	to extinguish	kuzhima
110	firewood	inchawa - inchawa
111	water	menzhi
112	to become dry	kuuma
113	to say	kuhosha
114	to call	kutambika
115	to question	kwihula
116	to teach	kutan̄isa
117	to play	kuhema
118	to sing	kwimba
119	drum	in̄oma - zhin̄oma
120	to throw	kwasa
121	to abuse	kusahula
122	to strike	kweta
123	to give	kwinka
124	to steal	kwiya
125	guest	in̄enzhi - an̄enzhi
126	to wait	kuhembeela
127	to kill	kuzhaha
128	to laugh	kuseha
129	to weep	kudila
130	to like	kukena
131	to fear	kuchiina
132	to forget	kulalamena
133	one	yimu
134	two	iyedi
135	three	isat̲u
136	four	iwana
137	five	itaanu
138	ten	ikumi
139	many	-vulu
140	all	-ezhima
141	God	inzambi - anzambi
142	to drop	kuholoka
143	to pick up	kunona
144	to bring	kunenta
145	to put	kutenteka
146	to hide	kusweka
147	to pull	kukoka
148	to push	kushinjika
149	to tie a knot	kukasa
150	to untie	kukasununa
151	to bend	kuzemba, kufumba
152	to cut	kuket̲ula
153	to snap	kukotola
154	to tear	kutabula
155	up	heulu
156	down	heshina, heseki
157	inside	mukachi
158	outside	hanzi
159	red	kuchinaana
160	white	kutooka
161	black	kwiyila
162	sun	dikumbi, itena
163	moon	kakwezhi
164	star	kat̲umbwa - t̲ut̲umbwa
165	cloud	ivwi - ḿavwi
166	rain	imvula
167	wind	impeepela
168	mountain	impidi - zhimpidi
169	forest	isan̄a - masan̄a, impata - zhimpata
170	river	kaloon̄a - tuloon̄a
171	to sink	kuzhimina
172	to cross	kuzambuka
173	to swim	kusala
174	ground	maseki
175	stone	iloola - maloola
176	soil	maseki
177	hole	wina - mawina
178	to bury	kuvumbika
179	day	ifuku - mafuku
180	night	ufuku
181	yesterday	halooshi
182	today	lelu
183	tomorrow	kumadiki
184	year	chaaka - yaaka
185	good	kuwaha
186	bad	kutama
187	big	-neni
188	small	-nyaanya
189	long	-leehi
190	short	wihi
191	heavy	kulema
192	It's cold	kudi chishika
193	new	iha
194	thing	chuma - yuma
195	me	ami
196	you	eyi
197	us	et̲u
198	you pl.	enu
199	who	hiinyi
200	what	yikahi, chumanyi

Luvale

1 head mutwe - mitwe
2 hair khambu - jikhambu
3 face kumeso
4 eye liso - meso
5 nose muzulu/lizulu - mizulu
6 mouth kanwa - tunwa
7 tongue lilimi - malimi
8 tooth lizo - mazo
9 ear litwitwi - matwitwi
10 neck shingo - jishingo
11 body mujimba - mijimba
12 shoulder chifwiji - mafwiji
13 breast jibele - mabele
14 back nyima - jinyima, mwongo
15 buttock litako - matako
16 arm livoko - mavoko
17 finger munwe - minwe
18 nail chala - vyala
19 leg lihinji - mahinji
20 bone chifuwa - vifuwa
21 blood unyinga - manyinga
22 heart muchima - michima
23 liver lisuli - masuli
24 tears lisoji - masoji
25 spittle maleji
26 to see kumona
27 to look for kutalatala, kutonda
28 to hear kwivwa
29 wound mbandu - jimbandu
30 to vomit kusaza
31 to be tired kuzeya
32 to become well kuyoya
33 witchdoctor nganga - banganga
34 clothes chakuvwala - vyakuvwala, uvwalo
35 to wear kuvwala
36 to wash kukosa
37 to spread to dry kwanyika
38 to sew kutonga
39 salt mungwa, mukele
40 oil maji
41 to cook kuteleka
42 to roast kwocha
43 to eat kulya
44 to drink kunwa
45 to become hungry kwivwa zala, kupwa na zala
46 to become rotten kupola
47 house zuvo - jizuvo
48 to build kutunga
49 to shut kusoka
50 to sweep kukomba
51 father tata - vatata, iso - vaiso, ise - vaise
52 mother mama - vamama, noko - vanoko, naye - vanaye
53 child kanyike - vanyike
54 husband mukazuwo, lunga - malunga
55 wife phwevo - maphwevo
56 to bear kusema, kuphapa
57 name lijina - majina
58 to grow up kukula, kukola
59 person muthu - vathu
60 to die kufwa
61 dog kawa - tuwa/vatuwa
62 to bite kusuma, kutota
63 cattle ngombe - vangombe
64 pig ngulu - vangulu
65 goat phembe - vaphembe
66 animal kanyama - tunyama
67 lion ndumba - vandumba
68 elephant njamba - vanjamba
69 hippopotamus nguvu - vanguvu
70 tail mukila - mikila
71 spear mumba - mimba, likunga - makunga
72 trap muheto - miheto, chilaha - vilaha, chiliva - viliva
73 meat nyama
74 snake linoka - manoka, kaphela - tuphela
75 crocodile ngandu - vangandu
76 frog chizunda - vizunda, chimbotwe - vimboywe, kakute - tukute
77 fish ishi - maishi
78 bird kajila - tujila
79 chicken kasumbi - tusumbi
80 egg liwulu - mawulu, lisanga - masanga
81 to fly kutuka
82 bee phuka - maphuka
83 mosquito kangenengene - tungenengene
84 fly jiji - vajiji
85 tree mutondo - mitondo
86 branch muthango - mithango
87 leaf lifwo - mafwo
88 seed mukoswa - mikoswa, mbuto - jimbuto
89 root mwiji - myiji
90 to cultivate kulima
91 hoe litemo - matemo
92 to sleep kusavala
93 dream chilota - vilota
94 to wake up kuhinduka, kukasumuka
95 to stand up kukatuka, kwimana
96 to sit down kutwama
97 to go kuya
98 to come kwiza
99 to enter kwingila
100 to come out kufuma, kulovoka

各言語基礎語彙一覧　167

101	to arrive	kuheta
102	to pass	kuhita
103	path	jila - jijila, kaphundujila - tuphundujila
104	axe	ngimbu - jingimbu
105	fire	kahya/kakahya - tuhya
106	ashes	uto
107	smoke	wishi
108	to burn	kuwema
109	to extinguish	kujima
110	firewood	lukunyi - jikunyi
111	water	meya
112	to become dry	kuuma
113	to say	kwamba, kuhanjika
114	to call	kutambika, kusanyika
115	to question	kuhulisa, kwihula
116	to teach	kutangisa
117	to play	kuhema
118	to sing	kwimba
119	drum	ngoma - jingoma
120	to throw	kwasa
121	to abuse	kutuka, kutukana
122	to strike	kwasa khonyi, kuveta, kutota
123	to give	kuhana
124	to steal	kwiva
125	guest	ngeji - vangeji
126	to wait	kutatamina
127	to kill	kujiha
128	to laugh	kuseha
129	to weep	kulila
130	to like	kuzanga
131	to fear	kwivwa woma
132	to forget	kuvulyama
133	one	chimwe
134	two	vivali
135	three	vitatu
136	four	viwana
137	five	vitanu
138	ten	likumi
139	many	-vulu
140	all	-ose, -osena
141	God	kalunga - tulunga
142	to drop	kuholoka, kuhusuka
143	to pick up	kuzundula, kumbata
144	to bring	kuneha
145	to put	kutumbika, kuhaka
146	to hide	kusweka
147	to pull	kukoka
148	to push	kushinjika
149	to tie a knot	kukasa
150	to untie	kukasununa

151	to bend	kuzemba, kufumba
152	to cut	kuvatula, kukeka, kuteta
153	to snap	kuhokola
154	to tear	kupula
155	up	helu
156	down	heshi, hamavu, mwishi
157	inside	muthulo
158	outside	haweluka
159	red	kuchilana
160	white	kutoma
161	black	kwilava
162	sun	likumbi
163	moon	kakweji
164	star	tanganyika - vatanganyika
165	cloud	livwe - mavwe
166	rain	vula
167	wind	pheho
168	mountain	phili - jiphili
169	forest	musenge - misenge
170	river	kalwiji - tulwiji
171	to sink	kulondamana
172	to cross	kuzawuka
173	to swim	kuhala
174	ground	hamavu
175	stone	lilolwa - malolwa
176	soil	mavu
177	hole	wina - mena
178	to bury	kuvumbika, kushikila, kufunda
179	day	likumbi - makumbi
180	night	ufuku - maufuku
181	yesterday	zawu
182	today	lelo
183	tomorrow	hamene
184	year	mwaka - myaka
185	good	mwaza
186	bad	-pi
187	big	-nene
188	small	-dende
189	long	-suku
190	short	wihi
191	heavy	kulema, -lemu
192	It's cold	kunatutu jino
193	new	-hya
194	thing	chuma - vyuma
195	me	ami, yami
196	you	yove, yenu
197	us	yetu
198	you pl.	yenu
199	who	iya
200	what	ika

Machame

1	head	nghwe - mighwe	51	father	nde
2	hair	fii - fii	52	mother	maaye
3	face	kisangu - fisangu	53	child	moona - waana
4	eye	ighiso - miso	54	husband	mmi - womi
5	nose	mbwa - mbwa	55	wife	nka - waka
6	mouth	kana - kana	56	to bear	ivona
7	tongue	ulumi - ngilimi	57	name	ighina - maghina
8	tooth	iyoo - mayoo	58	to grow up	ing'ana
9	ear	kighwi - fighwi	59	person	nndu - wandu
10	neck	singo - singo	60	to die	ifwa
11	body	mwili - mwili	61	dog	kite - fite
12	shoulder	yeewa - meewa	62	to bite	imaagha
13	breast	iwee - mawee	63	cattle	ng'umbe - ng'umbe
14	back	muungo - miungo	64	pig	nguve - nguve
15	buttock	kisaa - fisaa	65	goat	mbughu - mbughu
16	arm	wooko - maako	66	animal	nnyama - wanyama
17	finger	nni - mini	67	lion	simba - simba
18	nail	ungyala - ngyala	68	elephant	shofu - shofu
19	leg	ughende - maghende	69	hippopotamus	not found
20	bone	ifwa - mafwa	70	tail	nkya - mikya
21	blood	samu	71	spear	ifumu - mafumu
22	heart	ngoo - ngoo	72	trap	nteko - miteko
23	liver	ighima - maghima	73	meat	nyama
24	tears	nsoghu - misoghu	74	snake	shoka - shoka
25	spittle	maaghe	75	crocodile	mamba - mamba
26	to see	ilola, illa	76	frog	kilwa - filwa
27	to look for	iruya	77	fish	ikunga - makunga
28	to hear	yiita	78	bird	ndeye - ndeye
29	wound	kidonda - fidonda	79	chicken	nguku - nguku
30	to vomit	ighaaka	80	egg	iyai - mayai
31	to be tired	yaagha	81	to fly	ighumbuka
32	to become well	ishiiswa	82	bee	shuki - shuki
			83	mosquito	kisinai - fisinai
33	witchdoctor	nkanga - wakanga	84	fly	nghi - nghi
34	clothes	soori - soori	85	tree	nghi - mighi
35	to wear	iraa	86	branch	iramba - maramba
36	to wash	isangya	87	leaf	ire - mare,
37	to spread to dry	yaanika			imbughu - mambughu
			88	seed	mbeu - mbeu
38	to sew	ishona	89	root	nghaaghii - mighaaghii
39	salt	shumbi			
40	oil	mafugha	90	to cultivate	ighema
41	to cook	ikora	91	hoe	ikumbi - makumbi
42	to roast	yookya	92	to sleep	ilala
43	to eat	ilya	93	dream	yooghya - mooghya
44	to drink	ina	94	to wake up	ikuboo
45	to become hungry	yitya shaa	95	to stand up	isalala
			96	to sit down	ikaa ghembo
46	to become rotten	ibwaa	97	to go	yeenda
			98	to come	isha
47	house	mmba - mmba	99	to enter	yaanga
48	to build	itana	100	to come out	isamuka
49	to shut	ighaya			
50	to sweep	yaaiya			

101	to arrive	ifika
102	to pass	yigha
103	path	shya - shya
104	axe	kyaara - fyaara
105	fire	mugho
106	ashes	ifu - mafu
107	smoke	nsu - misu
108	to burn	yiya
109	to extinguish	iwaa mugho
110	firewood	ukwi - ngwi
111	water	mugha
112	to become dry	yuuma
113	to say	ighegha
114	to call	ivaanga
115	to question	ivesa iswali
116	to teach	iloosha
117	to play	itawana
118	to sing	yiimba
119	drum	ngoma - ngoma
120	to throw	yeera
121	to abuse	ighuma
122	to strike	ikaba
123	to give	iningya
124	to steal	yiiwa
125	guest	nkyeni - wakyeni
126	to wait	ivegha, iveghea
127	to kill	iwaa
128	to laugh	iseka
129	to weep	yiya
130	to like	ikunda
131	to fear	yeerea
132	to forget	ighekywa
133	one	kimwi
134	two	fivii
135	three	fighaaghu
136	four	fiina
137	five	fighaanu
138	ten	ikumi
139	many	-ingi
140	all	-ose
141	God	iruva
142	to drop	iwa
143	to pick up	ighooghwa, yiboo
144	to bring	yeende
145	to put	ivika
146	to hide	isuruma
147	to pull	yoomwa
148	to push	ikuna
149	to tie a knot	ifinga
150	to untie	irwa, yoorommwa
151	to bend	ilema
152	to cut	ighumbwa
153	to snap	ifisha
154	to tear	ighandwa
155	up	uwe
156	down	kwasii
157	inside	nnang'ani
158	outside	kiboo
159	red	-dodoori
160	white	-elwa
161	black	-uu
162	sun	nkyere
163	moon	mwiighi
164	star	nyinyighi - nyinyighi
165	cloud	ifishi - mafishi
166	rain	mbwa
167	wind	ughaato
168	mountain	nlima - milima
169	forest	ngorosho, ngoroshony
170	river	mugha - migha
171	to sink	yooloka sii
172	to cross	ikilya
173	to swim	ikyelea
174	ground	sumbai
175	stone	iwe - mawe
176	soil	uteeghi
177	hole	ighina - maghina
178	to bury	irika
179	day	nkonu - mikonu
180	night	nkyo
181	yesterday	ukwau
182	today	yinu
183	tomorrow	ndesi
184	year	mwaaka - myaaka
185	good	-sha
186	bad	-kaasha
187	big	-niini
188	small	-nnywa
189	long	-asha
190	short	-fii
191	heavy	-ghoo
192	It's cold	nkwiifo mbyo
193	new	-iya
194	thing	kindo - findo
195	me	yeny
196	you	yewe
197	us	yeese
198	you pl.	yeeni
199	who	mbii
200	what	kyookii

Makaa

#	English	Makaa	#	English	Makaa
1	head	lo - milo	51	father	shang - bishang
2	hair	dwõõ	52	mother	nyang - binyang
3	face	bwombu - mȩ'bwombu	53	child	ka̲ga̲ - bika̲ga̲, mwan - bwan
4	eye	dish - mish			
5	nose	do - mȩdo	54	husband	njom - minjom
6	mouth	num - mȩnum/binum	55	wife	mwara - bwara
7	tongue	ɉem - mȩɉem	56	to bear	byaa
8	tooth	ɉȩ - mȩɉȩ	57	name	dinȩ - midinȩ
9	ear	lwo - mȩlwo	58	to grow up	nang, vak
10	neck	cing - micing	59	person	mot - bot
11	body	nyol - mȩnyol	60	to die	yȩ
12	shoulder	not found	61	dog	biyȩ - bibiyȩ
13	breast	be̲l - mȩ'be̲l	62	to bite	ʃoo
14	back	kwong - mȩkwong	63	cattle	de̲i - bide̲i
15	buttock	mȩ'be̲l me̲le̲	64	pig	goo - bigoo
16	arm	bo̲k - mȩbo̲k	65	goat	te̲p - bite̲p
17	finger	nye̲ - binye̲	66	animal	be̲p - bibe̲p
18	nail	gugwale̲ - bigugwale̲	67	lion	dile̲ - bidile̲
19	leg	koo - mekoo	68	elephant	zhwo̲g - bizho̲g
20	bone	yȩzhȩ - biyȩzhȩ	69	hippopotamus	zhwo̲g dubȩ - bizhwo̲g bidubȩ
21	blood	mȩcii			
22	heart	lȩm - milȩm	70	tail	kondo - mikondo
23	liver	shȩk - mishȩk	71	spear	kwõõ - mikwõõ
24	tears	mȩzhwolye	72	trap	lam - milam
25	spittle	mȩdȩn	73	meat	ɉam - miɉam, be̲p - mibe̲p
26	to see	nyine			
27	to look for	shẽẽ	74	snake	nywa - binywa
28	to hear	dwo̲g	75	crocodile	gendi - bigendi
29	wound	pyȩng - mȩpyȩng	76	frog	don'go - bidon'go
30	to vomit	gyoo	77	fish	zhanygȩ - bizhanygȩ
31	to be tired	togle̲	78	bird	nwȩn - binwȩn
32	to become well	le̲l	79	chicken	kubȩ - bikubȩ
			80	egg	kẽẽ - mekẽẽ
33	witchdoctor	gȩng - bigȩng	81	to fly	ɉel
34	clothes	kand - bikand	82	bee	n̂ywõõ - binywõõ
35	to wear	bwat	83	mosquito	kom - bikom
36	to wash	ɉuzha	84	fly	jing - bijing
37	to spread to dry	ɉe̲n	85	tree	lee - bilee
			86	branch	le̲bye - mile̲bye
38	to sew	lat	87	leaf	kaa - bikaa
39	salt	mȩkȩmbȩ	88	seed	bwogȩ - bibwogȩ
40	oil	mȩwurȩ	89	root	kangle̲ - mikangle̲
41	to cook	ɉam	90	to cultivate	ɉule̲
42	to roast	bubȩ	91	hoe	baak - bibaak
43	to eat	dȩ	92	to sleep	kȩ ɉwo̲t
44	to drink	nyul	93	dream	dȩm - bidȩm
45	to become hungry	zha	94	to wake up	ɉem
			95	to stand up	we̲l ɉwep
46	to become rotten	bwo	96	to sit down	di shi
			97	to go	kȩ
47	house	njȩp - minjȩp	98	to come	zhȩ
48	to build	lwõõ, shumȩ	99	to enter	nying
49	to shut	pȩt	100	to come out	wo̲ng
50	to sweep	wamlȩ			

101	to arrive	wo̱ng
102	to pass	cḙ̃ḙ̃
103	path	zhḙ - mḙzhe
104	axe	ɨon - biɨon
105	fire	kwara - bikwara
106	ashes	pii
107	smoke	yilye - biyilye
108	to burn	digḙ
109	to extinguish	dimzhi
110	firewood	lee dḙ kwara - bilee bi kwara
111	water	mḙdubḙ
112	to become dry	shwash
113	to say	ɨe̱p
114	to call	ɨe̱p
115	to question	ɨii lḙzhi
116	to teach	yḙgḙlḙ
117	to play	ɨo̱mb
118	to sing	tup shizhe̱
119	drum	gom - bigom
120	to throw	wuzhḙ
121	to abuse	loo
122	to strike	bii, dibḙ
123	to give	yena
124	to steal	ɨibḙ
125	guest	njḙng - binjḙng
126	to wait	ɨwo̱glḙ
127	to kill	ɨoo
128	to laugh	ɨwo
129	to weep	ɨee
130	to like	taa
131	to fear	byẽ̱ẽ̱
132	to forget	yizha
133	one	paa, woro
134	two	mbaa, bibaa̱
135	three	lal, bilal
136	four	nee, binaa̱
137	five	te̱n, bite̱n
138	ten	dom
139	many	mbulaa
140	all	bash
141	God	zhe̱mbe̱
142	to drop	ɨambaa, kut
143	to pick up	gḙ̃ḙ̃
144	to bring	zhḙ nḙ she̱
145	to put	kḙl
146	to hide	shwol
147	to pull	dulḙ
148	to push	shḙgbḙ
149	to tie a knot	mand
150	to untie	ting
151	to bend	nḙmlḙ
152	to cut	shḙm
153	to snap	bugḙ
154	to tear	nyaa
155	up	ɨwo̱p
156	down	shi
157	inside	itoo
158	outside	ite̱n
159	red	bebee
160	white	pumpum, pumḙl
161	black	yindḙl
162	sun	ye̱zhḙ
163	moon	gwo̱nd
164	star	mbong - mimbong
165	cloud	kudḙ - bikudḙ
166	rain	buu - bibuu
167	wind	pupu - bipupu
168	mountain	nunwa - binunwa
169	forest	kwo̱m - bikwo̱m/mḙkwo̱m
170	river	dubḙ - medubḙ
171	to sink	nying
172	to cross	dḙ̃ḙ̃
173	to swim	bugḙ
174	ground	mḙndḙl
175	stone	kwo̱gḙ - mḙkwo̱gḙ
176	soil	shi
177	hole	kuu - mikuu
178	to bury	dḙl
179	day	dwap - bigwap, mḙlu
180	night	bumbul, bibul
181	yesterday	kogo
182	today	mosh
183	tomorrow	mḙnd
184	year	mbu - mimbu
185	good	paa
186	bad	bḙblḙ - bibḙblḙ
187	big	tomba - bitomba
188	small	mḙmwa - bḙbwa
189	long	ɨwalḙ - biɨwalḙ
190	short	kil - bikil
191	heavy	dilḙl - bidilḙl
192	It's cold	inḙyoo
193	new	ga̱nj - biga̱nj
194	thing	she̱ - bishe̱
195	me	mḙnji
196	you	wonji
197	us	shḙnji
198	you pl.	binji
199	who	zhẽ̱ĩ
200	what	pe

Makonde

1	head	mutwe - myutwe
2	hair	ulindo
3	face	kumeho
4	eye	liso - meho
5	nose	imula - dimula
6	mouth	kanya - makanya
7	tongue	lulimi - dindimi
8	tooth	lino - meno
9	ear	likutu - makutu
10	neck	pang'ulo
11	body	mmili - mmili
12	shoulder	livala - mavala
13	breast	livele - mavele
14	back	mongo - myongo
15	buttock	litako - matoko
16	arm	nkono - mikono
17	finger	chala - vyala
18	nail	lukombe - ding'ombe
19	leg	luwulu - mawulu
20	bone	liwangwa - mawangwa
21	blood	damu
22	heart	isungu - disungu
23	liver	liyini - mayini
24	tears	mihodi
25	spittle	mata
26	to see	kulola
27	to look for	kutaha
28	to hear	kupilikana
29	wound	chilonda - vilonda
30	to vomit	kutapika
31	to be tired	kudoba
32	to become well	kupona
33	witchdoctor	fundi - mafundi
34	clothes	inguo - dinguo
35	to wear	kuwala
36	to wash	kuchapa
37	to spread to dry	kuyanika
38	to sew	kusona
39	salt	munyu
40	oil	mahuta
41	to cook	kuteleka
42	to roast	kuyocha
43	to eat	kulya
44	to drink	kukimbila
45	to become hungry	kudoba, kuva na indala
46	to become rotten	kukandika
47	house	inyumba - dinyumba
48	to build	kudenga
49	to shut	kuchima
50	to sweep	kupyaila
51	father	awawa, atata
52	mother	amama, anyoko
53	child	mwana - vavana
54	husband	nnume - valume
55	wife	ndya - adya
56	to bear	kuveleka
57	name	lina - malina
58	to grow up	kukula
59	person	munu - vanu
60	to die	kuhwa
61	dog	ung'avanga - ang'avanga, ing'avanga - ding'avanga
62	to bite	kuluma
63	cattle	ung'ombe - ang'ombe, ing'ombe - ding'ombe
64	pig	unguluve - anguluve, inguluve - dinguluve
65	goat	umbusi - ambusi
66	animal	nnyama - anyama/vanyama
67	lion	uhimba - ahimba, ihimba - dihimba
68	elephant	unembo - anembo, inembo - dinembo
69	hippopotamus	chiboko - viboko
70	tail	nchila - michila
71	spear	nkuchi - mikuchi
72	trap	mtego - mitego, lutambo - dinambo
73	meat	inyama
74	snake	nhyongo - mihongo
75	crocodile	ungwena - dingwena/angwena
76	frog	chula - vyula
77	fish	uhomba - dihomba
78	bird	chuni - vyuni
79	chicken	ung'uku - ang'uku
80	egg	liyi - mayi
81	to fly	kuuluka
82	bee	unyuchi - anyuchi
83	mosquito	unjenjema - anjenjema
84	fly	umembe - amembe
85	tree	nnandi - milandi
86	branch	lutavi - dinavi
87	leaf	lihamba - mahamba
88	seed	imbeyu - dimbeyu
89	root	luchiya - dinyiya
90	to cultivate	kulima
91	hoe	liyembe - mayembe
92	to sleep	kulala
93	dream	ndoto
94	to wake up	kwimuka
95	to stand up	kwimila
96	to sit down	kwikala
97	to go	kuhwena
98	to come	kuya
99	to enter	kwingila
100	to come out	kuhuma

101	to arrive	kuhwika
102	to pass	kupita
103	path	indila - dindila
104	axe	lichadu - machadu
105	fire	moto - myoto
106	ashes	liu
107	smoke	lyohi
108	to burn	kupya
109	to extinguish	kudimanga
110	firewood	lukuni - ding'uni
111	water	medi
112	to become dry	kuyuma
113	to say	kutongola, kuhaula
114	to call	kuchema
115	to question	kuudya liswali
116	to teach	kufundisa
117	to play	kung'ana
118	to sing	kwimba
119	drum	likuti - makuti, ntonya - mitonya, chapuo - vyapuo, nganga - minganga, likungwa - makungwa
120	to throw	kuyela
121	to abuse	kutukana
122	to strike	kupanya
123	to give	kwing'a
124	to steal	kwiva
125	guest	nnyeni - vayeni
126	to wait	kulindilila
127	to kill	kuwalala
128	to laugh	kuheka
129	to weep	kukuta
130	to like	kupenda, kulembela
131	to fear	kuyopa
132	to forget	kulivalila
133	one	imo
134	two	dimbili
135	three	dinatu
136	four	ncheche
137	five	nhyano
138	ten	nhyano na nhyano
139	many	-ohe
140	all	-ohe-ohe
141	God	nnungu
142	to drop	kuyanguka
143	to pick up	kulokota
144	to bring	kwida na -o
145	to put	kuvika
146	to hide	kupiha
147	to pull	kuwuta
148	to push	kugongola
149	to tie a knot	kuhunga
150	to untie	kuhungula
151	to bend	kupinda, kukunja
152	to cut	kucheketa
153	to snap	kulumula
154	to tear	kupwapula
155	up	muha
156	down	pahi
157	inside	nkati
158	outside	pawelu
159	red	nahuvi
160	white	naswe
161	black	napi
162	sun	liduva
163	moon	mwedi
164	star	inondwa - dinondwa
165	cloud	lihunde - mahunde
166	rain	imbula
167	wind	lipungo
168	mountain	lichinga - machinga
169	forest	nhyitu - mihitu
170	river	muto - myuto
171	to sink	kutitimila
172	to cross	kuyomboka
173	to swim	kwogelela
174	ground	pahi
175	stone	liyanga - mayanga
176	soil	udongo
177	hole	ntupa - mitupa, lipondo - mapondo
178	to bury	kuhimbila, kusika
179	day	lisiku - masiku
180	night	chilo
181	yesterday	lido
182	today	nelo
183	tomorrow	lundu
184	year	mwaka - myaka
185	good	-suli
186	bad	-baya
187	big	-kulungwa
188	small	-dyoko
189	long	-lehu
190	short	-fupi
191	heavy	kwidopa
192	It's cold	kuvena balidi
193	new	-a hambi
194	thing	chinu - vinu
195	me	nangu
196	you	wako
197	us	hwetu
198	you pl.	mwenu
199	who	nani
200	what	chamani

Manda

1	head	mutu - mitu
2	hair	liyunju - mayunju
3	face	pamihu
4	eye	lihu - mihu
5	nose	mbunu - mbunu
6	mouth	ndomo - ndomo
7	tongue	lulimi - ndimi
8	tooth	linu - minu
9	ear	likutu - makutu
10	neck	singu - singu
11	body	mbẹlẹ - mivẹlẹ
12	shoulder	livega - mavega
13	breast	livele - mavele
14	back	nng'ongo - ming'ongo
15	buttock	lidakọ - madakọ
16	arm	kiwoko - fiwoko
17	finger	lukonji - ngonji
18	nail	fyogo - fyogo
19	leg	kigọlọ - magọlọ
20	bone	lifupa - mafupa
21	blood	mwasi - myasi
22	heart	moyo - myoyo
23	liver	ntima - mitima
24	tears	masoli
25	spittle	mate
26	to see	kulola
27	to look for	kulonda
28	to hear	kuyufwana
29	wound	kilonda - filonda
30	to vomit	kudeka
31	to be tired	kutonda
32	to become well	kupona
33	witchdoctor	nng'anga - vaganga
34	clothes	ngọwọ - ngọwọ
35	to wear	kufwata
36	to wash	kuchapa
37	to spread to dry	kuyanika
38	to sew	kushona, kutota
39	salt	mwinyu
40	oil	mafuta
41	to cook	kuteleka
42	to roast	kunyanya
43	to eat	kulya
44	to drink	kunywa
45	to become hungry	kuwona njala
46	to become rotten	kuwola
47	house	nyumba - nyumba
48	to build	kujenga
49	to shut	kudẹnda
50	to sweep	kufyagela
51	father	dadi - dadi
52	mother	nyungu, mau, nyinu, nyongolo
53	child	mwana - vana
54	husband	mulume - valume
55	wife	mke - vake
56	to bear	kuhogola
57	name	lihina - mahina
58	to grow up	kukula
59	person	mundu - vandu
60	to die	kufa
61	dog	libwa - mabwa
62	to bite	kuluma
63	cattle	ng'ombi - ng'ombi
64	pig	liwọlọvi - mawọlọvi
65	goat	mmene - x
66	animal	linyama - manyama
67	lion	lihimba - mahimba
68	elephant	ndembu - ndembu
69	hippopotamus	ndomondo - ndomondo
70	tail	nkẹla - mikẹla
71	spear	nkuki - mikuki, limbalambala - mambalambala
72	trap	ntegu - mitegu
73	meat	nyama
74	snake	liyoka - mayoka
75	crocodile	ng'wina - ng'wina
76	frog	linyoto - manyoto
77	fish	somba - somba
78	bird	kidege - fidege
79	chicken	ngọkọ - ngọkọ
80	egg	lihombi - mahombi
81	to fly	kuluka
82	bee	njuchi - njuchi
83	mosquito	suwọwọ - suwọwọ
84	fly	livembe - mavembe
85	tree	libẹkẹ - mabẹkẹ, nkongo - mikongo
86	branch	lutafi - matafi
87	leaf	lihamba - mahamba
88	seed	mbeyu - mbeyu
89	root	mzizi - mizizi
90	to cultivate	kulema
91	hoe	liyela - mayela
92	to sleep	kugona
93	dream	ndoto - ndoto
94	to wake up	kuyumuka
95	to stand up	kuyẹma
96	to sit down	kutama
97	to go	kuluta
98	to come	kuhicha
99	to enter	kuyingila
100	to come out	kupita

101 to arrive kufika
102 to pass kupeta
103 path njẹla - njẹla
104 axe lishoka - mashoka, livagu - mavagu, selemala - selemala
105 fire moto - myoto
106 ashes lifu
107 smoke lyosi
108 to burn kuyaka
109 to extinguish kusimisya
110 firewood livau - mbau
111 water machi
112 to become dry kuyọma
113 to say kujọva
114 to call kukemelela
115 to question kukota
116 to teach kufundisha
117 to play kukina
118 to sing kuyẹmba
119 drum ng'oma - ng'oma
120 to throw kutumalila
121 to abuse kuliga
122 to strike kutova
123 to give kupela
124 to steal kuyiva
125 guest ngeni - vageni
126 to wait kulẹndẹla
127 to kill kukoma
128 to laugh kuheka
129 to weep kulẹla
130 to like kugana, kulonda
131 to fear kuyogopa, kutila
132 to forget kuyẹwa
133 one imonga
134 two sivelẹ
135 three sidafu
136 four ncheche
137 five muhanu
138 ten kumi
139 many -mehele
140 all -oha
141 God mulungu - milungu
142 to drop kugwa
143 to pick up kutondola, kutola
144 to bring kuleta
145 to put kuvẹka
146 to hide kufiga
147 to pull kufuta
148 to push kukanga
149 to tie a knot kukọnga, kugwinya, kunyenga, kunyemba
150 to untie kuwopola, kugwinyula, kunyengula
151 to bend kukunja
152 to cut kudumula
153 to snap kudenya
154 to tear kukachula
155 up panani
156 down pasi, pahi
157 inside mugati
158 outside kunja
159 red -kele
160 white -valafu
161 black -pili
162 sun lijuva
163 moon mwesi, mbalamwesi
164 star ndondo - ndondo
165 cloud lifundi - mafundi, lihundi - mahundi
166 rain fula
167 wind mpọngọ
168 mountain kidọnda - fidọnda
169 forest nsitu - misitu
170 river nkọka - mikọka
171 to sink kunyivala
172 to cross kuyomboka
173 to swim kusọgẹlẹla, kusọgẹla
174 ground pasi, pahi
175 stone liganga - maganga
176 soil lidọpi
177 hole lilẹndẹ - malẹndẹ
178 to bury kuzika, kushẹla
179 day ligono - magono
180 night kilu
181 yesterday golo
182 today lelenu
183 tomorrow kilau
184 year mwaka - myaka
185 good -nofu
186 bad -baya, -vefu
187 big -vaha
188 small -choko
189 long -tali
190 short -fupi
191 heavy -zito
192 It's cold kuna mbepu, kusisimi
193 new -nyipa
194 thing kindu - findu
195 me nenga
196 you wenga
197 us tenga
198 you pl. mwenga
199 who nani, ywani
200 what kẹlẹkẹ

Manyika

1	head	musoro - misoro
2	hair	vhudzi - mavhudzi
3	face	chiso/meso - zviso
4	eye	ziso - maziso
5	nose	mhuno - mhino
6	mouth	muromo - miromo, mukanwa
7	tongue	rurimi - ndimi
8	tooth	zino - mazino
9	ear	nzeve - manzeve
10	neck	huro - huro, mutsipa - mitsipa
11	body	muwiri - miwiri
12	shoulder	bendekete - mapendekete, fudzi - mafudzi
13	breast	zamu - mazamu
14	back	musana - misana
15	buttock	dako - matako
16	arm	ruoko - maoko
17	finger	munwe - minwe
18	nail	nzara - x
19	leg	gumbo - makumbo
20	bone	bvupa - mapfupa
21	blood	ropa - maropa
22	heart	mwoyo - x
23	liver	chiropa - zviropa
24	tears	musodzi - misodzi/masodzi
25	spittle	mate
26	to see	kuona
27	to look for	kutsvaga, kuringa
28	to hear	kunzwa
29	wound	ronda - maronda
30	to vomit	kurutsa
31	to be tired	kuneta
32	to become well	kurapiwa, kupora, kupona
33	witchdoctor	n'anga - dzin'anga
34	clothes	mbatya, chipfeko - zvipheko
35	to wear	kupfeka
36	to wash	kugeza, kuwacha
37	to spread to dry	kuyanika
38	to sew	kutunga, kusona
39	salt	munyu
40	oil	mafuta
41	to cook	kubika
42	to roast	kugocha
43	to eat	kudya
44	to drink	kunwa
45	to become hungry	kuva nenzara
46	to become rotten	kuora
47	house	imba - dzimba
48	to build	kuvaka
49	to shut	kuvhara, kupfiga
50	to sweep	kutsvaira
51	father	baba - vana baba
52	mother	amai - vana amai
53	child	mwana - vana
54	husband	murume - varume
55	wife	mukadzi - vakadzi
56	to bear	kuzvara, kubereka
57	name	zita - mazita
58	to grow up	kukura
59	person	munhu - vanhu
60	to die	kufa, kushaya, kupfuura
61	dog	imbwa - x
62	to bite	kuruma
63	cattle	mombe - x, n'ombe - x
64	pig	nguruve - nguruve
65	goat	mbudzi - mbudzi
66	animal	mhuka - mhuka
67	lion	shumba - shumba
68	elephant	nzou - nzou
69	hippopotamus	mvuu - mvuu
70	tail	muswe - miswe
71	spear	pfumo - mapfumo
72	trap	riva - mariva, hunza
73	meat	nyama
74	snake	nyoka - nyoka
75	crocodile	garwe - makarwe, ngwena - ngwena
76	frog	datya - matatya, chura - vana chura
77	fish	hove - hove
78	bird	shiri - shiri
79	chicken	huku - huku
80	egg	zai - mazai
81	to fly	kubhururuka
82	bee	nyuchi - nyuchi
83	mosquito	umhutu - umhutu
84	fly	nhinzi - nhinzi
85	tree	muti - miti
86	branch	bazi - mapazi
87	leaf	shizha - mashizha
88	seed	mhozi - x, mbeu - mbeu
89	root	mudzi - midzi
90	to cultivate	kurima, kusakura, kutimbira
91	hoe	badza - mapadza
92	to sleep	kuvata, kukotsira
93	dream	chiroto - zviroto
94	to wake up	kumuka
95	to stand up	kusimuka, kumira
96	to sit down	kugara pasi
97	to go	kuenda
98	to come	kuuya
99	to enter	kupinda
100	to come out	kubuda

101	to arrive	kusvika
102	to pass	kupfuura
103	path	nzira - x, gwanzi - makwanzi
104	axe	demo - matemo, sanhu - masanhu
105	fire	moto
106	ashes	madota
107	smoke	utsi, chiutsi
108	to burn	kutsva
109	to extinguish	kudzima, kudzimura
110	firewood	huni - huni
111	water	mvura
112	to become dry	kuoma
113	to say	kutaura
114	to call	kudana, kushevedza, kudaidza
115	to question	kubvunza
116	to teach	kufundisa
117	to play	kutamba
118	to sing	kuimba
119	drum	ngoma - x
120	to throw	kukanda, kupotsera
121	to abuse	kutuka
122	to strike	kurava, kupama
123	to give	kupa
124	to steal	kuba
125	guest	mueni, muyenzi - vayenzi
126	to wait	kumirira, kurindira
127	to kill	kuuraya
128	to laugh	kuseka
129	to weep	kuchema
130	to like	kuda
131	to fear	kutya
132	to forget	kukanganwa, kukoshiwa
133	one	motsi
134	two	piri
135	three	tatu
136	four	china
137	five	shanu
138	ten	gumi
139	many	-akawanda, -zhinji
140	all	-ese
141	God	mwari, muponesi - vaponesi
142	to drop	kudonha
143	to pick up	kunonga
144	to bring	kuuyisa
145	to put	kuisa
146	to hide	kuviga, kuhwanda
147	to pull	kukweva, kudhonza
148	to push	kusaidzira
149	to tie a knot	kusunga
150	to untie	kusungunura
151	to bend	kukombamisa
152	to cut	kudimbura, kucheka
153	to snap	kutyora, kuvhuna
154	to tear	kutsemura, kubvarura
155	up	mudenga, pamusoro
156	down	pasi
157	inside	mukati
158	outside	panze, kunze
159	red	-tsvuku
160	white	-chena
161	black	-tema
162	sun	zuva
163	moon	mwedzi
164	star	nyenyezi - x
165	cloud	gore - makore
166	rain	mvura
167	wind	mhepo
168	mountain	gomo - makomo
169	forest	sango - masango, dondo - matondo
170	river	rwizi - nzizi
171	to sink	kunyura
172	to cross	kuyambuka
173	to swim	kutyaira, kushambira
174	ground	pasi
175	stone	dombo - matombo, ibwe - mabwe
176	soil	ivhu - mavhu
177	hole	mwena, buri - mapuri
178	to bury	kufushira, kuviga
179	day	zuva - mazuva, musi - misi
180	night	usiku - x
181	yesterday	nezuro
182	today	nhasi
183	tomorrow	mangwana
184	year	gore - makore, mwaka - x
185	good	kunaka
186	bad	kushata, kuipa, kunyangara
187	big	-kuru, hombe
188	small	-duku, -diki
189	long	-refu
190	short	-pfupi
191	heavy	-remu, kurema
192	It's cold	kurikutonhora
193	new	-dzva
194	thing	chinhu - zvinhu
195	me	ini
196	you	iwe
197	us	isu
198	you pl.	imi
199	who	ani
200	what	kudii

Maragoli

1	head	umutwi - imitwi
2	hair	iliisu - amasu
3	face	mmoni, mzimoni
4	eye	emoni - zimoni
5	nose	liulu - amuulu
6	mouth	munwa - minwa
7	tongue	ullimi - zinimi
8	tooth	liinu - amiinu
9	ear	liitu - amatu
10	neck	ligoti - magoti
11	body	mbili - mivili
12	shoulder	livega - mavega
13	breast	luveele - zimbeele
14	back	mugongo - migongo
15	buttock	iddako - amadako
16	arm	umkono - imikono
17	finger	kedete - videte
18	nail	lisanda- amasanda
19	leg	kerenge - virenge
20	bone	kigumba - vigumba
21	blood	masaahi
22	heart	umwoyo - imyoyo
23	liver	not found
24	tears	amaliga
25	spittle	amate
26	to see	korora
27	to look for	kohenza, kwenya
28	to hear	kuhula
29	wound	kedonde - vidonde
30	to vomit	kuluka
31	to be tired	kuluha
32	to become well	kohona
33	witchdoctor	umganga - avaganga
34	clothes	inguvu - zinguvu
35	to wear	kwiviika
36	to wash	kufuuya
37	to spread to dry	kuvagala
38	to sew	kunava
39	salt	ijumbi
40	oil	amaguta
41	to cook	kodeeka
42	to roast	kusamba
43	to eat	kulya
44	to drink	kunywa
45	to become hungry	kuhula inzala
46	to become rotten	kugunda
47	house	inyumba - zinyumba
48	to build	kuumbaka
49	to shut	kuhana
50	to sweep	kweeya
51	father	baaba - avabaaba
52	mother	maama - avamaama
53	child	umwaana - abaana
54	husband	umusaaza - avasaaza
55	wife	umukali - avakali
56	to bear	kwivula
57	name	ilyita - amiita
58	to grow up	kuviluka
59	person	umundu - avandu
60	to die	kukuza
61	dog	imbwa - izimbwa
62	to bite	kuluma
63	cattle	eng'ombe - zing'ombe
64	pig	inguluve - zinguluve
65	goat	imbuli - zimbuli
66	animal	inyama - izinyama
67	lion	isimba - izisimba
68	elephant	enzogu - izinzogu
69	hippopotamus	ekebooko - ivibooko
70	tail	umukila - imikila
71	spear	ilitimu - amatimu
72	trap	umutego - imitego
73	meat	inyama
74	snake	enzoka - izinzoka
75	crocodile	ing'wina - zing'wina
76	frog	ilikere - amakere
77	fish	isuzi - izisuzi
78	bird	ilinyoni - amanyoni
79	chicken	engoko - izingoko
80	egg	ilivuyu - ambuyu
81	to fly	kubuluka
82	bee	inzuki izinzuki
83	mosquito	isuna - izisuna
84	fly	inzi - izinzi
85	tree	umusaala - imisaala
86	branch	isago - izisago
87	leaf	iliitu - amatu, ililala - amalala
88	seed	enzoli - izinzoli, uvuguza
89	root	umuli - imili
90	to cultivate	kulima
91	hoe	iligembe - amagembe
92	to sleep	kogona
93	dream	amarooto
94	to wake up	kuvuuka
95	to stand up	kusingila
96	to sit down	kwikala
97	to go	kuzia
98	to come	kuuza
99	to enter	kwingila
100	to come out	kutula

101 to arrive kuduuka
102 to pass kuvita
103 path inzila - izinzila
104 axe imbaazi - izimbaazi
105 fire umulu - imilu
106 ashes iligoke - amagoke
107 smoke umwochi
108 to burn kusha
109 to extinguish kusiminya
110 firewood uluku - izingu
111 water amaazi
112 to become dry kuuma
113 to say kovoola
114 to call kulanga
115 to question koteeva
116 to teach kwijiza
117 to play kukina
118 to sing kwimba
119 drum indumba - izindumba, isugudi - izisugudi, ikidindi - ividindi
120 to throw kulasa
121 to abuse kosema
122 to strike kukuya, kukuba
123 to give kuhaana
124 to steal kwiva
125 guest umugeni - avageni
126 to wait kulinda
127 to kill kwita
128 to laugh koseka
129 to weep kulila
130 to like kuyanza
131 to fear kutia
132 to forget kwivila
133 one kila
134 two vili
135 three vivaga
136 four vine
137 five vitaano
138 ten ilikomi
139 many -ingi
140 all -osi
141 God nyasaaye
142 to drop kotoonya
143 to pick up kodoola
144 to bring koleeta
145 to put kuviika
146 to hide kuvisa
147 to pull kung'usa
148 to push kusuguma, kulumba
149 to tie a knot kovoha
150 to untie kovohoola
151 to bend kovedechiza
152 to cut kotema
153 to snap kuvunaanya
154 to tear kutandula
155 up igulu
156 down haasi
157 inside mmusi
158 outside ichoova
159 red -akanyu
160 white -lavu
161 black -mwamu
162 sun ilyuva
163 moon umweli
164 star eng'eleng'ani - izing'eleng'ani
165 cloud amale
166 rain imbula
167 wind uvukindu
168 mountain ikigulu - ivigulu
169 forest umulitu - imilutu
170 river umugera - imigera
171 to sink kwiyina
172 to cross kwambuka
173 to swim kuswima, kwidumbula
174 ground haasi
175 stone iligina - amagina
176 soil amalova
177 hole illiina - amaliina
178 to bury kuyavila, kwilizila
179 day iddiku - amadiku
180 night vudiku
181 yesterday mugoloova
182 today kaluunu
183 tomorrow mugamba
184 year umuhiga - imihiga
185 good -lahi
186 bad -bi
187 big -nene
188 small -kuzuuzu
189 long -tambi
190 short -imbi
191 heavy -litu
192 It's cold kove n'uvuzilu
193 new -sha
194 thing ikindu - ivindu
195 me inze
196 you ivi
197 us kunyi
198 you pl. munyi
199 who vwaha
200 what kindiki

Maraki

1	head	omurwe - emirwe
2	hair	eliswiri - amaswiri
3	face	mumoni - tsimoni
4	eye	imoni - tsimoni
5	nose	eliulu - amoolu
6	mouth	omunwa - eminwa
7	tongue	olulimi - tsiinimi
8	tooth	eliino - ameeno
9	ear	okhurwi - amarwi
10	neck	liikosi - amakosi
11	body	omubiri - emibiri
12	shoulder	elibeka - amabeka
13	breast	olubeere - tsimbeere
14	back	omukongo - emikongo
15	buttock	liidakho - amadakho
16	arm	omukhono - emikhono
17	finger	oluala - tsinzala
18	nail	liidere - amadere
19	leg	okhukulu - ebikulu
20	bone	eshikumba - ebikumba
21	blood	amabanga
22	heart	omuoyo - emioyo
23	liver	esini - ebini
24	tears	eliisika - amasika
25	spittle	amare
26	to see	okhulola
27	to look for	okhukoonya
28	to hear	okhuulira
29	wound	elikonzo - amakonzo
30	to vomit	okhusala
31	to be tired	okhujoong'a
32	to become well	okhuwona
33	witchdoctor	omulakusi - abalakusi
34	clothes	ingubo - tsingubo
35	to wear	okhuefwala
36	to wash	okhufuya
37	to spread to dry	okhubakala
38	to sew	okhushoona
39	salt	ichumbi - tsichumbi
40	oil	amafura
41	to cook	okhudeekha, okhudeehera
42	to roast	okhusamba
43	to eat	okhulia
44	to drink	okhung'wa
45	to become hungry	okhuulira inzala
46	to become rotten	okhubola
47	house	inzu - tsinzu, inyumba - tsinyumba
48	to build	okhuumbakha
49	to shut	okhuikala
50	to sweep	okhueya
51	father	baba - baba
52	mother	mama - mama
53	child	omuana - abaana
54	husband	omusaatsa - abasaatsa
55	wife	omukhasi - abakhasi
56	to bear	okhuibula
57	name	eliira - ameera
58	to grow up	okhukhula
59	person	omundu - abandu
60	to die	okhufwa
61	dog	imbwa - tsimbwa
62	to bite	okhuruma
63	cattle	ing'ombe - tsing'ombe
64	pig	ingurwe - tsingurwe
65	goat	imbusi - tsimbusi
66	animal	isolo - tsisolo
67	lion	isimba - tsisimba
68	elephant	inzofu - tsinzofu
69	hippopotamus	ifubu - tsifubu
70	tail	omushira - emishira
71	spear	liifumo - amafumo
72	trap	omureeko - emireeko
73	meat	inyama - tsinyama
74	snake	inzukha - tsinzukha
75	crocodile	igwena - tsigwena
76	frog	not found
77	fish	liikhere - amakhere
78	bird	eliyoni - amayoni
79	chicken	ingokho - tsingokho
80	egg	liibuyu - amabuyu
81	to fly	okhuburukha
82	bee	inzushi - tsinzushi
83	mosquito	isuna - tsisuna
84	fly	isi - tsiisi
85	tree	omusaala - emisaala
86	branch	lisaga - amasaga
87	leaf	elisaafu - amasaafu
88	seed	olufwa - tsiifwa
89	root	omusi - emisi
90	to cultivate	okhulima
91	hoe	imbako - tsimbako
92	to sleep	okhukona
93	dream	elilooro - amalooro
94	to wake up	okhubuukha
95	to stand up	okhushingila, okhuema
96	to sit down	okhuikhala
97	to go	okhutsia
98	to come	okhuitsa
99	to enter	okhuingira
100	to come out	okhurula

101	to arrive	okhuula
102	to pass	okhubira
103	path	ingira - tsingira
104	axe	iyaaywa - tsiyaaywa
105	fire	omuliro - emiliro
106	ashes	elikokhe - amakokhe
107	smoke	omuosi - emiosi
108	to burn	okhuyia
109	to extinguish	okhusimia
110	firewood	olukhwi - tsiikhwi
111	water	amaatsi
112	to become dry	okhuuma
113	to say	okhuboola
114	to call	okhulanga
115	to question	okhureeba
116	to teach	okhuekesia
117	to play	okhubaya
118	to sing	okhuimba
119	drum	ing'oma - tsing'oma
120	to throw	okhutuupa
121	to abuse	okhunyeka
122	to strike	okhukhuya
123	to give	okhua
124	to steal	okhuiba
125	guest	omukeni - abakeni
126	to wait	okhulinda
127	to kill	okhuira
128	to laugh	okhutsekha, okhuetsekeresia
129	to weep	okhulira
130	to like	okhujama, okhukheera
131	to fear	okhuria
132	to forget	okhuibirira
133	one	ndala
134	two	tsibiri
135	three	tsidaru
136	four	tsine
137	five	tsiraano
138	ten	ekhumi
139	many	-ngi
140	all	-osi
141	God	nyasaaye
142	to drop	okhulakakha
143	to pick up	okhudoola
144	to bring	okhureera
145	to put	okhura
146	to hide	okhukisa
147	to pull	okhukhwesa
148	to push	okhusukuma, okhusindikha
149	to tie a knot	okhufundikha
150	to untie	okhuboolola
151	to bend	okhukodia
152	to cut	okhurema, okhukhenga, okhukhalaka
153	to snap	okhufunaka
154	to tear	okhurandula
155	up	akulu
156	down	aasi
157	inside	mukari
158	outside	rwani
159	red	ranzaai
160	white	rachaari
161	black	rateeng'i
162	sun	eliuba, omubasu
163	moon	omuosi
164	star	ining'ining'i - tsining'ining'i
165	cloud	elileesi - amaleesi
166	rain	ifula - tsifula
167	wind	omuyaka - emiyaka
168	mountain	olugulu - tsingulu
169	forest	esichuru - ebichuru, esitsakha - ebitsakha
170	river	omualo - emialo, isebere - tsisebere
171	to sink	okhueyinikha, okhukhama
172	to cross	okhukhalasia, okhuruuma
173	to swim	okhuesoga
174	ground	aasi
175	stone	liikina - amakina
176	soil	liiloba - amaloba
177	hole	omulu - emilu, eliina - ameena
178	to bury	okhuyabira, okhusiikha
179	day	inyanga - tsinyanga
180	night	esiro - ebiro
181	yesterday	mungoloobe, ekulo
182	today	nyangiino
183	tomorrow	mutsuli
184	year	omuaka - emiaka
185	good	-layi
186	bad	-bi
187	big	-khongo
188	small	-diidi
189	long	-rambi
190	short	-imbikiri
191	heavy	-siro
192	It's cold	sialo sinyirire
193	new	-yakha
194	thing	esindu - ebindu
195	me	esie
196	you	ewe
197	us	efwe
198	you pl.	eng'we
199	who	wiina
200	what	siina, niwi

Matumbi

1	head	ntwe - mitwe
2	hair	lunyuwili - nywili
3	face	kumiinyo
4	eye	liiyo - miinyo
5	nose	mbulo - mbulo
6	mouth	nkano - mikano
7	tongue	lulimi - ndimi
8	tooth	liino - miino
9	ear	lisikilo - masikilo
10	neck	iingo - iingo
11	body	yiiga - yiiga
12	shoulder	lipamba - mapamba
13	breast	libeele - mabeele
14	back	nng'ongo - migongo
15	buttock	liitako - matako
16	arm	luboko - maboko
17	finger	likonji - ngonji
18	nail	kyubo - yuubo
19	leg	lugulu - magulu
20	bone	kyupa - yuupa
21	blood	laamu, myaai
22	heart	mwoyo - myoyo
23	liver	liitoga - matoga
24	tears	lyolo - mooli
25	spittle	mataa
26	to see	linga, lola
27	to look for	paala
28	to hear	yuuwa
29	wound	kilonda - ilonda
30	to vomit	tapika
31	to be tired	sooka
32	to become well	pona
33	witchdoctor	puundi - mapuundi, nng'anga - ang'anga
34	clothes	ngubo - ngubo
35	to wear	waala
36	to wash	kusa
37	to spread to dry	yanika
38	to sew	sona
39	salt	mwinyo
40	oil	mauta
41	to cook	teleka
42	to roast	yosa
43	to eat	lya
44	to drink	nywa
45	to become hungry	minya njala
46	to become rotten	bola
47	house	nyumba - nyumba
48	to build	senga
49	to shut	jigala
50	to sweep	pyaya
51	father	tati
52	mother	mau
53	child	mwaana - baana
54	husband	nsengo - asengo
55	wife	nyumbo - ayumbo
56	to bear	papa
57	name	liina - maina
58	to grow up	kula
59	person	mundu - bandu
60	to die	waa
61	dog	mbwa - mbwa
62	to bite	luma
63	cattle	ng'ombe - ng'ombe
64	pig	nguube - maguube
65	goat	mbwi - mbwi?
66	animal	kinyama - anyama
67	lion	imba - maimba
68	elephant	ndembo - ndembo
69	hippopotamus	kiboko - iboko
70	tail	nkila - mikila
71	spear	nkwa - mikwa
72	trap	ntego - mitego
73	meat	nnyama
74	snake	nng'ambo - nng'ambo
75	crocodile	ngwena - ngwena
76	frog	kyula - yula
77	fish	omba - omba
78	bird	kiyuni - iyuni
79	chicken	nguku - nguku
80	egg	lipinga - mapinga
81	to fly	guluka
82	bee	luyusi - njusi
83	mosquito	njenjema - njenjema
84	fly	libembe - mabembe
85	tree	nkongo - mikongo
86	branch	litambi - ndambi
87	leaf	likakapi - makakapi
88	seed	lupeyu - mbeyu
89	root	lutandaai - ndandaai
90	to cultivate	lima, kuluga
91	hoe	liyembe - mayembe, ngwamba - ngwamba
92	to sleep	gonja, gonjeelya
93	dream	lilooto - malooto
94	to wake up	yumuka
95	to stand up	yima wiima
96	to sit down	tama paai
97	to go	yenda
98	to come	isa
99	to enter	jingya
100	to come out	pita

101	to arrive	ika
102	to pass	pita
103	path	ndila - ndila
104	axe	libaago - mabaago
105	fire	mwoto - myoto
106	ashes	liigu
107	smoke	lyoi
108	to burn	tinika, yaka
109	to extinguish	imiya
110	firewood	anju
111	water	maasi
112	to become dry	yuma
113	to say	longeela
114	to call	kema
115	to question	lookya
116	to teach	jigaana
117	to play	ng'anda
118	to sing	yimba
119	drum	ngoma - ngoma
120	to throw	taiikwa, taikulya
121	to abuse	tukana
122	to strike	puuta, kumbwa
123	to give	peya
124	to steal	jiba
125	guest	nng'eni - ageni
126	to wait	linda
127	to kill	bulaga
128	to laugh	eka
129	to weep	lila
130	to like	penda
131	to fear	yogopa
132	to forget	libalya
133	one	lumo
134	two	ibili
135	three	itatu
136	four	ncheche, nsese
137	five	tano
138	ten	kumi
139	many	-ingi
140	all	-oti
141	God	nnungu
142	to drop	tumbuka
143	to pick up	tondwa
144	to bring	leeta
145	to put	biika
146	to hide	iya
147	to pull	uta
148	to push	nokwa
149	to tie a knot	uundika
150	to untie	uundwa
151	to bend	piinda
152	to cut	kaata
153	to snap	tikwana
154	to tear	papwana
155	up	kunani
156	down	paai
157	inside	ngati
158	outside	panja
159	red	-kele
160	white	-u
161	black	-pili
162	sun	liisuba
163	moon	mwei
164	star	lutondwa - ndondwa
165	cloud	lyunde - maunde
166	rain	ula
167	wind	upepo
168	mountain	kitumbi - itumbi
169	forest	mwitu - miitu
170	river	libindi - mabindi
171	to sink	saama
172	to cross	looka
173	to swim	ugiilya
174	ground	bwi
175	stone	liiwe - maliiwe
176	soil	ukando
177	hole	lyimbwa - maimbwa
178	to bury	kulya
179	day	liisuba - masuba
180	night	kilo
181	yesterday	liiso
182	today	liino
183	tomorrow	malau
184	year	mwaka - myaka
185	good	noga
186	bad	nyaata
187	big	-kulu
188	small	-chini, -sini
189	long	-laso
190	short	-ipi
191	heavy	topa
192	It's cold	kwina mbepo
193	new	-yambi
194	thing	kilibe - ilibe
195	me	nenga
196	you	wenga
197	us	twenga
198	you pl.	mwenga
199	who	nyaai
200	what	kiligani

Mbalanhu

1	head	omutwe - omitwe	
2	hair	ohuki - oohuki	
3	face	oshipala - oipala	
4	eye	eiho - omaiho	
5	nose	eulu - omaulu	
6	mouth	okanya - omakanya	
7	tongue	elaka - omalaka	
8	tooth	eyeo - omayeo	
9	ear	ekutsi - omakutsi	
10	neck	ofingo - oofingo	
11	body	olutu - omalutu	
12	shoulder	epepe - omapepe	
13	breast	eundji - omaundji	
14	back	omongo - omiongo	
15	buttock	etako - omatako	
16	arm	okwaako - omaako	
17	finger	omunwe - ominwe	
18	nail	oshipanyala - oipanyala	
19	leg	okuulu - omaulu	
20	bone	esipa - omasipa	
21	blood	ombizi - oombizi	
22	heart	omwenyo - oomwenyo	
23	liver	ehwili - omahwili	
24	tears	ehovi - omahovi	
25	spittle	ete - omate	
26	to see	okumona	
27	to look for	okukonga	
28	to hear	okuuva	
29	wound	oshipute - oipute	
30	to vomit	okukunga	
31	to be tired	okuvulwa	
32	to become well	okupangwa	
33	medicineman	onganga - oonganga	
34	clothes	ohema - oohema	
35	to wear	okuzala	
36	to wash	okukosha	
37	to spread to dry	okuyaneka	
38	to sew	okuhondja	
39	salt	omongwa - oomongwa	
40	oil	omaavi	
41	to cook	okuteleka	
42	to roast	okuyofa	
43	to eat	okulya	
44	to drink	okumwa	
45	to become hungry	okusa ondjala	
46	to become rotten	okuola	
47	house	eumbo - omaumbo	
48	to build	okutunga	
49	to shut	okupata	
50	to sweep	okukomba	
51	father	tate - ootate, ho, he	
52	mother	meme - oomeme, nyoko, yina	
53	child	okaana - ounona	
54	husband	omusamane - aasamane	
55	wife	omukulukavi - aakulukavi	
56	to bear	okuvala	
57	name	evina - omavina	
58	to grow up	okukoka, okukokeka	
59	person	omunhu - aanhu	
60	to die	okusa, okuhulifa	
61	dog	ombwa - oombwa	
62	to bite	okulumata	
63	cattle	ongobe - oongobe/eengobe	
64	pig	oshingulu - oingulu	
65	goat	oshikombo - oikombo	
66	animal	oshinamwenyo - oinamwenyo	
67	lion	onghohi - oonghohi	
68	elephant	ondjaba - oondjaba	
69	hippopotamus	ondjabameya - oondjabameya	
70	tail	onshila - omishila	
71	spear	eyonga - omayonga	
72	trap	omwiyo - oomwiyo	
73	meat	ombelela - oombelela	
74	snake	eyoka - omayoka	
75	crocodile	ongadu - oongadu	
76	frog	efuma - omafuma	
77	fish	ohi - oohi	
78	bird	okavila - ouvila	
79	chicken	ohuhwa - oohuhwa	
80	egg	eyi - omayi	
81	to fly	okutuka	
82	bee	onyiki - oonyiki/eenyiki	
83	mosquito	omwe - eemwe	
84	fly	ovi - oovi	
85	tree	omuti - omiti	
86	branch	oshitai - oitai	
87	leaf	efo - omafo	
88	seed	ombuto - oombuto	
89	root	omuvi - omivi	
90	to cultivate	okulima, okupulula	
91	hoe	etemo - omatemo	
92	to sleep	okukofa	
93	dream	ondjovi - oondjovi	
94	to wake up	okupenduka	
95	to stand up	okufikama	
96	to sit down	okukala omutumba	
97	to go	okuya	
98	to come	okualuka	
99	to enter	okuuyamo	
100	to come out	okuzamo	

101	to arrive	okufika
102	to pass	okupita
103	path	ondjila - oondjila
104	axe	ekwiya - omakwiya
105	fire	ondilo - omindilo
106	ashes	ontoko - omitoko
107	smoke	omwifi - oomwifi
108	to burn	okupya, okufikwa
109	to extinguish	okuvima
110	firewood	oshikuni - oikuni
111	water	omeya
112	to become dry	okukukuta
113	to say	okutya
114	to call	okuifana
115	to question	okupula
116	to teach	okulonga
117	to play	okuvana, okuvanauka
118	to sing	okuimba
119	drum	ongoma - oongoma, onhunda - oonhunda
120	to throw	okuumba
121	to abuse	okutukana
122	to strike	okuvega
123	to give	okuandja, okupa
124	to steal	okuyaka, okuaka
125	guest	omuenda - aayenda
126	to wait	okuteelela
127	to kill	okuvipaa
128	to laugh	okuyola
129	to weep	okulila
130	to like	okuhola
131	to fear	okutila
132	to forget	okuvibwa
133	one	yimwe
134	two	mbali
135	three	nhatu
136	four	ne
137	five	nhano
138	ten	onnongo
139	many	-indji
140	all	-ehe
141	God	kalunga
142	to drop	okuwapo
143	to pick up	okukufapo, okutoolapo
144	to bring	okueta
145	to put	okutulapo
146	to hide	okuholeka
147	to pull	okuhila
148	to push	okuundula
149	to tie a knot	okumanga
150	to untie	okumangulula
151	to bend	okungonya
152	to cut	okuteta
153	to snap	okuteya
154	to tear	okutaula
155	up	popale, pombada
156	down	pohi
157	inside	meni
158	outside	kondje
159	red	okutilyaana
160	white	okutoka
161	black	okulauva
162	sun	etango
163	moon	omuevi
164	star	onyofi - oonyofi
165	cloud	oshikoo - oikoo
166	rain	ovula
167	wind	omhepo
168	mountain	ondudu - oondudu
169	forest	okuti - omakuti, omfitu - omifitu
170	river	onnonga - omilonga
171	to sink	okuningina
172	to cross	okutauluka
173	to swim	okuwawa
174	ground	evu, ehekevi
175	stone	emanya - omamanya
176	soil	evu - omavu
177	hole	elambo - omalambo, oshilambo - oilambo
178	to bury	okufundika
179	day	esiku - omasiku
180	night	ousiku - omausika
181	yesterday	onghela
182	today	nena
183	tomorrow	mongula
184	year	ovula - oovula
185	good	nawa, -wa
186	bad	nayi
187	big	-nene
188	small	-nhiki
189	long	-leka
190	short	-hupi
191	heavy	-viyu
192	It's cold	otakutalala
193	new	-pe
194	thing	oshiima - oinima
195	me	ame
196	you	oye
197	us	tse
198	you pl.	nye
199	who	olye
200	what	shike

Meru

1	head	kĩongo - biongo
2	hair	mũtundu - mĩtundu
3	face	kĩreera - ireera
4	eye	riitho - meetho
5	nose	nyũũrũ - nyũũrũ
6	mouth	kanyua - tunyua
7	tongue	rũũme - ndũũme
8	tooth	ĩĩgo - maĩgo
9	ear	gũtũ - matũ
10	neck	nkingo - nkingo
11	body	mwĩrĩ - mĩĩrĩ
12	shoulder	gĩturo - ituro
13	breast	nyonto - nyonto
14	back	mũgongo - mĩgongo
15	buttock	ĩtina - matina
16	arm	njara - njara
17	finger	kĩara - biara
18	nail	rũkunyũ - nkunyũ
19	leg	kũgũrũ - magũrũ
20	bone	mwĩndĩndĩ - mĩĩndĩndĩ
21	blood	ndamu
22	heart	nkoro - nkoro
23	liver	ĩtema - matema
24	tears	yĩĩthori - meethori
25	spittle	mata
26	to see	kwona
27	to look for	gũchwa
28	to hear	kwigua
29	wound	kĩronda - ironda
30	to vomit	gũtaĩka
31	to be tired	kũnoga
32	to become well	kwora
33	witchdoctor	mũgaa - agaa
34	clothes	nguũ - nguũ
35	to wear	gwĩkĩra
36	to wash	kũthambia
37	to spread to dry	kwanĩka
38	to sew	gũtuma
39	salt	sumbĩ
40	oil	maguta
41	to cook	kũruga
42	to roast	gwakia
43	to eat	kũrĩa
44	to drink	kũnywa
45	to become hungry	kwigua mpara
46	to become rotten	kwora
47	house	nyũmba - nyũmba
48	to build	gwaka
49	to shut	kwinga
50	to sweep	kwegera
51	father	baaba, ithe
52	mother	maama, maami
53	child	mwana - aana
54	husband	mũrũme - arũme
55	wife	mũka - aka
56	to bear	gũciara
57	name	riĩtwa - mariĩtwa
58	to grow up	gũkũra
59	person	mũntũ - antũ
60	to die	gũkua
61	dog	kurũ - kurũ
62	to bite	kũrũma
63	cattle	ng'ombe - ng'ombe
64	pig	ngũrwe - ngũrwe
65	goat	mbũri - mbũri
66	animal	nyamoo - nyamoo
67	lion	cimba - cimba, ngatũnyi - ngatũnyi
68	elephant	njogu - njogu
69	hippopotamus	nguũ - nguũ
70	tail	mũnyiritha - mĩnyiritha
71	spear	gĩtumo - itumo, mũthĩrĩ - mĩthĩrĩ
72	trap	mũtego - mĩtego
73	meat	nyama
74	snake	njoka - njoka
75	crocodile	kĩng'aang'ĩri - ing'aang'ĩri
76	frog	kĩũra - biũra
77	fish	gĩkũyũ - ikũyũ/makũyũ
78	bird	nyoni - nyoni
79	chicken	ngũkũ - ngũkũ
80	egg	nkara - nkara
81	to fly	kũbuurũũka
82	bee	njũkĩ - njũkĩ
83	mosquito	rwage - ndwage
84	fly	ngii - ngii
85	tree	mũtĩ - mĩtĩ
86	branch	rwang'i - mpaang'i
87	leaf	kĩbũũra - ibũũra
88	seed	mpĩndĩ - mpĩndĩ
89	root	mũri - mĩri
90	to cultivate	gũchimba
91	hoe	gĩchembe - ichembe
92	to sleep	kũmaama
93	dream	kĩrooto - irooto
94	to wake up	gũũkĩĩra
95	to stand up	kũrũngama
96	to sit down	gũkara nthĩ
97	to go	kwĩta
98	to come	kwĩja
99	to enter	gũkũrũka
100	to come out	kuumagara

101	to arrive	gûkinya
102	to pass	gũkũrũka, kũũmbana
103	path	njĩra - njĩra
104	axe	ĩthoka - thoka, choka - choka, ntũũru - ntũũru
105	fire	mwanki - myanki
106	ashes	mũju
107	smoke	tooi
108	to burn	kũya
109	to extinguish	kworia
110	firewood	rũkũ - nkũ
111	water	rũũjĩ - ndũũjĩ
112	to become dry	kũũma
113	to say	kuuga
114	to call	gwĩta
115	to question	kũũria kĩũria
116	to teach	kũritana
117	to play	kũcheetha
118	to sing	kwina
119	drum	gĩempe - biempe, mũriempe - mĩriempe
120	to throw	kũgera
121	to abuse	kũruma
122	to strike	kũringa nkundĩ
123	to give	kũeejana
124	to steal	kwiya
125	guest	mũgeni - ageni
126	to wait	gweteera
127	to kill	kũũraga
128	to laugh	kũtheka
129	to weep	kurĩra
130	to like	kwenda
131	to fear	gũkĩra
132	to forget	kũũrĩrũa
133	one	ĩmwe
134	two	ijĩrĩ
135	three	ithatũ
136	four	inya
137	five	ithaano
138	ten	ĩkũmi
139	many	-ingĩ
140	all	-onthe
141	God	mũrungu
142	to drop	kũgwa
143	to pick up	kwoja
144	to bring	kũreeta
145	to put	gwĩkĩra
146	to hide	kwitha
147	to pull	gũkuusia
148	to push	gũtintika
149	to tie a knot	gũkundĩka
150	to untie	gûkundũra
151	to bend	gũkũma
152	to cut	kũgiita, gũtema
153	to snap	kuuna
154	to tear	gũtambũra
155	up	ĩgũrũ
156	down	nthĩ
157	inside	ndeene
158	outside	oome
159	red	-tuune
160	white	-erũ
161	black	-irũ
162	sun	riũa
163	moon	mweri
164	star	njota - njota
165	cloud	ĩtu - matu
166	rain	mbura, ngai
167	wind	ruuo
168	mountain	kĩrĩma - irĩma
169	forest	mwitũ - miitũ
170	river	mũuro - mĩuro
171	to sink	kworokera
172	to cross	kuuna
173	to swim	kũthambĩra
174	ground	nthĩ
175	stone	iiga - maiga
176	soil	mũthetu - mĩthetu
177	hole	kariinya - turiinya, kĩriinya - iriinya
178	to bury	kũthika
179	day	ntukũ - ntukũ
180	night	ũtukũ
181	yesterday	ĩgoro
182	today	naarua
183	tomorrow	rũũjũ
184	year	mwaka - mĩaka
185	good	-ega
186	bad	-thũũku
187	big	-nene
188	small	-niini
189	long	-raaja
190	short	-kuĩ
191	heavy	-rito
192	It's cold	kwĩna mpio
193	new	keeru
194	thing	gĩntũ - intũ
195	me	ũũni
196	you	ũũgwe
197	us	baatwĩ
198	you pl.	baabwĩ
199	who	nũu
200	what	atĩa

Mongo

1	head	bo̱tsia - be̱tsia
2	hair	liwo - bawo
3	face	elongi - bilongi
4	eye	liso- baiso
5	nose	boolo - biolo
6	mouth	bomwa - bemwa
7	tongue	lolemu- ndemu
8	tooth	lino - baino
9	ear	litoi - batoi
10	neck	nkingo - nkingo
11	body	yonge - byonge
12	shoulder	lisoki - basoki
13	breast	liye̱le̱ - bae̱le̱
14	back	bo̱ko̱ngo̱ - be̱ko̱ngo̱
15	buttock	liso̱ko̱ - baso̱ko̱
16	arm	lo̱o̱ - byo̱o̱
17	finger	bosembe - besembe, bosai - besai
18	nail	lo̱ko̱la - nko̱la
19	leg	lokolo - bekolo
20	bone	weka - byeka
21	blood	bakila, balongo
22	heart	boloko - beloko
23	liver	lofiko - mpiko
24	tears	lofiso̱li - mpiso̱li
25	spittle	nso̱nyi
26	to see	nje̱e̱na
27	to look for	njaasa
28	to hear	njooka
29	wound	mpota
30	to vomit	nsaasanja
31	to be tired	ndaalembwa
32	to become well	mbaabika
33	medicineman	nkanga - bankanga
34	clothes	etoo - bitoo
35	to wear	ndaalo̱ta
36	to wash	nsukola
37	to spread to dry	njiita nda wane
38	to sew	ntaatonga
39	salt	bokwa - bekwa
40	oil	bauta
41	to cook	ndaalama
42	to roast	mbo̱lo̱la
43	to eat	ndaala
44	to drink	mbaamela
45	to become hungry	njooka njala
46	to become rotten	mpaafo̱nda
47	house	ilo̱mbe̱ - to̱lo̱mbe̱, botumba - betumba
48	to build	ntaatonga, ntaatonga
49	to shut	nkaakanga
50	to sweep	nkaako̱ma
51	father	isc - baise, fafa / tata
52	mother	nyango - banyango, mama - bamama, ngoya
53	child	bo̱na - baana/bana
54	husband	bome - baome
55	wife	wali - baali
56	to bear	mbaota
57	name	lina - baina
58	to grow up	mpaafula
59	person	bonto - banto
60	to die	mbaawa
61	dog	mbwa - mbwa
62	to bite	nkaako̱ta
63	cattle	ngo̱mbe̱ - ngo̱mbe̱
64	pig	ngulu - ngulu
65	goat	ntaa - ntaa
66	animal	nyama - nyama
67	lion	nko̱si - nko̱si
68	elephant	njo̱ku - njo̱ku
69	hippopotamus	ngubu - ngubu, nkufo - nkufo
70	tail	wela - byela
71	spear	liko̱nga - bako̱nga, bo̱so̱ngo̱ - be̱so̱ngo̱
72	trap	ilonga - tolonga/balonga
73	meat	wunu - byunu
74	snake	njwa - njwa, ndwa - ndwa
75	crocodile	ngando - ngando
76	frog	imbo̱te̱ - to̱mbo̱te̱, bosonjo - besonjo, linkotsi - bankotsi, bompote - bempote, bokookolo - bekookolo
77	fish	nse - nse
78	bird	ifulu - tofulu
79	chicken	nsoso - nsoso
80	egg	bokele - bekele
81	to fly	mpaafumbwa
82	bee	lonjwe - njwe
83	mosquito	lo̱mbe̱mbe̱le̱ - mbe̱mbe̱le̱
84	fly	bolanja - belanja
85	tree	bote - bete, botamba - betamba
86	branch	etafe - bitafe, litafe
87	leaf	lokasa - nkasa
88	seed	wofo - byofo, wonjwaka - byonjwaka
89	root	wili - biili
90	to cultivate	ndoona, njoona
91	hoe	longo - njongo
92	to sleep	ndete̱ma
93	dream	lilo̱to̱ - balo̱to̱
94	to wake up	mbaetswa
95	to stand up	njemala
96	to sit down	nkaakisa, nsokama
97	to go	nkaake̱nda, ntaatswa
98	to come	njaaya, ndaaya
99	to enter	njo̱o̱tswa, ndo̱o̱tswa
100	to come out	njoola

101	to arrive	nkaakita, njundola
102	to pass	ndaaleka
103	path	njela - njela
104	axe	nsoka - nsoka, bongenda - bengenda
105	fire	tsyaa - tsyaa
106	ashes	botoko - betoko
107	smoke	bolinga - belinga
108	to burn	ndaatuma
109	to extinguish	mpaafofya
110	firewood	lokonji - nkonji, lokonyi - nkonyi
111	water	baasi, basi
112	to become dry	nkaakasa, ndooma
113	to say	nsaasanga, ntefela
114	to call	ndeeta, njeeta
115	to question	njuola
116	to teach	ndaalaka
117	to play	nsaasama
118	to sing	njeemba, ndeemba
119	drum	mbonda - mbonda, ngomo - ngomo
120	to throw	njuusa
121	to abuse	mpaafinga
122	to strike	nkaakunda, mbaabeta
123	to give	nkaaya, nkaakaa
124	to steal	njiiya
125	guest	bofaya - bafaya
126	to wait	njaajila, mpaafala
127	to kill	mbaoma
128	to laugh	nsaaseka
129	to weep	ndaalela
130	to like	ndaalanga, nsaasima
131	to fear	mbaanga, njooka bofolu
132	to forget	njofela
133	one	omooko
134	two	bafe
135	three	basato
136	four	banei
137	five	bataano
138	ten	jomi
139	many	buke
140	all	-uma
141	God	njakomba
142	to drop	nkaakwa
143	to pick up	ndambola, njambola
144	to bring	njeela
145	to put	njiila
146	to hide	njiisa, ndiisa
147	to pull	nsaasuma, mbaabenda
148	to push	nsukuma
149	to tie a knot	ndaalita
150	to untie	nditola
151	to bend	njuuna, nduuna
152	to cut	nkaakata, nkaatena
153	to snap	mbaabuna, mbauka
154	to tear	njatola
155	up	ndaaliko
156	down	ndaa nse
157	inside	ndakati
158	outside	ndaa nja, nda eolo
159	red	ngola
160	white	mpembe
161	black	yoo, tuu
162	sun	jefa, yefa
163	moon	weeli
164	star	iyotsi/bootsi - tootsi/baotsi
165	cloud	litute - batute
166	rain	mbula
167	wind	bompembe - bempembe
168	mountain	lingonji - bangonji
169	forest	ngonda - ngonda, bokonda - bekonda, bokila - bekila
170	river	ebale - bibale, ntando - ntando
171	to sink	ndaalinda
172	to cross	nkatisa
173	to swim	nyaanyanya
174	ground	bamotsi, looko
175	stone	libanga - babanga
176	soil	babele
177	hole	lilusu - balusu
178	to bury	nkaakunda
179	day	bokolo - bekolo
180	night	botso - betso
181	yesterday	lobi
182	today	mbilene
183	tomorrow	lobi
184	year	mbula - bambula/mbula
185	good	-lotsi
186	bad	-be
187	big	-nene
188	small	isiisi
189	long	-tale
190	short	iyufe, iyuwe
191	heavy	-lito
192	It's cold	lompyoo, mpyoo
193	new	fee
194	thing	yooma - tooma
195	me	emi
196	you	we
197	us	iso
198	you pl.	inyo
199	who	weena
200	what	onko na

Mwenyi

1	head	mutwi - mitwi
2	hair	luuki - ñuki
3	face	lubala - mabala
4	eye	licio - macio
5	nose	liyulu - mayulu
6	mouth	kanwa - tunwa
7	tongue	lulimi - malimi
8	tooth	lieo - maeo, lino - meno
9	ear	litwi - matwi
10	neck	njingo - manjingo
11	body	mwili - miili
12	shoulder	lifuci - mafuci
13	breast	liele - meele
14	back	moongo - miongo
15	buttock	litako - matako
16	arm	likaa - makaa
17	finger	munwe - minwe
18	nail	linyala - manyala
19	leg	likondo - makondo
20	bone	sifuba - ifuba
21	blood	unyinga
22	heart	mucima - micima
23	liver	lipio - mapio
24	tears	mioci
25	spittle	mate
26	to see	kumona
27	to look for	kufaa
28	to hear	kuyuba
29	wound	sitombo - itombo
30	to vomit	kulusa
31	to be tired	kukatala
32	to become well	kuyoya
33	witchdoctor	nganga - anganga, mubangi - abangi, mulauli - alauli
34	clothes	sibyana - ibyana
35	to wear	kukumanga
36	to wash	kuyoisa
37	to spread to dry	kuyaneka
38	to sew	kuluka
39	salt	mungwa - mingwa
40	oil	maaci, salandi
41	to cook	kuteleka
42	to roast	kualika
43	to eat	kulya
44	to drink	kunwa
45	to become hungry	kufa njala
46	to become rotten	kuola
47	house	njoo - manjoo
48	to build	kuyaka
49	to shut	kuyanjila
50	to sweep	kufiela
51	father	akataate, akasica?
52	mother	akamaawe, akaina
53	child	mwanuke - anuke, mwana - ana
54	husband	mulume - alume
55	wife	mukaci - akaci
56	to bear	kueleka
57	name	licina - macina
58	to grow up	kukula
59	person	munu - anu
60	to die	kufa
61	dog	mbwa - ambwa
62	to bite	kuuma
63	cattle	ngombe - ngombe
64	pig	sikulube - ikulube
65	goat	kapuli - tupuli, puli
66	animal	siyamana - iyamana
67	lion	nde - ande
68	elephant	ndambi - andambi
69	hippopotamus	mbuu - ambuu
70	tail	musila - misila
71	spear	mbinji - mambinji, muwayo - miwayo
72	trap	kasaka - tusaka, silaha - ilaha
73	meat	nyama
74	snake	liyoka - mayoka
75	crocodile	ngandu - angandu
76	frog	simbotwe - imbotwe
77	fish	nji
78	bird	sinyunyi - inyunyi
79	chicken	njuswa - anjuswa
80	egg	lingi - mangi
81	to fly	kutuka
82	bee	muka - amuka
83	mosquito	kamwe - tumwe
84	fly	njinji
85	tree	sitondo - itondo
86	branch	mutai - mitai
87	leaf	liawa - maawa
88	seed	kanona - tunona, lunona - x sinjeke - injeke
89	root	munji - minji
90	to cultivate	kulima
91	hoe	litemo - matemo
92	to sleep	kulangana, kulala
93	dream	ndoci
94	to wake up	kuinguka
95	to stand up	kuimana
96	to sit down	kuikala banji, kutongomona
97	to go	kuca
98	to come	kukeya, kuiya
99	to enter	kuingena
100	to come out	kubana

101 to arrive kukuma
102 to pass kubita
103 path njila - manjila
104 axe kamo - tumo
105 fire mulilo - mililo
106 ashes mututwi - mitutwi
107 smoke muse - mise
108 to burn kubya
109 to extinguish kucima
110 firewood sikunyi - ikuni/n̄unyi
111 water meyu
112 to become dry kukukuta
113 to say kuamba
114 to call kuisana
115 to question kuibula
116 to teach kuluta
117 to play kubeba
118 to sing kuimba
119 drum ngoma - mangoma
120 to throw kukonja
121 to abuse kunyaza
122 to strike kufula
123 to give kuba
124 to steal kuica
125 guest ngenda - angenda
126 to wait kutatiela
127 to kill kuibaa
128 to laugh kuseka
129 to weep kulila
130 to like kusinga
131 to fear kucila
132 to forget kubulama
133 one -mweya
134 two -ili
135 three -atu
136 four -nee
137 five mutaanu
138 ten likumi
139 many -ngi
140 all -ose
141 God mulimu
142 to drop kungwa
143 to pick up kunona
144 to bring kuleta
145 to put kubaka
146 to hide kuoleka
147 to pull kukoka
148 to push kukasha
149 to tie a knot kununga
150 to untie kunungulula
151 to bend kuobeka, kubetisa
152 to cut kumbatula
153 to snap kucola
154 to tear kuyatula
155 up muwilu, beulu
156 down banji
157 inside mukaci, musi
158 outside banji
159 red -kiu
160 white -kenu
161 black -ilu
162 sun liyuwa
163 moon kweci
164 star lutungweci - matungweci
165 cloud libui - mabui
166 rain mbula
167 wind mebo
168 mountain lilundu - malundu
169 forest musitu - misitu
170 river lyambai - mambai
171 to sink kucuela
172 to cross kusila
173 to swim kuyoa
174 ground banji
175 stone liwe - mawe, licwe - macwe
176 soil mumba
177 hole liteke - mateke
178 to bury kubumbeka
179 day liyuwa - mayuwa
180 night usiku
181 yesterday bingola
182 today balelo, beelo
183 tomorrow beunja
184 year silimo - ilimo
185 good kuwaba, -wa
186 bad kuiba, -yi
187 big -kulu
188 small -nyoonyo
189 long kuleba, -le
190 short -ibi
191 heavy -lemu
192 It's cold kwaombola
193 new -bya
194 thing sinu - inu
195 me ome
196 you owe
197 us yetu
198 you pl. yenu
199 who anyi
200 what sike, ike

Nande

1	head	omutwe - emitwe
2	hair	oluywiri - esyonzwiri
3	face	obusu - amasu
4	eye	eliso - ameso
5	nose	enyindo - esyonyindo
6	mouth	obuno - amuno
7	tongue	olulimi - eshondimi
8	tooth	erino - ameno
9	ear	okutu - amatu, okutwi - amatwi
10	neck	ebikya - x
11	body	omubiri - emibiri
12	shoulder	ekitegho - ebitegho
13	breast	eribere - amabere
14	back	omughongo - emighongo
15	buttock	eritako - amatako, ekikaliro - ebikaliro
16	arm	okuboko - amaboko
17	finger	omunwe - eminwe
18	nail	olunyala - eshonyala
19	leg	okughulu - amaghulu
20	bone	omukuha - emikuha, erikuha - amakuha
21	blood	omusasi - emisasi
22	heart	omukira - emikira, omutima - emitima
23	liver	obukindi - amakindi
24	tears	omusonia - emisonia
25	spittle	amatande
26	to see	erilangira
27	to look for	erirondia
28	to hear	eriowa, erihulikirira
29	wound	ekironda -ebironda
30	to vomit	erisala
31	to be tired	eriluha
32	to become well	erilama
33	witchdoctor	omusaki - abasaki, omunganga - abanganga
34	clothes	olukimba - eshongimba
35	to wear	eryambala
36	to wash	erifula
37	to spread to dry	erisanza
38	to sew	erisona
39	salt	omunyu - x
40	oil	amaghuta, amabonzo
41	to cook	erihuka
42	to roast	eryokya
43	to eat	erirya
44	to drink	erinywa, erisoma
45	to become hungry	eriwira, erikw'enzala
46	to become rotten	erihonda
47	house	enyumba - eshonyumba
48	to build	erihimba
49	to shut	erikinga
50	to sweep	erifakira
51	father	tata - abotata, ise - abwise
52	mother	nyinya - abonyinya, mama - abomama
53	child	omwana - abana
54	husband	yiba - abiba
55	wife	omukali - abakali
56	to bear	eributa
57	name	erina - amena
58	to grow up	erikula
59	person	omundu - abandu
60	to die	erihola
61	dog	embwa - eshombwa
62	to bite	eriluma
63	cattle	ende - eshonde
64	pig	engulube - eshongulube
65	goat	embene - eshombene
66	animal	enyama - eshonyama
67	lion	esimba - eshosimba, ekinyangusu - ebinyangusu
68	elephant	enzoghu - eshonzoghu
69	hippopotamus	ekiboko - ebiboko
70	tail	omukira - emikira
71	spear	eritumo - amatumo
72	trap	ekitegho - ebitegho
73	meat	enyama
74	snake	enzoka - eshonzoka
75	crocodile	amamba - amamba
76	frog	ekikere - ebikere
77	fish	esamaki - eshosamaki
78	bird	enyunyu - eshonyunyu
79	chicken	engoko - eshongoko
80	egg	eriyayi - amayayi, eriya - amaya
81	to fly	erighuluka
82	bee	enzuki - eshonzuki
83	mosquito	omustike - emistike
84	fly	eyisuki - eshisuki
85	tree	omuti - emiti
86	branch	ekisanza - ebisanza
87	leaf	ekiti - ebiti
88	seed	embuto - eshombuto
89	root	omulihi - emilihi
90	to cultivate	erilima, eritakula
91	hoe	eyisuka - eshisuka
92	to sleep	erighotsera,
93	dream	endoto - eshondoto
94	to wake up	eribuka
95	to stand up	erihangana
96	to sit down	erikala
97	to go	erighenda
98	to come	eriasa
99	to enter	eringira
100	to come out	erilwa

各言語基礎語彙一覧　193

101	to arrive	erihika
102	to pass	erilaba
103	path	enzira - eshonzira
104	axe	embasa - eshombasa
105	fire	omuliro - emiliro
106	ashes	eribu - x
107	smoke	omuki - emiki
108	to burn	eriaka
109	to extinguish	erilimya
110	firewood	olukwi - eshongwi
111	water	amaghetse
112	to become dry	eriuma
113	to say	eribugha
114	to call	eribirikira
115	to question	eribulya
116	to teach	erikangirirya
117	to play	erisata, eritsanga
118	to sing	eriimba
119	drum	engoma - eshongoma
120	to throw	erighusa
121	to abuse	eritsuma
122	to strike	erinyambya
123	to give	eriha
124	to steal	eriiba
125	guest	omugheni - abagheni
126	to wait	erilindirira
127	to kill	eriita
128	to laugh	eriseka
129	to weep	erilira
130	to like	erianza
131	to fear	erikw'obuba
132	to forget	eribirirwa
133	one	ekighuma
134	two	ebibiri
135	three	ebisatu
136	four	ebini
137	five	ebitano
138	ten	erikumi
139	many	-nene
140	all	-osi
141	God	nyamuhanga
142	to drop	eritogha
143	to pick up	eritola
144	to bring	erileta
145	to put	erihira
146	to hide	eribisa
147	to pull	erikura
148	to push	erikuna
149	to tie a knot	erikundika
150	to untie	erikundula

151	to bend	erinyola, erikunya
152	to cut	eritwa
153	to snap	eritwa
154	to tear	eritula
155	up	endata
156	down	eyikwa
157	inside	emwisi
158	outside	ehihya
159	red	engula
160	white	erihenia
161	black	erikina
162	sun	eriuba
163	moon	omughenda
164	star	engununu - eshongununu
165	cloud	ekitu - ebitu
166	rain	embula
167	wind	erihunga - amahunga, ekihunga
168	mountain	ekitwa - ebitwa
169	forest	omusitu - emisitu
170	river	olusi - eshonyusi
171	to sink	erizama
172	to cross	erisoka
173	to swim	eritsiha
174	ground	ekitaka - ebitaka
175	stone	eribwe - amabwe
176	soil	omukungu - emikungu
177	hole	ekyuna - ebyuna
178	to bury	eritabira
179	day	ekiro - ebiro
180	night	omokiro, ekiro
181	yesterday	muligholo
182	today	munabwire
183	tomorrow	engyakya, omongyakya
184	year	ekirimo - ebirimo
185	good	eriywana
186	bad	eriuwana
187	big	-nene
188	small	-ke
189	long	-li
190	short	-kuhi
191	heavy	erilitoha
192	It's cold	buhuhirire, buli mw'embeho
193	new	-hya-hya
194	thing	ekindu - ebindu
195	me	ingi
196	you	iwe
197	us	itwe
198	you pl.	inywe
199	who	nindi
200	what	niki

Ndau

1	head	musoro - misoro
2	hair	bvudzi - mabvudzi
3	face	hope - hope
4	eye	dziso - madziso
5	nose	miro - miro
6	mouth	muromo - miromo, mukanwa
7	tongue	rurimi - rurimi
8	tooth	zino - mazino
9	ear	nzee - nzee
10	neck	huro - huro
11	body	mwiri - mwiri
12	shoulder	bendekete - mapendekete
13	breast	zamu - mazamu
14	back	musana - misana
15	buttock	garo - magaro
16	arm	muoko - mioko, nyara - nyara
17	finger	chikunwe - zvikunwe
18	nail	nzwara - nzwara
19	leg	mukumbo - mikumbo
20	bone	godo - makodo
21	blood	ngazi
22	heart	mwoyo - mwoyo
23	liver	chiropa - zviropa
24	tears	masodzi
25	spittle	mata
26	to see	kuona
27	to look for	kutsvaka
28	to hear	kuzwa
29	wound	chironda - zvironda
30	to vomit	kurutsa
31	to be tired	kuremba
32	to become well	kupona
33	witchdoctor	n'anga - n'anga
34	clothes	hembe - hembe
35	to wear	kupfeka
36	to wash	kugeza
37	to spread to dry	kuanika
38	to sew	kutunga, kusona
39	salt	munyu, sauti
40	oil	mafuta
41	to cook	kubika
42	to roast	kukocha
43	to eat	kurya
44	to drink	kumwa
45	to become hungry	kuzwa nzara, kufukama
46	to become rotten	kuora
47	house	mhatso - mhatso
48	to build	kuaka
49	to shut	kuvhara
50	to sweep	kutsvaira
51	father	baba - ana baba
52	mother	mai - ana mai
53	child	mwana - ana
54	husband	muisa - aisa, mwamuna - amuna
55	wife	mukadzi - akadzi
56	to bear	kubara
57	name	zita - mazita, bizo - mabizo
58	to grow up	kukura
59	person	munhu - anhu
60	to die	kufa
61	dog	imbwa - imbwa
62	to bite	kuruma
63	cattle	mwombe - mwombe
64	pig	nguruwe - nguruwe
65	goat	mbudzi - mbudzi
66	animal	mhuka - mhuka
67	lion	shumba - shumba
68	elephant	nzou - nzou
69	hippopotamus	mvuu - mvuu
70	tail	muswe - miswe
71	spear	pfumo - mapfumo
72	trap	dhibura - madhibura, riya - mariya, chirimbana - zvirimbana
73	meat	nyama
74	snake	nyoka - nyoka
75	crocodile	garwe - makarwe
76	frog	datya - matatya, jerye - macherye
77	fish	howe - howe
78	bird	shiri - shiri
79	chicken	huku - huku
80	egg	zanda - mazanda
81	to fly	kubhururuka
82	bee	nyuchi - nyuchi
83	mosquito	nhunga - nhunga
84	fly	nhunzi - nhunzi
85	tree	muti - miti
86	branch	bazi - mapazi
87	leaf	shizha - mashizha
88	seed	mbeu, nhikiti
89	root	mudzi - midzi
90	to cultivate	kurima
91	hoe	badza - mapadza
92	to sleep	kuata
93	dream	chiroto - zviroto
94	to wake up	kumuka
95	to stand up	kumiruka, kuema
96	to sit down	kugara
97	to go	kuenda
98	to come	kuuya
99	to enter	kupinda
100	to come out	kubuda

101	to arrive	kusvika
102	to pass	kudarika
103	path	njira - njira
104	axe	demo - matemo
105	fire	mwoto
106	ashes	madota
107	smoke	chiushi
108	to burn	kutsva
109	to extinguish	kudzima
110	firewood	huni - huni
111	water	mvura
112	to become dry	kuoma
113	to say	kutaura, kureketa
114	to call	kudaidza
115	to question	kubvunza
116	to teach	kufundisa
117	to play	kutamba
118	to sing	kuemba
119	drum	ngoma - ngoma
120	to throw	kukandira
121	to abuse	kutuka
122	to strike	kuchaya
123	to give	kupa
124	to steal	kuba
125	guest	mueni - aeni
126	to wait	kuemera
127	to kill	kuuraya
128	to laugh	kushera
129	to weep	kuchema
130	to like	kuda
131	to fear	kutya
132	to forget	kukanganwa
133	one	posa
134	two	piri
135	three	tatu
136	four	china
137	five	shanu
138	ten	gumi - makumi
139	many	-zhinji, kuwanda
140	all	-eshe
141	God	mwari
142	to drop	kuwa
143	to pick up	kunonga
144	to bring	kuunza
145	to put	kuisa
146	to hide	kufisha
147	to pull	kukweya
148	to push	kusundidzira
149	to tie a knot	kusunga
150	to untie	kusunhura
151	to bend	kubhendesa
152	to cut	kucheka, kudambura
153	to snap	kugura
154	to tear	kumwesa
155	up	padera
156	down	pashi
157	inside	mukati
158	outside	kubanzi, pabanzi
159	red	-tsvuku
160	white	-chena
161	black	-svipu
162	sun	zuwa
163	moon	mwedzi
164	star	nyeredzi - nyeredzi
165	cloud	gore - makore
166	rain	mvura
167	wind	mhepo
168	mountain	gomo - makomo
169	forest	shango - mashango
170	river	mukowa - mikowa
171	to sink	kunyura
172	to cross	kuambuka, kudarika
173	to swim	kushambira
174	ground	pashi
175	stone	buwe - mapuwe
176	soil	ivhu - mavhu
177	hole	mwena - mwena, gomba - makomba
178	to bury	kutsira
179	day	zuwa - mazuwa
180	night	usiku
181	yesterday	zuro
182	today	nyamashi
183	tomorrow	mangwani
184	year	gore - makore
185	good	kunaka
186	bad	kushata
187	big	-kuru
188	small	-doko
189	long	-rebu
190	short	-pfupi
191	heavy	-remu, kurema
192	It's cold	kunotonhora
193	new	-dzva
194	thing	chiro - zviro
195	me	ini
196	you	iwe
197	us	isu
198	you pl.	imwi
199	who	anani
200	what	chii

Ndebele North

1	head	ikhanda - amakhanda
2	hair	unwele - izinwele
3	face	ubuso
4	eye	ilihlo - amehlo
5	nose	ikhala - amakhala
6	mouth	umlomo - imilomo
7	tongue	ulimi - indimi
8	tooth	izinyo - amazinyo
9	ear	indlebe - izindlebe
10	neck	intamo - izintamo
11	body	umzimba - imizimba
12	shoulder	ihlombe - amahlombe
13	breast	ibele - amabele
14	back	umgogoda - imigogoda, umuhlane - imihlane
15	buttock	isibunu - izibunu, isithebe - izithebe
16	arm	ingalo - izingalo
17	finger	umunwe - iminwe
18	nail	uzipho - inzipho
19	leg	umlenze - imilenze
20	bone	ithambo - amathambo
21	blood	igazi
22	heart	inhliziyo - izinhliziyo, ucabango - incabango
23	liver	isibindi - izibindi
24	tears	unyembezi - inyembezi
25	spittle	amathe
26	to see	ukubona
27	to look for	ukudinga
28	to hear	ukuzwa
29	wound	isilonda - izilonda, inxeba - amanxeba
30	to vomit	ukuhlanza
31	to be tired	ukukhathala, ukudinwa
32	to become well	ukwelatswa, ukuphola
33	witchdoctor	umthakathi - amathakathi inyanga - izinyanga
34	clothes	impahla - izimpahla, izimbatho
35	to wear	ukugqoka, ukwembatha
36	to wash	ukugeza
37	to spread to dry	ukuchaya
38	to sew	ukuthunga
39	salt	itshwayi
40	oil	amafutha
41	to cook	ukupheka
42	to roast	ukosa
43	to eat	ukudla
44	to drink	ukunatha, ukuphuza
45	to become hungry	ukulamba
46	to become rotten	ukubola
47	house	indlu - izindlu
48	to build	ukwakha
49	to shut	ukuvala
50	to sweep	ukuthanyela
51	father	ubaba - obaba, uyihlo - oyihlo, uyise - oyise
52	mother	umama - omama, unyoko - onyoko, umina - omina
53	child	umntwana - abantwana, in'gane - izin'gane
54	husband	indoda - amadoda
55	wife	unkosikazi - ankosikazi
56	to bear	ukuzala, ukubeletha, ukukhululeka
57	name	igama - amagama, ibizo - amabizo
58	to grow up	ukukhula
59	person	umunthu - abanthu
60	to die	ukufa
61	dog	inja - izinja
62	to bite	ukuluma
63	cattle	inkomo - izinkomo
64	pig	in'gulube - in'gulube
65	goat	imbuzi - izimbuzi
66	animal	inyamazana - izinyamazana
67	lion	isilwane - izilwane
68	elephant	indlovu - indlovu
69	hippopotamus	imvubu - imvubu
70	tail	umsila - imisila
71	spear	umkhonto - imikhonto
72	trap	umthambo - imithambo
73	meat	inyama
74	snake	inyoka - inyoka
75	crocodile	in'gwenya - in'gwenya
76	frog	ixoxo - amaxoxo
77	fish	inhlanzi - izinhlanzi
78	bird	inyoni - izinyoni
79	chicken	inkukhu - inkukhu
80	egg	iqanda - amaqanda
81	to fly	ukuphapha
82	bee	inyosi - inyosi
83	mosquito	umyane - imiyane
84	fly	impukane - impukane
85	tree	isihlahla - izihlahla
86	branch	ugatsha - in'gatsha
87	leaf	ihlambu - amahlambu
88	seed	intanga - intanga
89	root	impande - izimpande
90	to cultivate	ukuhlakula, ukulima
91	hoe	ikhuba - amakhuba, ilembe - amalembe
92	to sleep	ukulala
93	dream	iphupho - amaphupho
94	to wake up	ukuphaphama, ukuvuka
95	to stand up	ukusukuma, ukusimuka, ukuma
96	to sit down	ukuhlala
97	to go	ukuhamba, ukusuka, ukuya
98	to come	ukuza, ukubuya
99	to enter	ukun'gena
100	to come out	ukuphuma

101	to arrive	ukufika
102	to pass	ukwedula
103	path	indlela - izindlela, indledlana - izindledlana
104	axe	ihloka - amahloka
105	fire	umlilo - imililo
106	ashes	umlotha - imilotha
107	smoke	intuthu
108	to burn	ukutsha
109	to extinguish	ukucitsha
110	firewood	inkuni - inkuni
111	water	amanzi
112	to become dry	ukoma
113	to say	ukutsho
114	to call	ukubiza
115	to question	ukubuza
116	to teach	ukufundisa, ukulayeza
117	to play	ukudlala
118	to sing	ukuhlabela
119	drum	in'gungu - in'gungu
120	to throw	ukujika, ukuphosa
121	to abuse	ukuthuka, ukuthethisa
122	to strike	ukutshaya, ukubetha
123	to give	ukupha, ukunika
124	to steal	ukuntshontsha, ukweba
125	guest	isathekele - izathekele, isimenywa - izimenywa
126	to wait	ukumelela, ukulinda
127	to kill	ukubulala
128	to laugh	ukuhleka
129	to weep	ukukhala, ukulila
130	to like	ukuthanda
131	to fear	ukwesaba
132	to forget	ukukhohlwa, ukulibala
133	one	kunye
134	two	kubili
135	three	kuthatha
136	four	kune
137	five	kuhlanu
138	ten	kulitshumi
139	many	-nengi
140	all	-nke
141	God	unkulunkulu, umdali
142	to drop	ukuwa
143	to pick up	ukudobha
144	to bring	ukuletha
145	to put	ukubeka
146	to hide	ukufihla
147	to pull	ukusondeza
148	to push	ukusunduza
149	to tie a knot	ukubopha
150	to untie	ukukhulula, ukubophulula

151	to bend	ukugobisa
152	to cut	ukuquma, ukusika
153	to snap	ukuqamula, ukwephula
154	to tear	ukudabula
155	up	phezulu
156	down	phansi
157	inside	phakathi
158	outside	phandle
159	red	-bomvu
160	white	-mhlophe
161	black	-mnyema
162	sun	ilanga
163	moon	inyanga
164	star	inkanyezi - izinkanyezi
165	cloud	iyezi - amayezi
166	rain	izulu
167	wind	umoya
168	mountain	intaba - izintaba
169	forest	igusu - amagusu, ihlathi - amahlathi
170	river	umfula - imifula
171	to sink	ukucwila, ukugalula
172	to cross	ukuchapha
173	to swim	ukubhukutsha
174	ground	umhlaba
175	stone	ilitshe - amatshe
176	soil	umhlabathi - imihlabathi
177	hole	umgodi - imigodi, umlindi - imilindi
178	to bury	ukugqibela
179	day	ilanga, usuku - insuku
180	night	ubusuku
181	yesterday	izolo
182	today	namuhla, lamuhla
183	tomorrow	kusasa
184	year	umnyaka - iminyaka
185	good	-hle
186	bad	-bi
187	big	-khulu
188	small	-ncane
189	long	-de
190	short	-fitshana
191	heavy	-nzima
192	It's cold	kuqanda, kugodola
193	new	-tsha
194	thing	into - izinto
195	me	mina
196	you	wena
197	us	thina
198	you pl.	nina
199	who	ubani
200	what	ini

Ndebele South

1	head	ihloko - izihloko
2	hair	inhluthu - izinhluthu
3	face	ubuso - amabuso
4	eye	ilihlo - amehlo
5	nose	impumulo - izimpumulo
6	mouth	umlomo - imilomo
7	tongue	ilimu - amalimu
8	tooth	izinyo - amazinyo
9	ear	indlebe - izindlebe
10	neck	inramo - izinramo
11	body	umzimba - imizimba
12	shoulder	ihlombe - amahlombe
13	breast	ibele - amabele
14	back	umgogoda - imigogoda
15	buttock	iragho - amaragho
16	arm	isandla - izandla
17	finger	umunwe - iminwe
18	nail	izipho - amazipho
19	leg	inyao - izinyao
20	bone	ithambo - amathambo
21	blood	igazi - izigazi
22	heart	inhliziyo - izinhliziyo
23	liver	isibindi - izibindi, ubende - amabende
24	tears	inyembezi - izinyembezi
25	spittle	amathe
26	to see	ukubona
27	to look for	ukufuna
28	to hear	ukuzwa
29	wound	isilonda - izilonda
30	to vomit	ukuhlanza
31	to be tired	ukudinwa
32	to become well	ukuphola
33	witchdoctor	inyanga - izinyanga
34	clothes	impahla - izimpahla
35	to wear	ukumbatha
36	to wash	ukuhlamba
37	to spread to dry	ukweneka
38	to sew	ukuthunga
39	salt	itswayi - amatswayi
40	oil	amafutha
41	to cook	ukuphega
42	to roast	ukosa
43	to eat	ukudla
44	to drink	ukuphuza
45	to become hungry	ukulamba
46	to become rotten	ukubola
47	house	indlu - izindlu
48	to build	ukwakha
49	to shut	ukuvala
50	to sweep	ukutshanyela
51	father	ubaba - abobaba
52	mother	umama - abomama
53	child	umnrwana - abanrwana
54	husband	inroda - amanroda
55	wife	umfazi - abafazi
56	to bear	ukuzala
57	name	igama - amagama
58	to grow up	ukukhula
59	person	umunru - abanru
60	to die	ukufa
61	dog	inja - izinja
62	to bite	ukuluma
63	cattle	inkomo - izinkomo
64	pig	ingulube - izingulube
65	goat	imbuzi - izimbuzi
66	animal	isilwane - izilwane
67	lion	ibhubezi - amabhubezi
68	elephant	indlovu - izindlovu
69	hippopotamus	imvubu - izimvubu
70	tail	umsila - imisila
71	spear	umkhonto - imikhonto
72	trap	umthambo - imithambo
73	meat	inyama - izinyama
74	snake	inyoka - izinyoka
75	crocodile	ingwenyana - izingwenyana
76	frog	isicoco - izicoco
77	fish	inhlanzi - izinhlanzi
78	bird	inyoni - izinyoni
79	chicken	inkukhu - izinkukhu
80	egg	iqanda - amaqanda
81	to fly	ukuphapha
82	bee	inyosi - izinyosi
83	mosquito	unompopolozi - abonompopolozi
84	fly	impugane - izimpugane
85	tree	isihlahla - izihlahla
86	branch	ikala - amakala
87	leaf	icolo - amacolo
88	seed	imbewu - izimbewu
89	root	impande - izimpande
90	to cultivate	ukuhlagula, ukulima
91	hoe	ilembe - amalembe
92	to sleep	ukulala
93	dream	iphupho - amaphupho
94	to wake up	ukuvuga
95	to stand up	ukujama
96	to sit down	ukuhlala
97	to go	ukukhamba
98	to come	ukuza
99	to enter	ukungena
100	to come out	ukuphuma

101	to arrive	ukufiga
102	to pass	ukudlula
103	path	indlela - izindlela, indledlana - izindledlana
104	axe	imbazo - izimbazo
105	fire	umlilo - imililo
106	ashes	umlotha
107	smoke	inruthu - izinruthu
108	to burn	ukutsha
109	to extinguish	ukucima
110	firewood	ukhuni - amakhuni
111	water	amanzi
112	to become dry	ukuoma
113	to say	ukutsho
114	to call	ukubiza
115	to question	ukubuza
116	to teach	ukufundisa
117	to play	ukudlala
118	to sing	ukucula
119	drum	isigubhu - izigubhu
120	to throw	ukuphosa
121	to abuse	ukuthuka
122	to strike	ukubetha
123	to give	ukupha
124	to steal	ukuntshontsa
125	guest	isivagashi - izivagashi
126	to wait	ukujama
127	to kill	ukubulala
128	to laugh	ukuhleka
129	to weep	ukulila
130	to like	ukuthanda
131	to fear	ukusaba
132	to forget	ukukhohlwa
133	one	gunye
134	two	gubili
135	three	gunrathu
136	four	gune
137	five	gunhlanu
138	ten	ishumi
139	many	-ningi
140	all	-khe
141	God	umkulunkulu
142	to drop	ukuwa
143	to pick up	ukudopha
144	to bring	ukuletha
145	to put	ukubega
146	to hide	ukufihla
147	to pull	ukudosa
148	to push	ukutshova
149	to tie a knot	ukubopha
150	to untie	ukubophulula
151	to bend	ukugoba
152	to cut	ukusiga
153	to snap	ukuhlephula
154	to tear	ukudabula
155	up	phezulu
156	down	phasi
157	inside	phagathi
158	outside	phandle
159	red	-bovu
160	white	-mhlophe
161	black	-mnyama
162	sun	ilanga
163	moon	inyanga
164	star	ik'anyezi - amak'anyezi
165	cloud	ilifu - amafu
166	rain	imvula
167	wind	umoya - imimoya
168	mountain	inraba - izinraba
169	forest	ihlathi - amahlathi
170	river	umfula - imifula
171	to sink	ukucwila
172	to cross	ukweqa
173	to swim	ukubhuguta
174	ground	umhlabathi - imihlabathi
175	stone	ilitshe - amatshe
176	soil	umhlabathi
177	hole	umgodi - imigodi
178	to bury	ukuncwaba
179	day	ilanga - amalanga
180	night	ebusuku
181	yesterday	izolo
182	today	namuhlanje
183	tomorrow	kusasa
184	year	umnyaga - iminyaga
185	good	-hle
186	bad	-mbi
187	big	-khulu
188	small	-ncane
189	long	-de
190	short	-fitshane
191	heavy	ukusinda
192	It's cold	kumakhaza
193	new	-tsha
194	thing	inro - izinro
195	me	mina
196	you	wena
197	us	thina
198	you pl.	nina
199	who	ubani
200	what	ini

Ndjiku

1	head	ũchwe - ĩchwe
2	hair	ilfu - mfu
3	face	usu - ãsu
4	eye	zii - mei
5	nose	yulu - ãyulu
6	mouth	ũnwa - ĩnwa
7	tongue	ilyo̠ro̠ - x
8	tooth	dzini - mini
9	ear	chwi - ãchwi
10	neck	nkii - ãkii
11	body	nuru - ãnuru
12	shoulder	isaõ - x
13	breast	byele - ãbyele
14	back	ĩgwo - x
15	buttock	ãtou
16	arm	kuo - mio
17	finger	ũlyo - ĩlyo
18	nail	iyala - nzala
19	leg	kulu - mili
20	bone	mpfia - ãpfia
21	blood	ãkila
22	heart	ũkwolo - ĩkwolo
23	liver	not found
24	tears	ãtsa
25	spittle	ãtye
26	to see	umuna
27	to look for	uso̠
28	to hear	uyoo
29	wound	mbali
30	to vomit	uluo
31	to be tired	ukwo̠lo̠
32	to become well	udzwo
33	witchdoctor	nga - anga
34	clothes	ikwo̠ - x
35	to wear	ule
36	to wash	uswao̠
37	to spread to dry	uyo̠o̠no̠
38	to sew	ubaõ
39	salt	ũgwa
40	oil	nyõ
41	to cook	ulaõ̠
42	to roast	uka
43	to eat	udza
44	to drink	unwa
45	to become hungry	ndzala
46	to become rotten	ubwolo
47	house	ndzo̠ - ãdzo̠
48	to build	utsua
49	to shut	udzwo, ukura
50	to sweep	ukuõ
51	father	tara - atara
52	mother	ngu - angu
53	child	mwana - baana
54	husband	ũlõ - ãlõ
55	wife	ũkali - akali
56	to bear	ubura
57	name	nkũ - ãkũ
58	to grow up	uyele
59	person	mburu - baari
60	to die	ukwa
61	dog	mva - amva
62	to bite	utsua
63	cattle	ngo̠mbe - ango̠mbe
64	pig	ngulu - angulu
65	goat	ntaba - antaba
66	animal	nyõ - anyõ
67	lion	nkẅei - ankẅei
68	elephant	ndzou - andzou
69	hippopotamus	mbubi - ambubi
70	tail	ũkila - ĩkila
71	spear	luo - ãluo
72	trap	ũmyere - ĩmyere
73	meat	nyõ̠
74	snake	ntali - antali
75	crocodile	ngandu - angandu
76	frog	ndzou - ãdzou
77	fish	nchwi - anchwi
78	bird	nẅini - anẅini
79	chicken	ntswi - antswi
80	egg	bi - ambi
81	to fly	udzuõ
82	bee	nu - anu
83	mosquito	imbu - x
84	fly	ngingi - angingi
85	tree	ũti - ĩti
86	branch	mpala - ãpala
87	leaf	ntswi - ãtswi
88	seed	mburu - x
89	root	ũshinu - ĩshinu
90	to cultivate	ukuna
91	hoe	tyõ - ãtyõ
92	to sleep	uyeõ twolo
93	dream	nzwoli
94	to wake up	ushilo
95	to stand up	utyonõ
96	to sit down	uva
97	to go	uye
98	to come	uya
99	to enter	usõ̠
100	to come out	upala

101	to arrive	utwo
102	to pass	ulura
103	path	nkula - ãkula
104	axe	iku - iku
105	fire	mba - ãba
106	ashes	uto âba
107	smoke	(ũ)yu
108	to burn	udjuo̲
109	to extinguish	udzio
110	firewood	nkẅi
111	water	ãdza
112	to become dry	ukei
113	to say	ulyele
114	to call	uta mbila
115	to question	ufula
116	to teach	uluo
117	to play	uta
118	to sing	uyuo̲, uta ikuku
119	drum	nng'o̲ - nng'o̲
120	to throw	utyere
121	to abuse	utuo
122	to strike	ubeere
123	to give	uwa
124	to steal	utura
125	guest	ũdjia - ĩdjia
126	to wait	ukyele
127	to kill	udzwa
128	to laugh	ushyebe
129	to weep	ulila
130	to like	udjia
131	to fear	buo̲
132	to forget	udjino
133	one	imwo
134	two	byele
135	three	ityeri
136	four	ina
137	five	itaani
138	ten	kũ
139	many	-loo
140	all	-bwe
141	God	ndzaõ̲
142	to drop	uva munshi
143	to pick up	utwolo
144	to bring	uya ilo
145	to put	usia
146	to hide	ushyo
147	to pull	udzura
148	to push	utsiina
149	to tie a knot	uneo
150	to untie	unyono
151	to bend	ufura
152	to cut	uchira
153	to snap	ubwolo
154	to tear	uko̲lo̲
155	up	yulu
156	down	munshi
157	inside	kuntsa kari
158	outside	nkula ndji
159	red	bye
160	white	pẽ̲
161	black	pi
162	sun	mĩĩ
163	moon	myele
164	star	ng'oang'o - ãng'oang'o
165	cloud	îyõ
166	rain	mvula
167	wind	ifula
168	mountain	nkẅo - ãkẅo
169	forest	ãkulu
170	river	myele - ĩmyele
171	to sink	udjiina
172	to cross	uchira
173	to swim	uvila
174	ground	nshi
175	stone	nkunu - ãkunu
176	soil	nshi
177	hole	djẅa - ãdjẅa
178	to bury	udjio
179	day	tsu - itsu/ãtsu
180	night	mpiu - ãpiu
181	yesterday	ãchuo
182	today	lwobu
183	tomorrow	ukya
184	year	mvula - ãvula
185	good	-vye
186	bad	-bi
187	big	-nini
188	small	-chyẽ
189	long	-la
190	short	-mfyõpfi
191	heavy	-lyõ
192	It's cold	ũpyele asa
193	new	nyoru
194	thing	iloo - iloo
195	me	mie
196	you	uwe
197	us	biabie
198	you pl.	bie
199	who	nna
200	what	ima

Ndonga

1	head	omutse - omitse
2	hair	efufu - omafufu
3	face	oshipala - iipala
4	eye	eho - omeho
5	nose	eyulu - omayulu
6	mouth	okana - omakana
7	tongue	elaka - omalaka
8	tooth	eyego - omayego
9	ear	okutsi - omakutsi
10	neck	othingo - oothingo
11	body	olutu - omalutu
12	shoulder	epepe - omapepe
13	breast	egundji - omagundji
14	back	ombuda - oombuda
15	buttock	etako - omatako
16	arm	okwako - omayako
17	finger	onyala - oonyala
18	nail	oshipanyala - iipanyala
19	leg	okugulu - omagulu
20	bone	esipa - omasipa
21	blood	ombinzi - oombinzi
22	heart	omutima - omitima
23	liver	ehuli - omahuli
24	tears	ehodhi - omahodhi
25	spittle	eyeye - omayeye
26	to see	okumona
27	to look for	okukonga
28	to hear	okuuva
29	wound	oshilalo - iilalo
30	to vomit	okukunga
31	to be tired	okuvulwa
32	to become well	okupangwa
33	medicineman	onganga - oonganga
34	clothes	ohema - oohema
35	to wear	okuzala
36	to wash	okuyoga
37	to spread to dry	okuyaneka
38	to sew	okuhondja
39	salt	omongwa - oomongwa
40	oil	omagadhi
41	to cook	okuteleka
42	to roast	okuyotha
43	to eat	okulya
44	to drink	okunwa
45	to become hungry	okusa ondjala
46	to become rotten	okuwola
47	house	egumbo - omagumbo
48	to build	okutunga
49	to shut	okupata
50	to sweep	okukomba
51	father	tate - ootate
52	mother	meme - oomeme
53	child	okaana - uunona
54	husband	omusamane - aasamane
55	wife	omukulukadhi - aakulukadhi
56	to bear	okuvala, okumona
57	name	edhina - omadhina
58	to grow up	okukoka
59	person	omuntu - aantu
60	to die	okusa
61	dog	ombwa - oombwa
62	to bite	okulumata
63	cattle	ongombe - oongombe
64	pig	oshingulu - iingulu
65	goat	oshikombo - iikombo
66	animal	oshinamwenyo - iinyamwenyo
67	lion	onkoshi - oonkoshi
68	elephant	ondjamba - oondjamba
69	hippopotamus	ondjambamenya - oondjambamenya
70	tail	omushila - omishila
71	spear	egonga - omagonga
72	trap	omwiigo - oomwiigo
73	meat	onyama - oonyama
74	snake	eyoka - omayoka
75	crocodile	ongandu - oongandu
76	frog	efuma - omafuma
77	fish	ohi - oohi
78	bird	okadhila - uudhila
79	chicken	ondjuhwa - oondjuhwa
80	egg	eyi - omayi
81	to fly	okutuka
82	bee	onyushi - oonyushi
83	mosquito	omwe - oomwe
84	fly	ondhi - oondhi
85	tree	omuti - omiti
86	branch	oshitai - iitai
87	leaf	efo - omafo
88	seed	ontsi - oontsi, ombuto - oombuto
89	root	omudhi - omidhi
90	to cultivate	okulima
91	hoe	etemo - omatemo
92	to sleep	okukotha
93	dream	ondjodhi - oondjodhi
94	to wake up	okupenduka
95	to stand up	okuthikama
96	to sit down	okukuutumba
97	to go	okuya
98	to come	okugaluka
99	to enter	okuyamo
100	to come out	okuzamo

101	to arrive	okuthika
102	to pass	okupita, okupitilila
103	path	ondjila - oondjila
104	axe	ekuya - omakuya
105	fire	omulilo - omililo
106	ashes	omutoko - omitoko
107	smoke	olwiithi - omalwiithi
108	to burn	okupya, okufikwa
109	to extinguish	okudhima
110	firewood	oshikuni - iikuni
111	water	omeya
112	to become dry	okukukuta
113	to say	okutya
114	to call	okwiithana
115	to question	okupula
116	to teach	okulonga
117	to play	okudhana
118	to sing	okwiimba
119	drum	ongoma - oongoma, ontunda - oontunda
120	to throw	okuumba, okudhaadhiga
121	to abuse	okutuka, okutukana
122	to strike	okuguma okudhenga
123	to give	okugandja
124	to steal	okuyaka
125	guest	omuyenda - aayenda, omuyeni - aayeni
126	to wait	okutegelela
127	to kill	okudhipaga
128	to laugh	okuyola
129	to weep	okulila
130	to like	okuhola
131	to fear	okutila
132	to forget	okudhimbwa
133	one	yimwe
134	two	mbali
135	three	ndatu
136	four	ne
137	five	ntano
138	ten	omulongo
139	many	-indji
140	all	-ihe
141	God	kalunga
142	to drop	okugwila
143	to pick up	okutoola
144	to bring	okweeta
145	to put	okutulapo
146	to hide	okuholeka
147	to pull	okunana
148	to push	okuundula
149	to tie a knot	okumanga
150	to untie	okumangulula
151	to bend	okugonya
152	to cut	okuteta
153	to snap	okuteya
154	to tear	okutuula
155	up	pule, kombanda
156	down	pevi
157	inside	meni
158	outside	kondje
159	red	-tiligane
160	white	-tokele
161	black	-luuthe
162	sun	etango
163	moon	omwedhi
164	star	onyothi - oonyothi
165	cloud	oshikogo - iikogo
166	rain	omvula
167	wind	ombepo - oombepo
168	mountain	ondundu - oondundu
169	forest	okuti - omakuti
170	river	omulonga - omilonga
171	to sink	okuningina
172	to cross	okutaaguluka
173	to swim	okuyoga, okumbwinda
174	ground	evi - omavi
175	stone	emanya - omamenya
176	soil	evi - omavi
177	hole	elambo - omalambo, okwena - omakwena
178	to bury	okufumvika
179	day	esiku - omasiku
180	night	uusiku
181	yesterday	ohela
182	today	nena
183	tomorrow	ongula
184	year	omvula - oomvula
185	good	nawa
186	bad	nayi
187	big	-nene
188	small	-shona
189	long	-le
190	short	-fupi
191	heavy	-dhigu
192	It's cold	okwatalala, okuna uutalala
193	new	-pe
194	thing	oshinima - iinima
195	me	ngaye
196	you	ngoye
197	us	tse
198	you pl.	ne
199	who	olye
200	what	shike

Ngombe

1	head	molo - melo	51	father	sesa - basesa
2	hair	moswe - miswe	52	mother	inga - binga
3	face	boso	53	child	mwana - bana
4	eye	diso - miso	54	husband	momi - bami
5	nose	danga - manga	55	wife	mwali - bali
6	mouth	monoko - minoko	56	to bear	bobota
7	tongue	yemi - yemi	57	name	kombe - kombe
8	tooth	dino - mino	58	to grow up	bokandoa
9	ear	itoi - matoi	59	person	moto - bato
10	neck	doli - moli	60	to die	bogwa
11	body	mokuku - mikuku	61	dog	mbwa - mbwa
12	shoulder	ilouloku - malouloku	62	to bite	bokokala
13	breast	libee - mabee	63	cattle	ngombo - ngombo
14	back	mokongo -mikongo, dibeke - mabeke	64	pig	ngulu - ngulu
			65	goat	kambeli - kambeli
15	buttock	linoko - manoko	66	animal	tito - tito
16	arm	ebo - bibo	67	lion	kosi - kosi
17	finger	mosapi - misapi	68	elephant	mbongo - mbongo
18	nail	endende - bindende	69	hippopotamus	ngubi - ngubi
19	leg	eko - mako	70	tail	mweya - meya
20	bone	mokuwa - mikuwa	71	spear	mosuki - misuki, ikongo - makongo
21	blood	makiya			
22	heart	molema - milema	72	trap	nduka - nduka
23	liver	ibae - mabae	73	meat	muni - mini
24	tears	mbisoli	74	snake	njo - njo
25	spittle	masoi	75	crocodile	koli - koli
26	to see	boene, bene	76	frog	mombemba - mbemba
27	to look for	boduka	77	fish	moswi - swi
28	to hear	booka	78	bird	mbulu - mbulu
29	wound	pola	79	chicken	koko - koko
30	to vomit	bokanga	80	egg	lito - mato
31	to be tired	bolekoo	81	to fly	bopumbwa
32	to become well	bohela	82	bee	mopoki - mipoki
			83	mosquito	ngungu - ngungu
33	witchdoctor	nganga keta	84	fly	mongii - ngii
34	clothes	esenja - bisenja	85	tree	mole - mele
35	to wear	bolwa	86	branch	etape - bitape
36	to wash	bosasa	87	leaf	kasa - kasa
37	to spread to dry	boenea, benea	88	seed	molema - milema ? mbuma - mbuma ?
38	to sew	bosono			
39	salt	monana, mokwa	89	root	cina - cina
40	oil	mune	90	to cultivate	boona
41	to cook	bokalea	91	hoe	kongo - kongo
42	to roast	boololo	92	to sleep	bowee, bosama
43	to eat	boya	93	dream	njoci - njoci
44	to drink	bomwa	94	to wake up	bosiswa
45	to become hungry	booka njaa	95	to stand up	boda diko
			96	to sit down	bodaa
46	to become rotten	bopoo	97	to go	bokee
47	house	ndako - ndako, yoka - yoka	98	to come	bodua
			99	to enter	boingea, bingea
			100	to come out	boimana, bimana
48	to build	bopika			
49	to shut	bodipa			
50	to sweep	boombo			

101	to arrive	boimea, bimea
102	to pass	bono̱o̱
103	path	njia - njia
104	axe	epondo - bipondo
105	fire	mosa - mesa
106	ashes	mohulu - mihulu
107	smoke	modidi - mididi
108	to burn	bobwana
109	to extinguish	bodimea
110	firewood	lesa - besa
111	water	madiba
112	to become dry	bokoka
113	to say	bobala
114	to call	bobea
115	to question	boho̱jo̱ motuna
116	to teach	boteya
117	to play	bopola
118	to sing	boemba, bemba
119	drum	mbonda - mbonda, mongungu - mingungu
120	to throw	bomaa
121	to abuse	bosinga
122	to strike	boboma
123	to give	bopa
124	to steal	boiba, biba
125	guest	moke̱nde̱li - bake̱nde̱li
126	to wait	bombaa
127	to kill	boowa
128	to laugh	bose̱ke̱
129	to weep	bogama
130	to like	bopala
131	to fear	boda na obangi
132	to forget	bobosaa
133	one	emoci
134	two	ibae
135	three	isato
136	four	inei
137	five	itano
138	ten	domi
139	many	-ike
140	all	-susu
141	God	akongo, njakomba
142	to drop	bokwa(a)
143	to pick up	bondo̱o̱
144	to bring	boolwe̱, bolwe̱
145	to put	boisa, bisa
146	to hide	bobomba
147	to pull	bogbula
148	to push	bolinda
149	to tie a knot	bocingea
150	to untie	bonangoa
151	to bend	bogumba
152	to cut	bolena
153	to snap	bobuka
154	to tear	bokala
155	up	diko
156	down	cina
157	inside	otei
158	outside	sokolu
159	red	-kpetu
160	white	-pu
161	black	-indu
162	sun	modika busa
163	moon	songe
164	star	monjo̱to̱ - minjo̱to̱, njo̱to̱
165	cloud	ipata - mapata
166	rain	mbua
167	wind	mope̱pe̱ - mipe̱pe̱
168	mountain	ngomba - ngomba
169	forest	mokonda - mikonda
170	river	dua - dua, mongala - mingala
171	to sink	bodinda
172	to cross	boleka
173	to swim	boboma madiba, bokweya
174	ground	kpo̱to̱
175	stone	itai - matai
176	soil	kpo̱to̱
177	hole	idusu - madusu
178	to bury	bopusea
179	day	busa
180	night	bulu
181	yesterday	mo̱ko̱
182	today	busaabu
183	tomorrow	puma
184	year	yanga, mbua
185	good	-pele
186	bad	-be
187	big	-ne̱ne̱, -beka
188	small	-ke̱ke̱, -lungu
189	long	-yai
190	short	-kue
191	heavy	manji
192	It's cold	pio̱ edii
193	new	yeene, masika
194	thing	eka - leka
195	me	mbai
196	you	we̱
197	us	iso
198	you pl.	ino
199	who	ndani
200	what	ye

Ngwato

#	English	Ngwato
1	head	thogo – dithogo
2	hair	moriri – meriri
3	face	sefathego – difathego
4	eye	leitho – matho
5	nose	nko – dinko
6	mouth	molomo – melomo, legano – magano
7	tongue	leleme – maleme
8	tooth	leino – meno
9	ear	tsebe – ditsebe
10	neck	molala – melala
11	body	mmele – mebele
12	shoulder	legeta – mageta
13	breast	lebele – mabele
14	back	mokwata – mekwata
15	buttock	lerago – marago
16	arm	lebogo – mabogo, letsogo – matsogo
17	finger	monwana – menwana
18	nail	lenala/lonala – manala
19	leg	leoto – maoto
20	bone	lerapo – marapo
21	blood	madi
22	heart	pelo – dipelo
23	liver	sebete – dibete
24	tears	keledi – dikeledi
25	spittle	mathe
26	to see	gobona
27	to look for	gobata
28	to hear	goutwa
29	wound	ntho – dintho
30	to vomit	gokgwa, gothatsa
31	to be tired	golapa
32	to become well	goalahiwa
33	witchdoctor	ngaka ya moloi – dingaka tsa moloi
34	clothes	seaparo – diaparo
35	to wear	goapara
36	to wash	gothatswa
37	to spread to dry	goanega
38	to sew	goroka
39	salt	letswai
40	oil	mafura
41	to cook	goapaya
42	to roast	gobesa
43	to eat	goja
44	to drink	gonwa
45	to become hungry	gotshwarwa ke tala
46	to become rotten	gobola
47	house	ntu – dintu
48	to build	goaga
49	to shut	gotswala
50	to sweep	goheela
51	father	ntate – bontate, rra
52	mother	mmaa – bommaa, mme
53	child	ngwana – bana
54	husband	monna – banna
55	wife	mosadi – basadi
56	to bear	gobelega, gotshola
57	name	leina – maina
58	to grow up	gogola
59	person	motho – batho
60	to die	goswa
61	dog	ntsa – dintsa
62	to bite	goloma
63	cattle	kgomo – dikgomo
64	pig	kolobe – dikolobe
65	goat	podi – dipodi
66	animal	phologolo – diphologolo
67	lion	tau – ditau
68	elephant	tou – ditou
69	hippopotamus	kubu – dikubu
70	tail	mogata – megata
71	spear	lerumo – marumo
72	trap	selaga – dilaga
73	meat	nama – dinama
74	snake	noga – dinoga
75	crocodile	kwena – dikwena
76	frog	segogwane – digogwane
77	fish	thapi – dithapi
78	bird	nonyane – dinonyane
79	chicken	koko – dikoko
80	egg	lee – mae
81	to fly	gohoha
82	bee	notshe – dinotshe
83	mosquito	monang – menang
84	fly	ntsi – dintsi
85	tree	sethare – dithare
86	branch	kala – dikala
87	leaf	lethare – mathare
88	seed	peo – dipeo
89	root	modi – medi
90	to cultivate	golema, gothagola
91	hoe	mogoma – megoma
92	to sleep	gorobala
93	dream	toro – ditoro
94	to wake up	gotsoga
95	to stand up	goema
96	to sit down	gonna
97	to go	gotsamaya
98	to come	gota
99	to enter	gotsena
100	to come out	gotswa

101	to arrive	gọhitha, gọgọroga
102	to pass	gọhẹta
103	path	tsẹla - ditsẹla
104	axe	sẹlepe - dilepe
105	fire	mọlẹlo - mẹlẹlo
106	ashes	mọlora - mẹlora
107	smoke	mọsi - mẹsi
108	to burn	gọša
109	to extinguish	gọtima
110	firewood	lẹgọng - dikgọng
111	water	metsi
112	to become dry	gọoma
113	to say	gọbua
114	to call	gọbitsa
115	to question	gọbọtsa
116	to teach	gọruta
117	to play	gọtshamẹka
118	to sing	gọopela
119	drum	mọropa - mẹropa
120	to throw	gọtika
121	to abuse	gọsọta
122	to strike	gọšapa
123	to give	gọneela
124	to steal	gọutswa
125	guest	mọeng - baeng
126	to wait	gọlẹtela, gọemela
127	to kill	gọbọlaya
128	to laugh	gọtshega
129	to weep	gọlẹla
130	to like	gọrata
131	to fear	gọbọifa
132	to forget	gọlẹbala
133	one	bọngwe
134	two	bọbedi
135	three	bọrarọ
136	four	bọne
137	five	bọthanọ
138	ten	lẹsọme
139	many	-ntsi
140	all	-othe
141	God	mọdimọ - badimọ
142	to drop	gọwa
143	to pick up	gọsela, gọnopọla
144	to bring	gọtisa
145	to put	gọbaya
146	to hide	gọhitha
147	to pull	gọgoga
148	to push	gọkgarametsa
149	to tie a knot	gọboha
150	to untie	gọbohọlọla
151	to bend	gọoba
152	to cut	gọsẹga, gọkgaọla
153	to snap	gọrọbaganya
154	to tear	gọkgarọla
155	up	gọdimọ
156	down	kwa tasẹ
157	inside	mọteng
158	outside	kwa nte
159	red	-hibidu
160	white	-sweu
161	black	-ntshọ
162	sun	lẹtsatsi
163	moon	kwẹdi
164	star	naledi - dinaledi
165	cloud	lẹru - maru
166	rain	pula
167	wind	phẹho - diphẹho
168	mountain	thaba - dithaba
169	forest	sẹkgwa - dikgwa
170	river	noka - dinoka
171	to sink	gọnwela
172	to cross	gọtọla
173	to swim	gọtunka
174	ground	ha hatshẹ
175	stone	lẹntswe - mantswe
176	soil	mmu
177	hole	mọsima - mẹsima
178	to bury	gọhitha
179	day	lẹtsatsi - matsatsi/malatsi
180	night	bọsigọ - masigọ
181	yesterday	maabanẹ
182	today	gọmpiẹnọ
183	tomorrow	kamọso
184	year	ngwaga - dingwaga
185	good	gọsiama
186	bad	gọsasiama
187	big	-gọlọ, -tọna
188	small	-nyẹnyanẹ, -nnyẹ
189	long	-tẹlele
190	short	-khutshwanẹ
191	heavy	bọkẹtẹ
192	It's cold	gọtsididi
193	new	-tšha
194	thing	sẹlo - dilo
195	me	nna
196	you	wena
197	us	rọna
198	you pl.	lọna
199	who	mang
200	what	ẹng

Nilamba

1	head	tyue - matue
2	hair	lutumbi - ntumbi
3	face	usiu - usiu
4	eye	liiso - miiso
5	nose	mpula - mpula
6	mouth	mulomo - milomo
7	tongue	lulimi - ndimi
8	tooth	liino - miino
9	ear	kutui - akutui
10	neck	nkingo - nkingo
11	body	mwili - myili
12	shoulder	yega - maega
13	breast	yelele - maelele
14	back	mugongo - migongo
15	buttock	tyako - matako
16	arm	mukono - mikono
17	finger	luala - nzala
18	nail	lukulukulu - nkulukulu
19	leg	mugulu - migulu
20	bone	kyupa - makupa
21	blood	megali
22	heart	nkolo - nkolo
23	liver	tyima - matima
24	tears	lusholi - mesholi
25	spittle	mati
26	to see	kulaaa, kulaawa
27	to look for	kuduuma
28	to hear	kuigia, kukigulia
29	wound	nkonko - nkonko
30	to vomit	kulyuka
31	to be tired	kukyatala
32	to become well	kukyama
33	witchdoctor	muganga - aganga
34	clothes	ntiila - ntiila
35	to wear	kujaala
36	to wash	kupua
37	to spread to dry	kuyaanika
38	to sew	kutyuma
39	salt	mulenge - milenge
40	oil	makuta
41	to cook	kuluga
42	to roast	kuyaashia
43	to eat	kulia
44	to drink	kukyopa
45	to become hungry	kukyolwa nzala
46	to become rotten	kuyola
47	house	numba - numba
48	to build	kujenga
49	to shut	kushookia
50	to sweep	kupyagula
51	father	tata - atata
52	mother	maau - amaau
53	child	mwana - aana
54	husband	mugoosia - agoosia
55	wife	musungu - asungu
56	to bear	kulela
57	name	liina - miina
58	to grow up	kukyula
59	person	muntu - antu
60	to die	kukia
61	dog	mbua - mbua
62	to bite	kulyuma
63	cattle	ng'ombe - ng'ombe
64	pig	nguluma - nguluma
65	goat	mbuli - mbuli
66	animal	nimu - nimu
67	lion	nsimba - nsimba
68	elephant	nzogu - nzogu
69	hippopotamus	kibooko - kibooko
70	tail	mukila - mikila
71	spear	ndilima - ndilima
72	trap	mutego - mitego
73	meat	nama
74	snake	nzoka - nzoka
75	crocodile	mbulu - mbulu
76	frog	ntundu - ntundu
77	fish	nsii - nsii
78	bird	noni - noni
79	chicken	nkuku - nkuku
80	egg	gi - magi
81	to fly	kupuputa
82	bee	nzuki - nzuki
83	mosquito	mbu - mbu
84	fly	nsagi - nsagi
85	tree	kyota - makota
86	branch	lutambi - ntambi
87	leaf	lyuka - maluka
88	seed	mbeu - mbeu
89	root	muli - mili
90	to cultivate	kulima
91	hoe	gyembe - magembe
92	to sleep	kugyona
93	dream	ndooti
94	to wake up	kulyaila
95	to stand up	kuyimika
96	to sit down	kukikala nsa
97	to go	kulyongola
98	to come	kuiza
99	to enter	kuingila
100	to come out	kupuna

101	to arrive	kupika
102	to pass	kukila
103	path	nzila - nzila
104	axe	mpoopo - mpoopo
105	fire	mooto - myoto
106	ashes	mau
107	smoke	lyuki
108	to burn	kupia
109	to extinguish	kudibia
110	firewood	lukui - nkui
111	water	maazi
112	to become dry	kuyuma
113	to say	kutyambula
114	to call	kuyita
115	to question	kukyoloia
116	to teach	kumania
117	to play	kuina, kukisega
118	to sing	kuimba
119	drum	ngoma - ngoma
120	to throw	kugyuma
121	to abuse	kutyukila
122	to strike	kukyua
123	to give	kupyeela
124	to steal	kuiya
125	guest	mugenda - agenda
126	to wait	kulindila
127	to kill	kuyulaga
128	to laugh	kusheka
129	to weep	kulila
130	to like	kulyoogwa
131	to fear	kuyoopoka
132	to forget	kuyiwa
133	one	kamui
134	two	kabili
135	three	katatu
136	four	kanii
137	five	kataano
138	ten	kyumi
139	many	-ingi
140	all	swee, tulu -ensi
141	God	nzua
142	to drop	kugyua
143	to pick up	kushola
144	to bring	kulyeeta
145	to put	kutyuula
146	to hide	kupisa
147	to pull	kuluta
148	to push	kugyuma, kushukuma
149	to tie a knot	kulindika
150	to untie	kulindukula
151	to bend	kukyunda, kupyeta
152	to cut	kutyema
153	to snap	kuuna
154	to tear	kutyandula
155	up	kyania
156	down	pansi
157	inside	mukati
158	outside	kunzi
159	red	-kasuku
160	white	-elu
161	black	-ilu
162	sun	mpasu
163	moon	mweli
164	star	nsonda - nsonda
165	cloud	lyunde - malunde
166	rain	mbula
167	wind	nzega
168	mountain	mulima - milima
169	forest	shaka - masaka
170	river	mongo - myongo
171	to sink	kunumila
172	to cross	kupuuta
173	to swim	kutyuila
174	ground	nsi
175	stone	gyue - mague
176	soil	ulongo
177	hole	lyindi - malindi
178	to bury	kutiniila
179	day	lutondo - ntondo
180	night	utiku
181	yesterday	gyulo
182	today	nantende
183	tomorrow	mudaau
184	year	mwaka - myaka
185	good	-iza
186	bad	-bi
187	big	-kulu
188	small	-do
189	long	-liipu
190	short	-kupi
191	heavy	-luto
192	It's cold	mpepo
193	new	-pia
194	thing	kintu - intu
195	me	ine
196	you	uwe
197	us	ishe
198	you pl.	inye
199	who	waani
200	what	kyani

Nkoya

1	head	mutwe - mitwe
2	hair	luhuki - huki
3	face	lupala - thimpala
4	eye	jiho - miho
5	nose	muthulu - mithulu
6	mouth	kanwa - tunwa
7	tongue	lulimi - ndimi
8	tooth	liyewe/jiyewe - mayewe
9	ear	jitu - matu
10	neck	mukoshi - mikoshi
11	body	lutu - nyutu/thinyutu
12	shoulder	shifuthi - bifuthi
13	breast	jibele - mabele
14	back	mongo - myongo
15	buttock	jitako - matako
16	arm	jiboko - maboko
17	finger	munwe - minwe
18	nail	jinyala/linyala - manyala
19	leg	jiwulu - mawulu
20	bone	shifupa - bifupa
21	blood	muketha
22	heart	mutima - mitima
23	liver	jilenda - malenda
24	tears	mihothi
25	spittle	mate
26	to see	kumona
27	to look for	kushinga
28	to hear	kuyuvwa
29	wound	shitombo - bitombo, mbongola - mbongola
30	to vomit	kuluka
31	to be tired	kukwanga
32	to become well	kupinduka
33	witchdoctor	nganga - banganga
34	clothes	byakuvwala
35	to wear	kuvwala
36	to wash	kuyowesha, kukwita
37	to spread to dry	kuyanika
38	to sew	kutunga
39	salt	mushele
40	oil	mathi
41	to cook	kuteleka
42	to roast	kuyoha
43	to eat	kuja, kulya
44	to drink	kunwa
45	to become hungry	kufwa nthala
46	to become rotten	kubola
47	house	jitala - matala
48	to build	kutunga, kutenda
49	to shut	kushinka
50	to sweep	kukomba
51	father	batate
52	mother	bamawa, bamanji
53	child	kanuke - twanuke/batwanuke mwana - bana
54	husband	kajitunga - bakajitunga, mulume - balume
55	wife	mukokwa - bakokwa, mukathi - bakathi
56	to bear	kubeleka
57	name	jithina - mathina
58	to grow up	kukula
59	person	muntu - bantu
60	to die	kufwa
61	dog	kawa - tuwa/batuwa
62	to bite	kuhuma
63	cattle	ngombe - thingombe
64	pig	ngulube - thingulube/bangulube
65	goat	mpongo - thimpongo/bampongo
66	animal	kayamana - tuyamana
67	lion	shimbwi - bimbwi
68	elephant	nthovu - banthovu
69	hippopotamus	mvubu - bamvubu
70	tail	mushila - mishila
71	spear	mubengo - mibengo
72	trap	kanyimbwa - tunyimbwa, mupeto - mipeto, shijiba - bijiba, kakola - tukola
73	meat	nyama
74	snake	jiyoka - mayoka
75	crocodile	ngandu - bangandu
76	frog	jimbotwe - mambotwe
77	fish	yinchi - thinchi
78	bird	kayoni - tuyoni
79	chicken	huhwa - bahuhwa
80	egg	jingi - mangi
81	to fly	kumbululuka
82	bee	mpuka - bampuka
83	mosquito	lungeningeni - ngeningeni/ thingeningeni
84	fly	lunthinthi - nthinthi
85	tree	mutondo - mitondo
86	branch	mwahi - myahi
87	leaf	jibithi - mabithi
88	seed	mbuto - mbuto
89	root	mupishi - mipishi
90	to cultivate	kujima
91	hoe	jikahu - makahu
92	to sleep	kulala
93	dream	shiloto - biloto
94	to wake up	kutona
95	to stand up	kumama
96	to sit down	kukala, kukonkomana
97	to go	kuya
98	to come	kuitha
99	to enter	kuingina
100	to come out	kututika

101	to arrive	kukuma
102	to pass	kupita, kupitilila, kupitakana
103	path	nthila - thinthila
104	axe	kathembe - tuthembe
105	fire	munjilo
106	ashes	mutoko
107	smoke	wishe
108	to burn	kubanga
109	to extinguish	kuthima
110	firewood	lukuni - nkuni
111	water	mema
112	to become dry	kuyuma
113	to say	kuamba
114	to call	kuhana, kuihana
115	to question	kupula, kuipula
116	to teach	kulongesha
117	to play	kushikana
118	to sing	kumbila, kuimbila
119	drum	ngoma - thingoma
120	to throw	kupuha
121	to abuse	kutukana, kushwaula
122	to strike	kukama, kupuha fwaindi
123	to give	kupana, kupanika
124	to steal	kuyiba
125	guest	muyeni - bayeni
126	to wait	kutatila
127	to kill	kuthiha
128	to laugh	kuhepa
129	to weep	kujila
130	to like	kushinga
131	to fear	kutina
132	to forget	kuvuluma
133	one	shimo
134	two	bibiji
135	three	bihatu
136	four	bina
137	five	mushanu
138	ten	jikumi
139	many	-ingi
140	all	nimwabo
141	God	nyambi
142	to drop	kuwa
143	to pick up	kutola
144	to bring	kuleta
145	to put	kuyaka
146	to hide	kuholeka
147	to pull	kukoka
148	to push	kunyaka
149	to tie a knot	kumanga
150	to untie	kumangulula
151	to bend	kukontamisha
152	to cut	kuketula, kuvutula
153	to snap	kumungula
154	to tear	kutabula
155	up	yilu
156	down	hanchi
157	inside	mukati
158	outside	hantha
159	red	kufubila
160	white	kutuba
161	black	kushipa
162	sun	mutena
163	moon	ngonda
164	star	lunyenye/nyenye - thinyenye
165	cloud	jikumbi - makumbi
166	rain	mvula
167	wind	mpepo
168	mountain	kena - twina
169	forest	jishaka - mashaka
170	river	mushinthi - mishinthi
171	to sink	kuthubila
172	to cross	kuomboka
173	to swim	kuyowa
174	ground	ndoba, hanchi
175	stone	jimanya - mamanya
176	soil	ndoba
177	hole	jiteke - mateke, wina - thiwina
178	to bury	kuvumbika
179	day	mutena - matena
180	night	ushiku
181	yesterday	thona
182	today	lelo
183	tomorrow	thona
184	year	mwaka - myaka
185	good	-wahe
186	bad	-bi
187	big	-nene
188	small	-she
189	long	-taji
190	short	-ipi
191	heavy	-lemu
192	It's cold	kuji mashika
193	new	-pya
194	thing	shuma - byuma
195	me	ami
196	you	obe
197	us	etu
198	you pl.	enu
199	who	yani
200	what	bihi

Nsenga

1	head	mutu - mitu
2	hair	sisi - misisi
3	face	nkhope - nkhope
4	eye	linso - menso
5	nose	mphuno - mphuno
6	mouth	kamwa - makamwa
7	tongue	lulimi - malimi
8	tooth	lino - mino
9	ear	kwatu - matu
10	neck	mukosi - mikosi
11	body	thupi - mathupi
12	shoulder	pewa - mapewa
13	breast	liziḇa - maziḇa
14	back	musana - misana
15	buttock	matako
16	arm	kwanja - maanja
17	finger	cikumo - vikumo
18	nail	njala - njala
19	leg	mwendo - myendo
20	bone	cifupa - mafupa
21	blood	mulopa - milopa
22	heart	mutima - mitima
23	liver	ciwindi - ziwindi
24	tears	misozi
25	spittle	mata
26	to see	kuona
27	to look for	kufunafuna
28	to hear	kumvwa
29	wound	cilonda - vilonda
30	to vomit	kuluka
31	to be tired	kulema
32	to become well	kupola
33	witchdoctor	ng'anga - ng'anga
34	clothes	covwala - zovwala
35	to wear	kuvwala
36	to wash	kucapa
37	to spread to dry	kuyanika
38	to sew	kutunga
39	salt	sauti
40	oil	mafuta, saladi
41	to cook	kupika
42	to roast	kuyoca
43	to eat	kulya
44	to drink	kumwa
45	to become hungry	kumvwa njala
46	to become rotten	kuwola
47	house	ng'anda - mang'anda
48	to build	kumanga
49	to shut	kuvala
50	to sweep	kupyela
51	father	atata, auso, awisi, atate
52	mother	amama, anyoko, anyina, amai
53	child	mwana - ḇana
54	husband	mulume - ḇalume
55	wife	mukazi - ḇakazi
56	to bear	kubala, kuvyala
57	name	zina - mazina
58	to grow up	kukula
59	person	munthu - ḇanthu
60	to die	kufwa
61	dog	imbwa - imbwa
62	to bite	kuluma
63	cattle	ng'ombe - ng'ombe
64	pig	nkhumba - nkhumba
65	goat	mbuzi - mbuzi
66	animal	nyama - nyama
67	lion	nkhalamu - nkhalamu
68	elephant	nzovu - nzovu
69	hippopotamus	mvuu - mvuu
70	tail	mucila - micila
71	spear	mukondo - mikondo
72	trap	mwando - myando
73	meat	nyama
74	snake	njoka - njoka
75	crocodile	ng'wena - ng'wena
76	frog	cule - ḇacule
77	fish	nsomba - nsomba
78	bird	kanyoni - tunyoni, cinyoni - vinyoni
79	chicken	nkhuku - nkhuku
80	egg	zila/lizila - mazila, egesi
81	to fly	kumbululuka
82	bee	njuci - njuci
83	mosquito	uzuzu
84	fly	nchenche - nchenche
85	tree	cimuti - vimiti
86	branch	msambo - misambo
87	leaf	litepo - matepo
88	seed	nsele, mbeu
89	root	muzyu - mizyu
90	to cultivate	kulima
91	hoe	kambwili - tumbwili
92	to sleep	kulala
93	dream	loto - maloto
94	to wake up	kuuka
95	to stand up	kuima
96	to sit down	kunkhala
97	to go	kuyenda, kuya
98	to come	kuwela
99	to enter	kuloḇa
100	to come out	kufuma

101	to arrive	kufwika
102	to pass	kupita
103	path	njila - njila
104	axe	katemo - tutemo
105	fire	mulilo - mililo
106	ashes	milota
107	smoke	cusi
108	to burn	kupya
109	to extinguish	kuzimya
110	firewood	nkhuni - nkhuni
111	water	manzi
112	to become dry	kuyuma
113	to say	kukamba
114	to call	kuita
115	to question	kufunsa
116	to teach	kuphunzisa
117	to play	kusob̲ela
118	to sing	kuimba
119	drum	ngoma - ngoma
120	to throw	kuponya
121	to abuse	kutukana
122	to strike	kunyata
123	to give	kupasa
124	to steal	kuib̲a
125	guest	mulendo - balendo
126	to wait	kulindila
127	to kill	kupaya
128	to laugh	kuseka
129	to weep	kulila
130	to like	kukonda
131	to fear	kuyopa
132	to forget	kulub̲a
133	one	kamozi
134	two	tub̲ili
135	three	tutatu
136	four	tunai
137	five	tusanu
138	ten	khumi
139	many	-ninji
140	all	-onse
141	God	mulungu - milungu
142	to drop	kupona
143	to pick up	kutola
144	to bring	kuleta
145	to put	kuika
146	to hide	kufisa
147	to pull	kudonsa
148	to push	kufwendezya
149	to tie a knot	kumanga
150	to untie	kumangulula
151	to bend	kupeteka
152	to cut	kutenda
153	to snap	kutyola
154	to tear	kutezula
155	up	palulu
156	down	pansi, kunsi, munsi
157	inside	mukati
158	outside	panja, kunja
159	red	kusweta
160	white	kutub̲a
161	black	kufipa
162	sun	zub̲a
163	moon	mwezi
164	star	nyenyezi - tunyenyezi
165	cloud	likumbi - makumbi/vikumbi
166	rain	mvula
167	wind	mphepo
168	mountain	lupili - malupili
169	forest	sanga - masanga
170	river	mmana - mimana
171	to sink	kumbila
172	to cross	kutauka
173	to swim	kunyaya
174	ground	pansi
175	stone	mwala - myala
176	soil	dothi - madothi
177	hole	mugodi - migodi, cilindi - vilindi
178	to bury	kufwikila
179	day	siku - masiku
180	night	usiku
181	yesterday	mailo
182	today	lelo
183	tomorrow	mmawa, mailo
184	year	caka - vyaka
185	good	bwino
186	bad	kuipa
187	big	-kulu
188	small	-toyo
189	long	-tali
190	short	-fupi
191	heavy	kulema
192	It's cold	nikozizila
193	new	-a nyowani
194	thing	cinthu - vinthu
195	me	neo
196	you	weo
197	us	seo
198	you pl.	mweo
199	who	ndani
200	what	ni cani

Ntomba

1	head	motu - metu
2	hair	ibuo - mabuo
3	face	elongi - bilongi
4	eye	liho - maiho
5	nose	moolo - meolo
6	mouth	munya - minya
7	tongue	lolemu - nemu
8	tooth	lino - maino
9	ear	itoi - matoi
10	neck	nkingo - nkingo
11	body	bionge - x
12	shoulder	ipeke - mapeke
13	breast	ibele - mabele
14	back	mokongo - mekongo
15	buttock	ikoto - makoto
16	arm	loboko - maboko
17	finger	mohai - mehai
18	nail	lokala - nkala
19	leg	lokolo - makolo
20	bone	lokua - nkua
21	blood	makila
22	heart	moloko - meloko
23	liver	not found
24	tears	mai ma bilelo, biholi
25	spittle	nsoi
26	to see	nwene
27	to look for	nokomba
28	to hear	nooka
29	wound	mpota - mpota
30	to vomit	nolua
31	to be tired	nolembe
32	to become well	nobika
33	witchdoctor	nkanga - nkanga
34	clothes	etobo - bitobo
35	to wear	noloto
36	to wash	noyakola
37	to spread to dry	notanda
38	to sew	notonga
39	salt	mokwa - mekwa
40	oil	mauta
41	to cook	nolamba
42	to roast	notumba, nolanga
43	to eat	nole
44	to drink	nomina
45	to become hungry	nooka nzala
46	to become rotten	nopondo
47	house	itumba - matumba
48	to build	notonga
49	to shut	nolipa
50	to sweep	noombo
51	father	ihe - baihe, papa - bapapa
52	mother	nyango - banyango, mama - bamama
53	child	ng'ana - bana
54	husband	boome - baome
55	wife	mwali - baali
56	to bear	nobota
57	name	lina - maina
58	to grow up	noula
59	person	motu - batu
60	to die	nowa
61	dog	mbwa - mbwa
62	to bite	nole
63	cattle	ng'ombe - ng'ombe
64	pig	ngulu - ngulu
65	goat	ntaba - ntaba
66	animal	nyama - nyama
67	lion	nkosi - nkosi
68	elephant	nzou - nzou
69	hippopotamus	ngubu - ngubu
70	tail	mwela - miela
71	spear	ikongo - makongo, mohiki - mehiki
72	trap	ilonga - malonga
73	meat	mohuni - mehuni
74	snake	nzo - nzo
75	crocodile	ngando - ngando, lwehe - nsehe
76	frog	kokoko - bakokoko
77	fish	nsi - nsi
78	bird	mpulu - mpulu
79	chicken	nkoko - nkoko
80	egg	mokele - mekele
81	to fly	noumbwa
82	bee	lonzue - nzue
83	mosquito	lobembele - membele
84	fly	ikangi - makangi
85	tree	mote - mete
86	branch	ekoko - bikoko
87	leaf	lokaha - nkaha
88	seed	boopo - maopo
89	root	mokanga - mekanga
90	to cultivate	nohika
91	hoe	lokongo - nkongo
92	to sleep	noongo, nobetama
93	dream	ilendela - malendela
94	to wake up	noumua
95	to stand up	noteleme
96	to sit down	nokia
97	to go	noha
98	to come	noya
99	to enter	notua
100	to come out	nobele

101	to arrive	noiya		151	to bend	noumba
102	to pass	noleka		152	to cut	notenaka
103	path	nzela - nzela		153	to snap	nwatola
104	axe	iyombi - maombi		154	to tear	nwatola
105	fire	tue̱		155	up	loliko
106	ashes	metoko		156	down	nse
107	smoke	molinga - melinga		157	inside	ntei, kati
108	to burn	no̱ye̱ tue̱		158	outside	nanda
109	to extinguish	nolimia		159	red	ngola
110	firewood	lokoni - nkoni		160	white	mpe̱mbe̱
111	water	mai		161	black	nzilo
112	to become dry	nooma		162	sun	inye̱le̱
113	to say	nohanga		163	moon	sanza
114	to call	nobe̱e̱ya		164	star	mo̱oti - mio̱ti
115	to question	noubola		165	cloud	biombi
116	to teach	nolaka		166	rain	mbula
117	to play	nohana		167	wind	epe̱li - bipe̱li
118	to sing	nwemba		168	mountain	ngomba - ngomba
119	drum	lomonda - monda		169	forest	lia - lia
120	to throw	nouha		170	river	moliba - meliba, ebale - bibale
121	to abuse	notua		171	to sink	nolinda
122	to strike	nokula, no̱be̱te̱		172	to cross	nopendia
123	to give	nopa		173	to swim	nonana
124	to steal	noiba		174	ground	lo̱bo̱mbi
125	guest	mowutu - bawutu		175	stone	ibo̱ko - mabo̱ko
126	to wait	nolila		176	soil	lobombi, mabombi
127	to kill	noboma		177	hole	iyuhu - mauhu
128	to laugh	nohe̱ke̱		178	to bury	nokuka
129	to weep	nolela		179	day	boina - maina
130	to like	noonda		180	night	botio - matio
131	to fear	nooka bopo̱lu		181	yesterday	lobi elekaki
132	to forget	noboopela		182	today	le̱lo̱
133	one	o̱mo̱		183	tomorrow	lobi iyaye
134	two	bape		184	year	mbula - mbula
135	three	bahato		185	good	-lo̱ti
136	four	bane̱i		186	bad	-be
137	five	bataano		187	big	-ne̱ne̱
138	ten	liomu		188	small	-ke̱
139	many	ebele		189	long	botale, -ntale
140	all	-nkuma		190	short	boube, -nzube
141	God	nzakomba, nyambe, momba ibanda		191	heavy	bolito, -lito
				192	It's cold	ekela mpi̱o̱
				193	new	sika
142	to drop	nokita		194	thing	yoomba - biomba
143	to pick up	noto̱ng'o̱no̱		195	me	mi
144	to bring	no̱be̱ke̱		196	you	we̱
145	to put	notika		197	us	iyo
146	to hide	nobomba		198	you pl.	inyo
147	to pull	nobenda		199	who	no̱ni
148	to push	nopusa, notindika		200	what	lobobe
149	to tie a knot	nokanga				
150	to untie	nokangola				

Nyakyusa

#	English	Nyakyusa
1	head	u̲ntu̲ - i̲mitu̲
2	hair	u̲lu̲nywili - i̲nywili
3	face	ku̲maso
4	eye	iki̲sige - i̲fisige
5	nose	imbu̲lo - i̲mbu̲lo
6	mouth	u̲ndomo - i̲milomo
7	tongue	u̲lu̲li̲mi - i̲ndi̲mi
8	tooth	i̲liino - amiino
9	ear	imbu̲lu̲ku̲tu̲ - imbu̲lu̲ku̲tu̲
10	neck	u̲mmilo - i̲mimilo
11	body	u̲mbi̲li̲ - i̲mibi̲li̲
12	shoulder	iibeja - amabeja
13	breast	iibeele - amabeele
14	back	i̲nyu̲ma - i̲nyu̲ma
15	buttock	i̲kyi̲ma - i̲fyi̲ma
16	arm	u̲lu̲kongi - i̲ngongi
17	finger	u̲loobe - i̲nyoobe
18	nail	i̲kyala - i̲fyala
19	leg	iki̲lu̲ndi̲ - ifilu̲ndi̲
20	bone	iki̲fupa - i̲fifupa
21	blood	ilopa
22	heart	u̲moojo - x
23	liver	amaini
24	tears	amaasosi
25	spittle	amata
26	to see	u̲ku̲keeta
27	to look for	u̲ku̲londa
28	to hear	u̲ku̲pi̲lika
29	wound	iki̲londa - ifilonda
30	to vomit	u̲ku̲teka
31	to be tired	u̲ku̲katala
32	to become well	u̲ku̲pona
33	witchdoctor	u̲nganga - abaganga
34	clothes	u̲mwenda - i̲myenda
35	to wear	u̲ku̲fwala
36	to wash	u̲ku̲suka
37	to spread to dry	u̲kwanika
38	to sew	u̲ku̲sona
39	salt	u̲mu̲nyu̲
40	oil	amafuta
41	to cook	u̲kupi̲i̲ja
42	to roast	u̲kookya
43	to eat	u̲ku̲lya
44	to drink	u̲kunwa
45	to become hungry	u̲kuja n' i̲njala
46	to become rotten	u̲ku̲bola
47	house	i̲nyu̲mba - i̲nyu̲mba
48	to build	u̲ku̲jenga
49	to shut	u̲kwigala
50	to sweep	u̲ku̲pyagi̲la
51	father	u̲baaba - abobaaba, taata
52	mother	u̲mama - abomama, ju̲u̲ba
53	child	u̲mwana - abaana
54	husband	u̲ndu̲me - abalu̲me
55	wife	u̲nkasi - abakasi
56	to bear	u̲ku̲paapa
57	name	i̲ngamu̲ - i̲ngamu̲
58	to grow up	u̲ku̲ku̲la
59	person	u̲mu̲ndu̲ - abandu̲
60	to die	u̲ku̲fwa
61	dog	i̲mbwa - i̲mbwa
62	to bite	u̲ku̲lu̲ma
63	cattle	ing'ombe - ing'ombe
64	pig	i̲ngu̲lu̲be - i̲ngu̲lu̲be
65	goat	i̲mbene - i̲mbene
66	animal	iki̲nyamaana - ifinyamaana
67	lion	i̲ngalamu - ingalamu
68	elephant	i̲sofu - i̲sofu
69	hippopotamus	ilyaki̲boko - ilyaki̲boko
70	tail	u̲mpeepe - i̲mipeepe
71	spear	i̲ngwego - i̲ngwego
72	trap	u̲ntego - i̲mitego
73	meat	i̲nyama
74	snake	i̲njoka - i̲njoka
75	crocodile	i̲mamba - i̲mamba
76	frog	i̲kyu̲la - i̲fyu̲la
77	fish	i̲samaki - i̲samaki
78	bird	i̲nju̲ni - i̲nju̲ni
79	chicken	i̲ngu̲ku̲ - i̲ngu̲ku̲
80	egg	iifumbi - amafumbi
81	to fly	u̲ku̲pu̲lu̲luka
82	bee	i̲nju̲ki - i̲nju̲ki
83	mosquito	i̲mbwele - i̲mbwele
84	fly	i̲mbwele - i̲mbwele
85	tree	u̲mpiki - i̲mipiki
86	branch	iitawi - amatawi
87	leaf	i̲lyani - amaani
88	seed	i̲mbeju̲ - i̲mbeju̲
89	root	u̲nsi - i̲mi̲si
90	to cultivate	u̲ku̲li̲ma
91	hoe	iku̲mbu̲lu̲ - amaku̲mbu̲lu̲
92	to sleep	u̲kugona u̲tulo
93	dream	i̲ngosi
94	to wake up	u̲ku̲sumu̲ka
95	to stand up	u̲kwi̲ma
96	to sit down	u̲ku̲tu̲u̲gala
97	to go	u̲ku̲bu̲u̲ka
98	to come	u̲kwisa
99	to enter	u̲kwingi̲la
100	to come out	u̲ku̲sooka

101	to arrive	ukufika
102	to pass	ukukinda
103	path	injila - injila
104	axe	indwanga - indwanga
105	fire	umooto - imyoto
106	ashes	unfwandilo - imifwandilo
107	smoke	ilyosi
108	to burn	ukupya
109	to extinguish	ukusimya
110	firewood	ulubabu - imbabu
111	water	amiisi
112	to become dry	ukuuma
113	to say	ukujoba
114	to call	ukukoolela
115	to question	ukulaluusya
116	to teach	ukumanisya
117	to play	ukukina
118	to sing	ukwimba
119	drum	ingoma - ingoma, ipelekete - ipelepete
120	to throw	ukutaaga
121	to abuse	ukutuka
122	to strike	ukukoma
123	to give	ukupa
124	to steal	ukuhiija
125	guest	unheesya - abaheesya
126	to wait	ukuguulila
127	to kill	ukugoga
128	to laugh	ukuseka
129	to weep	ukulila
130	to like	ukugana
131	to fear	ukutiila
132	to forget	ukwibwa
133	one	jimo
134	two	ibili
135	three	itatu
136	four	ina
137	five	ihaano
138	ten	kalongo
139	many	-ingi
140	all	-osa
141	God	kyala
142	to drop	ukusatuka
143	to pick up	ukusala
144	to bring	ukutwala
145	to put	ukubika
146	to hide	ukufisa
147	to pull	ukukwaba
148	to push	ukuguta
149	to tie a knot	ukupinya
150	to untie	ukwabula
151	to bend	ukukunja
152	to cut	ukukata, ukumenya
153	to snap	ukukonyola
154	to tear	ukutaalula
155	up	kumwanya
156	down	paasi
157	inside	nkati
158	outside	panja
159	red	-fubilu
160	white	-elu
161	black	-titu
162	sun	iisuba
163	moon	umwesi
164	star	indondwa - indondwa
165	cloud	ibingu - amabingu
166	rain	ifula
167	wind	ubupepo
168	mountain	ikyamba - ifyamba
169	forest	unsitu - x
170	river	ulwesi - inyeesi
171	to sink	ukujongela m'miisi
172	to cross	ukuloboka
173	to swim	ukoogeela, ukusamba
174	ground	paasi
175	stone	ibwe - amabwe
176	soil	umfu
177	hole	ikiina - ifiina
178	to bury	ukusyila
179	day	isiku - amasiku
180	night	pakilo
181	yesterday	mmajolo
182	today	umwisyugu
183	tomorrow	kilabo
184	year	ikyinja - ifyinja
185	good	-nunu
186	bad	-bibi
187	big	-nywamu
188	small	-nandi, -niini
189	long	-tali
190	short	-pimba
191	heavy	-sito
192	It's cold	mbepo
193	new	-pya
194	thing	akandu - utundu
195	me	une
196	you	ugwe
197	us	uswe
198	you pl.	umwe
199	who	jwani
200	what	fiki

Nyala East

#	English	Nyala East
1	head	omuchwe - emichwe
2	hair	efwili
3	face	mumoni
4	eye	emoni - x
5	nose	eliolu - amoolu
6	mouth	omunwa - eminwa
7	tongue	olulimi - enimi
8	tooth	eliino - ameeno
9	ear	esichwi - amachwi
10	neck	ekosi - amakosi
11	body	omubili - emibili
12	shoulder	ebeka - amabeka
13	breast	olubeere - embeere
14	back	omukongo - emikongo
15	buttock	etakho - amatakho
16	arm	omukhono - emikhono
17	finger	oluala - enjala
18	nail	eteche - amateche
19	leg	esilenge - ebilenge
20	bone	esikumba - ebikumba
21	blood	amalasire
22	heart	omuoyo - emioyo
23	liver	esini - amani
24	tears	esika - amasika
25	spittle	amache
26	to see	okhuwona
27	to look for	okhutakhatakha
28	to hear	okhuulila
29	wound	ekonjo - amakonjo
30	to vomit	okhulusa
31	to be tired	okhuluwa
32	to become well	okhuwona, okhusilikhwa
33	witchdoctor	omufumu - abafumu
34	clothes	enguwo - enguwo
35	to wear	okhuifwala
36	to wash	okhufuuya
37	to spread to dry	okhuanikha
38	to sew	okhusoona
39	salt	chumbe
40	oil	amafucha
41	to cook	okhuteekha
42	to roast	okhuwola
43	to eat	okhulia
44	to drink	okhunywa
45	to become hungry	okhuulira enjala
46	to become rotten	okhuwola
47	house	enzu - enju, enyumba - enyumba
48	to build	okhuombakha
49	to shut	okhuikala
50	to sweep	okhueya
51	father	paapa - paapa
52	mother	maama - maama
53	child	omuana - abaana
54	husband	omusaacha - abasaacha
55	wife	omukhasi - abakhasi
56	to bear	okhuiula
57	name	eliicha - ameecha
58	to grow up	okhukhula
59	person	omunju - abanju
60	to die	okhufwa
61	dog	embwa - embwa
62	to bite	okhuluma
63	cattle	eng'ombe - eng'ombe
64	pig	enguruwe - enguruwe
65	goat	embusi - embusi
66	animal	esolo - esolo
67	lion	esimba - esimba
68	elephant	enjofu - enjofu
69	hippopotamus	efuu - efuu
70	tail	omukhila - emikhila
71	spear	efumo - efumo
72	trap	omuteeko - emiteeko
73	meat	enyama
74	snake	enjukha - enjukha
75	crocodile	ekuena - amakuena
76	frog	ekhere - amakhere
77	fish	eng'eeni - x
78	bird	enyuni - enyuni
79	chicken	engokho - engokho
80	egg	euyu - amauyu
81	to fly	okhupurukha
82	bee	enjukhi - enjukhi
83	mosquito	esing'eng'e - ebing'eng'e
84	fly	esi - esi
85	tree	omusaala - emisaala
86	branch	esaka - amasaka
87	leaf	esaafu - amasaafu
88	seed	olumwo - emwo, olumiicho - emiicho
89	root	omusi - emisi
90	to cultivate	okhulima
91	hoe	embako - embako
92	to sleep	okhukona
93	dream	eloocho - amaloocho
94	to wake up	okhuinyokha
95	to stand up	okhuema
96	to sit down	okhuikhala
97	to go	okhuchia
98	to come	okhuicha
99	to enter	okhuingira
100	to come out	okhuchula

101	to arrive	okhuola
102	to pass	okhubicha
103	path	engira - engira
104	axe	eayuwa - eayuwa
105	fire	omuliro - emiliro
106	ashes	ekokhe - amakokhe
107	smoke	eliisi - eliisi
108	to burn	okhuyia
109	to extinguish	okhusimia
110	firewood	olukhwi - ekhwi
111	water	amaachi
112	to become dry	okhuoma
113	to say	okhuwoola
114	to call	okhulanga
115	to question	okhucheeba
116	to teach	okhusoomia
117	to play	okhubaya, okhusola
118	to sing	okhuemba
119	drum	eng'oma - eng'oma
120	to throw	okhutuupa, okhulasa
121	to abuse	okhunyeka
122	to strike	okhukhupa
123	to give	okhuwaana
124	to steal	okhuiba
125	guest	omukeni - abakeni
126	to wait	okhulinda
127	to kill	okhuicha
128	to laugh	okhuchekha
129	to weep	okhulira
130	to like	okhusiima
131	to fear	okhuria
132	to forget	okhuibirira
133	one	ndala
134	two	chibiri
135	three	chitachu
136	four	chinee
137	five	chichaanu
138	ten	kuumi
139	many	-ngi
140	all	-osi
141	God	nyasaaye
142	to drop	okhulakakha, okhukwa
143	to pick up	okhutoola
144	to bring	okhureecha
145	to put	okhuchaao
146	to hide	okhukisa
147	to pull	okhukhwesa, okhufuruta
148	to push	okhusindikha
149	to tie a knot	okhufundikha
150	to untie	okhufundukhulula
151	to bend	okhuinamia
152	to cut	okhukhalaka
153	to snap	okhufunaka
154	to tear	okhuosula
155	up	amukulu
156	down	haasi
157	inside	mukachi
158	outside	erwanyi
159	red	-besemu
160	white	-lafu
161	black	-mali
162	sun	enyanga
163	moon	omuesi
164	star	enyenyeesi - enyenyeesi, eng'ining'ini - eng'ining'ini
165	cloud	eleesi - amaleesi
166	rain	efula
167	wind	omuyeka - emiyeka
168	mountain	esikulu - ebikulu
169	forest	olukaka - engaka, esichakha - ebichakha
170	river	omualo - emialo
171	to sink	okhueyinikha, okhuikha haasi
172	to cross	okhuambukha
173	to swim	okhusoka
174	ground	haasi, khuiloba
175	stone	ekina - amakina
176	soil	eloba - amaloba
177	hole	etikho - amatokha, eliina - ameena, eloo - amaloo
178	to bury	okhuyabira, okhupuuka
179	day	esuku - esuku, olutaalo - endaalo
180	night	musiro - esiro
181	yesterday	mungoloobe
182	today	nyanga ino
183	tomorrow	muchuli
184	year	omuaka - emiaka
185	good	-layi
186	bad	-bi
187	big	-kali
188	small	-tiiti
189	long	-leeyi
190	short	-kutu
191	heavy	-sicho
192	It's cold	sinyichire
193	new	-yaakha
194	thing	esinju - ebinju
195	me	ese
196	you	ewe
197	us	efwe
198	you pl.	enywe
199	who	njaanu
200	what	siinaa

Nyala West

1	head	omurwe - emirwe
2	hair	erifwili
3	face	obueni
4	eye	imoni - ecimoni
5	nose	eriolu - amoolu
6	mouth	omunua - eminua
7	tongue	olurimi - ecindimi
8	tooth	eriino - ameeno
9	ear	okhurui - amarui
10	neck	erikosi - amakosi
11	body	omubiri - emibiri
12	shoulder	eribeka - amabeka
13	breast	olubeere - ecimbeere
14	back	omukongo - emikongo
15	buttock	eridakho - amadakho
16	arm	omukhono - emikhono
17	finger	oluala - cinjala
18	nail	eridere - amadere
19	leg	okhukulu - amakulu
20	bone	erikumba - amakumba
21	blood	amacaai, amabanga
22	heart	omuoyo - emioyo
23	liver	esini - ebini
24	tears	erisika - amasika
25	spittle	eriire - amare
26	to see	okhulola
27	to look for	okhukoonya
28	to hear	okhuulira
29	wound	erikonjo - amakonjo
30	to vomit	okhusala
31	to be tired	okhujoong'a
32	to become well	okhuona
33	witchdoctor	omuresi - abaresi
34	clothes	ingubo - cingubo
35	to wear	okhuefuala
36	to wash	okhufuya
37	to spread to dry	okhuanikha
38	to sew	okhusona
39	salt	omuunyu
40	oil	amafura
41	to cook	okhudeekha
42	to roast	okhusamba
43	to eat	okhuria
44	to drink	okhung'ua
45	to become hungry	okhuulira injala, okhulumua ne injala
46	to become rotten	okhubola
47	house	inju - cinju, inyumba - cinyumba
48	to build	okhuimbakha
49	to shut	okhuikala
50	to sweep	okhueya
51	father	baaba, laara - baalaara
52	mother	maama, maao, ng'ina - baang'ina
53	child	omuana - abaana
54	husband	omusaaca - abasaaca
55	wife	omukhasi - abakhasi
56	to bear	okhuibula, okhuekhoonya
57	name	eliira - ameera
58	to grow up	okhukhula
59	person	omundu - abandu
60	to die	okhufua
61	dog	imbwa - ecimbwa
62	to bite	okhuluma
63	cattle	ing'ombe - cing'ombe
64	pig	ingurue - cingurue
65	goat	imbusi - cimbusi
66	animal	isolo - ciisolo
67	lion	isimba - cisimba
68	elephant	injofu - cinjofu
69	hippopotamus	ifubu - cifubu
70	tail	omukhira - emikhira
71	spear	erifumo - amafumo, omuuma - emiuma
72	trap	omuteego - emiteego
73	meat	inyama - ciinyama
74	snake	injukha - cinjukha
75	crocodile	iguena - ciguena
76	frog	elikhere - amakhere
77	fish	ing'eeni - cing'eeni
78	bird	eriyoni - amayoni
79	chicken	ingokho - cingokho
80	egg	eriiki - amaki
81	to fly	okhuburukha
82	bee	injukhi - cinjukhi
83	mosquito	isuna - ciisuna
84	fly	isiye - cisiye
85	tree	omusaala - emisaala
86	branch	erisaga - amasaga
87	leaf	erisaafu - amasaafu
88	seed	olufua, obufua
89	root	omusi - emisi
90	to cultivate	okhulima
91	hoe	imbako - cimbako
92	to sleep	okhukona
93	dream	amalooro
94	to wake up	okhusimukha, okhubuukha
95	to stand up	okhuema
96	to sit down	okhuikhala
97	to go	okhucia
98	to come	okhuica
99	to enter	okhuingira
100	to come out	okhurula

101	to arrive	okhuula
102	to pass	okhubira
103	path	ingira - cingira
104	axe	imbaaci - cimbaaci
105	fire	omuliro
106	ashes	erikokhe
107	smoke	omuosi
108	to burn	okhuyia, okhuakha
109	to extinguish	okhusimia
110	firewood	olukhwi - ciikhwi
111	water	amaaci
112	to become dry	okhuuma
113	to say	okhuboola
114	to call	okhulanga
115	to question	okhureeba
116	to teach	okhusomia, okhuekesia
117	to play	okhubaya
118	to sing	okhuimba
119	drum	ing'oma - ciing'oma
120	to throw	okhufuba
121	to abuse	okhunyeka
122	to strike	okhukhuya
123	to give	okhuana, okhuberesia
124	to steal	okhuiba
125	guest	omukeni - abakeni
126	to wait	okhulinda
127	to kill	okhuira
128	to laugh	okhucekha
129	to weep	okhulira
130	to like	okhukheera
131	to fear	okhuria
132	to forget	okhuibirira
133	one	ndala
134	two	chibiri
135	three	chidaru
136	four	chiinee
137	five	chiraanu
138	ten	ekhumi, ciranu na ciraanu
139	many	-ngi, obuloolo
140	all	-osi
141	God	nasaaye
142	to drop	okhukua
143	to pick up	okhudoola
144	to bring	okhureera
145	to put	okhura, okhugeeng'a
146	to hide	okhukisa
147	to pull	okhukhuesa
148	to push	okhusindikha
149	to tie a knot	okhufundikha
150	to untie	okhubolola
151	to bend	okhukodia
152	to cut	okhukhalaka, okhurenya, okhukhenga
153	to snap	okhufunaka
154	to tear	okhurandula
155	up	akulu
156	down	aasi
157	inside	mukari
158	outside	eruanyi
159	red	ranjaai
160	white	-lafu, racaari
161	black	-mari, rateeng'i
162	sun	eriuba
163	moon	omuosi
164	star	ining'ining'ini - cining'ining'ini, ining'ini - cining'ini
165	cloud	erireesi - amareesi
166	rain	ifula
167	wind	omuyaka
168	mountain	olugulu - cingulu
169	forest	esiciimi - ebiciimi
170	river	omualo, oluuci
171	to sink	okhuibira
172	to cross	okhuungukha, okhusuikha, okhuambukha
173	to swim	okhusoka
174	ground	khuuloba
175	stone	erikina - amakina
176	soil	eriloba
177	hole	eriina - ameena
178	to bury	okhuyabira
179	day	inyanga - cinyanga
180	night	esiro - ebisiro
181	yesterday	ekulo
182	today	leero
183	tomorrow	muculi
184	year	omuaka - emiaka
185	good	-layi
186	bad	-bi
187	big	-khongo
188	small	-diidi
189	long	-rambi
190	short	-imbikiri
191	heavy	-siro
192	It's cold	esiaro sinyirire
193	new	-yiakha
194	thing	esindu - ebindu
195	me	esie
196	you	ewe
197	us	efue
198	you pl.	eng'ue
199	who	wiinaa
200	what	siinaa

Nyamwezi

1	head	mtwe - mitwe
2	hair	nzwi̲li̲
3	face	bhu̲shu̲
4	eye	liiso - miiso
5	nose	nindo - nindo
6	mouth	mlomo - milomo
7	tongue	lu̲li̲mi - ndi̲mi
8	tooth	liino - miino
9	ear	ku̲tu̲ - matu̲, ku̲twi/itwi - matwi
10	neck	nhingo - nhingo
11	body	mi̲i̲li̲ - mibhi̲li̲
12	shoulder	ibhega - mabhega
13	breast	noono - noono, ndutu - ndutu
14	back	mgongo - migongo
15	buttock	idako - madako
16	arm	mkono - mikono
17	finger	lyala - maala
18	nail	lyala - maala
19	leg	ku̲gu̲lu̲ - magu̲lu̲
20	bone	iguha - maguha
21	blood	maaninga, mgazi
22	heart	mooyo - myoyo, ng'holo - ng'holo
23	liver	iti̲ma - mati̲ma
24	tears	miisoji
25	spittle	mate
26	to see	ku̲bhona
27	to look for	ku̲choola
28	to hear	kwigwa
29	wound	[illegible] - malonda, [illegible]aadu
30	to vomit	ku̲lu̲ka
31	to be tired	ku̲noga
32	to become well	ku̲pi̲la
33	witchdoctor	mfumu - bhafumu
34	clothes	ng'wenda - myenda, shizwalo
35	to wear	ku̲zwala, kwitinga
36	to wash	ku̲kanza
37	to spread to dry	kwani̲ki̲la
38	to sew	ku̲suma
39	salt	muunhu, muunyu
40	oil	maguta
41	to cook	ku̲zuga
42	to roast	ku̲tiima
43	to eat	ku̲lya
44	to drink	ku̲ng'wa
45	to become hungry	ku̲tuubha, ku̲tama, nzala
46	to become rotten	ku̲bhola, ku̲china, ku̲gunda
47	house	nu̲mba - nu̲mba
48	to build	ku̲zenga
49	to shut	ku̲lugala, ku̲funga
50	to sweep	ku̲pyagu̲la
51	father	bhaabha - bha bhaabha,
52	mother	maayu - bha maayu, noko, niina
53	child	ng'wana - bhaana, kahemba - bhahemba
54	husband	ngoosha - bhagoosha
55	wife	nki̲i̲ma - bhaki̲i̲ma
56	to bear	ku̲bhyala
57	name	liina - miina
58	to grow up	ku̲ku̲la
59	person	mu̲u̲nhu̲ - bhaanhu̲
60	to die	ku̲zimaali̲ka, ku̲botela
61	dog	mbwa - mbwa, mva - mva
62	to bite	ku̲lu̲ma
63	cattle	ng'ombe - ng'ombe
64	pig	ngulubhe - ngulubhe, nhu̲mbe - nhu̲mbe
65	goat	mbu̲li - mbu̲li
66	animal	mtugo - mitugo, nume - nume
67	lion	nshimba - mashimba
68	elephant	mhu̲li̲ - mhu̲li̲
69	hippopotamus	igu̲hbu̲ - magu̲bhu̲, itomombo - matomombo
70	tail	nki̲la/mki̲la - miki̲la
71	spear	ichimu - machimu
72	trap	ntego - mitego
73	meat	nyama
74	snake	nzoka - nzoka
75	crocodile	mamba - mamba
76	frog	chu̲u̲la - chu̲u̲la, danga - danga
77	fish	nsamaaki - nsamaaki
78	bird	noni - noni
79	chicken	ngoko - ngoko
80	egg	igi̲ - magi̲
81	to fly	ku̲lala
82	bee	nzu̲ki̲ - nzu̲ki̲
83	mosquito	mbu̲ - mbu̲
84	fly	ngi - ngi
85	tree	nti̲ - miti̲
86	branch	itambi̲ - matambi̲
87	leaf	idu̲u̲tu̲ - madu̲u̲tu̲
88	seed	mbiyu̲ - mbiyu̲, lu̲begu - mbegu
89	root	mzi - mizi
90	to cultivate	ku̲gundu̲la
91	hoe	igembe magembe, isuka - masuka
92	to sleep	ku̲laala
93	dream	ki̲looti - shilooti
94	to wake up	ku̲miisha
95	to stand up	kwi̲mi̲i̲la, kwi̲ma, ku̲bhu̲u̲ka
96	to sit down	kwigi̲i̲sha, kwikala
97	to go	ku̲ja
98	to come	kwiza, ku̲su̲bha
99	to enter	kwingi̲la
100	to come out	ku̲fuma

101	to arrive	kushika, kufika
102	to pass	kubhita
103	path	nzila - nzila
104	axe	mbasa - mbasa
105	fire	mooto, mulilo
106	ashes	ibhu - mabhu
107	smoke	lyoochi
108	to burn	kupya
109	to extinguish	kuzimya
110	firewood	lukwi - ng'hwi
111	water	minzi
112	to become dry	kuuma
113	to say	kuhaya, kuyomba
114	to call	kwitana
115	to question	kubhuuja
116	to teach	kulanga
117	to play	kwisinya
118	to sing	kwimba
119	drum	ng'oma - ng'oma
120	to throw	kuluuta, kuponya
121	to abuse	kuduka, kudukana
122	to strike	kutula
123	to give	kwing'ha, kupa
124	to steal	kwibha
125	guest	ngeni - bhageni
126	to wait	kulindiila
127	to kill	kubhulaga
128	to laugh	kuseka
129	to weep	kulila
130	to like	kutogwa
131	to fear	koogoha
132	to forget	kwibha, kulabhila
133	one	soolo
134	two	bhiili
135	three	yaatu
136	four	waane
137	five	haano
138	ten	ikumi
139	many	-ingi
140	all	-ose
141	God	nyangabho, mungu, weeleelo, kuubhe, mulumba, bhaabha
142	to drop	kulagala, kugwa
143	to pick up	kulogota
144	to bring	kuleeta
145	to put	kutuula
146	to hide	kubhisa
147	to pull	kuluta
148	to push	kushindika
149	to tie a knot	kutunga
150	to untie	kutungula
151	to bend	kugonda
152	to cut	kubuta, kutina
153	to snap	kubhinza
154	to tear	kutandula
155	up	kwigulya
156	down	haasi
157	inside	mgati, mkaaya
158	outside	hanze
159	red	-za
160	white	-pe
161	black	-pi
162	sun	liimi, lyuubha
163	moon	ng'weji
164	star	nsonda - nsondam
165	cloud	ilunde - malunde
166	rain	mbula
167	wind	nyaga, myaga
168	mountain	lugulu - ngulu
169	forest	ipoolu - mapoolu
170	river	mongo - myongo
171	to sink	kulibhila
172	to cross	kuvuuka, kutina, kukila
173	to swim	koogeela
174	ground	nsi
175	stone	iwe - mawe
176	soil	bhulongo
177	hole	ishimo - mashimo, ipundu - mapundu
178	to bury	kujiika
179	day	lusiku - nsiku, nshiku
180	night	bhuziku
181	yesterday	igolo
182	today	leelo
183	tomorrow	igolo
184	year	ng'waka/mwaka - myaka
185	good	-soga
186	bad	-bhi
187	big	-hanya, -duma
188	small	-do
189	long	-liihu
190	short	-guhi
191	heavy	-dito
192	It's cold	ibheho
193	new	-pya
194	thing	kiinhu, shiinhu
195	me	neene
196	you	bheebhe
197	us	yiiswe, yiise
198	you pl.	yiing'we
199	who	naani
200	what	kiiyi, kii

Nyaturu

No.	English	Nyaturu
1	head	itwe - mitwe
2	hair	ujii - njii
3	face	usyu - nsyu
4	eye	riho - miho
5	nose	mpua - mpua
6	mouth	moomo - miomo
7	tongue	urimi - ndimi
8	tooth	rino - mino
9	ear	kitwi - matwi
10	neck	nkingo - nkingo
11	body	mwiri - miiri
12	shoulder	iegha - maegha
13	breast	mbee - uvee
14	back	mughongo - mighongo
15	buttock	itagho - matagho
16	arm	mukhono - mikhono
17	finger	mwachaa - anachaa
18	nail	mwankukuu - nkukuu
19	leg	mughuu - mighuu
20	bone	ikufa - makufa
21	blood	nsaghami
22	heart	nkhoo - nkhoo
23	liver	itima - matima
24	tears	mihori
25	spittle	mate
26	to see	kuona
27	to look for	ufenja
28	to hear	utegheya
29	wound	kidonda - idonda
30	to vomit	uruka
31	to be tired	ukhataa
32	to become well	ufora
33	witchdoctor	mughanga - aghanga
34	clothes	isaa - masaa
35	to wear	uyaa
36	to wash	uoya
37	to spread to dry	uanika
38	to sew	utuma
39	salt	muunyu
40	oil	makuta
41	to cook	ulugha
42	to roast	kuoca
43	to eat	ulya
44	to drink	unywa
45	to become hungry	uona njaa
46	to become rotten	ughora
47	house	nyumba - nyumba
48	to build	ujenga
49	to shut	ufunga
50	to sweep	ufaghua
51	father	tata - vaatata
52	mother	yiu - vaayiu
53	child	mwana - ana
54	husband	mughosya - aghosya
55	wife	mukhema - akhema
56	to bear	kitungua
57	name	rina - mina
58	to grow up	ukua
59	person	muntu - antu
60	to die	ukuya
61	dog	mbwa - mbwa
62	to bite	uruma
63	cattle	ng'ombe - ng'ombe
64	pig	nguma - nguma
65	goat	mburi - mburi
66	animal	irimwana - marimwana
67	lion	ng'imba - ng'imba
68	elephant	njou - njou
69	hippopotamus	ntomondo - ntomondo
70	tail	ifumbu - mafumbu
71	spear	mukoha - mikoha
72	trap	ipeto - mapeto, ikumbio - makumbio
73	meat	nyama
74	snake	njokha - njokha
75	crocodile	maamba - maamba
76	frog	ntundwi - ntundwi
77	fish	nsomba - nsomba
78	bird	nyonyi - nyonyi
79	chicken	nkuku - nkuku
80	egg	ighe - maghe
81	to fly	uruma
82	bee	njuki - njuki
83	mosquito	mbu - mbu
84	fly	ngii - ngii
85	tree	muti - miti
86	branch	isanja - masanja
87	leaf	itutu - matutu
88	seed	mbeyu - mbeyu
89	root	mwiri - miiri
90	to cultivate	urima
91	hoe	ighembe - maghembe
92	to sleep	uraa
93	dream	ndoti
94	to wake up	ufitya
95	to stand up	kuimika
96	to sit down	kikhaa
97	to go	uenda
98	to come	uja
99	to enter	uhefea
100	to come out	ufuma

101	to arrive	ughea
102	to pass	ukia, ufwaya
103	path	njia - njia
104	axe	kihendo - ihendo
105	fire	moto - mioto
106	ashes	mau
107	smoke	yuki
108	to burn	upya
109	to extinguish	urimya
110	firewood	ukwi - nkwi
111	water	maji
112	to become dry	kuuma
113	to say	uhanya
114	to call	uitana
115	to question	uwiya
116	to teach	ufundisya
117	to play	kinisya
118	to sing	uimba
119	drum	ngoma - ngoma
120	to throw	ughumia
121	to abuse	utuka
122	to strike	ukhua
123	to give	ufa
124	to steal	kuiva
125	guest	mughenyi - aghenyi
126	to wait	urindia
127	to kill	kuuragha
128	to laugh	uheka
129	to weep	uria
130	to like	uyanja
131	to fear	(k)uoghofa
132	to forget	uiwa
133	one	rimwe
134	two	kaviri
135	three	katatu
136	four	kane
137	five	katano
138	ten	ikumi
139	many	-ingi
140	all	-ong'e
141	God	muungu - arungu
142	to drop	ugwa
143	to pick up	uhoa
144	to bring	ureta
145	to put	uika
146	to hide	upiha
147	to pull	uruta
148	to push	usuntiya
149	to tie a knot	ukundika
150	to untie	ukundukua
151	to bend	ubida
152	to cut	utema
153	to snap	unanya
154	to tear	ukhafua
155	up	unto
156	down	fang'i
157	inside	mung'i
158	outside	unji
159	red	-khofu
160	white	-eru
161	black	-iru
162	sun	yua
163	moon	mweri
164	star	njota - ṅjota
165	cloud	ilangu - malangu, irunde - marunde
166	rain	mbua
167	wind	nkungu
168	mountain	kitanto - itanto
169	forest	ihaku - mahaku
170	river	mongo - miongo
171	to sink	unyimughia
172	to cross	unanka, utambuka
173	to swim	ufumpa
174	ground	fang'i
175	stone	igwe - magwe
176	soil	fang'i
177	hole	ikhombo - makhombo
178	to bury	utuhia
179	day	itiku - matiku
180	night	utiku
181	yesterday	ighoo
182	today	rio
183	tomorrow	fadiu
184	year	mwakha - myakha
185	good	-ja
186	bad	-vi
187	big	-kuu
188	small	-nyuyii
189	long	-rifu
190	short	-kufi
191	heavy	-rito
192	It's cold	kuriuku, mpefo
193	new	-fya
194	thing	intu - mantu
195	me	nene
196	you	veve
197	us	sese
198	you pl.	nyenye
199	who	anyu
200	what	antuni

Nyiha

1	head	itwe - amatwe
2	hair	ulusisi - insisi
3	face	kuminso
4	eye	ilyinso - aminso
5	nose	impulo - impulo
6	mouth	ilomo - amalomo
7	tongue	ululimi - indimi
8	tooth	ilyino - amiino
9	ear	ikutwi - amakutwi
10	neck	insingo - insingo
11	body	umuvili - amavili
12	shoulder	ishipungo - ivipungo
13	breast	iv̲ele - amav̲ele
14	back	insizi - insizi
15	buttock	ishidulu - ividulu
16	arm	inyov̲e - inyov̲e
17	finger	ahov̲e - utwov̲e
18	nail	inzula - inzula
19	leg	ishinama - ivinama
20	bone	ifupa - amafupa
21	blood	amav̲anda
22	heart	umoyo - imyoyo/amoyo
23	liver	itima - amatima
24	tears	amansozi
25	spittle	amati
26	to see	kulola
27	to look for	kulondola
28	to hear	kukwivwa
29	wound	ilonda - amalonda, ishilonda - ivilonda
30	to vomit	kutapiha
31	to be tired	kulita
32	to become well	kupona
33	witchdoctor	umuganga - av̲aganga
34	clothes	umwenda - amenda
35	to wear	kuzwala
36	to wash	kuhanda
37	to spread to dry	kwanishila
38	to sew	kusona
39	salt	iv̲eja
40	oil	amafuta
41	to cook	kuteleha
42	to roast	kukwosha
43	to eat	kulya
44	to drink	kumwela
45	to become hungry	kulemwa n'inzala
46	to become rotten	kuv̲ola
47	house	inyumba - inyumba
48	to build	kuzenga
49	to shut	kwigalila
50	to sweep	kukwusa
51	father	ubaba - av̲ababa, uyise - av̲ayise
52	mother	umayi - av̲amayi, unyina - av̲anyina
53	child	umwana - av̲ana
54	husband	umulume - av̲alume
55	wife	umushi - av̲ashi
56	to bear	kupapa, kupona
57	name	izina - amazina
58	to grow up	kukula
59	person	umuntu - av̲antu
60	to die	kufwa
61	dog	imbwa - imbwa
62	to bite	kuluma
63	cattle	ing'ombe - ing'ombe
64	pig	inguluv̲e - inguluv̲e
65	goat	imbuzi - imbuzi
66	animal	inkanu - inkanu
67	lion	insama - insama
68	elephant	utembo - itembo, indovu - indovu
69	hippopotamus	invuvu - invuvu
70	tail	ulusinda - insinda
71	spear	impalala - impalala
72	trap	ulwagulo - inyagulo
73	meat	inyama
74	snake	injoha - injoha
75	crocodile	indov̲olo - indov̲olo
76	frog	uchura - avachura
77	fish	inswi - inswi
78	bird	inyoni - inyoni
79	chicken	inkuku - inkuku
80	egg	iji - amaji
81	to fly	kudomoha
82	bee	inzushi - inzushi
83	mosquito	insyuv̲uv̲u - insyuv̲uv̲u
84	fly	insazi - insazi
85	tree	ikwi - amakwi
86	branch	insamba - insamba
87	leaf	isole - amasole
88	seed	imbeyu - imbeyu
89	root	izi - amazi
90	to cultivate	kulima
91	hoe	ijembe - amajembe, ifwosolo - amafwosolo
92	to sleep	kukata utulo
93	dream	indoto
94	to wake up	kuv̲uha
95	to stand up	kwimilila
96	to sit down	kutendama
97	to go	kusogola
98	to come	kwinza
99	to enter	kwinjila
100	to come out	kufuma

101	to arrive	kufiha
102	to pass	kutuha
103	path	idala - amadala
104	axe	intemo - intemo
105	fire	umoto
106	ashes	isahalilo
107	smoke	ilyosi
108	to burn	kupwa
109	to extinguish	kuzimwa
110	firewood	ulukwi - inkwi
111	water	aminzi
112	to become dry	kwuma
113	to say	kuyanga
114	to call	kwita
115	to question	kuvuzilizya
116	to teach	kusambilizya
117	to play	kwizya
118	to sing	kwimba
119	drum	ingoma - ingoma
120	to throw	kusumba
121	to abuse	kuliga, kuligana
122	to strike	kuhoma
123	to give	kupa
124	to steal	kwiva
125	guest	umjeni - avajeni
126	to wait	kugulilila
127	to kill	kugoga
128	to laugh	kuseha
129	to weep	kukuta, kulila
130	to like	kusungwa
131	to fear	kwogopa
132	to forget	kuluvwa
133	one	yoka
134	two	zivili
135	three	zitatu
136	four	zine
137	five	zisano
138	ten	ishumi
139	many	-inji
140	all	-onti
141	God	umulungu
142	to drop	kugwa
143	to pick up	kuseva
144	to bring	kuleta
145	to put	kuviha
146	to hide	kuzyiha
147	to pull	kuvuta
148	to push	kusukuma
149	to tie a knot	kufunga, kupinya
150	to untie	kusatula
151	to bend	kupinta
152	to cut	kuvola, kudumula
153	to snap	kudumula, kuvunza
154	to tear	kuzepula
155	up	kumwanya, pamwanya
156	down	pansi
157	inside	mukasi
158	outside	panzi
159	red	-shemamu
160	white	-zelu
161	black	-ilu
162	sun	isanya
163	moon	umwezi
164	star	inzota - inzota
165	cloud	ivingu - amavingu
166	rain	imvula
167	wind	inkungu
168	mountain	igamba - amagamba
169	forest	umusitu/isitu - amasitu
170	river	ijenje - amajenje
171	to sink	kudwima
172	to cross	kudumunsanya
173	to swim	kusava
174	ground	pansi
175	stone	iwe - amawe
176	soil	intope
177	hole	indovolwi - indovolwi
178	to bury	kusyila
179	day	insiku - insiku
180	night	uvusiku
181	yesterday	mawila
182	today	ilelo
183	tomorrow	indavi
184	year	umwaha - amaha
185	good	-inza
186	bad	-vivi
187	big	-piti
188	small	-nsi
189	long	-tali
190	short	-fupi
191	heavy	-mwamu
192	It's cold	kul'impeho, kuhataye
193	new	-pwa
194	thing	ishintu - ivintu
195	me	ane
196	you	iwe
197	us	aswe
198	you pl.	imwe
199	who	unanu
200	what	ishoni

Nyoro

1	head	omutwe - emitwe
2	hair	eisoke
3	face	omumaiso
4	eye	eriiso - amaiso
5	nose	enyindo - enyindo
6	mouth	omunwa - eminwa
7	tongue	orurimi - endimi
8	tooth	eriino - amaino
9	ear	okutu - amatu
10	neck	ebikya - ebikya
11	body	omubiri - emibiri
12	shoulder	eibega - amabega
13	breast	eibeere - amabeere
14	back	omugongo - emigongo
15	buttock	amanyo
16	arm	omukono - emikono
17	finger	akaara - obwara
18	nail	enono - enono
19	leg	okuguru - amaguru
20	bone	eigufa - amagufa
21	blood	omusaahi - emisaahi
22	heart	omutima - emitima
23	liver	akane - obune
24	tears	eiziga - amaziga
25	spittle	ekichwanta - ebichwanta
26	to see	okurora
27	to look for	okuserura
28	to hear	okuhuura
29	wound	ekihuta - ebihuta, ekihooya - ebihooya
30	to vomit	okutanaka
31	to be tired	okujwaha
32	to become well	okukira
33	witchdoctor	omufumu - abafumu
34	clothes	orugoye - engoye
35	to wear	okujwara
36	to wash	okwogya
37	to spread to dry	okwanika
38	to sew	okubaziira
39	salt	omuunyo
40	oil	amagita, simisimi
41	to cook	okuchumba
42	to roast	okwokya, okutarika
43	to eat	okurya
44	to drink	okunywa
45	to become hungry	okurumwa enjara
46	to become rotten	okujunda
47	house	enju - enju
48	to build	okwombeka
49	to shut	okukinga
50	to sweep	okusingoora
51	father	ise - abaise, ooso
52	mother	nyina - abanyina, nyoko
53	child	omwana - abaana
54	husband	omusaija - abasaija, nyineeka - banyineeka
55	wife	omukyaara - abakyaara
56	to bear	okuzaara
57	name	eibara - amabara
58	to grow up	okukura
59	person	omuntu - abantu
60	to die	okufa
61	dog	embwa - embwa
62	to bite	okuruma, okunena
63	cattle	ente - ente
64	pig	empunu - empunu
65	goat	embuzi - embuzi
66	animal	ekisoro - ebisoro
67	lion	entare - entare
68	elephant	enjojo - enjojo
69	hippopotamus	enjubu - enjubu
70	tail	omukira - emikira
71	spear	eichumu - amachumu
72	trap	omutego - emitego
73	meat	enyama
74	snake	enjoka - enjoka
75	crocodile	enswaswa - enswaswa
76	frog	ekikere - ebikere
77	fish	enchu - enchu
78	bird	akanyonyi - obunyonyi
79	chicken	enkoko - enkoko
80	egg	eihuri - amahuri
81	to fly	okupapaaruka
82	bee	enjoki - enjoki
83	mosquito	omubu - emibu
84	fly	enswehera - enswehera
85	tree	omuti - emiti
86	branch	eitaagi - amataagi
87	leaf	ekikoora - ebikoora
88	seed	orujuma - enjuma
89	root	omuzi - emizi
90	to cultivate	okurima
91	hoe	emfuka - emfuka
92	to sleep	okugwijagira
93	dream	ekirooto - ebirooto
94	to wake up	okusisiimuka
95	to stand up	okwemeera
96	to sit down	okwikaara
97	to go	okugenda
98	to come	okwija
99	to enter	okutaahamu
100	to come out	okurugamu

101	to arrive	okuhika
102	to pass	okurabaho
103	path	oruguudo - enguudo, akahanda - obuhanda, akachwero - obuchwero
104	axe	embaizi - embaizi, esooka - esooka
105	fire	omuuro
106	ashes	eiju
107	smoke	omwika
108	to burn	okuhya
109	to extinguish	okuzimya
110	firewood	enku - enku
111	water	amaizi
112	to become dry	okwoma
113	to say	okugamba
114	to call	okweta
115	to question	okukaguza
116	to teach	okwegesa
117	to play	okuzaana
118	to sing	okuzina
119	drum	engoma - engoma
120	to throw	okuhungura, okunagira
121	to abuse	okujuma
122	to strike	okuteera
123	to give	okuha, okuheereza
124	to steal	okwiba
125	guest	omugenyi - abagenyi
126	to wait	okurinda
127	to kill	okwita
128	to laugh	okuseka
129	to weep	okuchura
130	to like	okwenda
131	to fear	okutiina
132	to forget	okwebwa
133	one	emu
134	two	ibiri
135	three	isatu
136	four	ina
137	five	itaano
138	ten	ikumi
139	many	-ingi
140	all	-ona
141	God	ruhanga
142	to drop	okugwa
143	to pick up	okukoma
144	to bring	okureeta
145	to put	okubiikiza, okuteekaho
146	to hide	okusereka
147	to pull	okusika
148	to push	okusindika
149	to tie a knot	okuboha
150	to untie	okwaburura
151	to bend	okwinamya
152	to cut	okusara
153	to snap	okuchwa
154	to tear	okutemura
155	up	ahaiguru, omwanya
156	down	ahansi
157	inside	omunda
158	outside	aheeru
159	red	okutukura
160	white	okwera
161	black	okwiragura
162	sun	eizooba
163	moon	okwezi, omwezi
164	star	enyunyuuzi - enyunyuuzi
165	cloud	ekichu -.ebichu
166	rain	enjura
167	wind	omuyaga - emiyaga
168	mountain	orusozi - ensozi
169	forest	ekibira - ebibira, ekisaka - ebisaka
170	river	ekisaaru - ebisaaru
171	to sink	okudikira
172	to cross	okwambuka, okuchwanganiza
173	to swim	okuziha
174	ground	ahansi
175	stone	eibaare - amabaare
176	soil	eitaka
177	hole	ekiina - ebiina
178	to bury	okuziika
179	day	ekiro - ebiro
180	night	mukiro
181	yesterday	iijo
182	today	kiro kinu, kyaareero
183	tomorrow	nyenkya
184	year	omwaka - emyaka
185	good	-rungi
186	bad	-bi
187	big	-kooto
188	small	-taito
189	long	okuraiha
190	short	-gufu
191	heavy	okuremeera
192	It's cold	kikufuka
193	new	-hyaka
194	thing	ekintu - ebintu
195	me	nyowe
196	you	iwe
197	us	itwe
198	you pl.	inywe
199	who	ooha
200	what	kiki

Pedi

1	head	hlogo - dihlogo
2	hair	mọriri - mẹriri
3	face	sẹfahlego - difahlego
4	eye	lẹihlo - mahlo
5	nose	nko - dinko
6	mouth	mọlọmọ - mẹlọmọ
7	tongue	lẹlẹmẹ - malẹmẹ
8	tooth	lẹino - meno
9	ear	tsebe - ditsebe
10	neck	mọlala - mẹlala
11	body	mmẹlẹ - mẹbẹlẹ
12	shoulder	lẹgetla - magetla
13	breast	lẹtswele - matswele
14	back	mọkokotlo - mẹkokotlo
15	buttock	lẹrago - marago
16	arm	lẹtsogo - matsogo
17	finger	mọnwana - mẹnwana
18	nail	lẹnala - manala
19	leg	lẹotọ - maotọ
20	bone	lẹrapo - marapo, lẹshapo - mashapo
21	blood	madi
22	heart	pẹlọ - dipẹlọ
23	liver	sẹbẹtẹ - dibẹtẹ
24	tears	dikeledi
25	spittle	mare
26	to see	gọbona
27	to look for	gọnyaka
28	to hear	gọkwa
29	wound	lẹbadi - mabadi
30	to vomit	gọhlatsa
31	to be tired	gọlapa
32	to become well	gọalafša
33	witchdoctor	ngaka - dingaka
34	clothes	sẹaparo - diaparo
35	to wear	gọapara
36	to wash	gọhlatswa
37	to spread to dry	gọanega
38	to sew	gọrọka
39	salt	lẹtswai - matswai
40	oil	makhura
41	to cook	gọapẹa
42	to roast	gọapẹa
43	to eat	gọja
44	to drink	gọnwa
45	to become hungry	gọtshwarwa kẹ tlala
46	to become rotten	gọbola
47	house	ntlọ - dintlọ
48	to build	gọaga
49	to shut	gọtswalela
50	to sweep	gọfiela
51	father	tate - bọntate
52	mother	mma - bọmma
53	child	ngwana - bana
54	husband	mọnna - banna
55	wife	mọsadi - basadi
56	to bear	gọbelega
57	name	lẹina - maina
58	to grow up	gọgọla
59	person	mọthọ - bathọ
60	to die	gọhwa
61	dog	mpsa - dimpsa
62	to bite	gọlọma
63	cattle	kgomọ - dikgomọ
64	pig	kọlọbe - dikọlọbe
65	goat	pudi - dipudi
66	animal	phofolo - diphofolo
67	lion	tau - ditau
68	elephant	tlọu - ditlọu
69	hippopotamus	kubu - dikubu
70	tail	mọsẹla - mẹsẹla
71	spear	lẹrumo - marumo
72	trap	mọlaba - mẹlaba
73	meat	nama - dinama
74	snake	noga - dinoga
75	crocodile	kwena - dikwena
76	frog	sẹgwagwa - digwagwa
77	fish	hlapi - dihlapi
78	bird	nonyana - dinonyana
79	chicken	kgọgọ - dikgọgọ
80	egg	lẹẹ - maẹ
81	to fly	gọfufa
82	bee	nọsi - dinọsi
83	mosquito	mọnang - mẹnang
84	fly	ntšhi - dintšhi
85	tree	sẹhlare - dihlare
86	branch	thupa - dithupa
87	leaf	lẹtlakala - matlakala
88	seed	peu - dipeu
89	root	mọdu - mẹdu
90	to cultivate	gọlẹma, gọhlagọla
91	hoe	mọgoma - mẹgoma
92	to sleep	gọrobala
93	dream	toro
94	to wake up	gọtsọga
95	to stand up	gọema
96	to sit down	gọdula
97	to go	gọsẹpẹla
98	to come	gọtla
99	to enter	gọtsena
100	to come out	gọtšwa

101	to arrive	gọfihla
102	to pass	gọfẹta
103	path	tsẹla - ditsẹla
104	axe	sẹlepe - dilepe
105	fire	mọllo - mẹllo
106	ashes	magala
107	smoke	mọši - mẹši
108	to burn	gọswa
109	to extinguish	gọtima
110	firewood	lẹgọng - dikgọng
111	water	meetsi
112	to become dry	gọoma
113	to say	gọbọlela
114	to call	gọbitša
115	to question	gọbọtšiša
116	to teach	gọruta
117	to play	gọralọka
118	to sing	gọopela, gọbina
119	drum	mọrọpa - mẹrọpa
120	to throw	gọlahla
121	to abuse	gọkwera
122	to strike	gọbetha
123	to give	gọfa
124	to steal	gọutswa
125	guest	mọeti - baeti
126	to wait	gọema
127	to kill	gọbọlaya
128	to laugh	gọtshega
129	to weep	gọlla
130	to like	gọrata
131	to fear	gọtšhọga
132	to forget	gọlẹbala
133	one	tẹẹ
134	two	pedi
135	three	tharọ
136	four	nne
137	five	hlanọ
138	ten	lẹsọmẹ
139	many	-ntšhi
140	all	kamọka
141	God	mọdimọ, mọhlọdi
142	to drop	gọwa
143	to pick up	gọtọpa
144	to bring	gọtlisa
145	to put	gọbẹa
146	to hide	gọfihla
147	to pull	gọgọga
148	to push	gọkgọrọmetsa
149	to tie a knot	gọbọfa
150	to untie	gọbọfọlla
151	to bend	gọkoba
152	to cut	gọsega
153	to snap	gọroba
154	to tear	gọkgeila
155	up	gọdimọ
156	down	ka fasẹ
157	inside	ka garẹ
158	outside	ka ntle
159	red	-hwibidu
160	white	-šweu
161	black	-sọ
162	sun	lẹtšatši
163	moon	ngwedi
164	star	naledi - dinaledi
165	cloud	lẹru - maru
166	rain	pula
167	wind	moya
168	mountain	thaba - dithaba
169	forest	sẹkgwa - dikgwa
170	river	nọka - dinọka
171	to sink	gọnwelela
172	to cross	gọtshẹla
173	to swim	gọthutha
174	ground	fasẹ
175	stone	lẹswika - maswika
176	soil	mọbu
177	hole	mọlẹtẹ - mẹlẹtẹ
178	to bury	gọbọlọka
179	day	lẹtšatši - matšatši
180	night	bọsẹgọ
181	yesterday	maabanẹ
182	today	lẹhọnọ
183	tomorrow	gọsasa
184	year	ngwaga - mẹngwaga
185	good	gọlọka, bọtsẹ
186	bad	-bẹ
187	big	-gọlọ
188	small	-nyanẹ
189	long	-telele
190	short	-pharana
191	heavy	gọimela, bọima
192	It's cold	gwatonya
193	new	-psa
194	thing	sẹlo - dilo
195	me	nna
196	you	wena
197	us	rẹna
198	you pl.	lẹna
199	who	mang
200	what	ẹng

Punu

1	head	muru - miru
2	hair	dunanga - nanga
3	face	yinzi - binzi
4	eye	diisu - miisu
5	nose	mbasu - bambasu
6	mouth	munu - minu
7	tongue	dulimi - balimi
8	tooth	dinu - minu
9	ear	dituji - matuji
10	neck	kingu - bakingu
11	body	dunyuru - manyuru
12	shoulder	disambaka - masambaka
13	breast	dibenyi - mabenyi
14	back	nzima - banzima
15	buttock	dirangi - marangi
16	arm	uwoghu - miyoghu
17	finger	mulembu - milembu
18	nail	dwala - myala
19	leg	dikulu - makulu
20	bone	yivisi - bivisi
21	blood	dilungu - malungu
22	heart	murima - mirima
23	liver	not found
24	tears	ditsanga - matsanga
25	spittle	diteji - mateji
26	to see	ulaba
27	to look for	uromba
28	to hear	uwula
29	wound	pura - bapura
30	to vomit	ulugha
31	to be tired	uvola
32	to become well	kebugha, kebelusa
33	witchdoctor	ngang inombi - banganga bainombi
34	clothes	yikutu - bikutu
35	to wear	udwara
36	to wash	ususa
37	to spread to dry	uwanisa
38	to sew	urarira
39	salt	musayi - misayi
40	oil	matsi
41	to cook	ulamba
42	to roast	uwumusa
43	to eat	uji
44	to drink	unu
45	to become hungry	uba na nzala
46	to become rotten	ubola
47	house	ndaghu - bandaghu
48	to build	urunga
49	to shut	udibigha
50	to sweep	ughombula
51	father	taa - bataa
52	mother	ngu - bangu
53	child	mwana - bana
54	husband	mulumi - balumi
55	wife	mughatsi - baghatsi
56	to bear	ubura
57	name	dina - mina
58	to grow up	unegha
59	person	mutu - batu
60	to die	ufu
61	dog	mondi - bamondi
62	to bite	ughaka
63	cattle	ngombi - bangombi
64	pig	ngulu - bangulu
65	goat	taba - bataba
66	animal	yibulu - bibulu
67	lion	yimbungu - bimbungu
68	elephant	nzaghu - banzaghu
69	hippopotamus	mvubu - bamvubu
70	tail	muyila - miyila
71	spear	dikongu - makongu
72	trap	murambu - mirambu
73	meat	nyama
74	snake	nyogha - banyogha
75	crocodile	ngandu - bangandu
76	frog	dughoru - baghoru
77	fish	nyama mamba - banyama tsi mamba
78	bird	tsoli - batsoli
79	chicken	koku - bakoku
80	egg	dikeji - makeji
81	to fly	upurumugha
82	bee	nyosi - banyosi
83	mosquito	yifuru - bifuru
84	fly	dubanzi - babanzi
85	tree	mwiri - miri
86	branch	ditayi - matayi
87	leaf	dughaji - maghaji
88	seed	yivarulu - bivarulu
89	root	dughanzi - nganzi
90	to cultivate	uvagha nungi
91	hoe	yivarutsu - bivarutsu
92	to sleep	ubundama
93	dream	ndosi - bandosi
94	to wake up	usimbugha
95	to stand up	uretsima
96	to sit down	utsana
97	to go	uwenda
98	to come	urugha
99	to enter	ukota
100	to come out	upala

各言語基礎語彙一覧 233

101	to arrive	utola		151	to bend	ufurira
102	to pass	uvyogha		152	to cut	utabula
103	path	nzila - banzila		153	to snap	utabula
104	axe	dyumbi - myumbi		154	to tear	upasa
105	fire	muji - bamuji		155	up	julu
106	ashes	dibufu - mabufu		156	down	o tsi
107	smoke	nzumbili - banzumbili		157	inside	o ghari
				158	outside	dulombili
108	to burn	unyenga		159	red	-benga
109	to extinguish	utsimisa		160	white	-vema
				161	black	-pinda
110	firewood	mukanzu - mikanzu		162	sun	nyangu
111	water	mamba		163	moon	ngondi
112	to become dry	kewanigha		164	star	mbwelili - bambwelili
113	to say	uvosa, utsingula		165	cloud	dimungi - mamungi
114	to call	unengula		166	rain	mvula - bamvula
115	to question	uwivala		167	wind	mupunga - mipunga
116	to teach	ulonza		168	mountain	mukongu - mikongu
117	to play	usana		169	forest	pari - bapari
118	to sing	uwimbula		170	river	mwila - mila
119	drum	ndungu - bandungu		171	to sink	udyama
120	to throw	utinda		172	to cross	usabagha, utaba
121	to abuse	usyenga		173	to swim	usabila
122	to strike	uvegha bambata		174	ground	butamba - mitamba
123	to give	uvegha		175	stone	dimani - mamani
124	to steal	udogha		176	soil	tsi
125	guest	mweni - bani		177	hole	diluta - maluta, yiduna - biduna
126	to wait	ukelisa				
127	to kill	uboka		178	to bury	utswigha
128	to laugh	ureka		179	day	yilumbu - bilumbu
129	to weep	ulila, ughamugha		180	night	mukolu - mikolu
130	to like	uronda		181	yesterday	masigha
131	to fear	uba na ghoma		182	today	nanyangu
132	to forget	ulibana		183	tomorrow	mughesa
133	one	yimosi		184	year	yilima - bilima
134	two	bibeji		185	good	-bweji, boti
135	three	bitatu		186	bad	-biva
136	four	bina		187	big	-neni
137	five	biranu		188	small	-gheyi
138	ten	dighumi - maghumi		189	long	-sakama
139	many	pwela		190	short	-ghufi
140	all	-otsu		191	heavy	-tsila
141	God	nyambi, zambi		192	It's cold	uji yotsi
142	to drop	ubelugha		193	new	-ghonu
143	to pick up	ubola		194	thing	yima - bima
144	to bring	ubegha		195	me	menu
145	to put	usunza		196	you	ndeju
146	to hide	uswegha		197	us	jetu
147	to pull	uduta		198	you pl.	jenu
148	to push	usindila		199	who	ani
149	to tie a knot	utunga		200	what	ayi
150	to untie	utughula, umyangula				

Rolong

1	head	tlhogo - ditlhogo
2	hair	mọriri - mẹriri
3	face	sẹfatlhego - difatlhego, matlho
4	eye	lẹitlho - matlho
5	nose	nko - dinko
6	mouth	molọmọ - mẹlọmọ
7	tongue	lẹlẹmẹ/lẹlimẹ - malẹmẹ
8	tooth	lẹino - meno
9	ear	tsebe - ditsebe
10	neck	thamo - dithamo
11	body	mmẹlẹ - mẹbẹlẹ
12	shoulder	lẹgetlha - magetlha
13	breast	lẹtswele - matswele
14	back	mọkwatla - mẹkwatla
15	buttock	lẹrago - marago
16	arm	lẹtsogo - matsogo
17	finger	mọnwana - mẹnwana
18	nail	lẹnala - manala
19	leg	lẹọtọ - maọtọ
20	bone	lẹrapọ - marapọ
21	blood	madi
22	heart	pẹlọ - dipẹlọ
23	liver	sẹbẹtẹ - dibẹtẹ
24	tears	kẹlẹdi - dikẹlẹdi
25	spittle	mathẹ
26	to see	gọbona
27	to look for	gọšeba
28	to hear	gọutlwa
29	wound	ntho - dintho
30	to vomit	gọtlhatsa
31	to be tired	gọlapa
32	to become well	gọfola, gọalafiwa
33	witchdoctor	ngaka ya sẹtswana
34	clothes	sẹaparo - diaparo
35	to wear	gọapara
36	to wash	gọtlhatswa
37	to spread to dry	gọanega
38	to sew	gọrọka
39	salt	lẹtswai - matswai
40	oil	mafura
41	to cook	gọapaya
42	to roast	gọgadika
43	to eat	gọja
44	to drink	gọnwa
45	to become hungry	gọtshwarwa kẹ tlala
46	to become rotten	gọbola
47	house	ntlọ - dintlọ
48	to build	gọaga
49	to shut	gọkwala
50	to sweep	gọfiela
51	father	rra - borra, rre
52	mother	mme - bomme, mma
53	child	ngwana - bana
54	husband	mọnna - banna
55	wife	mọsadi - basadi
56	to bear	gọbelega, gọbona ngwana
57	name	lẹina - maina
58	to grow up	gọgọla
59	person	mọthọ - bathọ
60	to die	gọswa
61	dog	ntša - dintša
62	to bite	gọlọma
63	cattle	kgomo - dikgomo
64	pig	kolọbe - dikọlọbe
65	goat	pọdi - dipọdi
66	animal	phọlofolo - dipholofolo
67	lion	tau - ditau
68	elephant	tlou - ditlou
69	hippopotamus	kubu - dikubu
70	tail	mọgatla - mẹgatla
71	spear	lẹrumo - marumo
72	trap	sẹlaga - dilaga, sẹrai - dirai
73	meat	nama - dinama
74	snake	noga - dinoga
75	crocodile	kwena - dikwena
76	frog	sẹgwagwa - digwagwa
77	fish	tlhapi - ditlhapi
78	bird	nonyana - dinonyana
79	chicken	kgọkọ - dikgọkọ
80	egg	lẹẹ - maẹ
81	to fly	gọfọfa
82	bee	notshẹ - dinotshẹ
83	mosquito	mọntsanẹ - mẹntsanẹ
84	fly	ntsi - dintsi
85	tree	sẹtlharẹ - ditlharẹ
86	branch	lẹkala - makala
87	leaf	lẹtlharẹ - matlharẹ
88	seed	peọ - dipeọ
89	root	mọdi - mẹdi
90	to cultivate	gọlẹma, gọtlhagọla
91	hoe	petlwana - dipetlwana
92	to sleep	gọrọbala
93	dream	toro - ditoro
94	to wake up	gọtsọga
95	to stand up	gọema
96	to sit down	gọnna
97	to go	gọtsamaya
98	to come	gọtla
99	to enter	gọtsena
100	to come out	gọtswa

101	to arrive	gọfitlha, gọgoroga
102	to pass	gọfẹta
103	path	tsẹla - ditsẹla
104	axe	sẹlepe - dilepe
105	fire	mọlẹlo - mẹlẹlo
106	ashes	mọlora - mẹlora
107	smoke	mọsi - mẹsi
108	to burn	gọša
109	to extinguish	gọtima
110	firewood	lẹgong/lọgong - dikgong
111	water	metsi
112	to become dry	gọoma
113	to say	gọbua
114	to call	gọbitsa
115	to question	gọbọtsa
116	to teach	gọruta
117	to play	gọtshamẹka
118	to sing	gọopela, gọbina
119	drum	mọrọpa - mẹrọpa
120	to throw	gọkọnọpa
121	to abuse	gọsọtla, gọdirisa bọtlhaswa
122	to strike	gọbẹtsa
123	to give	gọfa
124	to steal	gọutswa
125	guest	mọeng - baeng
126	to wait	gọema, gọemela
127	to kill	gọbọlaya
128	to laugh	gọtshega
129	to weep	gọlla
130	to like	gọrata
131	to fear	gọtshaba
132	to forget	gọlẹbala
133	one	nngwẹ
134	two	pedi
135	three	tharọ
136	four	nne
137	five	tlhanọ
138	ten	lesọme
139	many	-ntsi
140	all	-otlhe
141	God	mọdimọ - badimọ
142	to drop	gọwa
143	to pick up	gọnọpa
144	to bring	gọtlisa
145	to put	gọbaya, gọbẹya, gọbea
146	to hide	gọfitlha
147	to pull	gọgọga
148	to push	gọkgaramẹtsa
149	to tie a knot	gọbọfa
150	to untie	gọbọfọlọla
151	to bend	gọkọba
152	to cut	gọsẹga
153	to snap	gọrọba
154	to tear	gọgagọla
155	up	godimọ
156	down	lẹtlasẹ
157	inside	kamogarẹ
158	outside	kwa ntle
159	red	-hibidu
160	white	-sweu
161	black	-ntshọ
162	sun	lẹtsatsi
163	moon	ngwedi
164	star	naledi - dinaledi
165	cloud	lẹru - maru
166	rain	pula
167	wind	phẹfo - diphẹfo, moya
168	mountain	thaba - dithaba
169	forest	sẹkgwa - dikgwa
170	river	nọka - dinọka
171	to sink	gọnweela
172	to cross	gọtshela
173	to swim	gọsapa
174	ground	lẹfatshẹ - mafatshẹ
175	stone	lẹtlapa - matlapa
176	soil	mmu
177	hole	mọsima - mẹsima
178	to bury	gọepela
179	day	lẹtsatsi - matsatsi
180	night	bọsigọ - masigọ
181	yesterday	maabanẹ
182	today	gompienọ
183	tomorrow	kamọso
184	year	ngwaga - dingwaga
185	good	gọsiama
186	bad	gọsasiama/gọsasiamẹ
187	big	-gọlọ, -tona
188	small	-nnyane
189	long	-telele
190	short	-khutshwanẹ
191	heavy	bọima
192	It's cold	gọtsididi
193	new	-(n)tsha
194	thing	sẹlo - dilo
195	me	nna
196	you	wena
197	us	rọna
198	you pl.	lọna
199	who	mang
200	what	ẹng

Ruguru

No.	English	Ruguru
1	head	ditwi - gamatwi
2	hair	impfiri - tsimpfiri
3	face	uhanga - pfihanga
4	eye	inenge - tsinenge
5	nose	imura - tsimura
6	mouth	gumudomo - imidomo
7	tongue	ururimi - tsirimi
8	tooth	tsino - gamatsino
9	ear	gutwi - gamatwi
10	neck	isingo - tsisingo
11	body	irukuri - tsirukuri
12	shoulder	dibega - gamabega
13	breast	ditombo - gamatombo
14	back	gumgongo - imigongo
15	buttock	didako - gamadako
16	arm	gumooko - gamooko
17	finger	ichidore - ipfidore
18	nail	ditumba - gamatumba
19	leg	gumuguru - imiguru
20	bone	pate - gamapate
21	blood	idamu
22	heart	gumooyo - x
23	liver	diini - gamaini
24	tears	dichotsi - gamachotsi
25	spittle	gamate
26	to see	ukurora
27	to look for	ukubama
28	to hear	ukwirika
29	wound	ichironda - ipfironda
30	to vomit	ukudeha
31	to be tired	ukwipfa
32	to become well	ukuhona
33	witchdoctor	imganga - iwaganga
34	clothes	inguo - tsinguo
35	to wear	ukupfara
36	to wash	ukusukura
37	to spread to dry	ukwanika
38	to sew	ukushona
39	salt	imunyu
40	oil	gamafuta
41	to cook	ukwambika
42	to roast	ukoka
43	to eat	ukuja
44	to drink	ukunwa
45	to become hungry	ukwona nzara
46	to become rotten	ukora
47	house	ing'anda - tsing'anda
48	to build	ukutsenga
49	to shut	ukuhinda
50	to sweep	ukufagia
51	father	iba - ibaba
52	mother	mayi - iwamayi
53	child	imwana - iwana
54	husband	immare - iwamare
55	wife	imuke - iwake
56	to bear	ukwereka
57	name	ditwaga - gamatwaga
58	to grow up	ukukura
59	person	imunu - iwanu
60	to die	ukufa
61	dog	yumbwa - iwambwa
62	to bite	ukuruma
63	cattle	ing'ombe - iwang'ombe
64	pig	ingubi - iwangubi
65	goat	imene - iwamene
66	animal	imnyama - iwanyama
67	lion	isimba - iwasimba/gamasimba
68	elephant	inembo - iwanembo
69	hippopotamus	ichiboko - ipfiboko
70	tail	urukira - imikira
71	spear	gumugoha - imigoha
72	trap	gumutego - imitego
73	meat	inyama - tsinyama
74	snake	intsoka - gamantsoka
75	crocodile	imamba - iwamamba
76	frog	ichibutwa - ipfibutwa
77	fish	isomba - iwasomba
78	bird	ichidege - ipfidege
79	chicken	inguku - iwanguku
80	egg	ditagi - gamatagi
81	to fly	ukuguruka
82	bee	intsuki - iwantsuki
83	mosquito	intsuguni - iwantsuguni
84	fly	ing'onzi - iwang'onzi
85	tree	dibiki - gamabiki
86	branch	ditawi - gamatawi
87	leaf	ditsani - gamatsani
88	seed	imbegu - tsimbegu
89	root	gumutsitsi - imitsitsi
90	to cultivate	ukurima
91	hoe	digembe - gamagembe
92	to sleep	ukwasa
93	dream	indoto - tsindoto
94	to wake up	ukuramuka
95	to stand up	ukwinuka
96	to sit down	ukukara hasi
97	to go	ukuuka, ukugenda
98	to come	ukwitsa
99	to enter	ukwingira
100	to come out	ukurawa kuntse

101	to arrive	ukupfika
102	to pass	ukubita
103	path	intsira - tsintsira
104	axe	dishoka - gamashoka
105	fire	gumoto - imimoto
106	ashes	jipfu - gasmajipfu
107	smoke	dyosi - gamaosi
108	to burn	ukurakara
109	to extinguish	ukutsima
110	firewood	ingodi - tsingodi, urukuni - tsikuni
111	water	gamatsi
112	to become dry	ukunyara
113	to say	ukuronga
114	to call	ukukema
115	to question	ukuuritsa
116	to teach	ukufundisha
117	to play	ukudawana
118	to sing	ukwimba
119	drum	ingoma - tsingoma
120	to throw	ukurusha, ukwasa
121	to abuse	ukwomora
122	to strike	ukutoa
123	to give	ukwing'a
124	to steal	ukwiba
125	guest	imgeni - iwageni
126	to wait	ukubeta
127	to kill	ukukoma
128	to laugh	ukuseka
129	to weep	ukurira
130	to like	ukupenda
131	to fear	ukupfuka
132	to forget	ukusahau
133	one	imwe
134	two	mbiri
135	three	ndatu
136	four	yekane
137	five	yetano
138	ten	yekumi
139	many	-ingi
140	all	-osi
141	God	imrungu
142	to drop	ukugwa
143	to pick up	ukudondora
144	to bring	ukureta
145	to put	ukwika
146	to hide	ukupfisa
147	to pull	ukupfuta
148	to push	ukusukuma
149	to tie a knot	ukooha
150	to untie	ukupfugura
151	to bend	ukupinda
152	to cut	ukugana
153	to snap	ukubena
154	to tear	ukudadura
155	up	kuchanya
156	down	hasi
157	inside	kati, m ～
158	outside	kuntse
159	red	-ekundu
160	white	-tseru
161	black	-titu
162	sun	ditsuwa
163	moon	gumwesi
164	star	inyota - tsinyota
165	cloud	diwingu - gamawingu
166	rain	impfura
167	wind	upepo
168	mountain	ichidanandu - ipfidanandu
169	forest	gumwitu - x
170	river	gumto - imito
171	to sink	ukutsama
172	to cross	ukupfuka
173	to swim	ukwogerera
174	ground	hasi
175	stone	dibwe - gamabwe
176	soil	udongo
177	hole	dishimo - gamashimo
178	to bury	ukutsika
179	day	isiku - tsisiku
180	night	neechiro
181	yesterday	jana
182	today	rerodi
183	tomorrow	irupfi
184	year	gumwaka - imyaka
185	good	ukunoga
186	bad	-ha
187	big	-kuru
188	small	-dodo
189	long	-refu
190	short	-fupi
191	heavy	-tsito
192	It's cold	beho
193	new	-pya
194	thing	ichinu - ipfinu
195	me	nene
196	you	gwegwe
197	us	twetwe
198	you pl.	mwemwe
199	who	yuhi
200	what	nihi

Rwanda

1	head	umutwe - imitwe
2	hair	umushatsi - imishatsi
3	face	mumaaso
4	eye	ijiisho - amaaso
5	nose	izuulu - amazuulu
6	mouth	umunwa - iminwa
7	tongue	ululimi - indimi
8	tooth	iryinyo - ameenyo
9	ear	ugutwi - amatwi
10	neck	ijosi - amajosi
11	body	umubili - imibili
12	shoulder	ijitugu - ibitugu
13	breast	ibeele - amabeele
14	back	umugongo - imigongo
15	buttock	ikibuno - ibibuno
16	arm	ukuboko - amaboko
17	finger	ulutoki - intoki
18	nail	urwala - inzaala
19	leg	ukugulu - amagulu
20	bone	igufa - amagufa
21	blood	amalaso
22	heart	umutima - imitima
23	liver	ikiijima - ibyijima
24	tears	ilila - amalila
25	spittle	amatsyandwe
26	to see	kuleeba, kubona
27	to look for	gushaaka
28	to hear	kunva
29	wound	ijisebe - ibisebe
30	to vomit	kuluka
31	to be tired	kuluha
32	to become well	gukila
33	witchdoctor	umulaguzi - abalaguzi
34	clothes	umwenda - imyenda
35	to wear	kwambala
36	to wash	gufula, kooza
37	to spread to dry	kwanika
38	to sew	kudoda
39	salt	umuunyu
40	oil	amavuta
41	to cook	guteeka
42	to roast	kootsa
43	to eat	kulya
44	to drink	kunywa
45	to become hungry	gushonza, kugyila inzala
46	to become rotten	kubola
47	house	inzu - amazu
48	to build	kuubaka
49	to shut	gukinga
50	to sweep	gukubuula
51	father	daata, papa, iso, ise
52	mother	maama, nyoko, nyina
53	child	umwana - abaana
54	husband	umugabo - abagabo
55	wife	umugole - abagole
56	to bear	kubyaala
57	name	izina - amazina
58	to grow up	gukula
59	person	umuntu - abantu
60	to die	gupfa
61	dog	imbwa - imbwa
62	to bite	kuluma
63	cattle	inka - inka
64	pig	ingulube - ingulube
65	goat	ihene - ihene
66	animal	igisimba - ibisimba
67	lion	intaale - intaale
68	elephant	inzovu - inzovu
69	hippopotamus	imvubu - imvubu
70	tail	umuliizo - imiliizo
71	spear	ikyumu - amakyumu
72	trap	umutego - imitego
73	meat	inyama
74	snake	inzoka - inzoka
75	crocodile	inshwaashwa - inshwaashwa
76	frog	igikyele - ibikyele
77	fish	isamaaki - isamaaki
78	bird	inyonyi - inyonyi
79	chicken	inkoko - inkoko
80	egg	igi - amagi, ihuli - amahuli
81	to fly	kuguluka
82	bee	uluyuki - inzuki
83	mosquito	umubu - imibu
84	fly	isaazi - isaazi
85	tree	igiti - ibiti
86	branch	amahagi
87	leaf	ibabi - amababi, ikoma - amakoma
88	seed	imbuto - imbuto
89	root	umuzi - imizi
90	to cultivate	gusekyela, guhinga
91	hoe	isuuka - amasuuka
92	to sleep	kulyaama
93	dream	ikitooto - indooto
94	to wake up	kubyuuka
95	to stand up	kuhaguluka
96	to sit down	kwikyaala
97	to go	kugyenda
98	to come	kuuza
99	to enter	kwingila
100	to come out	gusohoka, kuvaamwo

101	to arrive	kugyeela, gushika
102	to pass	guhita, gukya
103	path	inzila - inzila
104	axe	inholezo - inholezo, indyankwi
105	fire	umulilo
106	ashes	itaazi
107	smoke	umwotsi - imyotsi
108	to burn	gusha
109	to extinguish	kuzimya
110	firewood	ulukwi - inkwi
111	water	amaazi, utuuzi
112	to become dry	kuuma
113	to say	kuvuga
114	to call	guhamagula
115	to question	kubaaza ikibazo
116	to teach	gosomeesha, kwigiisha
117	to play	gukina
118	to sing	kulilimba
119	drum	ingoma - ingoma
120	to throw	guteelela
121	to abuse	gutuka
122	to strike	gukubita
123	to give	guha
124	to steal	kwiba
125	guest	nyilinzu ?
126	to wait	kulinda
127	to kill	kwikya
128	to laugh	guseka
129	to weep	kulila, guhendeeza
130	to like	gukunda
131	to fear	gutiinya
132	to forget	kwibagilwa
133	one	imwe
134	two	ibili
135	three	itatu
136	four	ine
137	five	itaano
138	ten	ikyumi
139	many	-inshi
140	all	-ose
141	God	imaana
142	to drop	kugwa
143	to pick up	gutoolagula
144	to bring	kuuzana
145	to put	gushila
146	to hide	guhisha
147	to pull	gukulula
148	to push	gusunika
149	to tie a knot	gupfundika
150	to untie	kuzingulula, gupfunduula, guhambuula
151	to bend	guhonyooka, guheta
152	to cut	gutema, gukyeba, gukyela, gushala
153	to snap	kuvuna
154	to tear	gukya, gutandula
155	up	heejulu
156	down	haasi
157	inside	munda
158	outside	hanze
159	red	gutukula, -tuku
160	white	kwela, -elu
161	black	kwilabula
162	sun	izuuba
163	moon	ukwezi
164	star	inyenyeeli - inyenyeeli
165	cloud	igikyu - ibikyu
166	rain	imvula
167	wind	umuyaga
168	mountain	umusozi - imisozi
169	forest	ishamba - amashamba, igishaka - ibishaka
170	river	uluuzi - x
171	to sink	guhela, kwika
172	to cross	kwambuka
173	to swim	kooga
174	ground	haasi
175	stone	ibuye - amabuye
176	soil	itaka
177	hole	ikyooba - ibyooba, ikiina - ibyiina
178	to bury	gutabika, gutaba
179	day	umunsi - iminsi
180	night	ijolo - amajolo
181	yesterday	ejo
182	today	uyumunsi
183	tomorrow	ejo
184	year	umwaka - imyaka
185	good	-iza
186	bad	-bi
187	big	-nini
188	small	-to
189	long	-lee-le
190	short	-gufi
191	heavy	kulemeela
192	It's cold	halakoongye, hali mbeho
193	new	-sha, -shaasha
194	thing	ikintu - ibintu
195	me	ngyewe
196	you	wowe
197	us	twe, tweebwe
198	you pl.	mweebwe
199	who	inde
200	what	iki

Sala

1	head	mutwi - mitwi
2	hair	isusu - masusu
3	face	bushu
4	eye	linso - menso
5	nose	inango - manango
6	mouth	mulomo - milomo
7	tongue	mulaka - milaka, lulimi - x
8	tooth	lino - meno
9	ear	kutwi - matwi
10	neck	inshingo - inshingo
11	body	mubili - mibili
12	shoulder	cifunzhi - bifunzhi
13	breast	lukolo - inkolo
14	back	musana - misana, moongo - myongo
15	buttock	itako - matako
16	arm	mukono - mikono, itashi - matashi
17	finger	munwe - minwe
18	nail	lwala - mala
19	leg	mwendo - myendo, itende - matende
20	bone	cifuwa - bifuwa
21	blood	bulowa
22	heart	mozo - myozo
23	liver	muni - mini
24	tears	misozhi
25	spittle	mate
26	to see	kubona
27	to look for	kukapaula
28	to hear	kuteelela
29	wound	cilonda - bilonda
30	to vomit	kuluka
31	to be tired	kulemuka
32	to become well	kupona
33	witchdoctor	mung'anga - bang'anga, mushilishi - bashilishi
34	clothes	cisani - bisani, cakusama - byakusama
35	to wear	kusama
36	to wash	kuwasha
37	to spread to dry	kuzanika
38	to sew	kutunga
39	salt	mwino
40	oil	mafuta
41	to cook	kuika
42	to roast	kuzoca, kutenta
43	to eat	kulya
44	to drink	kunwa
45	to become hungry	kufwa inzala
46	to become rotten	kubola
47	house	ing'anda - maanda
48	to build	kuzaka
49	to shut	kuyala
50	to sweep	kupyanga

51	father	bata, ushe - baushe, bauso, baushi
52	mother	bama, noko - banoko
53	child	mwana - bana
54	husband	mulumi - balumi
55	wife	mwina - beena
56	to bear	kutumbuka, kuzhala
57	name	izhina - mazhina
58	to grow up	kukula
59	person	muntu - bantu
60	to die	kufwa
61	dog	mubwa - babwa
62	to bite	kuluma
63	cattle	ing'ombe - ing'ombe
64	pig	ingulube - ingulube
65	goat	impongo - impongo
66	animal	munyama - banyama
67	lion	ushuumbwa - bashuumbwa, mulavu - balavu
68	elephant	muzovu - bazovu
69	hippopotamus	civubwe - bacivubwe
70	tail	mucila - micila
71	spear	isumo - masumo
72	trap	kooze - tooze, cishilaha - bishilaha, iliba - maliba
73	meat	inyama
74	snake	muzoka - bazoka
75	crocodile	ciwena - baciwena
76	frog	kabombwe - bakabombwe
77	fish	inswi - inswi
78	bird	muzuni - bazuni
79	chicken	inkuku - inkuku
80	egg	liyi - mayi
81	to fly	kuuluka
82	bee	inzuki - inzuki
83	mosquito	insenya - mansenya
84	fly	inzhi - inzhi
85	tree	cisamu - bisamu
86	branch	mutabi - mitabi
87	leaf	ituvu - matuvu
88	seed	insangu, inungu
89	root	muzanda - mizanda
90	to cultivate	kulima
91	hoe	iyamba - mayamba
92	to sleep	koona
93	dream	ciloto - biloto/maloto
94	to wake up	kubuka, kushinshimuka
95	to stand up	kuzhima
96	to sit down	kukala
97	to go	kuya
98	to come	kuiza
99	to enter	kunjila
100	to come out	kuvwa

101	to arrive	kushika
102	to pass	kuita
103	path	inzhila - inzhila, kazhila - tuzhila
104	axe	keembe - tweembe
105	fire	mulilo
106	ashes	itwe
107	smoke	bushi
108	to burn	kuzaka
109	to extinguish	kuzhimya
110	firewood	lukuni - inkuni
111	water	meenzhi
112	to become dry	kuzuma
113	to say	kuamba
114	to call	kuita, koompolola
115	to question	kubuzha
116	to teach	kuiyisha
117	to play	kusobana
118	to sing	kuimba
119	drum	ingoma - ingoma
120	to throw	kufusa
121	to abuse	kutuka, kutukana
122	to strike	kuuma
123	to give	kupa
124	to steal	kuiba
125	guest	mwenzu - beenzu
126	to wait	kulindila
127	to kill	kuyaya
128	to laugh	kuseka
129	to weep	kulila
130	to like	kuzanda
131	to fear	kutiya, kufwa bukandu
132	to forget	kuluba
133	one	komwi
134	two	tobile
135	three	totatwe
136	four	tone
137	five	tosanwe
138	ten	ikumi
139	many	-nji-nji
140	all	-onse
141	God	leza
142	to drop	kuwa
143	to pick up	kubweza
144	to bring	kuleta
145	to put	kubika
146	to hide	kusoseka
147	to pull	kudonsa
148	to push	kutonka, kushindika
149	to tie a knot	kuanga
150	to untie	kuangulula
151	to bend	koomfola, kooba
152	to cut	kutenda, kukosola
153	to snap	kukombola
154	to tear	kuzapula
155	up	kwizeulu, mwizeulu
156	down	anshi
157	inside	mukati
158	outside	ansengwe
159	red	kusalala
160	white	kutuba
161	black	kushiya
162	sun	izuba
163	moon	mwezhi
164	star	intongwezhi - intongwezhi
165	cloud	ikumbi - makumbi
166	rain	imvula
167	wind	muuwo
168	mountain	lupili - mapili
169	forest	cisokwe - bisokwe, cisaka - bisaka, musanza - misanza
170	river	mulonga - milonga
171	to sink	kuibila
172	to cross	kulanduka
173	to swim	kusamba
174	ground	anshi
175	stone	ibwe - mabwe
176	soil	bulongo, ivu
177	hole	bwina - mena
178	to bury	kuzhika, kulapila
179	day	buzuba - mazuba, bushiku
180	night	mashiku
181	yesterday	uzona
182	today	usunu
183	tomorrow	uzona
184	year	caka - byaka
185	good	-botu
186	bad	-biyabi
187	big	-kando
188	small	-shoonto
189	long	-lamfu
190	short	-fwafwi
191	heavy	-lemu
192	It's cold	kulatontola
193	new	-pya
194	thing	cintu - bintu
195	me	ume
196	you	uwe
197	us	uswe
198	you pl.	umwe
199	who	nguni
200	what	cinzhi

Sambaa

1	head	mtwi - mitwi
2	hair	uzui - sui
3	face	uso - nyuso, cheni - vyeni
4	eye	zisho - mesho
5	nose	mpua - mpua
6	mouth	kanua - vyanua
7	tongue	ulimi - ndimi
8	tooth	zino - mazino
9	ear	gutwi - magutwi
10	neck	shingo - shingo
11	body	ng'wii - mii
12	shoulder	egha - maegha
13	breast	tombo - matombo
14	back	mghongo - mighongo
15	buttock	tako - matako
16	arm	mkono - mikono
17	finger	chaa - vyaa
18	nail	ukombe - nkombe
19	leg	muundi - miundi
20	bone	vuha - mavuha
21	blood	mpome
22	heart	moyo - mioyo
23	liver	ini - maini
24	tears	meshozi
25	spittle	mate
26	to see	kuona
27	to look for	kuonda
28	to hear	kuiva
29	wound	kionda - vionda
30	to vomit	kutahika
31	to be tired	kuchoka
32	to become well	kuhona
33	witchdoctor	mghanga - waghanga
34	clothes	shuke - shuke
35	to wear	kuzwika
36	to wash	kufua
37	to spread to dry	kuanika
38	to sew	kushona, kushuma
39	salt	munyu
40	oil	mavuta
41	to cook	kudika
42	to roast	kuoka
43	to eat	kuja
44	to drink	kunywa
45	to become hungry	kuung'wa n'saa
46	to become rotten	kuvunda
47	house	nyumba - nyumba
48	to build	kuzenga
49	to shut	kuzughaa
50	to sweep	kufyaghia, kuhaghia
51	father	tate - watate, isho, ishe
52	mother	mnaa - wanaa, nyokwe - wanyokwe, nine - wanine
53	child	ng'wana - wana
54	husband	muume - waume
55	wife	mke - wake
56	to bear	kuvyaa
57	name	zina - mazina
58	to grow up	kukua
59	person	mntu - wantu
60	to die	kufa
61	dog	kui - makui
62	to bite	kuuma
63	cattle	ng'ombe - ng'ombe
64	pig	nguuwe - nguuwe
65	goat	mbuzi - mbuzi, vuata - mavuata
66	animal	mnyama - wanyama
67	lion	shimba - shimba
68	elephant	ntembo - ntembo
69	hippopotamus	kiboko - viboko
70	tail	mkia - mikia
71	spear	guha - maguha
72	trap	mtegho - mitegho
73	meat	nyama
74	snake	nyoka - nyoka
75	crocodile	mamba - mamba
76	frog	jula - majula
77	fish	samaki - samaki
78	bird	deghe - madeghe, ndeghe - ndeghe
79	chicken	nguku - nguku
80	egg	tagi - matagi
81	to fly	kupaaika
82	bee	nyoki - nyoki
83	mosquito	mbu - mbu
84	fly	si - si
85	tree	mti - miti
86	branch	tawi - matawi, tambi - matambi
87	leaf	zani - mazani, hungo - mahungo
88	seed	mbeu - mbeu
89	root	mzizi - mizizi, zindo - mazindo
90	to cultivate	kuima
91	hoe	ghembe - maghembe
92	to sleep	kulala, kusisia, kugosha
93	dream	sozi
94	to wake up	kuinuka
95	to stand up	kughooka
96	to sit down	kuikaa
97	to go	kuita
98	to come	kuiza
99	to enter	kuingia
100	to come out	kuawa

101	to arrive	kubua
102	to pass	kuzinka
103	path	sia - sia, bangu - mabangu
104	axe	shoka - mashoka, choka - choka
105	fire	moto - myoto
106	ashes	zeu - mazeu
107	smoke	moshi - myoshi
108	to burn	kuhya
109	to extinguish	kuzimya
110	firewood	ukuni - nkuni
111	water	mazi
112	to become dry	kukaaghaa, kukamuka, kukaabuka
113	to say	kuonga, kuti
114	to call	kuitanga
115	to question	kuuza
116	to teach	kufundisha, kufuza
117	to play	kushezigha
118	to sing	kuimba
119	drum	ngoma - ngoma
120	to throw	kuhomeea
121	to abuse	kukanka
122	to strike	kutoa, kukonta
123	to give	kuinka
124	to steal	kubawa
125	guest	mgheni - wagheni
126	to wait	kughoja, kulinda
127	to kill	kukoma
128	to laugh	kusheka
129	to weep	kuiya, kukema
130	to like	kukunda
131	to fear	kuogoha
132	to forget	kujaa
133	one	ng'wenga, king'we
134	two	mbii, mbili
135	three	ntatu
136	four	nne
137	five	shano
138	ten	kumi, muongo
139	many	-ngi
140	all	-oshe
141	God	muungu - miungu
142	to drop	kugwa
143	to pick up	kudodoa
144	to bring	kueta
145	to put	kuika
146	to hide	kufisha
147	to pull	kuzuta
148	to push	kushindika
149	to tie a knot	kufundika
150	to untie	kufundua
151	to bend	kukunja, kupinda, kuhinda
152	to cut	kushenga, kukea
153	to snap	kubonda
154	to tear	kutatua
155	up	uanga
156	down	shi
157	inside	ndai
158	outside	se
159	red	kuunguika
160	white	kung'aa
161	black	kuchuta
162	sun	zua
163	moon	ng'wezi
164	star	ntondwe - ntondwe
165	cloud	zunde - mazunde
166	rain	fua
167	wind	mpeho - mpeho
168	mountain	muima - miima
169	forest	mzitu - mizitu
170	river	mto - mito
171	to sink	kuzama
172	to cross	kuzinka, kuvuka
173	to swim	kuogeea, kutoea
174	ground	shi
175	stone	iwe - mawe
176	soil	shanga
177	hole	shimo - mashimo
178	to bury	kuzika, kufukia
179	day	siku - masiku
180	night	kio - vio, nakio
181	yesterday	ghuo
182	today	eo, leo
183	tomorrow	keoi, keloi
184	year	ng'waka - myaka
185	good	-tana
186	bad	-bada, -baya
187	big	-kuu
188	small	-dodo
189	long	-tai
190	short	-sihi, -fupi
191	heavy	-zito, kuzwama
192	It's cold	kuna mpeho
193	new	-hya
194	thing	kintu - vintu
195	me	imi
196	you	iwe
197	us	ishwi
198	you pl.	inywi
199	who	ndai
200	what	mbwai

Shi

No.	English	Shi
1	head	irhwe - marhwe
2	hair	luvili - nviri
3	face	busu
4	eye	isu - masu
5	nose	izulu - mazulu
6	mouth	kanwa - rhunwa
7	tongue	lulimi - ndimi
8	tooth	lino - mino
9	ear	kurhwiri - marhwiri, kurhwi - marhwi
10	neck	igoshi - magoshi
11	body	mubiri - mibiri
12	shoulder	chirhugo - birhugo
13	breast	ibere - mabere
14	back	mugongo - migongo
15	buttock	lurhungu - marhungu, ihiji - mahiji
16	arm	kuboko - maboko
17	finger	munwe - minwe, muwe
18	nail	lunu - nnyunu
19	leg	kugulu - magulu
20	bone	ivuha - mavuha
21	blood	muko - miko
22	heart	murhima - mirhima
23	liver	budiku - madiku
24	tears	mulenge - mirenge
25	spittle	marhi, rhurhi
26	to see	kulola
27	to look for	kulonza
28	to hear	kuyumva
29	wound	chihulu - bihulu
30	to vomit	kushala
31	to be tired	kurhama
32	to become well	kufuma
33	witchdoctor	munganga
34	clothes	mushangi - mishangi
35	to wear	kuyambala
36	to wash	kufula
37	to spread to dry	kuyanika
38	to sew	kuhanga
39	salt	munyu - myunyu
40	oil	mavhurha
41	to cook	kuyenda
42	to roast	kukalanga
43	to eat	kulya
44	to drink	kunywa
45	to become hungry	kushalika
46	to become rotten	kubola
47	house	nyumba - nyumba
48	to build	kuyumbaka
49	to shut	kuyigala, kuziba
50	to sweep	kuhyajira
51	father	larha - balarha, shoo, ishe
52	mother	nyaama - banyaama, nyoko, nina
53	child	mwana - bana
54	husband	mulume - balume, ibanie, balo, iba, biba
55	wife	mukazi - bakazi, mukanie, mukawe, mukage
56	to bear	kuburha
57	name	izino - mazino
58	to grow up	kukula
59	person	muntu - bantu
60	to die	kufa
61	dog	kabwa - rhubwa
62	to bite	kuluma
63	cattle	nkavu - nkavu
64	pig	ngulube - ngulube
65	goat	mpene - mpene
66	animal	nyama - nyama
67	lion	mpunga - mpunga
68	elephant	tembo - tembo
69	hippopotamus	chiboko - biboko
70	tail	ihunga - mahunga
71	spear	itumu - matumu
72	trap	murhego - mirhego
73	meat	nyama
74	snake	njoka - njoka
75	crocodile	mamba - mamba
76	frog	chikere - bikere
77	fish	chikwara - bikwara
78	bird	kanyunyi - rhunyunyi, nyunyi - nyunyi
79	chicken	ngoko - ngoko
80	egg	iji - maji
81	to fly	kubalala
82	bee	njuchi - njuchi
83	mosquito	mugu - migu
84	fly	lususi - nsusi, nzi - nzi
85	tree	murhi - mirhi
86	branch	irhabi - marhabi
87	leaf	chibabi - bibabi
88	seed	mburho - mburho
89	root	hirhi - bhurhi
90	to cultivate	kuhinga
91	hoe	enfuka
92	to sleep	kuja iro, kuhunira
93	dream	chilorho - bilorho
94	to wake up	kuzuka
95	to stand up	kuyumuka
96	to sit down	kubutambala
97	to go	kugenda
98	to come	kuyisha
99	to enter	kuja omu～
100	to come out	kuhuluka

101	to arrive	kuhika
102	to pass	kugera
103	path	njira - njira
104	axe	mbasha - mbasha
105	fire	muliro - miriro
106	ashes	luvu
107	smoke	mugi - migi
108	to burn	kukolera
109	to extinguish	kuzimwa
110	firewood	nshaali
111	water	mishi
112	to become dry	kuyuma
113	to say	kuderha, kushambala
114	to call	kuhamagala
115	to question	kudosa
116	to teach	kuyigiriza
117	to play	kusharha
118	to sing	kuyimba
119	drum	ngoma - ngoma
120	to throw	kukweba
121	to abuse	kujachira
122	to strike	kugolofa, kushurha
123	to give	kuhana
124	to steal	kuzimba
125	guest	chigolo - bigolo
126	to wait	kulinda
127	to kill	kuyirha
128	to laugh	kusheka
129	to weep	kulaka, kuyama
130	to like	kusima
131	to fear	kuyoboha
132	to forget	kuyibagira
133	one	chiguma
134	two	bibiri
135	three	bisharhu
136	four	bini
137	five	birhanu
138	ten	ikumi
139	many	-anji, -nene
140	all	-eshi
141	God	mungu, nyamuzinga, lulema, lungwe, nna'amahanga
142	to drop	kurhoga, kurhibuka, kumanuka
143	to pick up	kurhola, kubugula
144	to bring	kulerha
145	to put	kurhabika, kubika
146	to hide	kubisha
147	to pull	kukulula
148	to push	kusukuma
149	to tie a knot	kufundika
150	to untie	kufundula
151	to bend	kugonya
152	to cut	kutwa
153	to snap	kuvuna
154	to tear	kubera
155	up	enyanya
156	down	idako, eshishi
157	inside	ekarhi
158	outside	elubako
159	red	dukula
160	white	omweru, -eru
161	black	-iru, -iragura
162	sun	izuba
163	moon	mwezi
164	star	nyenyezi - nyenyezi
165	cloud	chitu - vitu
166	rain	nkuba
167	wind	mpusi
168	mountain	ntondo - ntondo
169	forest	muzirhu - mizirhu
170	river	lwishi - nnyishi
171	to sink	kuyubira
172	to cross	kuyikira, kuyambuka
173	to swim	kuyoga
174	ground	idaho
175	stone	ibuye - mabuye
176	soil	bijondo
177	hole	mwina - mina
178	to bury	kubundika, kubisha
179	day	lushiku - nshiku
180	night	budufu - madufu
181	yesterday	njo
182	today	ene
183	tomorrow	irhondo, hano sezi
184	year	mwaka - myaka
185	good	-inja
186	bad	-bi
187	big	-nene
188	small	-sungunu
189	long	-liri
190	short	-ofi
191	heavy	-zirho
192	It's cold	embeho eri
193	new	-hyahya
194	thing	kantu/chintu - bintu
195	me	nyono
196	you	woyo, we
197	us	rhwabano
198	you pl.	mwabo
199	who	nndi
200	what	chichi - bichi

Soga

1	head	omutwe - emitwe
2	hair	oluviri - emviri
3	face	mumaiso
4	eye	eriiso - amaiso
5	nose	enyindo - enyindo
6	mouth	omunwa - eminwa
7	tongue	olulimi - enimi
8	tooth	eriino - amaino
9	ear	okutu - amatu
10	neck	enkoto - enkoto
11	body	omubiri - emibiri
12	shoulder	ekibegaabega - ebibegaabega
13	breast	eibeere - amabeere
14	back	omugongo - emigongo
15	buttock	eitako - amatako
16	arm	omukono - emikono
17	finger	olugalo - engalo
18	nail	olukumu - enkumu
19	leg	omugulu - emigulu
20	bone	eigumba - amagumba
21	blood	omusaayi
22	heart	omutima - emitima
23	liver	ekibumba - ebibumba
24	tears	eziga - amaziga
25	spittle	amalusu
26	to see	okubona
27	to look for	okunoonya
28	to hear	okuwulira
29	wound	eibwa - amabwa
30	to vomit	okusesema
31	to be tired	okukoowa
32	to become well	okuwona
33	witchdoctor	omuganga - abaganga, omusawo w'ekinansi
34	clothes	olugoye - engoye
35	to wear	okwambula
36	to wash	okwoza
37	to spread to dry	okwanika
38	to sew	okutunga
39	salt	omuunu
40	oil	bwito, amafuta
41	to cook	okufumba
42	to roast	okwokya
43	to eat	okulya
44	to drink	okunwa
45	to become hungry	endala
46	to become rotten	okuvunda
47	house	enumba - amayumba
48	to build	okuzimba
49	to shut	okwigalawo
50	to sweep	okwera
51	father	baba - bababa
52	mother	maama - bamaama
53	child	omwana - abaana
54	husband	omwami - abaami
55	wife	omukyaala - abakyaala
56	to bear	okuzaala
57	name	eriina - amaina
58	to grow up	okukula
59	person	omuntu - abantu
60	to die	okufa
61	dog	embwa - embwa
62	to bite	okuluma
63	cattle	ente - ente
64	pig	embiddi - embiddi
65	goat	embuzi - embuzi
66	animal	ekisolo - ebisolo
67	lion	empologoma - empologoma
68	elephant	endovu - endovu
69	hippopotamus	emvubu - emvubu
70	tail	omukira - emikira
71	spear	eifumu - amafumu
72	trap	omutego - emitego
73	meat	emamba
74	snake	omusota - emisota
75	crocodile	goonya - goonya
76	frog	ekikere - ebikere
77	fish	ekyenyanda - ebyenyanda
78	bird	ekinoni - ebinoni
79	chicken	enkoko - enkoko
80	egg	eigi - amagi
81	to fly	okuguluka
82	bee	enduki - enduki
83	mosquito	ensiri - ensiri
84	fly	enswera - enswera
85	tree	omuti - emiti
86	branch	eitabi - amatabi
87	leaf	ekikoola - ebikoola
88	seed	ensigo - ensigo
89	root	omulandira - emilandira
90	to cultivate	okulima
91	hoe	embago - embago
92	to sleep	okulambaala
93	dream	ekilooto - ebilooto
94	to wake up	okuzukuka
95	to stand up	okwemerera
96	to sit down	okutyama
97	to go	okuja
98	to come	okwida
99	to enter	okuyingila
100	to come out	okuva

101	to arrive	okutuuka
102	to pass	okubisa
103	path	oluguudo - enguudo, engira - engira
104	axe	empasa - empasa
105	fire	omuliro - emiliro
106	ashes	eivu
107	smoke	omwika - emiika
108	to burn	okwaka
109	to extinguish	okuzimya
110	firewood	enku - enku
111	water	amaadi
112	to become dry	okukala
113	to say	okukoba, okwogera
114	to call	okweta
115	to question	okubuuza
116	to teach	okusomesa
117	to play	okuzaana
118	to sing	okwemba
119	drum	engoma - engoma
120	to throw	okusuula
121	to abuse	okuvuma
122	to strike	okukuba
123	to give	okuwa, okugaba
124	to steal	okwiba
125	guest	omugeni - abageni
126	to wait	okulinda
127	to kill	okwita
128	to laugh	okuseka
129	to weep	okulira
130	to like	okwenda
131	to fear	okutya
132	to forget	okwerabira
133	one	ndala
134	two	ibiri
135	three	isatu
136	four	ina
137	five	itaano
138	ten	ikumi
139	many	-ngi
140	all	-ona-ona
141	God	katonda
142	to drop	okugwa
143	to pick up	okulonda
144	to bring	okuleeta
145	to put	okuta
146	to hide	okukweka
147	to pull	okusika
148	to push	okusindika
149	to tie a knot	okufundikira, okusiba
150	to untie	okusumulula
151	to bend	okufuna
152	to cut	okusala, okutema
153	to snap	okumena
154	to tear	okuyuza
155	up	waigulu
156	down	wansi
157	inside	munda
158	outside	kuliya
159	red	-myufu
160	white	-eru
161	black	-irugavu
162	sun	omusana, enduba
163	moon	omwezi
164	star	munyeenye, muneenye
165	cloud	ekireri - ebireri
166	rain	amaadi
167	wind	empewo
168	mountain	olusozi - ensozi
169	forest	ekibira - ebibira, ekisaka - ebisaka
170	river	omwiga - emiiga
171	to sink	okwibira
172	to cross	okusomoka
173	to swim	okuwuga
174	ground	itaka
175	stone	eibaale - amabaale
176	soil	eitaka
177	hole	ekiina - ebiina
178	to bury	okuziika
179	day	olunako - enako
180	night	ekiro - ebiro
181	yesterday	ido
182	today	leero
183	tomorrow	enkyo
184	year	omwaka - emyaka
185	good	-lungi
186	bad	-bi
187	big	-nene
188	small	-tono
189	long	-wamvu
190	short	-mpi
191	heavy	-zito
192	It's cold	bwinogovu
193	new	-yaaka
194	thing	ekintu - ebintu
195	me	nze
196	you	iwe
197	us	ife
198	you pl.	imwe
199	who	ani
200	what	eki

Sotho

1	head	hloho - dihloho
2	hair	mọriri - mẹriri
3	face	sẹfahleho - difahleho
4	eye	lẹihlo - maihlo
5	nose	nko - dinko
6	mouth	mọlomo - mẹlomo, lẹhanọ - mahanọ
7	tongue	lẹlẹme - malẹme
8	tooth	lẹino - meno
9	ear	tsebe - ditsebe
10	neck	mọlala - mẹlala
11	body	mmẹlẹ - x
12	shoulder	lẹhetla - mahetla
13	breast	lẹtswele - matswele
14	back	mọkokotlo - mẹkokotlo
15	buttock	sẹbọnọ - dibọnọ
16	arm	sẹphaka - diphaka
17	finger	mọnwana - mẹnwana
18	nail	lẹnala - manala
19	leg	lẹọtọ - maọtọ
20	bone	lẹrapo - marapo
21	blood	madi
22	heart	pẹlọ - dipẹlọ
23	liver	sẹbẹtẹ - dibẹtẹ
24	tears	keledi - dikeledi
25	spittle	mathe
26	to see	họbona
27	to look for	họbatla
28	to hear	họutlwa
29	wound	lẹqeba - maqeba
30	to vomit	họhlatsa
31	to be tired	họkhathala
32	to become well	họphekọlwa, họfola
33	witchdoctor	ngaka ya sẹthu - dingaka tsa sẹthu
34	clothes	phahlo - diphahlo
35	to wear	họapara, họtẹna
36	to wash	họhlatswa, họhlapa
37	to spread to dry	họaneha
38	to sew	họrọka
39	salt	lẹtswai
40	oil	mafura, oli
41	to cook	họpheha
42	to roast	họhadika
43	to eat	họja
44	to drink	họnwa
45	to become hungry	họlapa, tlala
46	to become rotten	họbola
47	house	ntlọ - ntlọ
48	to build	họaha
49	to shut	họkwala
50	to sweep	họfiela
51	father	ntate - bontate
52	mother	mme - bomme
53	child	ngwana - bana
54	husband	mọnna - banna
55	wife	mọsadi - basadi
56	to bear	họbeleha, họtswala
57	name	lẹbitso - mabitso
58	to grow up	họhọla
59	person	mọthọ - bathọ
60	to die	họshwa
61	dog	ntja - dintja
62	to bite	họlọma
63	cattle	khomọ - dikhomọ
64	pig	kọlọbe - dikọlọbe, fariki - difariki
65	goat	pọdi - dipọdi
66	animal	phoofolo - diphoofolo
67	lion	tau - ditau
68	elephant	tlou - ditlou
69	hippopotamus	kubu - dikubu
70	tail	mohatla - mẹhatla
71	spear	lẹrumo - marumo
72	trap	tirepe - diterepe
73	meat	nama
74	snake	noha - dinoha
75	crocodile	kwena - dikwena
76	frog	sẹnqanqanẹ - dinqanqanẹ
77	fish	tlhapi - ditlhapi
78	bird	nonyana - dinonyana
79	chicken	khọhọ - dikhọhọ
80	egg	lẹhẹ - mahẹ
81	to fly	họfufa
82	bee	notshi - dinotshi
83	mosquito	mọnwang - mẹnwang
84	fly	tsintsi - ditsintsi
85	tree	sẹfate - difate
86	branch	lẹhlaku - mahlaku
87	leaf	lẹkala - makala
88	seed	peọ - dipeọ, thootsẹ - dithootsẹ
89	root	mọtso - mẹtso, mọthapo - mẹthapo
90	to cultivate	họlẹma
91	hoe	mọhọma - mẹhọma
92	to sleep	họrobala
93	dream	toro
94	to wake up	họtsọha
95	to stand up	họema
96	to sit down	họdula
97	to go	họtsamaya
98	to come	họtla
99	to enter	họkena
100	to come out	họtswa

101	to arrive	họfihla, họkhutla
102	to pass	họfẹta
103	path	tsẹla - ditsẹla
104	axe	sẹlepe - dilepe
105	fire	mọllo - mẹllo
106	ashes	mọlora - mẹlora
107	smoke	mọsi - mẹsi
108	to burn	họtjha
109	to extinguish	họhotetsa
110	firewood	lẹifo - maifo
111	water	metsi
112	to become dry	họoma
113	to say	họrẹ
114	to call	họbitsa
115	to question	họbọtsa
116	to teach	họruta
117	to play	họbapala
118	to sing	họbina
119	drum	tẹramọ - ditẹramọ
120	to throw	họlahlela, họakhela
121	to abuse	họrọhaka
122	to strike	họshapa
123	to give	họfa, họfana
124	to steal	họutswa
125	guest	mọamọhelwa - baamọhelwa
126	to wait	họema
127	to kill	họbọlaya
128	to laugh	họtsheha
129	to weep	họlla
130	to like	họlakatsa
131	to fear	họtshaba
132	to forget	họlẹbala
133	one	nngwẹ
134	two	pedi
135	three	tharọ
136	four	nne
137	five	hlanọ
138	ten	lẹshọmẹ
139	many	-ngata
140	all	-ohle, kaọfela
141	God	mọdimọ - badimọ
142	to drop	họwa
143	to pick up	họphahamisa
144	to bring	họtlisa
145	to put	họbeha
146	to hide	họpata
147	to pull	họhula
148	to push	họsututsa
149	to tie a knot	họtlama
150	to untie	họtlamọlla
151	to bend	họkoba
152	to cut	họseha
153	to snap	họroba
154	to tear	họtabọla
155	up	họdimọ
156	down	fatshẹ
157	inside	ka harẹ, katlọng
158	outside	ka ntle
159	red	-khubedu
160	white	-sweu
161	black	-tshọ
162	sun	lẹtsatsi
163	moon	khwedi
164	star	naledi - dinaledi
165	cloud	lẹru - mạru
166	rain	pula - dipula
167	wind	moya
168	mountain	thaba - dithaba
169	forest	mọru - mẹru
170	river	nọka - dinọka
171	to sink	họtheọha
172	to cross	họtshẹla
173	to swim	họsesa
174	ground	fatshẹ
175	stone	lẹjwe - majwe
176	soil	mọbu
177	hole	mọkoti - mẹkoti
178	to bury	họpata
179	day	lẹtsatsi - matsatsi
180	night	bọsiu - masiu
181	yesterday	maobanẹ
182	today	kajenọ
183	tomorrow	họsanẹ
184	year	sẹlẹmo - dilẹmo
185	good	họlọka, mọnatẹ
186	bad	-bẹ
187	big	-họlọ
188	small	-nyanẹ
189	long	-tẹlẹlẹ, -lẹlẹlẹ
190	short	-khutshwanẹ
191	heavy	buima
192	It's cold	hwabata
193	new	-tjha ?
194	thing	ntho - dintho
195	me	nna
196	you	wena
197	us	rọna
198	you pl.	lọna
199	who	mang
200	what	ẹng

Sukuma

#	English	Sukuma
1	head	ntwe - mitwe
2	hair	luyw<u>i</u>l<u>i</u> - nzw<u>i</u>l<u>i</u>
3	face	b<u>u</u>shu - maab<u>u</u>shu
4	eye	liiso - miiso
5	nose	nindo - nindo, li<u>u</u>l<u>u</u> - m<u>uu</u>l<u>u</u>
6	mouth	nomo - milomo
7	tongue	lul<u>i</u>mi - nd<u>i</u>mi
8	tooth	liino - miino
9	ear	g<u>u</u>t<u>u</u> - mat<u>u</u>
10	neck	nhingo - nhingo
11	body	m<u>i</u>l<u>i</u> - mim<u>i</u>l<u>i</u>
12	shoulder	ibega - mabega
13	breast	nonho - nonho, l<u>u</u>beele - mbeele, ibeele - mabeele
14	back	ngongo - migongo
15	buttock	idako - madako
16	arm	nkono - makono
17	finger	lwala - nzwala/maala
18	nail	liala - maala
19	leg	k<u>u</u>g<u>u</u>l<u>u</u> - mag<u>u</u>l<u>u</u>
20	bone	iguha - maguha
21	blood	miininga
22	heart	mooyo - mioyo, ngholo - ngholo
23	liver	it<u>i</u>ma - mat<u>i</u>ma
24	tears	shiisoji - miisoji
25	spittle	mate
26	to see	k<u>u</u>bona
27	to look for	k<u>u</u>kooba, k<u>u</u>lola
28	to hear	kwigwa
29	wound	ilonda - malonda
30	to vomit	kul<u>u</u>ka
31	to be tired	k<u>u</u>noga
32	to become well	k<u>u</u>p<u>i</u>la
33	witchdoctor	mfumu - bafumu
34	clothes	ng'wenda - mienda, ngobo - ngobo
35	to wear	k<u>u</u>zwala
36	to wash	k<u>u</u>fula
37	to spread to dry	kwan<u>i</u>k<u>i</u>la
38	to sew	k<u>u</u>suma, k<u>u</u>doda, k<u>u</u>sona
39	salt	m<u>u</u>nhu
40	oil	maguta
41	to cook	k<u>u</u>zuga
42	to roast	kooha
43	to eat	k<u>u</u>lya, k<u>u</u>boneka
44	to drink	k<u>u</u>ng'wa
45	to become hungry	k<u>u</u>tuuba
46	to become rotten	k<u>u</u>bola
47	house	numba - numba, kaaya
48	to build	k<u>u</u>zenga, kwita
49	to shut	k<u>u</u>lugala
50	to sweep	k<u>u</u>p<u>i</u>ag<u>u</u>la
51	father	baaba, so, ise, saabo
52	mother	maayu, noko, nina
53	child	ng'wana - bana
54	husband	ngooshi - bagooshi
55	wife	nke - bake
56	to bear	k<u>u</u>biala
57	name	liina - miina
58	to grow up	k<u>u</u>k<u>u</u>la
59	person	m<u>u</u>nh<u>u</u> - banh<u>u</u>
60	to die	k<u>u</u>cha, k<u>u</u>gulaala
61	dog	mva - mva/mawa
62	to bite	k<u>u</u>luma
63	cattle	ng'ombe - ng'ombe
64	pig	ngulube - ngulube
65	goat	mb<u>u</u>li - mb<u>u</u>li/mab<u>u</u>li
66	animal	nd<u>i</u>mu - nd<u>i</u>mu/mal<u>i</u>mu
67	lion	shimba - shimba
68	elephant	mh<u>u</u>l<u>i</u> - mh<u>u</u>l<u>i</u>
69	hippopotamus	ngub<u>u</u> - ngub<u>u</u>
70	tail	nk<u>i</u>la - mik<u>i</u>la
71	spear	ichimu - machimu
72	trap	ntego - mitego
73	meat	nyama
74	snake	nzoka - nzoka/mayoka
75	crocodile	ng'wina - mang'wina
76	frog	ch<u>uu</u>la - ch<u>uu</u>la, dongo - dongo, danga - danga
77	fish	nd<u>i</u>ilo - nd<u>i</u>ilo, sh<u>i</u> - sh<u>i</u>
78	bird	noni - noni
79	chicken	ngoko - ngoko
80	egg	ig<u>i</u> - mag<u>i</u>
81	to fly	k<u>u</u>lala
82	bee	nz<u>u</u>k<u>i</u> - nz<u>u</u>k<u>i</u>
83	mosquito	mb<u>u</u> - mb<u>u</u>
84	fly	ngi - ngi
85	tree	l<u>i</u>nt<u>i</u> - mant<u>i</u>, nt<u>i</u> - mit<u>i</u>
86	branch	itamb<u>i</u> - matamb<u>i</u>
87	leaf	id<u>uu</u>tu - mad<u>uu</u>tu
88	seed	mb<u>i</u>y<u>u</u> - mb<u>i</u>y<u>u</u>
89	root	nji - miji
90	to cultivate	k<u>u</u>lima
91	hoe	igembe - magembe, isuka - masuka
92	to sleep	k<u>u</u>laala
93	dream	shilooti
94	to wake up	k<u>u</u>miisha
95	to stand up	kwim<u>ii</u>la
96	to sit down	kwigaasha, kukoonya mazwi
97	to go	k<u>u</u>ja
98	to come	kwiza
99	to enter	kwing<u>i</u>la
100	to come out	kufuma, k<u>u</u>puluka

101	to arrive	kushika
102	to pass	kubita
103	path	nzila - nzila
104	axe	mbasa - mbasa
105	fire	moito - mioto
106	ashes	mabu
107	smoke	lyochi
108	to burn	kubaka
109	to extinguish	kujimya
110	firewood	lukwi - nghwi
111	water	minzi
112	to become dry	kuuma, kukamuungha
113	to say	kuhaya, kuyomba, kulungalunga
114	to call	kwitana
115	to question	kubuuja
116	to teach	kulanga
117	to play	kwiguusha
118	to sing	kwimba, kuhiliila
119	drum	ng'oma - ng'oma
120	to throw	kuluuta, kuponeja
121	to abuse	kudukila, kuduka
122	to strike	kutula
123	to give	kwinha
124	to steal	kwiba
125	guest	ngeni - bageni
126	to wait	kulinda
127	to kill	kubulaga, kutamba
128	to laugh	kuseka
129	to weep	kulila
130	to like	kutogwa
131	to fear	koogoha
132	to forget	kwiba
133	one	imo
134	two	ibili
135	three	idatu
136	four	ine
137	five	itano
138	ten	ikumi
139	many	-ingi
140	all	-ose
141	God	mulungu - baamulungu
142	to drop	kulagala, kugwa
143	to pick up	kusola
144	to bring	kwenha
145	to put	kutuula
146	to hide	kubisa
147	to pull	kuduta
148	to push	kushindika
149	to tie a knot	kutunga
150	to untie	kutaligula
151	to bend	kugonda
152	to cut	kubuta, kuchemba, kutema
153	to snap	kubinza, kukaanula
154	to tear	kutandula
155	up	igulya
156	down	silili
157	inside	mugati
158	outside	nze
159	red	yaaza
160	white	-pe
161	black	-pi
162	sun	liimi
163	moon	ng'weji
164	star	sonda - sonda/masonda
165	cloud	ilunde - malunde
166	rain	mbula
167	wind	nyaga - miyaga
168	mountain	lugulu - ngulu
169	forest	ipoolu - mapoolu
170	river	mongo - miongo
171	to sink	kulibila
172	to cross	kubita
173	to swim	kujiba
174	ground	si
175	stone	iwe - mawe
176	soil	bulongho, si
177	hole	ichongo - machongo
178	to bury	kujiika
179	day	lushiku - shiku
180	night	bujiku
181	yesterday	igolo
182	today	lelo
183	tomorrow	ntondo
184	year	ng'waka - miaka
185	good	-wiza
186	bad	-bi
187	big	-tele, -taale
188	small	-do
189	long	-liihu
190	short	-guhi
191	heavy	-dito
192	It's cold	lyitaga mbeho
193	new	-pya
194	thing	kinhu, shinhu, shikolo
195	me	nene
196	you	bebe
197	us	biswe
198	you pl.	bing'we
199	who	nani
200	what	kiyi, liki

Swahili

1	head	kichwa - vichwa
2	hair	unywele - nywele
3	face	uso - nyuso
4	eye	jicho - macho
5	nose	pua - pua
6	mouth	kinywa - vinywa
7	tongue	ulimi - ndimi
8	tooth	jino - meno
9	ear	sikio - masikio
10	neck	shingo - shingo
11	body	mwili - miili
12	shoulder	bega - mabega
13	breast	ziwa - maziwa
14	back	mgongo - migongo
15	buttock	tako - matako
16	arm	mkono - mikono
17	finger	kidole - vidole
18	nail	ukucha - kucha
19	leg	mguu - miguu
20	bone	mfupa - mifupa
21	blood	damu
22	heart	moyo - mioyo
23	liver	ini - maini
24	tears	chozi - machozi
25	spittle	mate
26	to see	kuona
27	to look for	kutafuta
28	to hear	kusikia
29	wound	kidonda - vidonda
30	to vomit	kutapika
31	to be tired	kuchoka
32	to become well	kupona
33	witchdoctor	mganga - waganga
34	clothes	nguo - nguo
35	to wear	kuvaa
36	to wash	kufua
37	to spread to dry	kuanika
38	to sew	kushona
39	salt	chumvi, munyu
40	oil	mafuta
41	to cook	kupika
42	to roast	kuchoma
43	to eat	kula
44	to drink	kunywa
45	to become hungry	kuona njaa
46	to become rotten	kuoza
47	house	nyumba - nyumba
48	to build	kujenga, kuaka
49	to shut	kufunga
50	to sweep	kufagia
51	father	baba - baba
52	mother	mama - mama
53	child	mtoto - watoto
54	husband	mume - waume
55	wife	mke - wake
56	to bear	kuzaa
57	name	jina - majina
58	to grow up	kukua
59	person	mtu - watu
60	to die	kufa, kufariki
61	dog	mbwa - mbwa
62	to bite	kuuma, kutafuna
63	cattle	ng'ombe - ng'ombe
64	pig	nguruwe - nguruwe
65	goat	mbuzi - mbuzi
66	animal	mnyama - wanyama
67	lion	simba - simba
68	elephant	tembo - tembo, ndovu - ndovu
69	hippopotamus	kiboko - viboko
70	tail	mkia - mikia
71	spear	mkuki - mikuki, fumo - fumo
72	trap	mtego - mitego
73	meat	nyama
74	snake	nyoka - nyoka
75	crocodile	mamba - mamba, ngwena - ngwena
76	frog	chura - vyura
77	fish	samaki - samaki
78	bird	ndege - ndege
79	chicken	kuku - kuku
80	egg	yai - mayai
81	to fly	kuruka
82	bee	nyuki - nyuki
83	mosquito	mbu - mbu
84	fly	nzi - nzi
85	tree	mti - miti
86	branch	tawi - matawi
87	leaf	jani - majani
88	seed	mbegu - mbegu
89	root	mzizi - mizizi
90	to cultivate	kulima
91	hoe	jembe - majembe
92	to sleep	kulala, kupata usingizi
93	dream	ndoto - ndoto
94	to wake up	kuamka
95	to stand up	kusimama
96	to sit down	kukaa
97	to go	kwenda
98	to come	kuja
99	to enter	kuingia
100	to come out	kutoka nje

101	to arrive	kufika
102	to pass	kupita
103	path	njia - njia
104	axe	shoka - mashoka
105	fire	moto - mioto
106	ashes	jivu - majivu
107	smoke	moshi - mioshi
108	to burn	kuungua, kuwaka
109	to extinguish	kuzima
110	firewood	ukuni - kuni
111	water	maji
112	to become dry	kukauka
113	to say	kusema, kunena
114	to call	kuita
115	to question	kuuliza
116	to teach	kusomesha, kufunza, kufundisha
117	to play	kucheza
118	to sing	kuimba
119	drum	ngoma - ngoma
120	to throw	kurusha
121	to abuse	kutukana
122	to strike	kupiga
123	to give	kupa
124	to steal	kuiba
125	guest	mgeni - wageni
126	to wait	kungoja, kusubiri
127	to kill	kuua
128	to laugh	kucheka, kuchekelea
129	to weep	kulia
130	to like	kupenda
131	to fear	kuogopa
132	to forget	kusahau
133	one	moja
134	two	mbili
135	three	tatu
136	four	nne
137	five	tano
138	ten	kumi
139	many	-ingi
140	all	-ote
141	God	mungu - miungu, mola, muumba - waumba
142	to drop	kuanguka
143	to pick up	kuokota
144	to bring	kuleta
145	to put	kuweka
146	to hide	kuficha
147	to pull	kuvuta
148	to push	kusukuma
149	to tie a knot	kufunga
150	to untie	kufungua, kufundua
151	to bend	kupinda, kupeta
152	to cut	kukata, kukereza
153	to snap	kuvunja
154	to tear	kuchana, kupasua
155	up	juu
156	down	chini
157	inside	ndani
158	outside	nje
159	red	-ekundu
160	white	-eupe
161	black	-eusi
162	sun	jua
163	moon	mwezi
164	star	nyota - nyota
165	cloud	wingu - mawingu
166	rain	mvua
167	wind	upepo - pepo
168	mountain	mlima - milima
169	forest	mwitu - miitu, msitu - misitu
170	river	mto - mito
171	to sink	kuzama
172	to cross	kuvuka
173	to swim	kuogelea
174	ground	chini, ardhi
175	stone	jiwe - mawe
176	soil	udongo
177	hole	shimo - mashimo, tundu - tundu
178	to bury	kuzika
179	day	siku - siku
180	night	usiku - siku
181	yesterday	jana
182	today	leo
183	tomorrow	kesho
184	year	mwaka - miaka
185	good	-zuri, -ema
186	bad	-baya
187	big	-kubwa
188	small	-dogo
189	long	-refu
190	short	-fupi
191	heavy	-zito
192	It's cold	baridi
193	new	-pya
194	thing	kitu - vitu
195	me	mimi
196	you	wewe
197	us	sisi
198	you pl.	nyinyi
199	who	nani
200	what	nini

Swaka

1	head	umutwi - imitwi
2	hair	umushishi - imishishi
3	face	ichinso - ifinso
4	eye	ilinso - amenso
5	nose	umoona - imyoona
6	mouth	akanwa - utunwa
7	tongue	ululimi - indimi
8	tooth	iliino - ameeno
9	ear	ukutwi - amatwi
10	neck	umukoshi - imikoshi
11	body	umubili - imibili
12	shoulder	ichifushi - ififushi
13	breast	ibeele - amabeele
14	back	inuma - amanuma
15	buttock	itako - amatako
16	arm	ukuboko - amaboko
17	finger	umunwe - iminwe
18	nail	iliala - amaala
19	leg	ukuulu - amoolu
20	bone	ifupa - amafupa
21	blood	umulopa - imilopa
22	heart	umutima - imitima
23	liver	ichibu - ifibu
24	tears	umunsoshi - iminsoshi
25	spittle	amate
26	to see	ukubona
27	to look for	ukufwaya
28	to hear	ukumfwa
29	wound	ichilonda - ifilonda
30	to vomit	ukuluka
31	to be tired	ukukatala
32	to become well	ukupola
33	witchdoctor	ing'anga - amang'anga
34	clothes	ichaakufwala - ifyaakufwala
35	to wear	ukufwala
36	to wash	ukuwaasha
37	to spread to dry	ukwanika
38	to sew	ukubila, ukutunga
39	salt	umuchele
40	oil	amafuta
41	to cook	ukuipika
42	to roast	ukoocha
43	to eat	ukulya
44	to drink	ukunwa
45	to become hungry	ukumfwa insala
46	to become rotten	ukubola
47	house	ing'anda - amang'anda
48	to build	ukwibaka
49	to shut	ukwisala
50	to sweep	ukupyanga
51	father	baataata, baawiiso, baawiishi, taata
52	mother	baamaayo, baanoko, baanyina, maayo
53	child	umuana - abaana
54	husband	umulume - abalume
55	wife	umukashi - abakashi
56	to bear	ukufyala
57	name	ishiina - amashiina
58	to grow up	ukukula
59	person	umuntu - abantu
60	to die	ukufwa
61	dog	imbwa - amabwa
62	to bite	ukusuma
63	cattle	ing'ombe - amaombe
64	pig	ingulube - amangulube
65	goat	imbushi - amabushi
66	animal	inama - amanama
67	lion	inkalamu - amakalamu
68	elephant	insofu - amasofu
69	hippopotamus	imfubu - amafubu
70	tail	umuchila - imichila
71	spear	ifumo - amafumo
72	trap	ichiteyo - ifiteyo
73	meat	inama
74	snake	insoka - amasoka
75	crocodile	ingwena - amangwena
76	frog	bombwe - baabombwe
77	fish	isabi - amasabi
78	bird	akooni - utuuni
79	chicken	inkoko - amakoko
80	egg	ilindanda - amandanda
81	to fly	ukupululuka
82	bee	ulushimu - inshimu
83	mosquito	akabwibwi - utubwibwi
84	fly	lunshi - baalunshi
85	tree	ichiti - ifiti
86	branch	umusambo - imisambo
87	leaf	ibuula - amabuula
88	seed	ulubuto - imbuto, uluseke - inseke
89	root	umushu - imishu
90	to cultivate	ukulima
91	hoe	ise - amase
92	to sleep	ukulaala
93	dream	ichilooto - ifilooto
94	to wake up	ukubuuka
95	to stand up	ukwimakana
96	to sit down	ukwikala
97	to go	ukuya
98	to come	ukwisa
99	to enter	ukwinjila
100	to come out	ukufuma

101	to arrive	ukufika
102	to pass	ukupita
103	path	inshila - amashila
104	axe	akatemo - ututemo, ichutemo - ifitemo
105	fire	umulilo - imililo
106	ashes	itoi - amatoi
107	smoke	ubuushi - amooshi
108	to burn	ukupya
109	to extinguish	ukushimya
110	firewood	ulukuni - inkuni
111	water	amenshi
112	to become dry	ukuuma
113	to say	ukulabila
114	to call	ukwita
115	to question	ukwipusha
116	to teach	ukusambisha
117	to play	ukwangala
118	to sing	ukwimba
119	drum	ingoma - amaoma
120	to throw	ukupoosa
121	to abuse	ukutuka
122	to strike	ukupama
123	to give	ukupeela
124	to steal	ukwiba
125	guest	umwensu - abensu
126	to wait	ukupembelela
127	to kill	ukwipaya
128	to laugh	ukuseka
129	to weep	ukulila
130	to like	ukutemwa
131	to fear	ukutiina
132	to forget	ukuluba
133	one	chimo
134	two	fibili
135	three	fitatu
136	four	fine
137	five	fisaanu
138	ten	ikumi
139	many	-inji
140	all	-onse
141	God	umulungu - imilungu
142	to drop	ukupona
143	to pick up	ukubuula
144	to bring	ukuleeta
145	to put	ukubiika
146	to hide	ukufisa
147	to pull	ukwimuna
148	to push	ukushindika
149	to tie a knot	ukukaka, ukufundika
150	to untie	ukukakulula, ukufundulula
151	to bend	ukoobeka
152	to cut	ukuputula, ukutema
153	to snap	ukukumuna, ukukonona
154	to tear	ukukwamuna
155	up	peeulu
156	down	panshi
157	inside	mukati
158	outside	panse
159	red	ukukashika
160	white	ukutuba
161	black	ukufiita
162	sun	akasuba
163	moon	umwenshi
164	star	akabangabanga - utubangabanga
165	cloud	ikumbi - amakumbi
166	rain	imfula
167	wind	ichipuupu - ifipuupu
168	mountain	ulupili - impili
169	forest	impanga - amapanga
170	river	inika - amanika
171	to sink	ukwibila
172	to cross	ukwabuka
173	to swim	ukusamba
174	ground	umushili - imishili
175	stone	ibwe - amabwe
176	soil	iloba - amaloba
177	hole	ichilindi - ifilindi
178	to bury	ukushiika
179	day	ubushiku - amashiku
180	night	ubushiku
181	yesterday	mailo
182	today	leelo
183	tomorrow	mailo
184	year	umwaka - imyaka
185	good	ukuwaama
186	bad	ukubiipa
187	big	-kulu
188	small	-niini
189	long	-tali
190	short	-ipi
191	heavy	ukulema
192	It's cold	kwatanta
193	new	-a bukuumo
194	thing	ichintu - ifintu
195	me	ine
196	you	iwe
197	us	ifwe
198	you pl.	imwe
199	who	nani
200	what	chinshi

Swati

1	head	inhloko - tinhloko
2	hair	unwele - tinwele
3	face	ubuso
4	eye	iliso - amehlo
5	nose	imbumulo - timbumulo
6	mouth	umlomo - imilomo
7	tongue	ulwimi - x
8	tooth	litinyo - amatinyo
9	ear	indlebe - tindlebe
10	neck	insamo - tinsamo
11	body	umtimba - imitimba
12	shoulder	ihlombe - amahlombe
13	breast	ibele - amabele
14	back	umhlane - imihlane
15	buttock	isibunu - tibunu
16	arm	inkalo - tinkalo
17	finger	umunwe - iminwe
18	nail	uzipho - tinzipho
19	leg	umlenze - imilenze
20	bone	litsambo - amatsambo
21	blood	ingati
22	heart	inhlitiyo - tinhliziyo
23	liver	isibintsi - tibintsi
24	tears	unyembeti - tinyembeti
25	spittle	amatse
26	to see	ukubona
27	to look for	ukufuna
28	to hear	ukuva
29	wound	isilonza - tilonza
30	to vomit	ukuhlanta
31	to be tired	ukukhatsala, ukutsinwa
32	to become well	ukuphila
33	witchdoctor	inyanga - tinyanga
34	clothes	impahla - timpahla
35	to wear	ukumbatsa, ukugqoka
36	to wash	ukuwasha
37	to spread to dry	ukuneka
38	to sew	ukutfunga
39	salt	itswayi
40	oil	amafutsa
41	to cook	ukupheka
42	to roast	ukosa
43	to eat	ukudla
44	to drink	ukunatsa
45	to become hungry	ukulamba, indlala
46	to become rotten	ukubola
47	house	indlu - tindlu
48	to build	ukwakha
49	to shut	ukuvala
50	to sweep	ukushanela
51	father	babe - obabe
52	mother	make - omake
53	child	umndvana - abandvana
54	husband	indvodza - amadvodza
55	wife	umfati - abafati
56	to bear	ukubeletsa, ukubeleka
57	name	igama - amagama
58	to grow up	ukukhula
59	person	umundvu - abandvu
60	to die	ukufa
61	dog	inja - tinja
62	to bite	ukuluma
63	cattle	inkomo - tinkomo
64	pig	ingulube - tingulube
65	goat	imbuti - timbuti
66	animal	isilwane - tilwane
67	lion	ibhubesi - amabhubesi
68	elephant	indlovu - tindlovu
69	hippopotamus	imvubu - timvubu
70	tail	umsila - imisila
71	spear	umkhonto - imikhonto
72	trap	isitsiwo - titsiwo
73	meat	inyama
74	snake	inyoka - tinyoka
75	crocodile	ingwenya - tingwenya
76	frog	ixoxo - amaxoxo
77	fish	inhlanzi - tinhlanzi, ifishi - tifishi
78	bird	inyoni - tinyoni
79	chicken	inkukhu - tinkukhu
80	egg	iqanda - amaqanda
81	to fly	ukuphapha
82	bee	inyosi - tinyosi
83	mosquito	imbuzulwane - timbuzulwane
84	fly	impukane - timpukane
85	tree	isihlahla - tihlahla
86	branch	igatsha - amagatsha
87	leaf	igcembe - amagcembe
88	seed	imbewu - timbewu
89	root	impandze - timpandze
90	to cultivate	ukulima
91	hoe	ikhuba - amakhuba
92	to sleep	ukulala
93	dream	iphupho - amaphupho
94	to wake up	ukuvuka
95	to stand up	ukusukuma
96	to sit down	ukuhlala, ukubutsana
97	to go	ukuhamba
98	to come	ukubuya
99	to enter	ukungena
100	to come out	ukuphuma, ukuvela

101	to arrive	ukufika
102	to pass	ukundlula
103	path	indlela - tindlela, indlelana - tindlelana
104	axe	izembe - amazembe
105	fire	umlilo - imililo
106	ashes	umlotsa - imilotsa
107	smoke	umusiti - imisiti/tinsiti
108	to burn	ukusha
109	to extinguish	ukucima
110	firewood	ukhuni - tinkuni
111	water	amanti
112	to become dry	ukoma
113	to say	ukusho
114	to call	ukubita
115	to question	ukubuta
116	to teach	ukufundzisa
117	to play	ukudlala
118	to sing	ukucula, ukuhlabelela
119	drum	isigubhu - tigubhu
120	to throw	ukujigijela, ukuphosa
121	to abuse	ukuphoxa, ukuhlukubeta
122	to strike	ukushaya
123	to give	ukupha, ukunika
124	to steal	ukuntshontsha
125	guest	isivakashi - tivakashi, isimenywa - timenywa
126	to wait	ukulindza
127	to kill	ukubulala
128	to laugh	ukuhleka
129	to weep	ukukhala
130	to like	ukutsandza
131	to fear	ukusaba, ukutfuka
132	to forget	ukukhohlwa, ukulibala
133	one	kunye
134	two	kubili
135	three	kutfatfu
136	four	kune
137	five	sihlanu
138	ten	ishumi
139	many	-nyenti
140	all	-onke
141	God	unkulunkulu
142	to drop	ukuwa
143	to pick up	ukudobha
144	to bring	ukuletsa
145	to put	ukubeka
146	to hide	ukufihla
147	to pull	ukudonsa
148	to push	ukusundzuta
149	to tie a knot	ukubopha
150	to untie	ukubophulula
151	to bend	ukugoba
152	to cut	ukusika
153	to snap	ukugamula, ukuphula
154	to tear	ukudzabula
155	up	etulu
156	down	phansi
157	inside	phakatsi, endlini
158	outside	ngaphandle
159	red	-bomvu
160	white	-mhlophe
161	black	-mnyama
162	sun	ilanga
163	moon	inyanga
164	star	inkanyeti - tinkanyeti
165	cloud	(l)ifu - amafu
166	rain	imvula - timvula
167	wind	umoya - ˙x
168	mountain	intsaba - tintsaba
169	forest	ihlatsi - amahlatsi, ehlatsini
170	river	umfula - imifula
171	to sink	ukuncwila, ukushona
172	to cross	ukweqa
173	to swim	ukuhlamba
174	ground	umhlaba
175	stone	itshe - amatshe
176	soil	umhlabatsi
177	hole	umgodzi - imigodzi
178	to bury	ukungcwaba
179	day	usuku - tinsuku
180	night	ebusuku
181	yesterday	itolo
182	today	namuhla
183	tomorrow	kusasa
184	year	unyaka - iminyaka
185	good	ukulunga, -hle
186	bad	-bi
187	big	-khulu
188	small	-ncane
189	long	-dze
190	short	-fushane
191	heavy	ukusindza
192	It's cold	kuyabandza
193	new	-sha
194	thing	indvo - tindvo
195	me	mina
196	you	wena
197	us	tsina
198	you pl.	nina
199	who	ubani
200	what	ini

Taita

1	head	chongo - vongo
2	hair	iridia - maridia
3	face	wushu - mawushu
4	eye	iriso - meso
5	nose	mbua - mbua
6	mouth	momu - memu
7	tongue	lumi - chumi
8	tooth	igego - magego
9	ear	kudu - madu
10	neck	singo - singo
11	body	mumbi - mimbi
12	shoulder	ionge - maonge
13	breast	nyodo - nyodo
14	back	mgongo - migongo
15	buttock	ishimba - mashimba
16	arm	mkonu - mikonu
17	finger	chala - vala
18	nail	lwakule - chwakule
19	leg	kugu - magu
20	bone	indi - maindi
21	blood	paga
22	heart	ngolo - ngolo
23	liver	idima - madima
24	tears	mbori
25	spittle	mada
26	to see	kuwona
27	to look for	kulola
28	to hear	kusikira
29	wound	chonda - vonda
30	to vomit	kudaika
31	to be tired	kusilwa
32	to become well	kuhoa
33	witchdoctor	msawi - wasawi
34	clothes	nguwo
35	to wear	kurwa
36	to wash	kuogosha
37	to spread to dry	kuanika
38	to sew	kudunga
39	salt	chumbi, munyu
40	oil	mavuda
41	to cook	kudeka
42	to roast	kuocha
43	to eat	kuja
44	to drink	kududusa
45	to become hungry	kusikira njala
46	to become rotten	kuwoa
47	house	nyumba - nyumba
48	to build	kuaga
49	to shut	kuruga
50	to sweep	kufwagia
51	father	apa, ndee
52	mother	mae
53	child	mwana - wana
54	husband	momi - womi
55	wife	mka - waka
56	to bear	kuva
57	name	irina - marina
58	to grow up	kuzogua
59	person	mundu - wandu
60	to die	kufwa
61	dog	koshi - koshi
62	to bite	kuluma
63	cattle	ng'ombe - ng'ombe
64	pig	nguwe - nguwe
65	goat	mburi - mburi
66	animal	nyamandu - nyamandu
67	lion	shimba - shimba
68	elephant	chovu - chovu
69	hippopotamus	kiboko - viboko
70	tail	mkomba mikomba
71	spear	ifumu - mafumu
72	trap	mdego - midego
73	meat	nyama
74	snake	choka - choka
75	crocodile	mamba - mamba
76	frog	kichula - vichula
77	fish	samaki - samaki
78	bird	nyonyi - nyonyi
79	chicken	nguku - nguku
80	egg	igi - magi
81	to fly	kuwuka
82	bee	choki - choki
83	mosquito	rwai - rwai
84	fly	izi - izi
85	tree	mudi - midi
86	branch	lumbashu - chumbashu
87	leaf	ilemba - malemba
88	seed	mbeu - mbeu
89	root	muri - miri
90	to cultivate	kulima
91	hoe	igembe - magembe
92	to sleep	kulala
93	dream	ndodo
94	to wake up	kuwaka
95	to stand up	kuwuka kimusi
96	to sit down	kusea kidombo
97	to go	kugenda
98	to come	kucha
99	to enter	kungia
100	to come out	kufuma

101	to arrive	kuvika
102	to pass	kuida
103	path	mnyaro - minyaro, chia - chia
104	axe	isoka - masoka
105	fire	modo
106	ashes	ivu - maivu
107	smoke	mosi - mesi
108	to burn	kukoreka, kuwada modo
109	to extinguish	kurimisha
110	firewood	mbande - mbande, luki - chuki
111	water	machi
112	to become dry	kuoma
113	to say	kudeda
114	to call	kuwanga
115	to question	kukotia
116	to teach	kufundisha
117	to play	kusariga
118	to sing	kubora
119	drum	ngoma - ngoma
120	to throw	kukumba
121	to abuse	kutukana
122	to strike	kukaba
123	to give	kuneka
124	to steal	kuiwa
125	guest	mgenyi - wagenyi
126	to wait	kuweseria
127	to kill	kubwaga
128	to laugh	kuseka, kuvivira
129	to weep	kulila
130	to like	kukunda
131	to fear	kuobua
132	to forget	kuliwa
133	one	imweri
134	two	iwi
135	three	idadu
136	four	inya
137	five	isanu
138	ten	ikumi
139	many	-ingi
140	all	-ose
141	God	mlungu
142	to drop	kuwuduka
143	to pick up	kushoa
144	to bring	kureda
145	to put	kuwika
146	to hide	kuvisa
147	to pull	kuruda
148	to push	kusindika
149	to tie a knot	kufunga
150	to untie	kufungua
151	to bend	kukomesha
152	to cut	kudumbua
153	to snap	kuchukanya
154	to tear	kurashua
155	up	maigu
156	down	andenyi
157	inside	andenyi
158	outside	chashigadi
159	red	mkundu
160	white	chokwa
161	black	chilu
162	sun	iruwa
163	moon	mori
164	star	nyerinyeri - nyerinyeri
165	cloud	mawingu
166	rain	vua
167	wind	mbeo
168	mountain	mgondi - migondi
169	forest	msidu - misidu
170	river	moda - meda
171	to sink	kuneng'ena machinyi
172	to cross	kurama
173	to swim	kukaba kizungu
174	ground	andenyi
175	stone	igo - mago
176	soil	ndoe
177	hole	muruma - miruma
178	to bury	kurika
179	day	ituku - matuku
180	night	nakio
181	yesterday	iguo
182	today	idimeji
183	tomorrow	lawu
184	year	mwaka - miaka
185	good	-poie
186	bad	-zamie, kuzama
187	big	-baha
188	small	-tini
189	long	-lacha
190	short	-vui
191	heavy	-lemere
192	It's cold	koko mbeo
193	new	-bishi
194	thing	kilambo - vilambo
195	me	ini
196	you	oho
197	us	isi
198	you pl.	inyo
199	who	ani
200	what	wadaa

Teke East

1	head	mucwe - micwe
2	hair	lifuu - mfuu
3	face	lilwe - malwe
4	eye	dii - mii
5	nose	mbwom - mbwom
6	mouth	munywa - minywa
7	tongue	lilim - malim
8	tooth	diin - miin/madiin
9	ear	ce - mace
10	neck	bol - mabol
11	body	ndut - mandut
12	shoulder	iyeem - biyeem, iculu - biculu
13	breast	biel - mabiel
14	back	mukut - mikut
15	buttock	ifit - bifit
16	arm	kwoo - makwoo
17	finger	muliem - milyem
18	nail	liyal - mayal
19	leg	kol - makol
20	bone	pfa - mapfa
21	blood	makil
22	heart	mutum - mitum, mukol - mikol
23	liver	not found
24	tears	ncyaa
25	spittle	mate
26	to see	imon
27	to look for	isyoo
28	to hear	iywiil
29	wound	mbeel - mambeel
30	to vomit	iluu
31	to be tired	ilem, iywon
32	to become well	igwam
33	witchdoctor	mun'gang - min'gang
34	clothes	iko - biko
35	to wear	ibwat
36	to wash	iwob
37	to spread to dry	igono
38	to sew	icum
39	salt	mungwa - mingwa
40	oil	meel
41	to cook	ilaam
42	to roast	igoo
43	to eat	idya
44	to drink	inywa
45	to become hungry	iwiil nzal
46	to become rotten	ibol
47	house	nzo
48	to build	ityuu
49	to shut	ikaa
50	to sweep	ikwom
51	father	tet - batet, taat - bataat
52	mother	ngwa - bangwa, maa - bamaa
53	child	mwan - baan
54	husband	bool - babool, mulim - balim
55	wife	mukaat - bakaat, mukel - bakel
56	to bear	ibut
57	name	nkum - mankum
58	to grow up	ikul, iyel
59	person	mut - baat
60	to die	ipfa
61	dog	mbwa - bambwa
62	to bite	icwa
63	cattle	ngwem - bangwem
64	pig	ngul - bangul
65	goat	nkoom - bankoom
66	animal	mbil - bambil
67	lion	ntaam - bantaam
68	elephant	nzoo - banzoo
69	hippopotamus	ngub - bangub
70	tail	mukil - mikil
71	spear	ikaa - bikaa
72	trap	myet - myet
73	meat	musun - misun
74	snake	ntiil - bantiil
75	crocodile	ngwiin - bangwiin
76	frog	kot - makot
77	fish	ibal - bibal, mbil a madya
78	bird	nin - banin
79	chicken	ncuu - bancuu
80	egg	ke - make
81	to fly	ipumuu
82	bee	nuu - banuu
83	mosquito	libu - libu
84	fly	n'gin'ge - ban'gin'ge
85	tree	muti - miti
86	branch	libe - mabe
87	leaf	dwit - madwit
88	seed	libyee - mbyee/mambyee
89	root	musimin - misimin
90	to cultivate	ikun
91	hoe	idwal - bidwal, mucul - micul
92	to sleep	ilaal
93	dream	ileel - bileel
94	to wake up	iguko
95	to stand up	icuut
96	to sit down	isyoo
97	to go	ikwe
98	to come	iya
99	to enter	ikot
100	to come out	ityuu

101	to arrive	iya		151	to bend	if<u>u</u>n, ib<u>u</u>k
102	to pass	ilut		152	to cut	icit, ikel
103	path	nz<u>i</u>l - manz<u>i</u>l		153	to snap	ibool
104	axe	ikuu - bikuu		154	to tear	ikool
105	fire	mbaa		155	up	n'gye
106	ashes	m<u>u</u>to - mito		156	down	nts<u>i</u>
107	smoke	m<u>u</u>yuu - miyuu		157	inside	m<u>u</u>nket
108	to burn	idyuu		158	outside	nzil
109	to extinguish	idim		159	red	beel
				160	white	ntyem
110	firewood	nkwin - nkwin, m<u>u</u>syool - misyool		161	black	piit
111	water	madya		162	sun	tel
112	to become dry	ig<u>u</u>m		163	moon	n'gwem
				164	star	mpalmwat - bampalmwat
113	to say	ilyel		165	cloud	if<u>uu</u> - bif<u>uu</u>
114	to call	itel		166	rain	mvul
115	to question	iful		167	wind	mfeel - mfeel, m<u>u</u>feel - mifeel
116	to teach	iloong				
117	to play	itaam		168	mountain	m<u>u</u>byoo - mibyoo
118	to sing	iyim		169	forest	m<u>u</u>sut - misut
119	drum	n'gom - man'gom		170	river	nzel - manzel
120	to throw	ilub		171	to sink	ikot m<u>u</u>nket
121	to abuse	ityuu		172	to cross	isyoboo
122	to strike	ibeet		173	to swim	icyoo
123	to give	igwa		174	ground	maan
124	to steal	isyel		175	stone	nk<u>uu</u>n - mank<u>uu</u>n
125	guest	m<u>u</u>njie - banjie		176	soil	imbwin - bimbwin
126	to wait	ideel		177	hole	d<u>u</u>n - mad<u>u</u>n
127	to kill	id<u>uu</u>		178	to bury	idy<u>uu</u>
128	to laugh	ise		179	day	cuu - macuu
129	to weep	il<u>i</u>l		180	night	mpip - mampip
130	to like	ijol		181	yesterday	macuu
131	to fear	ikala bwom		182	today	lolbo
132	to forget	idimin		183	tomorrow	m<u>u</u>sywoo
133	one	imo		184	year	mvul - bamvul
134	two	byel		185	good	-bwet
135	three	bitut		186	bad	-be
136	four	binna		187	big	-nin
137	five	bitaan		188	small	-cii
138	ten	kwim		189	long	-le
139	many	-pf<u>u</u>n		190	short	-pfe
140	all	-o-so		191	heavy	-bilut
141	God	njyem		192	It's cold	bizil
142	to drop	ibwa		193	new	mpa
143	to pick up	itol		194	thing	iloo - biloo
144	to bring	icwaal		195	me	me
145	to put	isa		196	you	nze
146	to hide	isywoo		197	us	bii
147	to pull	ikoo		198	you pl.	bien
148	to push	ip<u>u</u>s		199	who	na
149	to tie a knot	ikaa		200	what	nke
150	to untie	inyoon, if<u>u</u>lo				

Tharaka

1	head	kĩongo - biongo
2	hair	rũtundu - ntundu
3	face	ũthiũ - nthiũ
4	eye	riitho - meetho
5	nose	nyũũrũ - nyũũrũ
6	mouth	kanyua - tunyua
7	tongue	rũrĩme - ndĩme
8	tooth	ĩgego - magego
9	ear	gũtũ - matũ
10	neck	nkingo - nkingo
11	body	mwĩrĩ - mĩĩrĩ
12	shoulder	gĩturo - ituro
13	breast	nyonto - nyonto
14	back	mũgongo - mĩgongo,
15	buttock	ĩtina - matina
16	arm	njara - njara
17	finger	kaara - twara
18	nail	rũkunyũ - nkunyũ
19	leg	kũgũrũ - magũrũ
20	bone	mwĩndĩ - myĩndĩ
21	blood	ndamu
22	heart	nkoro - nkoro
23	liver	ĩtema - matema
24	tears	yeethori - meethori
25	spittle	mata
26	to see	kwona
27	to look for	gũceria
28	to hear	kwigua
29	wound	kĩronda - ironda
30	to vomit	gũtaĩka
31	to be tired	kũnoga
32	to become well	kworwa, kwora
33	witchdoctor	mũragũri - aragũri
34	clothes	nguo - nguo
35	to wear	gwĩkĩra
36	to wash	kũbũũra
37	to spread to dry	kwanĩka
38	to sew	gũtuma
39	salt	cumbĩ, moonyo
40	oil	maguta
41	to cook	kũruga
42	to roast	gwokia
43	to eat	kũrea
44	to drink	kũnyua
45	to become hungry	kwigua yũũra
46	to become rotten	kwora
47	house	nyũmba - nyũmba
48	to build	gwaka
49	to shut	kwinga
50	to sweep	gũciata
51	father	baaba - babaaba, ithe - baithe
52	mother	maami - bamaami, maama - bamaama, maitũ - bamaitũ, taata - bataata, nyũkwe - banyũkwe, gina - bagina
53	child	mwana - aana, kaana - twana
54	husband	mũkũrũ - akũrũ
55	wife	mũka - aka
56	to bear	gũciara
57	name	riĩtwa - mariĩtwa
58	to grow up	gũkũra
59	person	mũntũ - antũ
60	to die	gũkua
61	dog	kurũ - kurũ
62	to bite	kũrũma
63	cattle	ng'ombe - ng'ombe
64	pig	ngũrwe - ngũrwe
65	goat	mbũri - mbũri
66	animal	nyamũ - nyamũ
67	lion	cimba - cimba, gasoni - tũsoni
68	elephant	njogũ - njogũ
69	hippopotamus	nguũ - nguũ
70	tail	mũtiro - mĩtiro
71	spear	ĩtumo - matumo
72	trap	mũtego - mĩtego
73	meat	nyama
74	snake	njoka - njoka
75	crocodile	kĩng'aang'i - ing'aang'i
76	frog	kiura - biura
77	fish	ĩkũyũ - makũyũ
78	bird	nyoni - nyoni
79	chicken	ngũkũ - ngũkũ
80	egg	ĩkome - makome
81	to fly	kũburũũka
82	bee	njũkĩ - njũkĩ
83	mosquito	rwagĩ - ndwagĩ
84	fly	ngi - ngi
85	tree	mũtĩ - mĩtĩ
86	branch	rwang'i - mpwang'i
87	leaf	ĩthangũ - mathangũ
88	seed	mbeũ - mbeu, mpĩndĩ - mpĩndĩ
89	root	mũri - mĩri
90	to cultivate	gũcimba
91	hoe	ĩcembe - macembe
92	to sleep	kũmaama
93	dream	kĩrooto - irooto
94	to wake up	gũũka
95	to stand up	kũrũũgama
96	to sit down	gũkara nthĩ
97	to go	kũthi
98	to come	gũũja
99	to enter	kũthũngĩra
100	to come out	kuuma

101	to arrive	gũkinya
102	to pass	gũkũrũka
103	path	njĩra - njĩra
104	axe	ĩthoka - mathoka
105	fire	mwanki - myanki
106	ashes	muu
107	smoke	ntoogo
108	to burn	kũbĩa
109	to extinguish	kworia
110	firewood	rũkũ - nkũ
111	water	rũũjĩ
112	to become dry	kũũma
113	to say	kuuga
114	to call	gwĩta
115	to question	kũũria kĩũria
116	to teach	kũrutana
117	to play	gũceetha
118	to sing	kwina
119	drum	nkũũtha - nkũũtha
120	to throw	kũgera
121	to abuse	kũruma
122	to strike	kũringa
123	to give	kũnenkera, kwĩyana
124	to steal	kwjiya
125	guest	mũgeni - ageni
126	to wait	gweteera
127	to kill	kũũraga
128	to laugh	kũtheka
129	to weep	kũrĩra
130	to like	kwenda
131	to fear	gũkuthũka
132	to forget	kũriganĩrwa
133	one	ĩmwe
134	two	ciĩrĩ
135	three	ithatũ
136	four	inya
137	five	itaano
138	ten	ĩkũmi
139	many	-ingĩ
140	all	-onthe
141	God	ngai, mũrungu
142	to drop	kũgwa
143	to pick up	kwoja
144	to bring	kũreeta
145	to put	gwĩkĩra
146	to hide	kwitha
147	to pull	gũkuujia
148	to push	gũtindĩka
149	to tie a knot	gũkundĩka
150	to untie	gũkundũra
151	to bend	gũkũnja
152	to cut	kũgiita, gũtema
153	to snap	kuuna
154	to tear	gũtembũra
155	up	ĩgũrũ
156	down	nthĩ
157	inside	ndeeni
158	outside	nja
159	red	-tuune
160	white	-jerũ
161	black	-irũ
162	sun	riũa
163	moon	mweri
164	star	nthata - nthata
165	cloud	ĩtu - matu
166	rain	mbura
167	wind	ruuo
168	mountain	kĩrĩma - irĩma
169	forest	mũthitũ - mĩthitũ, mwitũ - miitũ
170	river	muuro - miuro
171	to sink	kũriama
172	to cross	kũringa
173	to swim	kũbutĩra
174	ground	nthĩ
175	stone	yiga - maiga
176	soil	mũthetu - mĩthetu
177	hole	mũrinya - mĩrinya
178	to bury	kũthika
179	day	ntugũ - ntugũ
180	night	ũtugũ
181	yesterday	ĩgoro
182	today	ĩmunthĩ
183	tomorrow	rũũ
184	year	mwanka - myanka
185	good	-ega
186	bad	-thũũku
187	big	-nene
188	small	-niini
189	long	-raaya
190	short	-kubĩ
191	heavy	-rito
192	It's cold	kwĩna mpio
193	new	imbia
194	thing	gĩntũ - intõ
195	me	niũ
196	you	gũũ
197	us	tiũ
198	you pl.	biũ
199	who	ũũ
200	what	ata

Tlhaping

1	head	tlhogo - ditlhogo
2	hair	mọriri - mẹriri
3	face	sẹfatlhego - difatlhego
4	eye	lẹitlho - matlho
5	nose	nko - dinko
6	mouth	molomọ - melomọ
7	tongue	lẹlẹmẹ - malẹmẹ
8	tooth	lẹino - meno
9	ear	tsebe - ditsebe
10	neck	thamo - dithamo
11	body	mmẹlẹ - mẹbẹlẹ
12	shoulder	lẹgetla - magetla
13	breast	lẹtswele - matswele, lẹbele - mabele
14	back	mọkotla - mẹkotla
15	buttock	lẹrago - marago
16	arm	lẹtsogo - matsogo, lẹbogo - mabogo
17	finger	mọnwana - mẹnwana
18	nail	lẹnala - manala
19	leg	leọtọ - maọtọ
20	bone	lẹrapo - marapo
21	blood	madi
22	heart	pẹlọ - dipẹlọ
23	liver	sẹbẹtẹ - dibẹtẹ
24	tears	keledi - dikeledi
25	spittle	mathẹ
26	to see	gọbona
27	to look for	gọbatla
28	to hear	gọutlwa
29	wound	ntho - dintho
30	to vomit	gọtlhatsa
31	to be tired	gọlapa
32	to become well	gọfola
33	witchdoctor	ngaka ya sẹtso
34	clothes	sẹaparo - diaparo
35	to wear	gọapara
36	to wash	gọtlhatswa
37	to spread to dry	gọanega
38	to sew	gọrọka
39	salt	lẹtswai - matswai
40	oil	mafura
41	to cook	gọapaya
42	to roast	gọgadika
43	to eat	gọja
44	to drink	gọnwa
45	to become hungry	gọtshwarwa kẹ tlala
46	to become rotten	gọbola
47	house	ntlọ - dintlọ
48	to build	gọaga
49	to shut	gọtswala
50	to sweep	gọfiela
51	father	ntate - bontate, rre - borre
52	mother	mme - bomme
53	child	ngwana - bana
54	husband	mọnna - banna
55	wife	mọsadi - basadi
56	to bear	gọbelega
57	name	lẹina - maina
58	to grow up	gọgọla
59	person	mọthọ - bathọ
60	to die	gọšwa
61	dog	ntswa - dintswa
62	to bite	gọlọma
63	cattle	kgomọ - dikgomọ
64	pig	kọlọbe - dikọlọbe
65	goat	pọdi - dipọdi
66	animal	phologolo - diphologolo
67	lion	tau - ditau
68	elephant	tlou - ditlou
69	hippopotamus	kubu - dikubu
70	tail	mọgatla - mẹgatla
71	spear	lẹrumo - marumo
72	trap	sẹlaga - dilaga
73	meat	nama - dinama
74	snake	noga - dinoga
75	crocodile	kwena - dikwena
76	frog	sẹgwagwa - digwagwa
77	fish	tlhapi - ditlhapi
78	bird	nonyanẹ - dinonyanẹ
79	chicken	kọkọ - dikọkọ
80	egg	lẹẹ - maẹ
81	to fly	gọfọfa
82	bee	notshẹ - dinotshẹ
83	mosquito	mọnang - mẹnang
84	fly	ntshi - dintshi
85	tree	sẹtlharẹ - ditlharẹ
86	branch	kala - dikala
87	leaf	lẹtlharẹ - matlharẹ
88	seed	peọ - dipeọ
89	root	mọdi - mẹdi
90	to cultivate	gọlẹma
91	hoe	mọgọma - mẹgọma
92	to sleep	gọrobala
93	dream	toro - ditoro
94	to wake up	gọtsọga
95	to stand up	gọema
96	to sit down	gọdula mofatshẹ
97	to go	gọtsamaya
98	to come	gọtla
99	to enter	gọtsena
100	to come out	gọtswa

101 to arrive gọfitlha, gọgoroga
102 to pass gọfẹta
103 path tsẹla - ditsẹla
104 axe sẹlepe - dilepe
105 fire mọlẹlo - mẹlẹlo
106 ashes mọlora - mẹlora
107 smoke mọsi - mẹsi
108 to burn gọša
109 to extinguish gọtima
110 firewood lẹgong - magong
111 water metsi
112 to become dry gọoma
113 to say gọbua
114 to call gọbitsa
115 to question gọbọtsa
116 to teach gọruta
117 to play gọtshamẹka
118 to sing gọopela
119 drum mọrọpa - mẹrọpa, mọtomo - mẹtomo
120 to throw gọlatlhela
121 to abuse gọsọtla
122 to strike gọbẹtsa
123 to give gọfa
124 to steal gọutswa
125 guest mọeng - baeng
126 to wait gọema, gọemela
127 to kill gọbọlaya
128 to laugh gọtshega
129 to weep gọlẹla
130 to like gọrata
131 to fear gọtshaba
132 to forget gọlẹbala
133 one nngwe
134 two pedi
135 three tharọ
136 four nne
137 five tlhano
138 ten lẹsọmẹ, lẹšọmẹ
139 many -ntsi
140 all -otlhe
141 God mọdimọ - badimọ
142 to drop gọwa
143 to pick up gọsela
144 to bring gọtlisa
145 to put gọbaya
146 to hide gọfitlha
147 to pull gọgoga
148 to push gọkgọrọmetsa
149 to tie a knot gọbofa
150 to untie gọbofọlọla
151 to bend gọkoba
152 to cut gọsẹga
153 to snap gọroba
154 to tear gọgagọla
155 up gọdimọ
156 down motlasẹ
157 inside mogarẹ
158 outside kwantle
159 red -hibidu
160 white -sweu
161 black -ntšho
162 sun lẹtsatsi
163 moon ngwedi
164 star naledi - dinaledi
165 cloud lẹru - maru
166 rain pula
167 wind phẹfo - diphẹfo
168 mountain thaba - dithaba
169 forest sẹkgwa - dikgwa
170 river nọka - dinọka
171 to sink gọnweela
172 to cross gọtshela
173 to swim gọthuma
174 ground lẹfatshẹ - mafatshẹ
175 stone lẹtlapa - matlapa
176 soil mmu
177 hole mọsima - mẹsima
178 to bury gọepela
179 day lẹtsatsi - matsatsi
180 night bọsigọ - masigọ
181 yesterday maabanẹ
182 today gọmpienọ
183 tomorrow kamọšo
184 year ngwaga - dingwaga
185 good gọsiama
186 bad gọsasiama
187 big -gọlọ
188 small -nnyanẹ
189 long -telele, -leele
190 short -khutshwanẹ
191 heavy bọima
192 It's cold gọtsididi
193 new -tšha
194 thing sẹlo - dilo
195 me nna
196 you wena
197 us rọna
198 you pl. lọna
199 who mang
200 what ẹng

Tonga

1	head	mutwe - mitwe
2	hair	susu - masusu
3	face	busyo, busyu, kumeso
4	eye	linsyo - mensyo, liso - meso, lisyo - mesyo
5	nose	mpemo - mpemo
6	mouth	mulomo - milomo, mukanwa
7	tongue	mulaka - milaka, lulaka
8	tooth	lino - meno
9	ear	kutwi - matwi
10	neck	nsingo - nsingo
11	body	mubili - mibili
12	shoulder	kkuko - makuko
13	breast	lukolo - nkolo
14	back	musana - misana, kushule
15	buttock	tako - matako
16	arm	kuboko - maboko
17	finger	munwe - minwe
18	nail	luala - maala, kaala - twala
19	leg	kuulu - maulu
20	bone	cifuwa - zyifuwa
21	blood	bulowa
22	heart	moyo - myoyo
23	liver	muni - mini
24	tears	minsyozyi, misozi, misyozyi
25	spittle	mate
26	to see	kubona
27	to look for	kuyandaula
28	to hear	kumvwa
29	wound	cicisa - zyicisa, cilonda - zyilonda
30	to vomit	kuluka
31	to be tired	kukatala
32	to become well	kusilikwa, kupona
33	witchdoctor	mung'anga - bang'anga
34	clothes	cisani - zyisani, cibaki - zyibaski, cibaanda - zyibaanda
35	to wear	kusama
36	to wash	kusanzya, kusuka
37	to spread to dry	kuyanika
38	to sew	kusuma
39	salt	munyo, cilunzyo
40	oil	mafuta
41	to cook	kujika
42	to roast	kuyoka
43	to eat	kulya
44	to drink	kunywa
45	to become hungry	kufwa nzala
46	to become rotten	kubola
47	house	(i)ng'anda - maanda
48	to build	kuyaka
49	to shut	kujala
50	to sweep	kupeela, kukukula, kupyanga
51	father	bataata, bawuso, bawishi
52	mother	baama/babaama, banyoko, banyina
53	child	mwana - baana
54	husband	mualumi - baalumi, mulumi - balumi
55	wife	mukaintu - bakaintu
56	to bear	kutumbuka, kuzyala
57	name	izyina - mazyina
58	to grow up	kukomena, kukula
59	person	muntu - bantu
60	to die	kufwa
61	dog	mubwa - babwa
62	to bite	kuluma
63	cattle	(i)ng'ombe - (i)ng'ombe
64	pig	ngulube - ngulube
65	goat	impongo - mpongo
66	animal	munyama - banyama, cinyama - zyinyama
67	lion	syuumbwa - basyuumbwa, mulavwu - balavwu
68	elephant	muzovwu - bazovwu
69	hippopotamus	civwubwe - bacivwubwe
70	tail	mucila - micila
71	spear	sumo - masumo
72	trap	kooze - tooze, kooye - tooye
73	meat	nyama, buyani
74	snake	nzoka - nzoka
75	crocodile	ciwena - baciwena
76	frog	cula - bacula, gande - maande
77	fish	(i)nswi - (i)nswi, kaswi - tuswi
78	bird	muyuni - bayuni, kayuni - tuyuni
79	chicken	(i)nkuku - (i)nkuku
80	egg	iji - maji
81	to fly	kuuluka
82	bee	(i)nzuki - (i)nzuki
83	mosquito	seenya - manseenya, nsenya - mansenya
84	fly	nzinini - nzinini
85	tree	cisamu - zyisamu
86	branch	mutabi - mitabi
87	leaf	(i)tuvwu - matuvwu
88	seed	(i)nsangu, inseke, imbuto
89	root	muyanda - miyanda
90	to cultivate	kulima
91	hoe	jamba - maamba
92	to sleep	koona
93	dream	ciloto - zyiloto
94	to wake up	kubuka
95	to stand up	kuima, kuimikila
96	to sit down	kukkala
97	to go	kuinka, kuya
98	to come	kuboola, kusika
99	to enter	kunjila
100	to come out	kuzwa

101	to arrive	kusika
102	to pass	kuinda
103	path	nzila - nzila, kazila - tuzila
104	axe	keembe - tweembe, kankuni - twankuni
105	fire	mulilo
106	ashes	(i)twe, dyota, mulota
107	smoke	busi
108	to burn	kupya
109	to extinguish	kuzima
110	firewood	nkuni, lukuni - makuni
111	water	meenda, maanzi
112	to become dry	kuyuma
113	to say	kuamba
114	to call	kuita
115	to question	kubuzya
116	to teach	kuyisya
117	to play	kusobana
118	to sing	kuimba
119	drum	ngoma - ngoma
120	to throw	kufusa, kuwaala
121	to abuse	kubisya
122	to strike	kuuma
123	to give	kupa
124	to steal	kubba
125	guest	mwenzu - beenzu
126	to wait	kulinda, kulindilila
127	to kill	kujaya
128	to laugh	kuseka
129	to weep	kulila
130	to like	kuyanda
131	to fear	kuyoowa
132	to forget	kuluba
133	one	komwe
134	two	tobile
135	three	totatwe
136	four	tone
137	five	tosanwe
138	ten	kkumi
139	many	-nji
140	all	-onse
141	God	leza, mwami, namalenga
142	to drop	kuloka, kukuluka
143	to pick up	kubweza
144	to bring	kueta, kuleta
145	to put	kubikka
146	to hide	kusisa
147	to pull	kukwela, kududa, kudonsa
148	to push	kutonka
149	to tie a knot	kuanga
150	to untie	kuangulula
151	to bend	koongomeka
152	to cut	kugonka, kugela
153	to snap	kutyola, kukompola
154	to tear	kuzapula, kuyaula
155	up	mujulu
156	down	ansi
157	inside	mukati
158	outside	anze
159	red	kusubila
160	white	kutuba
161	black	kusiya
162	sun	izuba
163	moon	mwezi
164	star	nyenyezi - nyenyezi
165	cloud	kkumbi - makumbi
166	rain	(i)mvwula
167	wind	muwo
168	mountain	mulundu - milundu
169	forest	loonde - magonde
170	river	mulonga - milonga
171	to sink	kubbila
172	to cross	kukosola, kuzubuka, kuzabuka
173	to swim	kuyamba
174	ground	ansi
175	stone	ibbwe - mabwe
176	soil	bulongo, mamvwu
177	hole	mulindi - malindi
178	to bury	kufwumbila, kuzikkila
179	day	buzuba - mazuba
180	night	busiku - masiku
181	yesterday	jilo
182	today	sunu
183	tomorrow	cifwumo
184	year	mwaka - myaka
185	good	-botu
186	bad	-bi, -byaabi
187	big	-pati
188	small	-niini
189	long	-lamfu
190	short	-fwafwi
191	heavy	-lemu
192	It's cold	kulatontola
193	new	-pya
194	thing	cintu - zyintu
195	me	mebo
196	you	webo
197	us	iswe
198	you pl.	inywe
199	who	nguni
200	what	cili

Tooro

1 head omutwe - emitwe
2 hair isoke
3 face omumaiso, hamaiso
4 eye eriiso - amaiso
5 nose enyindo - enyindo
6 mouth omunwa - eminwa
7 tongue orurimi - endimi
8 tooth eriino - amaino
9 ear okutu - amatu
10 neck ebikya - ebikya
11 body omubiri - emibiri
12 shoulder ibega - amabega
13 breast ibeere - amabeere
14 back omugongo - emigongo
15 buttock ekibunu - ebibunu
16 arm omukono - emikono
17 finger ekyara - ebyara
18 nail enono - enono
19 leg okuguru - amaguru
20 bone igufa - amagufa
21 blood esagama
22 heart omutima - emitima
23 liver obune
24 tears iziga - amaziga
25 spittle ekichwanta - ebichwanta
26 to see okurora
27 to look for okuseerra
28 to hear okuhuurra
29 wound ekihuta - ebihuta
30 to vomit okutanaka
31 to be tired okujwaha
32 to become well okukira
33 witchdoctor omufumu - abafumu
34 clothes orugoye - engoye
35 to wear okujwara
36 to wash okwoja
37 to spread to dry okwanika
38 to sew okubaziira
39 salt ekisura
40 oil amagita
41 to cook okuchumba
42 to roast okwokya
43 to eat okurya
44 to drink okunywa
45 to become hungry okurumwa enjara
46 to become rotten okujunda
47 house enju - enju
48 to build okwombeka
49 to shut okukingaho
50 to sweep okusingoorra
51 father ise - baise, iso
52 mother nyina - banyina, nyoko
53 child omwana - abaana
54 husband omusaija - abasaija
55 wife omukazi - abakazi
56 to bear okuzaara
57 name ibara - amabara
58 to grow up okukura
59 person omuntu - abantu
60 to die okufa
61 dog embwa - embwa
62 to bite okuruma
63 cattle ente - ente
64 pig empunu - empunu
65 goat embuzi - embuzi
66 animal ekisoro - ebisoro, ekitungwa - ebitungwa
67 lion entare - entare
68 elephant enjojo - enjojo
69 hippopotamus enjubu - enjubu
70 tail omukira - emikira
71 spear ichumu - amachumu
72 trap omutego - emitego
73 meat enyama
74 snake enjoka - enjoka
75 crocodile goonya - goonya
76 frog ekikere - ebikere
77 fish ekyenyanja - ebyenyanja
78 bird ekinyonyi - ebinyonyi
79 chicken enkoko - enkoko
80 egg ihuri - amahuri
81 to fly okuharruuka
82 bee orujoki - enjoki
83 mosquito omubu - emibu
84 fly ensohera - ensohera
85 tree omuti - emiti
86 branch itaagi - amataagi
87 leaf ekikoora - ebikoora
88 seed ekijuma - ebijuma
89 root omuhama - emihama
90 to cultivate okurima
91 hoe emfuka - emfuka
92 to sleep okubwijagira
93 dream ekirooto - ebirooto
94 to wake up okwimuka
95 to stand up okwemeerra
96 to sit down okwikaarra
97 to go okugenda
98 to come okwija
99 to enter okutaahamu
100 to come out okuturukama

101	to arrive	okuhika		151	to bend	okwinamya
102	to pass	okurabaho		152	to cut	okusara
103	path	oruguudo - enguudo, akahanda - obuhanda		153	to snap	okuchwa
				154	to tear	okutaagura
104	axe	endemu - endemu		155	up	haiguru
105	fire	omuurro		156	down	hansi
106	ashes	iju		157	inside	omunda
107	smoke	omwika		158	outside	aheeru
108	to burn	okwaka, okusya		159	red	okutukura
109	to extinguish	okuraaza		160	white	okwera
				161	black	okwiragura
110	firewood	enku - enku		162	sun	izooba
111	water	amaizi		163	moon	okwezi
112	to become dry	okwoma		164	star	enyunyuuzi - enyunyuuzi
113	to say	okugamba		165	cloud	ekichu - ebichu, ekibibi - ebibibi
114	to call	okweta				
115	to question	okukaguza		166	rain	enjura
116	to teach	okwegesa		167	wind	omuyaga
117	to play	okuzaana		168	mountain	orusozi - ensozi
118	to sing	okuzina		169	forest	ekibira - ebibira, ekisaka - ebisaka
119	drum	engoma - engoma				
120	to throw	okuhungura		170	river	ekisaaru - ebisaaru
121	to abuse	okujuma		171	to sink	okudikira
122	to strike	okuteera		172	to cross	okwambuka
123	to give	okuha		173	to swim	okuziha
124	to steal	okwiba		174	ground	ahansi
125	guest	omugenyi - abagenyi		175	stone	ibaare - amabaare
126	to wait	okurinda		176	soil	itaka
127	to kill	okwita		177	hole	ekiina - ebiina
128	to laugh	okuseka		178	to bury	okuziika
129	to weep	okurra		179	day	ekiro - ebiro
130	to like	okugonza		180	night	ekiro
131	to fear	okutiina		181	yesterday	ijo
132	to forget	okwebwa		182	today	kiro kinu
133	one	emu		183	tomorrow	nyenkya
134	two	ibiri		184	year	omwaka - emyaka
135	three	isatu		185	good	-rungi
136	four	ina		186	bad	-bi
137	five	itaano		187	big	-kooto
138	ten	ikumi		188	small	-cheke, -taito
139	many	-ingi		189	long	okuraiha
140	all	-ona		190	short	-gufu
141	God	ruhanga, itwena, inywena, bonka		191	heavy	okuremeera
				192	It's cold	nikifuka
142	to drop	okugwa		193	new	-syaka
143	to pick up	okukomaho		194	thing	ekintu - ebintu
144	to bring	okureeta		195	me	nyowe
145	to put	okubiikiza		196	you	iwe
146	to hide	okusereka		197	us	itwe
147	to pull	okusika		198	you pl.	inywe
148	to push	okusindika		199	who	ooha
149	to tie a knot	okusiba		200	what	kiki
150	to untie	okusumuurra				

各言語基礎語彙一覧 269

Tsonga

1	head	nhloko - tinhloko
2	hair	nsisi - misisi
3	face	xikandza - swikandza
4	eye	tihlo - matihlo
5	nose	nhompfu - tinhompfu
6	mouth	nomo - milomo
7	tongue	ririmi - marimi
8	tooth	tino - matino
9	ear	ndleve - tindleve
10	neck	nkolo - mikolo
11	body	mmiri - x
12	shoulder	katla - makatla
13	breast	vele - mavele
14	back	nhlana - mihlana
15	buttock	raku - maraku
16	arm	voko - mavoko
17	finger	rintiho - tintiho
18	nail	nwala - minwala
19	leg	nenge - milenge
20	bone	rambu - marambu
21	blood	ngati
22	heart	mbilu - timbilu
23	liver	xivindzi - swivindzi
24	tears	nhloti - mihloti
25	spittle	mare
26	to see	kubona
27	to look for	kulava
28	to hear	kutwa
29	wound	xilondzo - swilondzo
30	to vomit	kuhlanta
31	to be tired	kukarala
32	to become well	kuhanya
33	witchdoctor	ńanga - tińanga
34	clothes	roko - maroko
35	to wear	kuambala
36	to wash	kuhlantshwa
37	to spread to dry	kuaneka
38	to sew	kurunga
39	salt	munyu
40	oil	mafurha
41	to cook	kusweka
42	to roast	kukatinga
43	to eat	kudya
44	to drink	kunwa
45	to become hungry	kutwa ndlala
46	to become rotten	kubola
47	house	indlo - tindlo
48	to build	kuaka
49	to shut	kupfala
50	to sweep	kukukula
51	father	tatana - vatatani
52	mother	manana - vamanani
53	child	ńwana - vana
54	husband	nuna - vavanuna
55	wife	nsati - vasati
56	to bear	kubebula
57	name	vito - mavito
58	to grow up	kukula
59	person	munu - vanu
60	to die	kufa
61	dog	mbyana - timbyana
62	to bite	kuluma
63	cattle	homo - tihomo
64	pig	nguluve - tinguluve
65	goat	mbuti - timbuti
66	animal	xihari - swixari, xifuwo - swifuwo
67	lion	ngala - tingala
68	elephant	ndlopfu - tindlopfu
69	hippopotamus	mpfuvu - timpfuvu
70	tail	ncila - micila
71	spear	xiqivo - swiqibo
72	trap	xiqaka - swiqaka
73	meat	nyama
74	snake	nyoka - tinyoka
75	crocodile	ngwenya - tingwenya
76	frog	chele - michele
77	fish	hlampfi - tihlampfi
78	bird	xinyanyana - swinyanyana
79	chicken	huku - tihuku
80	egg	tandza - mandza
81	to fly	kupurha
82	bee	nyoxi - tinyoxi
83	mosquito	nsuna - tinsuna
84	fly	xipurapuranyi - swipurapuranyi
85	tree	nsinya - misinya
86	branch	gaji - magaji
87	leaf	tluka - matluka
88	seed	mbewu - timbewu
89	root	mintsu - timintsu
90	to cultivate	kurima
91	hoe	xikomu - swikomu
92	to sleep	kuetlela
93	dream	noro - miloro
94	to wake up	kupfuka
95	to stand up	kuyima
96	to sit down	kutshama
97	to go	kufamba
98	to come	kuta
99	to enter	kunghena
100	to come out	kuhuma

101	to arrive	kufika
102	to pass	kuhundza
103	path	ndlela - tindlela
104	axe	xihloka - swihloka
105	fire	ndzilo
106	ashes	nkuma
107	smoke	musi
108	to burn	kutshwa
109	to extinguish	kutima
110	firewood	rihunyi - tihunyi
111	water	mati
112	to become dry	kuoma
113	to say	kuvula
114	to call	kuvita
115	to question	kuvutisa
116	to teach	kudyondzisa
117	to play	kutlanga
118	to sing	kuyimbelela
119	drum	xigubu - swigubu
120	to throw	kuhoxa
121	to abuse	kukwatisa
122	to strike	kuendla swobiha
123	to give	kunika
124	to steal	kuyiva
125	guest	muendzi - vaendzi
126	to wait	kuyima
127	to kill	kudlaya
128	to laugh	kuhleka
129	to weep	kurila
130	to like	kulava
131	to fear	kuchava
132	to forget	kurivala
133	one	ńwe
134	two	mbirhi
135	three	nharhu
136	four	mune
137	five	ntlhanu
138	ten	khume
139	many	-otala
140	all	hinkwavo
141	God	xikwembu
142	to drop	kuwa
143	to pick up	kuteka
144	to bring	kutisa
145	to put	kuveka
146	to hide	kutumbeta
147	to pull	kukoka
148	to push	kususumeta
149	to tie a knot	kutsimba
150	to untie	kuntshuxa
151	to bend	kugova
152	to cut	kutsema
153	to snap	kutshova
154	to tear	kuhandzula
155	up	henhla
156	down	hansi
157	inside	ndzeni
158	outside	handle
159	red	kutsuka
160	white	kubasa
161	black	ntima
162	sun	dyambu
163	moon	n̍hweti
164	star	nyeleti - tinyeleti
165	cloud	tsefu - matsefu
166	rain	mpfula
167	wind	moya
168	mountain	ntshava - tintshava
169	forest	khwati - makhwati
170	river	nambu - milambu
171	to sink	kudzika
172	to cross	kutlula
173	to swim	kuhlambela
174	ground	nsava - misava
175	stone	ribye - maribye
176	soil	misava
177	hole	mbovo - timbovo
178	to bury	kucelela
179	day	siku - masiku
180	night	vusiku
181	yesterday	tolo
182	today	namuntlha
183	tomorrow	mundzuku
184	year	lembe - malembe
185	good	-nene, -hle
186	bad	kubiha
187	big	-kulu
188	small	-tsongo
189	long	-lehi, kuleha
190	short	kukom̩a
191	heavy	kutika
192	It's cold	katitimeta
193	new	-ontshwa
194	thing	xilo - swilo
195	me	mina
196	you	wena
197	us	hina,
198	you pl.	ńwina
199	who	mani
200	what	yini

Tumbuka

1	head	mutu - mitu
2	hair	sisi - masisi
3	face	kumaso
4	eye	jiso - maso
5	nose	mphuno - mphuno
6	mouth	mulomo - milomo
7	tongue	lulimi - malulimi
8	tooth	jino - mino
9	ear	khutu - makutu
10	neck	khosi - mikosi
11	body	thupi - mathupi
12	shoulder	phampha - mapampha
13	breast	bele - mabele
14	back	musana - misana
15	buttock	thako - matako
16	arm	b̲oko - mab̲oko
17	finger	njob̲e - njob̲e
18	nail	not found
19	leg	lundi - malundi
20	bone	ciwangwa - viwangwa
21	blood	ndopa
22	heart	mutima - mitima
23	liver	civululu - vivululu
24	tears	masozi
25	spittle	mata
26	to see	kuona, kubeka
27	to look for	kupenja
28	to hear	kupulika
29	wound	cilonda - vilonda
30	to vomit	kubokola
31	to be tired	kulema
32	to become well	kucila
33	witchdoctor	sing'anga - b̲asing'anga, ng'anga - b̲ang'anga
34	clothes	cakuvwala - vyakuvwala
35	to wear	kuvwala
36	to wash	kucapa
37	to spread to dry	kunika
38	to sew	kusona
39	salt	mucele
40	oil	mafuta
41	to cook	kuphika
42	to roast	kuoca
43	to eat	kulya
44	to drink	kumwa
45	to become hungry	kupulika njala
46	to become rotten	kuvunda
47	house	nyumba - manyumba
48	to build	kuzenga
49	to shut	kujala
50	to sweep	kuphyela
51	father	(b̲)adada, (b̲)awuso, (b̲)awise
52	mother	(b̲)amama, (b̲)anyoko, (b̲)anyina
53	child	mwana - b̲ana
54	husband	musweni - b̲asweni
55	wife	mub̲oli - b̲ab̲oli
56	to bear	kubala
57	name	zina - mazina
58	to grow up	kukula
59	person	munthu - b̲anthu
60	to die	kufwa
61	dog	nchebe - nchebe
62	to bite	kuluma
63	cattle	ng'ombe - ng'ombe
64	pig	nkhumba - nkhumba
65	goat	mbuzi - mbuzi
66	animal	nyama - nyama, cinyama - vinyama
67	lion	nkhalamu - nkhalamu
68	elephant	zovu - zovu
69	hippopotamus	cigwele - b̲acigwele
70	tail	mucila - micila
71	spear	mukondo - mikondo
72	trap	nthepo - nthepo
73	meat	nyama
74	snake	njoka - njoka
75	crocodile	ng'wena - ng'wena
76	frog	cule - bacule
77	fish	somba - somba
78	bird	kayuni - tuyuni, ciyuni - viyuni
79	chicken	nkhuku - nkhuku
80	egg	sumbi - masumbi
81	to fly	kuduka
82	bee	zimu - zimu, njuci - njuci
83	mosquito	nyimbu - nyimbu
84	fly	membe - membe
85	tree	cikuni - vikuni
86	branch	musambo - misambo
87	leaf	jani - mani
88	seed	njele - njele
89	root	musisi - misisi
90	to cultivate	kulima
91	hoe	jembe - majembe
92	to sleep	kugona
93	dream	ciloto - viloto
94	to wake up	kub̲uka
95	to stand up	kuimilila
96	to sit down	kukhala pasi
97	to go	kuluta, kupita
98	to come	kwiza
99	to enter	kunjila
100	to come out	kufuma

101	to arrive	kufika
102	to pass	kupitilila
103	path	nthowa - nthowa
104	axe	mbavi - mbavi
105	fire	moto
106	ashes	coto - vyoto
107	smoke	josi
108	to burn	kuphya
109	to extinguish	kuzimya
110	firewood	nkhuni - nkhuni
111	water	maji
112	to become dry	kumila, kuomila
113	to say	kuyoḇoya
114	to call	kucema
115	to question	kufumba
116	to teach	kusambizya
117	to play	kuseḇela
118	to sing	kwimba
119	drum	ng'oma - ng'oma
120	to throw	kuponya
121	to abuse	kutetezya
122	to strike	kucaya
123	to give	kupeleka, kupa
124	to steal	kuba, kwiba
125	guest	mulendo - ḇalendo
126	to wait	kulindila
127	to kill	kukoma
128	to laugh	kuseka
129	to weep	kulila
130	to like	kutemwa
131	to fear	kwopa
132	to forget	kuluwa
133	one	cimo
134	two	viḇili
135	three	vitatu
136	four	vinayi
137	five	vinkhondi
138	ten	khumi
139	many	-nandi
140	all	-ose
141	God	ciuta
142	to drop	kuwa
143	to pick up	kutola, kunyamula
144	to bring	kuleta
145	to put	kuḇika
146	to hide	kubisa
147	to pull	kuguza
148	to push	kukankha, kukanchizya
149	to tie a knot	kukaka, kumanga
150	to untie	kukakula, kumasula
151	to bend	kubendesya
152	to cut	kudumula
153	to snap	kuphyola
154	to tear	kukelula
155	up	pacanya, kucanya
156	down	pasi
157	inside	mukati
158	outside	kuwalo
159	red	-swesi
160	white	-tuba
161	black	-fipa
162	sun	zuba
163	moon	mwezi
164	star	nyenyezi - nyenyezi
165	cloud	bingu - mabingu
166	rain	vula
167	wind	mutunga - x
168	mountain	phili - mapili
169	forest	thengele - mathengele
170	river	dambo - madambo
171	to sink	kubila
172	to cross	kumbuka
173	to swim	kukhava
174	ground	pasi
175	stone	libwe - malibwe
176	soil	dongo
177	hole	khululu - makhululu
178	to bury	kuwindila
179	day	dazi - madazi
180	night	usiku
181	yesterday	mayilo
182	today	muhanya uno, lelo
183	tomorrow	namacelo
184	year	caka - vyaka
185	good	-wemi
186	bad	-heni
187	big	-kulu
188	small	-coko, -doko
189	long	-tali
190	short	-fupi
191	heavy	-zito
192	It's cold	kwazizila
193	new	-a nyuwani
194	thing	cinthu - vinthu
195	me	ine
196	you	iwe
197	us	ise
198	you pl.	imwe
199	who	ninjani
200	what	nivici

Venda

1	head	ṱhoho - x
2	hair	v̂hudzi - mavhudzi
3	face	tshifhaṱuwo - zwifhaṱûwo
4	eye	iṱo - m̂aṱo
5	nose	n̂ingo - x̂
6	mouth	mulomo - milomo
7	tongue	lulimi - ndimi
8	tooth	ino - mano
9	ear	nḓevhe - nḓevhe
10	neck	mûtsinga - mitsinga
11	body	muvhili - mivhili
12	shoulder	hada - mahada, shada - mashada
13	breast	thungu - thungu
14	back	ḓamu - maḓamu
15	buttock	ŝhaho - mâraho
16	arm	tshanda - zwanda, vhoho - mavhoho
17	finger	munwe - minwe
18	nail	ṋala - ṋala
19	leg	mulenzhê - milenzhe
20	bone	shambo/rambo - marambo
21	blood	malofha
22	heart	mbilu - mbilu
23	liver	tshivhindi - zwivhindi
24	tears	miṱodzi
25	spittle	mare
26	to see	uvhona
27	to look for	ulavhelesa
28	to hear	upfa
29	wound	tshilonda - zwilonda
30	to vomit	uṱanza
31	to be tired	un̂eta
32	to become well	ufhodzwa
33	witchdoctor	muloi - vhaloi
34	clothes	tshiambaro - zwiambaro
35	to wear	uambara
36	to wash	uṱamba
37	to spread to dry	uanea
38	to sew	urunga
39	salt	muṋo - miṋo
40	oil	mâpfura
41	to cook	ubika
42	to roast	uhadzinga, ufuraya, ukanga
43	to eat	uḽa
44	to drink	unwa
45	to become hungry	upfa nḓala
46	to become rotten	uvuva
47	house	nnḓu - dzinḓu
48	to build	ufĥata
49	to shut	uvala
50	to sweep	uswiela
51	father	baba, khotsi, mune
52	mother	mme
53	child	ṅwana - vhana
54	husband	munna - vhanna
55	wife	musadzi - vhasadzi
56	to bear	ubeba, udzwala
57	name	dzina - madzina
58	to grow up	uhula
59	person	muthu - vhathu
60	to die	ufa
61	dog	mbwa - mbwa
62	to bite	uluma
63	cattle	kholomo - x
64	pig	nguluvhe - nguluvhe
65	goat	mbudzi - mbudzi
66	animal	tshifuwo - zwifuwo
67	lion	ndau - ndau
68	elephant	nḓou - nḓou
69	hippopotamus	m̂vuvhu - m̂vuvhu
70	tail	mutshila - mitshila
71	spear	pfumo - mapfumo
72	trap	tshilibane - zwilibane
73	meat	ṋama
74	snake	n̂owa - x
75	crocodile	n̂gwena - ngwena
76	frog	tshiḓula - zwiḓula
77	fish	khovĥe - khovhê
78	bird	tshinoni - zwinoni
79	chicken	khuhu - x
80	egg	kumba - makumba
81	to fly	ufhufha
82	bee	ṋotshi - ṋotshi
83	mosquito	vhunyunyû - x
84	fly	thunzi - x
85	tree	muri - miri
86	branch	ravhi - maravhi/matavhi
87	leaf	ṱari - maṱari
88	seed	m̂beu
89	root	mudzi - midzi
90	to cultivate	uṱahula, ulima, ut̂hogomela
91	hoe	lembe - madzembe
92	to sleep	ueḓela
93	dream	ndôro
94	to wake up	uvuwa, ufhatuwa
95	to stand up	uima
96	to sit down	udzula fhasi
97	to go	uṱuwa, uya
98	to come	uḓa
99	to enter	ud̂zena, unzhena
100	to come out	ubva

101	to arrive	uswika
102	to pass	ufhirela
103	path	nḓila - nḓila
104	axe	mbado - mbado
105	fire	mulilo - mililo
106	ashes	miora
107	smoke	mudugudugu - midugudugu
108	to burn	uswa
109	to extinguish	udzima
110	firewood	luhuni - khuni, tshikuni - zwikuni
111	water	maḓi
112	to become dry	uoma
113	to say	uamba
114	to call	uvhidza
115	to question	uvhudzisa
116	to teach	ugudisa, ufunza
117	to play	utamba
118	to sing	uimba
119	drum	ngoma - ngoma
120	to throw	uposa
121	to abuse	usema
122	to strike	urwa
123	to give	ufha, unea
124	to steal	utswa
125	guest	mudali - vhadali, mueni - vhaeni
126	to wait	ulinda, ulindela
127	to kill	uvhulaha
128	to laugh	usea
129	to weep	ulila
130	to like	utakalela
131	to fear	uofha
132	to forget	uhangwa
133	one	nthihi
134	two	mbili
135	three	tharu
136	four	nna
137	five	ṱhanu
138	ten	fumi
139	many	-nzhi
140	all	-oṱhe
141	God	mudzimu
142	to drop	uwa
143	to pick up	udoba
144	to bring	uḓisa
145	to put	uvhea
146	to hide	udzumbama
147	to pull	ukokodza, uhoha
148	to push	usukumedza
149	to tie a knot	uvhofha
150	to untie	uvhofholola
151	to bend	upeta
152	to cut	utumula
153	to snap	uvunda, urovha
154	to tear	ukherula
155	up	nnṱha
156	down	fhasi
157	inside	ngomu
158	outside	nnḓa
159	red	-tsuku
160	white	-tshena
161	black	-tswu
162	sun	ḓuvha
163	moon	ṅwedzi
164	star	neledzi - neledzi
165	cloud	kole - makole
166	rain	mvula
167	wind	moya
168	mountain	thavha - thavha
169	forest	ḓaka - maḓaka
170	river	mulambo - milambo
171	to sink	udzika
172	to cross	upfuka, uwela
173	to swim	ubambela
174	ground	mavu
175	stone	tombo - matombo
176	soil	mavu
177	hole	mulindi - milindi, dindi - madindi
178	to bury	ubwela
179	day	ḓuvha - maḓuvha
180	night	vhusiku
181	yesterday	mulovha
182	today	namusi
183	tomorrow	matshelo
184	year	ṅwaha - miṅwaha
185	good	vhuḓi
186	bad	-vhi
187	big	-hulu
188	small	-ṱukhu
189	long	-lapfu
190	short	-pfupfi
191	heavy	ulemela
192	It's cold	hu arothola
193	new	-swa
194	thing	tshithu - zwithu
195	me	nne
196	you	inwi
197	us	roṱhe
198	you pl.	vho inwi
199	who	nnyi
200	what	mini

Wanga

1	head	omurwe - emirwe
2	hair	liiswi - amaswi
3	face	mumoni
4	eye	imoni - tsimoni
5	nose	eliulu - amoolu
6	mouth	omunwa - eminwa
7	tongue	olulimi - tsiinimi
8	tooth	eliino - ameeno
9	ear	liirwi - amarwi
10	neck	liikosi - amakosi
11	body	omubiri - emibiri
12	shoulder	liibeka - amabeka
13	breast	olubeele - tsimbeele
14	back	omukongo - emikongo
15	buttock	liitakho - amatakho
16	arm	omukhono - emikhono
17	finger	olwala - tsinzala
18	nail	liitere - amatere
19	leg	eshilenje - efilenje
20	bone	eshikumba - efikumba
21	blood	amalasire
22	heart	omuoyo - emioyo
23	liver	eshitakhaliira - efitakhaliira
24	tears	amasika
25	spittle	amare
26	to see	okhulola
27	to look for	okhukhaaba
28	to hear	okhuulira
29	wound	liikonzo - amakonzo
30	to vomit	okhusala
31	to be tired	okhuchoong'a
32	to become well	okhuwona
33	witchdoctor	omufumu - abafumu
34	clothes	ingubo - tsingubo
35	to wear	okhuifwaala
36	to wash	okhufuuya
37	to spread to dry	okhubakala
38	to sew	okhunaba
39	salt	ichumbi
40	oil	amafura
41	to cook	okhuteekha
42	to roast	okhusamba
43	to eat	okhulia
44	to drink	okhunywa
45	to become hungry	okhuulira inzala, okhulumwa n'inzala
46	to become rotten	okhubola
47	house	inzu - tsinzu
48	to build	okhuumbakha
49	to shut	okhuikala
50	to sweep	okhueya
51	father	papa - papa
52	mother	mama - mama
53	child	omwaana - abaana
54	husband	omusaatsa - abasaatsa
55	wife	omukhasi - abakhasi
56	to bear	okhuibula
57	name	eliira - ameera
58	to grow up	okhukhula
59	person	omundu - abandu
60	to die	okhufwa
61	dog	imbwa - tsimbwa
62	to bite	okhuluma
63	cattle	ing'ombe - tsiing'ombe
64	pig	ingurwe - tsingurwe
65	goat	imbusi - tsimbusi
66	animal	isolo - tsisolo
67	lion	isimba - tsisimba
68	elephant	inzofu - tsinzofu
69	hippopotamus	ifubu - tsiifubu
70	tail	omushila - emishila
71	spear	liifumo - amafumo
72	trap	muteeko - miteeko
73	meat	inyama - tsiinyama
74	snake	inzokha - tsinzokha
75	crocodile	ikuena - tsikuena
76	frog	liishere - amashere
77	fish	inyeeni - tsiinyeeni
78	bird	liiyoni - amayoni
79	chicken	ingokho - tsingokho
80	egg	liibuyu - amabuyu
81	to fly	okhupurukha
82	bee	inzushi - tsinzushi
83	mosquito	isuna - tsisuna
84	fly	isi - tsisi
85	tree	omusaala - emisaala
86	branch	liisaka - amasaka
87	leaf	liisaafu - amasaafu
88	seed	olufwa - obufwa
89	root	omusi - emisi
90	to cultivate	okhulima
91	hoe	imbako - tsimbako
92	to sleep	okhukona
93	dream	liilooro - amalooro
94	to wake up	okhubuukha
95	to stand up	okhushinjila, okhuema
96	to sit down	okhuikhala
97	to go	okhutsia
98	to come	okhuitsa
99	to enter	okhuinjila
100	to come out	okhurula

101	to arrive	okhuula
102	to pass	okhubura
103	path	injila - tsinjila
104	axe	ishooka - tsishooka
105	fire	omulilo - emililo
106	ashes	liikoshe - amakoshe
107	smoke	omuosi - emiosi
108	to burn	okhuiya
109	to extinguish	okhusumia
110	firewood	olukhwi - tsiikhwi
111	water	amaatsi
112	to become dry	okhuuma
113	to say	okhuboola
114	to call	okhulanga
115	to question	okhureeba
116	to teach	okhuechesia
117	to play	okhubaya
118	to sing	okhuimba
119	drum	ing'oma - tsiing'oma
120	to throw	okhutuupa
121	to abuse	okhunyeka
122	to strike	okhuupa
123	to give	okhuwaana
124	to steal	okhuiba
125	guest	omucheni - abacheni
126	to wait	okhulinda
127	to kill	okhuira
128	to laugh	okhutsekha
129	to weep	okhulila
130	to like	okhuchama
131	to fear	okhuria
132	to forget	okhuibilila
133	one	ndala
134	two	tsibili
135	three	tsitaaru
136	four	tsine
137	five	tsiraano
138	ten	ekhumi
139	many	-nji
140	all	-osi
141	God	nyasaaye
142	to drop	okhulakakha
143	to pick up	okhutoola
144	to bring	okhureera
145	to put	okhura
146	to hide	okhukisa, okhuchisa
147	to pull	okhukhwesa
148	to push	okhusukuma
149	to tie a knot	okhufundikha
150	to untie	okhufundukhulula
151	to bend	okhufunaka
152	to cut	okhuteta
153	to snap	okhufunaka
154	to tear	okhurandula
155	up	ekulu
156	down	hasi
157	inside	mukari
158	outside	erwaani
159	red	-ahanyu
160	white	-lafu
161	black	-mali
162	sun	eliuba
163	moon	omuesi
164	star	ing'ining'ini - tsiing'ining'ini
165	cloud	liileesi - amaleesi
166	rain	ifula
167	wind	omuyeka
168	mountain	olukulu - tsingulu
169	forest	eshitsuru - efitsuru
170	river	omwaalo - emyaalo
171	to sink	okhuyiinikha
172	to cross	okhukhalasia
173	to swim	okhuisoka
174	ground	eshikuuri - efikuuri
175	stone	liichina - amachina
176	soil	liiloba - amaloba
177	hole	omuluu - emiluu
178	to bury	okhuyabila
179	day	inyanga - inyanga
180	night	eshiro - efiro
181	yesterday	mungoloobe
182	today	nyanga ino
183	tomorrow	mutsuli
184	year	omuaka - emiaka
185	good	-layi
186	bad	-bi
187	big	-khongo
188	small	-tiiti
189	long	-rambi
190	short	-imbikiti
191	heavy	-siro
192	It's cold	inyerre
193	new	-byakha ?
194	thing	eshindu - efindu
195	me	esie
196	you	ewe
197	us	efwe
198	you pl.	enywe
199	who	wiina
200	what	shiina

Xhosa

1	head	intloko - iintloko
2	hair	unwele - iinwele
3	face	ubuso - x
4	eye	iliso - amehlo
5	nose	impumlo - iimpumlo
6	mouth	umlomo - imilomo
7	tongue	ulwimi - amalwimi
8	tooth	izinyo - amazinyo
9	ear	indlebe - iindlebe
10	neck	intamo - iintamo
11	body	umzimba - imizimba
12	shoulder	igxalaba - amagxalaba
13	breast	ibele - amabele
14	back	umqolo - imiqolo
15	buttock	impundu - iimpundu
16	arm	ingalo - iingalo
17	finger	umnwe - iminwe
18	nail	uzipho - iinzipho
19	leg	umlenze - imilenze
20	bone	ithambo - amathambo
21	blood	igazi - x
22	heart	intliziyo - iintliziyo
23	liver	isibindi - izibindi
24	tears	inyembezi - iinyembezi
25	spittle	amathe
26	to see	ukubona
27	to look for	ukufuna
28	to hear	ukuva, ukuphulaphula
29	wound	isilonda - izilonda
30	to vomit	ukugabha
31	to be tired	ukudinwa
32	to become well	ukuphila
33	witchdoctor	igqila - amagqila
34	clothes	imphala - iimphala
35	to wear	ukunxiba, ukuvatha
36	to wash	ukuhlamba
37	to spread to dry	ukwaneka
38	to sew	ukuthunga
39	salt	ityuwa
40	oil	amafutha
41	to cook	ukupheka
42	to roast	ukuqhotsa
43	to eat	ukutya
44	to drink	ukusela
45	to become hungry	ukulamba, indlala
46	to become rotten	ukubola
47	house	indlu - izindlu
48	to build	ukwakha
49	to shut	ukuvala
50	to sweep	ukutshayela
51	father	utata - ootata, uyilho, uyise
52	mother	umama - oomama, unyoko, unina
53	child	umntwana - abantwana
54	husband	umyeni - abayeni
55	wife	inkosikazi - amakosikazi
56	to bear	ukuzala, ukubeleka
57	name	igama - amagama
58	to grow up	ukukhula
59	person	umntu - abantu
60	to die	ukufa
61	dog	inja - izinja
62	to bite	ukuluma
63	cattle	inkomo - iinkomo
64	pig	ihagu - iihagu
65	goat	ibhokwe - iibhokwe
66	animal	isilo - izilo
67	lion	ingonyama - iingonyama
68	elephant	indlovu - iindlovu
69	hippopotamus	imvubu - iimvubu
70	tail	umsila - imisila
71	spear	umkhonto - imikhonto
72	trap	isithiyiseli - izithiyiseli
73	meat	inyama - x
74	snake	inyoka - iinyoka
75	crocodile	ingwenya - iingwenya
76	frog	isele - amasele
77	fish	intlanzi - iintlanzi
78	bird	intaka - iintaka
79	chicken	inkuku - iinkuku
80	egg	iqanda - amaqanda
81	to fly	ukubhabha
82	bee	inyosi - iinyosi
83	mosquito	ingcongconi - iingcongconi
84	fly	impukane - iimpukane
85	tree	umthi - imithi
86	branch	isebe - amasebe
87	leaf	igqabi - amagqabi
88	seed	imbewu - x
89	root	ingcambu - iingcambu
90	to cultivate	ukulima
91	hoe	igaba - amagaba
92	to sleep	ukulala
93	dream	iphupho - amaphupho
94	to wake up	ukuvuka
95	to stand up	ukuma
96	to sit down	ukuhlala
97	to go	ukuhamba
98	to come	ukuza
99	to enter	ukungena
100	to come out	ukuphuma

101	to arrive	ukubuya, ukufika
102	to pass	ukudlula
103	path	indlela - iindlela
104	axe	izembe - amazembe
105	fire	umlilo - imililo
106	ashes	uthuthu - amathuthu
107	smoke	umsi - imisi
108	to burn	ukutsha
109	to extinguish	ukucima
110	firewood	ukhuni - iinkuni
111	water	amanzi
112	to become dry	ukoma
113	to say	ukuthi, ukuthetha
114	to call	ukubiza
115	to question	ukubuza
116	to teach	ukufundisa
117	to play	ukudlala
118	to sing	ukucula
119	drum	igubu - amagubu
120	to throw	ukuphosa
121	to abuse	ukuthuka, ukuphoxa
122	to strike	ukubetha
123	to give	ukupha, ukunika, ukunikela
124	to steal	ukuba, ukubalisela
125	guest	isithethi - izithethi
126	to wait	ukulinda
127	to kill	ukubulala
128	to laugh	ukuhleka
129	to weep	ukulila
130	to like	ukuthanda
131	to fear	ukoyika
132	to forget	ukulibala
133	one	inye
134	two	zimbini
135	three	zintathu
136	four	zinne
137	five	zintlanu
138	ten	zilishumi
139	many	-ninzi
140	all	-onke
141	God	uthixo, umdali
142	to drop	ukuwa
143	to pick up	ukuchola
144	to bring	ukuza nayo, ukubuyisa
145	to put	ukubeka
146	to hide	ukufihla
147	to pull	ukutsala
148	to push	ukutyhala
149	to tie a knot	ukubopha
150	to untie	ukukhulula
151	to bend	ukugoba
152	to cut	ukusika
153	to snap	ukophula
154	to tear	ukukrazula
155	up	phezulu
156	down	phantsi
157	inside	ngaphakathi, endlwini
158	outside	ngaphandle, kwendlu
159	red	-bomvu
160	white	-mhlophe
161	black	-mnyama
162	sun	ilanga
163	moon	inyanga
164	star	inkwenkwezi - iinkwenkwezi
165	cloud	ilifu - amafu
166	rain	imvula
167	wind	umoya
168	mountain	intaba - iintaba
169	forest	ihlathi - amahlathi
170	river	umlambo - imilambo
171	to sink	ukuntywila
172	to cross	ukunqumla
173	to swim	ukuqubha
174	ground	umhlaba
175	stone	ilitye - amatye
176	soil	umhlaba - imihlaba
177	hole	umngxunya - imingxunya
178	to bury	ukungcwaba
179	day	imini - iimini, usuku - iintsuku
180	night	ebusuku, ubusuku
181	yesterday	izolo
182	today	namhlanje
183	tomorrow	ngomso
184	year	unyaka - iminyaka
185	good	-mnandi
186	bad	-bi
187	big	-khulu
188	small	-ncinci
189	long	-de
190	short	-futshane
191	heavy	-nzima
192	It's cold	kuyabanda
193	new	-tsha
194	thing	into - izinto
195	me	mna
196	you	wena
197	us	thina
198	you pl.	nina
199	who	kubani
200	what	ubani

Yambasa

1	head	udie - idie
2	hair	cwe
3	face	busiọ - mosiọ
4	eye	nyisọ - angisọ
5	nose	nyono - ang'ono
6	mouth	nuudẹ - angudẹ
7	tongue	gelêmbe - belêmbe
8	tooth	nyinyọ - eng'inyọ
9	ear	uduu - eduu
10	neck	ukẹlu - ẹkẹlu
11	body	nyọdo - ang'odo
12	shoulder	gibendu - bibendu
13	breast	ebanye - ambanye
14	back	bogono - magono
15	buttock	tadago - tadago
16	arm	ombogo - embogo
17	finger	hyonno - mwonno
18	nail	gyaka - byaka
19	leg	gegondo - begondo
20	bone	gigẹgwẹ - bigẹgwẹ
21	blood	manông'o
22	heart	odema - edema
23	liver	gyuliẹ - byuliẹ
24	tears	giyọsinọ - biyọsinọ
25	spittle	bede
26	to see	gwena
27	to look for	gufumbẹ
28	to hear	gwobo
29	wound	mpêng'ẹ
30	to vomit	gonôda
31	to be tired	-- na gedombo
32	to become well	gwẹng'ugẹ
33	witchdoctor	ombôgi - bembọgi
34	clothes	ġela - bela
35	to wear	gobaleng'a
36	to wash	gosoga
37	to spread to dry	gobamba
38	to sew	golada
39	salt	masege
40	oil	mẹgudẹ
41	to cook	gônamba namba
42	to roast	gofwa
43	to eat	gonyanya
44	to drink	gubọnyọ
45	to become hungry	-- na ncana
46	to become rotten	goyeka
47	house	nnyang'a - nnyang'a
48	to build	gofwaga
49	to shut	gubwigẹ
50	to sweep	gofola
51	father	baaba, ciyo, isẹ
52	mother	mmaa, nigwedi, nnyọdi
53	child	mwadọmbọ - baabayọ, mwọnọ - baaba
54	husband	onome - bonome
55	wife	okodo - bakodo
56	to bear	gubyene
57	name	ufinọ - ifinọ
58	to grow up	gogoma
59	person	mọtọ - batọ
60	to die	gugwẹ
61	dog	mbwa - mbwa
62	to bite	gonoma
63	cattle	nnyaga - nnyaga, gulugẹ - gulugẹ
64	pig	ngonôbe - ngonôbe
65	goat	mbunyi - mbunyi
66	animal	nnyama - nnyama
67	lion	ngọyọng'ọ - ngọyọng'ọ
68	elephant	nco - nco
69	hippopotamus	ncubẹ - ncubẹ
70	tail	umiọ - imiọ
71	spear	eyong'o - mẹyong'o/ancong'o
72	trap	ọlama - elama
73	meat	busugẹ - mesugẹ
74	snake	nnyogô - nnyogô
75	crocodile	mbabe - mbabe
76	frog	ebembe - mobembe, getota - betota
77	fish	hyobo - mwobo
78	bird	hyọnnọni - mwọnnọni, inọni - munọni
79	chicken	nkoo - nkoo
80	egg	egee - angee
81	to fly	gufulugene
82	bee	pong'e - pong'e
83	mosquito	omponye - emponye
84	fly	nki - nki
85	tree	bwete - mete
86	branch	kaasa - kaasa
87	leaf	gyance - byance
88	seed	bogoneda - magoneda
89	root	ong'ang'a - eng'ang'a
90	to cultivate	gukuhẹ
91	hoe	esola - mosola
92	to sleep	gweda dono
93	dream	ndema - ndema
94	to wake up	gofoyoga
95	to stand up	gofadegena
96	to sit down	gulukumẹnẹ
97	to go	gweda
98	to come	guulẹ
99	to enter	gwing'ẹnẹ
100	to come out	guhẹmẹ

101	to arrive	gobola
102	to pass	godomba
103	path	pe - pe, epepee - mopepee
104	axe	ileng'u - muleng'u
105	fire	iyukę̭ - muyukę̭
106	ashes	maado
107	smoke	ncoki
108	to burn	guloko
109	to extinguish	gufwę̭ iyukę̭
110	firewood	ugunyi - igunyi
111	water	mimpọ
112	to become dry	gokota
113	to say	goyeda
114	to call	gudong'eno
115	to question	guuhinę̭
116	to teach	guhuunę̭nyę̭
117	to play	guyono
118	to sing	gwagana gesago
119	drum	gigę̭mę̭ - bigę̭mę̭
120	to throw	guno
121	to abuse	gosegeda
122	to strike	gogoba
123	to give	gofaa
124	to steal	gwibę̭
125	guest	ung'unyi - biinyi
126	to wait	gogegana
127	to kill	goona
128	to laugh	guhono
129	to weep	gobang'a
130	to like	gomamana
131	to fear	gobya bofwa
132	to forget	gubọfọlyọ
133	one	gę̭mmwę̭
134	two	gandę̭
135	three	gadado
136	four	gę̭nni
137	five	gatano
138	ten	goodo
139	many	geca
140	all	-imę̭
141	God	asang'a, ọhọalo
142	to drop	gubyę̭
143	to pick up	gufediginyę̭
144	to bring	guulę̭ na --
145	to put	gwaga
146	to hide	gwosego
147	to pull	gugogo
148	to push	godidigę̭nę̭
149	to tie a knot	goong'a
150	to untie	gufudunę̭
151	to bend	gukunidyę̭
152	to cut	gosomba
153	to snap	gomanca
154	to tear	golafa
155	up	mwena
156	down	nę̭ci
157	inside	gade
158	outside	gunyangade
159	red	gwela - meela
160	white	gupumę̭nę̭
161	black	gwilę̭bę̭
162	sun	gyonya - byonya
163	moon	ofe - efe
164	star	hyọtọti - mwọtọti
165	cloud	gelondo - molondo
166	rain	nobola - dobola
167	wind	ufufu - ifufu
168	mountain	geene - beene, ugondo - egondo
169	forest	gesogo - besogo
170	river	osombo - esombo
171	to sink	gubono
172	to cross	goyoga
173	to swim	gonega
174	ground	ci
175	stone	entane/edane - antane/modane, enantane - monantane
176	soil	cano
177	hole	gebelabela - bebelabela
178	to bury	gumyę̭, gudindidigę̭nę̭
179	day	budugu - mę̭dugu
180	night	budugu - mę̭dugu
181	yesterday	iyọ
182	today	inọni
183	tomorrow	nę̭mbę̭li
184	year	nnyoma - nnyoma
185	good	genogo - benogo
186	bad	gegada - begada
187	big	gyanta - byanta
188	small	soong'e
189	long	gentalala - bentalala
190	short	gigisi - bigisi
191	heavy	gonwanana
192	It's cold	gole nisiọ
193	new	-faa
194	thing	booma - mooma
195	me	yomo
196	you	maamo
197	us	bicọ
198	you pl.	binyọ
199	who	ane
200	what	nkadę̭

Yans

1	head	ũcwi - ĩcwi
2	hair	lincwe - ncwe
3	face	ilong - bilong, nta bwei
4	eye	dii - mii
5	nose	mboom - mboom
6	mouth	mun - min
7	tongue	lilang - ãlang
8	tooth	diin - miin
9	ear	cwi - ãcwi
10	neck	nking - nking, bwai - ãbwai
11	body	ndor - ndor
12	shoulder	ipai - bipai
13	breast	beel - ãbeel
14	back	ũkoong - ĩkoong
15	buttock	itaa - bitaa
16	arm	koo - ãkoo
17	finger	ũsab - ĩsab, n'gyal - n'gyal
18	nail	inzak - binzak
19	leg	kol - ãkol
20	bone	ũkwa - ĩkwa
21	blood	ãkil
22	heart	ũtim - ĩtim
23	liver	ful - ãful
24	tears	lintsang - ãntsang, ntsang
25	spittle	ãte
26	to see	uman
27	to look for	uling
28	to hear	uwem
29	wound	mpur - mpur
30	to vomit	uluk
31	to be tired	uwem uyon
32	to become well	ubul n'gwal
33	witchdoctor	ũgang - ĩgang
34	clothes	ifey - bifey
35	to wear	ubwaar
36	to wash	uyob
37	to spread to dry	usa umwan
38	to sew	utong
39	salt	muu, nkir
40	oil	ãfur
41	to cook	ulam
42	to roast	ufub
43	to eat	udya
44	to drink	unwi
45	to become hungry	uwem n'gyal
46	to become rotten	upoon
47	house	n'gyo - n'gyo
48	to build	utong
49	to shut	udub
50	to sweep	ukom
51	father	taa - bataa
52	mother	maa - bamaa
53	child	mwan - baan
54	husband	ũdim - adim
55	wife	ũkyay - akyay
56	to bear	ubor
57	name	ikob - bikob
58	to grow up	uyel
59	person	muur - baar
60	to die	ukwa
61	dog	mbwa - mbwa
62	to bite	ucuul gin
63	cattle	n'gom - n'gom
64	pig	n'gul - n'gul
65	goat	ntab - ntab
66	animal	n(t)sir - n(t)sir
67	lion	not found
68	elephant	nzok - nzok
69	hippopotamus	ibok - bibok
70	tail	ũkil - ĩkil
71	spear	likon'ga - ãkon'ga
72	trap	ũtam - ĩtam
73	meat	intwang - bintwang
74	snake	ntai - ntai
75	crocodile	ngand(u) - ngand(u)
76	frog	kwar a ndaa - ãkwar a ndaa
77	fish	n(t)swi - n(t)swi
78	bird	nyin - nyin
79	chicken	nkoo - nkoo
80	egg	ki - ãki, kye - ãkye
81	to fly	ufum
82	bee	nwei - nwei
83	mosquito	mbembel - mbembel
84	fly	nyam - nyam
85	tree	ũti - ĩti
86	branch	lityang - ãtyang
87	leaf	nkay - nkay
88	seed	nken - nken
89	root	ũsim - ĩsim
90	to cultivate	ukon
91	hoe	ntseng - ntseng
92	to sleep	ubir
93	dream	ndwei
94	to wake up	uwei twal
95	to stand up	ukal anatelema
96	to sit down	ubway
97	to go	ukyen
98	to come	uya
99	to enter	ukor
100	to come out	utwa

101	to arrive	uya, utuul
102	to pass	ulie
103	path	mbwa - mbwa
104	axe	sok - ãsok
105	fire	mbaa
106	ashes	mfutur
107	smoke	ũging - ĩging
108	to burn	uya mbaa
109	to extinguish	ugim
110	firewood	nkun - nkun
111	water	ãdaa
112	to become dry	uyom
113	to say	uteen
114	to call	ubiil
115	to question	uful ndaa
116	to teach	ulong
117	to play	usakana, utaam, ukir n(t)sak
118	to sing	uyim
119	drum	ngom - ngom
120	to throw	uloo
121	to abuse	ufing
122	to strike	udub
123	to give	upe
124	to steal	uyib
125	guest	ũngei - angei
126	to wait	utaan
127	to kill	ugywa
128	to laugh	ushe
129	to weep	ulil
130	to like	utoon
131	to fear	uwem boom
132	to forget	ugiim
133	one	mwei
134	two	yuwel
135	three	tar
136	four	na
137	five	tyen
138	ten	kum
139	many	du wa, mboon
140	all	-ntso
141	God	nzaam
142	to drop	ubwa, ubwi
143	to pick up	usheen, udiir ãloo
144	to bring	utwal
145	to put	usa
146	to hide	uyie
147	to pull	unan, ubeen
148	to push	upus
149	to tie a knot	ubeem, ukang
150	to untie	usool
151	to bend	ubool
152	to cut	ucuul
153	to snap	ubool
154	to tear	ukaam
155	up	uduu
156	down	n'gyel
157	inside	ubuu
158	outside	ungaan
159	red	peel
160	white	mpeem
161	black	piir
162	sun	mwan, ntang
163	moon	n'gon
164	star	ũgyay - ĩgyay
165	cloud	litutu - ãtutu
166	rain	mbul
167	wind	ũpep - ĩpep
168	mountain	mong - myong
169	forest	ndwang - ndwang, mfiin - mfiin
170	river	ãdaa
171	to sink	ubwi ãdaa, ubwa ãdaa
172	to cross	ucuul
173	to swim	ucuul ãdaa, ukasa
174	ground	maan
175	stone	litar - ãtar
176	soil	ntor
177	hole	lifuu - ãfuu
178	to bury	ugie
179	day	ilum - bilum
180	night	mpiip
181	yesterday	ywen
182	today	nabo, naba
183	tomorrow	utuu
184	year	mbul - mbul
185	good	-bwang
186	bad	-be
187	big	-nen, bingbing
188	small	-kye
189	long	nda
190	short	-tiir
191	heavy	buur
192	It's cold	limpye
193	new	kwin
194	thing	ũdiir - ĩdiir
195	me	me
196	you	nye
197	us	bi
198	you pl.	be
199	who	na
200	what	na

Yombe

1	head	ntu - mintu
2	hair	tsuki - zitsuki
3	face	zizi - vizizi, busu - bibusu
4	eye	diso - meso
5	nose	dizunu - mazunu, mbungi
6	mouth	nua - minua
7	tongue	ludimi - madimi
8	tooth	dinu - menu
9	ear	kutu - matu
10	neck	tsingu - zitsingu
11	body	nitu - zinitu
12	shoulder	divembo - mavembo
13	breast	dibele - mabele
14	back	nima - zinima
15	buttock	ditaku - mataku
16	arm	koko - myoko
17	finger	nlembo - minlembo
18	nail	luzala - minzala
19	leg	kulu - makulu/malu
20	bone	veso - biveso, mvesi - bivesi
21	blood	menga
22	heart	ntima - mintima
23	liver	zitsafu - matsafu
24	tears	matsanga
25	spittle	mati
26	to see	mona
27	to look for	tomba
28	to hear	wa
29	wound	phuta - ziputa
30	to vomit	luka
31	to be tired	lemba
32	to become well	niaka
33	witchdoctor	nganga nkisi
34	clothes	nlele - minlele
35	to wear	vwata
36	to wash	sukula
37	to spread to dry	tula va mwini
38	to sew	tunga
39	salt	mungu
40	oil	mafuta
41	to cook	lamba
42	to roast	yanika
43	to eat	dia
44	to drink	nwa
45	to become hungry	mona tsatu
46	to become rotten	bola
47	house	nzo - minzo
48	to build	tonga
49	to shut	kanga
50	to sweep	komba
51	father	si - basi, dise
52	mother	ngu - bangu
53	child	mwana - bana
54	husband	bakala - babakala
55	wife	nketo - baketo
56	to bear	buta
57	name	khumbu - zikhumbu
58	to grow up	yonzuka
59	person	mutu - batu
60	to die	fwa
61	dog	mbwa - zimbwa
62	to bite	tatika
63	cattle	ngombe - zingombe
64	pig	ngulu - zingulu
65	goat	khombo - zikhombo
66	animal	bulu - bibulu
67	lion	not found
68	elephant	nzawu - zinzawu
69	hippopotamus	ngulu maza - ngulu zi maza
70	tail	nkila - minkila
71	spear	lansi - zilansi
72	trap	ntambu - mintambu
73	meat	nsuni - minsuni
74	snake	nyoka - zinyoka
75	crocodile	ngandu - mingandu
76	frog	dizundu - mazundu
77	fish	mbizi - zimbizi
78	bird	nuni - zinuni
79	chicken	tsusu - zitsusu
80	egg	diki - maki
81	to fly	dumuka
82	bee	niosi - ziniosi
83	mosquito	mbu - zimbu
84	fly	nzinzi - zinzinzi
85	tree	nti - minti
86	branch	divanda - mavanda
87	leaf	dikaya - makaya
88	seed	mbongo - zimbongo
89	root	mwanzi - myanzi
90	to cultivate	kuna
91	hoe	tsengo - zitsengo
92	to sleep	leka
93	dream	ndozi - zindozi
94	to wake up	numuka
95	to stand up	telama
96	to sit down	vwanda
97	to go	kwenda
98	to come	kwiza
99	to enter	kota
100	to come out	bima

101	to arrive	kwiza
102	to pass	vyoka
103	path	nzila - zinzila
104	axe	soka - bisoka
105	fire	tiya
106	ashes	dibombe - mabombe
107	smoke	mwisi
108	to burn	vya
109	to extinguish	vonda
110	firewood	khuni - zikhuni
111	water	nlangu - minlangu
112	to become dry	yuma
113	to say	vova
114	to call	bokila
115	to question	yubula kyuvu
116	to teach	longa
117	to play	sekana
118	to sing	yimbola
119	drum	ngoma - zingoma
120	to throw	loza
121	to abuse	finga
122	to strike	bula
123	to give	vana
124	to steal	yiba
125	guest	nzenza - zinzenza
126	to wait	vingila
127	to kill	vonda
128	to laugh	seva
129	to weep	dila
130	to like	zola
131	to fear	mona wonga
132	to forget	zimbala
133	one	mosi
134	two	zole
135	three	tatu
136	four	ya
137	five	tanu
138	ten	kumi
139	many	-wombo
140	all	-bo
141	God	nzambi
142	to drop	bwa
143	to pick up	lokuta
144	to bring	nata
145	to put	tula
146	to hide	sweka
147	to pull	benda
148	to push	pusa
149	to tie a knot	kanga
150	to untie	zibula
151	to bend	tengimisa
152	to cut	zenga
153	to snap	bukuna
154	to tear	pasuna
155	up	kuyilu
156	down	va ntoto, kutsi
157	inside	mukhati
158	outside	ku nganda
159	red	-mbwaki
160	white	-phembe
161	black	-ndombe
162	sun	thangu
163	moon	ngonde
164	star	mbwetete - zimbwetete
165	cloud	dituti - matuti
166	rain	mvula - zimvula
167	wind	mupepe - mipepe
168	mountain	mongo - myongo
169	forest	mfinda - zimfinda, nsitu - minsitu
170	river	nlangu - minlangu, maza - x, nzadi - zinzadi
171	to sink	kita mutsinlangu
172	to cross	sabuka
173	to swim	yobila
174	ground	ntoto
175	stone	ditadi - matadi
176	soil	ntoto
177	hole	dibulu - mabulu
178	to bury	kotisa
179	day	lumbu - bilumbu
180	night	bwilu
181	yesterday	zono, yono
182	today	lukya
183	tomorrow	mbazi
184	year	mvula - zimvula
185	good	-mbote
186	bad	-mbimbi
187	big	-nene
188	small	-fyoti
189	long	-la
190	short	-khufi
191	heavy	-zitu
192	It's cold	kiozi kwidi
193	new	-mona
194	thing	kima - bima
195	me	mino
196	you	ngeye
197	us	beto
198	you pl.	beno
199	who	nani
200	what	mbi

Zalamo

1	head	pala - mapala
2	hair	mvili - mvili
3	face	kihanga - vihanga
4	eye	siso - meso
5	nose	mhula - mhula
6	mouth	mlomo - milomo
7	tongue	lulimi - lulimi
8	tooth	zino - meno
9	ear	gutwi - magutwi
10	neck	singo - singo
11	body	lukuli - nghuli
12	shoulder	yega - mayega
13	breast	tombo - matombo
14	back	mgongo - migongo
15	buttock	dako - madako
16	arm	mkono - mikono
17	finger	dole - vidole
18	nail	nghucha - nghucha
19	leg	mgulu - migulu
20	bone	zege - mazege
21	blood	damu
22	heart	moyo - myoyo
23	liver	ini - maini
24	tears	hozi - mahozi/mihozi
25	spittle	mate
26	to see	kulola
27	to look for	kuzahila
28	to hear	kuhulika
29	wound	kilonda - vilonda
30	to vomit	kudeka
31	to be tired	kudonha
32	to become well	kuhona
33	witchdoctor	mganga - waganga
34	clothes	nguwo - nguwo
35	to wear	kuvala
36	to wash	kufuwa
37	to spread to dry	kwanika
38	to sew	kushona
39	salt	chumvi, munyo
40	oil	mavuta
41	to cook	kuteleka
42	to roast	kusoma
43	to eat	kuja
44	to drink	kung'wa
45	to become hungry	kuwa na nzala
46	to become rotten	kola
47	house	ng'anda - ng'anda
48	to build	kuzenga
49	to shut	kuhinda
50	to sweep	kufagila
51	father	baba - baba
52	mother	mama - mama
53	child	mwana - wana
54	husband	mume - waume, mbigalo - wambigalo
55	wife	mke - wake, mwehe - wehe
56	to bear	kulela
57	name	twaga - matwaga
58	to grow up	kukula
59	person	munhu - wanhu
60	to die	kufa
61	dog	mbwa - mbwa
62	to bite	kuluma
63	cattle	ng'ombe - ng'ombe
64	pig	nguluwe - nguluwe
65	goat	mbuzi - mbuzi
66	animal	nyama - wanyama
67	lion	simba - simba, manghabc - manghabc
68	elephant	nhembo - nhembo
69	hippopotamus	kiboko - viboko
70	tail	mkila - mikila
71	spear	mkuki - mikuki
72	trap	mtego - mitego
73	meat	nyama
74	snake	nyoka - nyoka
75	crocodile	mamba - mamba
76	frog	bura - mabura
77	fish	samaki - samaki
78	bird	ndege - ndege
79	chicken	nguku - nguku
80	egg	yai - mayai, finga - mafinga
81	to fly	kuguluka
82	bee	nyuki - nyuki
83	mosquito	nzuguni - nzuguni
84	fly	nghonzi - nghonzi
85	tree	mti - miti
86	branch	tawi - matawi
87	leaf	jani - mijani
88	seed	mbegu - mbegu
89	root	mzizi - mizizi
90	to cultivate	kulima
91	hoe	gembe - magembe
92	to sleep	kuwasa
93	dream	zozi
94	to wake up	kulamuka
95	to stand up	kwima
96	to sit down	kukala hasi
97	to go	kuchola
98	to come	kwiza
99	to enter	kwingila
100	to come out	kulawa

101	to arrive	kuvika
102	to pass	kubita
103	path	nzila - nzila
104	axe	shoka - mashoka
105	fire	moto
106	ashes	tozi - matozi
107	smoke	moshi
108	to burn	kwaka
109	to extinguish	kuzima
110	firewood	ngodi - ngodi
111	water	malenga
112	to become dry	kunyala
113	to say	kulonga
114	to call	kukema
115	to question	kuuza
116	to teach	kufundisha
117	to play	kucheza
118	to sing	kwimba
119	drum	ngoma - ngoma
120	to throw	kutupa
121	to abuse	kuliga
122	to strike	kutowa
123	to give	kugwelela
124	to steal	kwiba
125	guest	mgeni - wageni
126	to wait	kubeta
127	to kill	kukoma
128	to laugh	kuseka
129	to weep	kulila
130	to like	kunogela
131	to fear	kudumba
132	to forget	kwisemwa
133	one	moja
134	two	mbili
135	three	tatu
136	four	nne
137	five	tano
138	ten	kumi
139	many	-ingi
140	all	-ose
141	God	mungu
142	to drop	kulagala
143	to pick up	kusola
144	to bring	kugala
145	to put	kwika
146	to hide	kufisa
147	to pull	kuvula
148	to push	kusukuma
149	to tie a knot	kufunga
150	to untie	kufungula
151	to bend	kukunza
152	to cut	kukanha
153	to snap	kubena
154	to tear	kuchana, kudega
155	up	uchana
156	down	hasi
157	inside	mgati
158	outside	kunze
159	red	-ekundu
160	white	-eupe
161	black	-eusi
162	sun	zuwa
163	moon	mwezi
164	star	nhondo - nhondo
165	cloud	wingu - mawingu
166	rain	mvula
167	wind	beho
168	mountain	mlima - milima
169	forest	muhulo - mihulo
170	river	bwawa - mabwawa
171	to sink	kuzama
172	to cross	kuvuka
173	to swim	kogelela
174	ground	isi
175	stone	jiwe - majiwe
176	soil	ulongo
177	hole	shimo - mashimo
178	to bury	kuzika
179	day	siku - siku
180	night	ikilo - ikilo
181	yesterday	igolo
182	today	lelo, isiku
183	tomorrow	kesho, mayo
184	year	mwaka - myaka
185	good	kunoga
186	bad	kwiha
187	big	-kulu
188	small	-dodo
189	long	-lefu
190	short	-fupi
191	heavy	-zito
192	It's cold	kuna beho
193	new	-pya
194	thing	kinhu - vinhu
195	me	niye
196	you	gweye
197	us	tweye
198	you pl.	mweye
199	who	nani
200	what	choni

Zigua

1	head	m̲twi - mitwi
2	hair	fili - fili
3	face	so - so, mweuso
4	eye	ziso - meso
5	nose	mpula - mpula
6	mouth	m̲lomo - milomo
7	tongue	m̲limi - milimi
8	tooth	zino - meno
9	ear	gutwi - magutwi
10	neck	singo - singo
11	body	mwili - miili
12	shoulder	yegha - mayegha
13	breast	tombo - matombo
14	back	m̲gongo - migongo
15	buttock	ditako - matako
16	arm	m̲kono - mikono
17	finger	chidole - vidole
18	nail	kombe - makombe
19	leg	chiga - viga
20	bone	vuha - mavuha
21	blood	sakame
22	heart	moyo - myoyo
23	liver	diini - maini
24	tears	disozi - mesozi
25	spittle	mate
26	to see	kuona
27	to look for	kulonda
28	to hear	kwiva
29	wound	nkwenje
30	to vomit	kutahika
31	to be tired	kusokela
32	to become well	kuhona
33	witchdoctor	m̲ganga - waganga
34	clothes	nguo - nguo
35	to wear	kuvala
36	to wash	kufula
37	to spread to dry	kwanika
38	to sew	kushona
39	salt	munyu
40	oil	mavuta
41	to cook	kwambika
42	to roast	kwoka
43	to eat	kudya
44	to drink	kunywa
45	to become hungry	kuwa na sala
46	to become rotten	kwola
47	house	kaya - kaya
48	to build	kuzenga
49	to shut	kuvugala
50	to sweep	kuhagila
51	father	tate, iso, ise
52	mother	mame, nyokwe, nine
53	child	mwana - wana
54	husband	m̲gosi - wagosi
55	wife	m̲vyele - wavyele
56	to bear	kweleka
57	name	zina - mazina
58	to grow up	kukula
59	person	m̲ntu - wantu
60	to die	kufa
61	dog	kuli - makuli
62	to bite	kuluma
63	cattle	ng'ombe - zing'ombe
64	pig	nguluwe - zinguluwe
65	goat	mbuzi - zimbuzi
66	animal	m̲nyama - wanyama
67	lion	kala - makala
68	elephant	not found
69	hippopotamus	chiboko - viboko
70	tail	m̲chila - michila
71	spear	m̲kuki - mikuki
72	trap	m̲tegho - mitegho
73	meat	nyama
74	snake	nyoka - nyoka
75	crocodile	mamba - mamba
76	frog	jula - majula
77	fish	samaki - zisamaki
78	bird	kadeghe - wadeghe
79	chicken	nguku - nguku
80	egg	tagi - matagi
81	to fly	kupaika
82	bee	nyuchi - nyuchi
83	mosquito	mbu - zimbu
84	fly	si - si
85	tree	m̲ti - miti
86	branch	tawi - matawi
87	leaf	zani - mazani
88	seed	mbeyu - zimbeyu
89	root	m̲zizi - mizizi
90	to cultivate	kulima
91	hoe	dijembe - majembe
92	to sleep	kugona
93	dream	ndoto - zindoto
94	to wake up	kwinuka
95	to stand up	kuchimala
96	to sit down	kwikala
97	to go	kwita
98	to come	kuya
99	to enter	kwingila
100	to come out	kulawa

101	to arrive	kubula
102	to pass	kujinka
103	path	sila - sila
104	axe	hoya - zihoya
105	fire	moto
106	ashes	maivu
107	smoke	umosi
108	to burn	kuhya, kuhwa
109	to extinguish	kuzima
110	firewood	nkuni - zinkuni
111	water	mazi
112	to become dry	kunyala
113	to say	kulonga
114	to call	kwitanga
115	to question	kuuza
116	to teach	kufundisa
117	to play	kuseziga
118	to sing	kuchema
119	drum	ngoma - zingoma
120	to throw	kudula
121	to abuse	kutukana
122	to strike	kutoa
123	to give	kwinka
124	to steal	kubawa
125	guest	mjeni - wajeni
126	to wait	kugoja
127	to kill	kukoma
128	to laugh	kuseka
129	to weep	kwila
130	to like	-nga
131	to fear	kwogoha
132	to forget	kujala
133	one	nkongo, bosi
134	two	kaidi
135	three	katatu
136	four	kane
137	five	shano
138	ten	kumi
139	many	-ingi
140	all	-ose
141	God	mlungu - walungu
142	to drop	kugwa
143	to pick up	kulogota
144	to bring	kuleta
145	to put	kwika
146	to hide	kufisa
147	to pull	kuvuta
148	to push	kusukuma
149	to tie a knot	kufunga
150	to untie	kufungula
151	to bend	kukunja
152	to cut	kukanta
153	to snap	kuvuna
154	to tear	kutatula
155	up	kulanga
156	down	hasi
157	inside	kundani
158	outside	kuse
159	red	-nkundu
160	white	kung'ala
161	black	-titu
162	sun	zua
163	moon	mwezi
164	star	ntondo - zintondo
165	cloud	diwingu - mawingu
166	rain	fula
167	wind	upepo
168	mountain	lugulu
169	forest	nyika - zinyika
170	river	mto - mito
171	to sink	kuzama
172	to cross	kujinka
173	to swim	kwogela
174	ground	hasi
175	stone	yuwe - mayuwe
176	soil	ulongo
177	hole	bome, tundu - matundu
178	to bury	kuzika
179	day	siku - siku
180	night	nechilo
181	yesterday	gulo
182	today	dyelo
183	tomorrow	luvi
184	year	mwaka - myaka
185	good	-edi
186	bad	kwiha
187	big	-kulu
188	small	-dodo
189	long	-tali
190	short	-jihi
191	heavy	-zito
192	It's cold	kuna mpeho, kwi mpeho
193	new	-pya
194	thing	chintu - vintu
195	me	miye
196	you	weye
197	us	suwe
198	you pl.	nyuwe
199	who	yuhi
200	what	mbwani

Zulu

1	head	ikhanda- amakhanda
2	hair	unwele - izinwele
3	face	ubuso
4	eye	ihlo/iso - amehlo
5	nose	ikhala - amakhala
6	mouth	umlomo - imilomo
7	tongue	ulimi - izilimi/amalimi
8	tooth	izinyo - amazinyo
9	ear	indlebe - izindlebe
10	neck	intamo - izintamo
11	body	umzimba - imizimba
12	shoulder	ihlombe - amahlombe
13	breast	ibele - amabele
14	back	umhlane - imihlane
15	buttock	isinqa - izinqa, isinqe - izinqe, isibunu - izibunu
16	arm	ingalo - izingalo
17	finger	umunwe - iminwe
18	nail	uzipho - izinzipho
19	leg	umlenze - imilenze
20	bone	ithambo - amathambo
21	blood	igazi
22	heart	inhliziyo - izinhliziyo
23	liver	isibindi - izibindi
24	tears	unyembezi - izinyembezi
25	spittle	amathe
26	to see	ukubona
27	to look for	ukufuna
28	to hear	ukuzwa
29	wound	isilonda - izilonda
30	to vomit	ukuhlanza
31	to be tired	ukukhathala
32	to become well	ukuphila, ukuphola
33	witchdoctor	inyanga - izinyanga
34	clothes	impahla - izimpahla
35	to wear	ukumbatha, ukugqoka
36	to wash	ukugeza
37	to spread to dry	ukweneka
38	to sew	ukuthunga
39	salt	itswayi, usawoti
40	oil	amafutha
41	to cook	ukupheka
42	to roast	ukuthosa, ukugazinga, ukuosa
43	to eat	ukudla
44	to drink	ukuphuza
45	to become hungry	ukulamba, ukuphathwa indlala
46	to become rotten	ukubola
47	house	indlu - izindlu
48	to build	ukwakha
49	to shut	ukuvala
50	to sweep	ukushanela
51	father	ubaba - obaba, uyihlo, uyise
52	mother	umama - omama, uma, unyoko, unina
53	child	umntwana - abantwana
54	husband	umyeni
55	wife	inkosikazi - amakosikazi
56	to bear	ukuzala
57	name	igama - amagama
58	to grow up	ukukhula
59	person	umuntu - abantu
60	to die	ukufa
61	dog	inja - izinja
62	to bite	ukuluma
63	cattle	inkomo - izinkomo
64	pig	ingulube - izingulube
65	goat	imbuzi - izimbuzi
66	animal	isilwane - izilwane
67	lion	ibhubezi - amabhubezi
68	elephant	indlovu - izindlovu
69	hippopotamus	imvubu - izimvubu
70	tail	umsila - imisila
71	spear	umkhonto - imikhonto
72	trap	umthambo - imithambo
73	meat	inyama
74	snake	inyoka - izinyoka
75	crocodile	ingwenya - izingwenya
76	frog	ixoxo - amaxoxo
77	fish	inhlanzi - izinhlanzi
78	bird	inyoni - izinyoni
79	chicken	inkukhu - izinkukhu
80	egg	iqanda - amaqanda
81	to fly	ukundisa
82	bee	inyosi - izinyosi
83	mosquito	umiyane - imiyane
84	fly	impukane - izimpukane
85	tree	isihlahla - izihlahla, umuthi - imithi
86	branch	ihlambu - amahlambu
87	leaf	icabunga - amacabunga
88	seed	imbewu
89	root	impande - izimpande
90	to cultivate	ukutshala, ukulima
91	hoe	ilembe - amalembe
92	to sleep	ukulala
93	dream	iphupho - amaphupho
94	to wake up	ukuvuka
95	to stand up	ukuma
96	to sit down	ukuhlala phansi
97	to go	ukuhamba
98	to come	ukuza
99	to enter	ukungena
100	to come out	ukuphuma

101	to arrive	ukufika
102	to pass	ukudlula
103	path	indlela - izindlela, indledlana - izindledlana
104	axe	imbazo - izimbazo
105	fire	umlilo - imilola
106	ashes	umlotha
107	smoke	intuthu, umusi
108	to burn	ukusha
109	to extinguish	ukucima
110	firewood	ukhuni - izinkuni
111	water	amanzi
112	to become dry	ukoma
113	to say	ukusho
114	to call	ukubiza
115	to question	ukubuza
116	to teach	ukufundisa
117	to play	ukudlala
118	to sing	ukucula
119	drum	isigubhu - izigubhu
120	to throw	ukujikijela
121	to abuse	ukuthuka, ukuphatha
122	to strike	ukubetha, ukushaya
123	to give	ukupha, ukunika
124	to steal	ukuntshontsha, ukweba
125	guest	isivakashi - izivakashi, isimenya - izimenya
126	to wait	ukulinda
127	to kill	ukubulala
128	to laugh	ukuhleka
129	to weep	ukukhala
130	to like	ukuthanda
131	to fear	ukwesaba
132	to forget	ukukhohlwa, ukulibala
133	one	kunye
134	two	kubili
135	three	kuthathu
136	four	kune
137	five	kuhlanu
138	ten	ishumi
139	many	-ningi
140	all	-onke
141	God	unkulunkulu, ujehova, umvelinqanga
142	to drop	ukuwa
143	to pick up	ukudobha
144	to bring	ukuletha
145	to put	ukubeka
146	to hide	ukufihla
147	to pull	ukudonsa
148	to push	ukusunduza
149	to tie a knot	ukubopha
150	to untie	ukukhumula

151	to bend	ukugoba
152	to cut	ukusika
153	to snap	ukuncamula
154	to tear	ukudabula
155	up	phezulu
156	down	phansi
157	inside	phakathi
158	outside	phandle
159	red	-bomvu
160	white	-mhlophe
161	black	-mnyama
162	sun	ilanga
163	moon	inyanga
164	star	inkanyezi - izinkanyezi
165	cloud	ifu - amafu
166	rain	imvula - izimvula
167	wind	umoya - imimoya
168	mountain	intaba - izintaba
169	forest	ihlathi - amahlathi
170	river	umfula - imifula
171	to sink	ukucwila
172	to cross	ukweqa
173	to swim	ukubhuguda
174	ground	umhlaba
175	stone	itshe - amatshe
176	soil	umhlabathi
177	hole	umgodi - imigodi, umlindi - imilindi
178	to bury	ukungcwaba
179	day	usuku - izinsuku
180	night	ebusuku, ubusuku
181	yesterday	izolo
182	today	namuhla
183	tomorrow	kusasa
184	year	unyaka - iminyaka
185	good	ukulunga
186	bad	-bi
187	big	-khulu
188	small	-ncane
189	long	-de
190	short	-fushane
191	heavy	ukusinda
192	It's cold	kuyabanda
193	new	-sha
194	thing	into - izinto
195	me	mina
196	you	wena
197	us	thina
198	you pl.	nina
199	who	ubani
200	what	ini

Dschang

1	head	atu - metu
2	hair	(e)ntsok - mentsok
3	face	ishe - meshe
4	eye	lezek - mennek
5	nose	lezswa - mezswa
6	mouth	(e)ncu - mencu
7	tongue	ale - mele
8	tooth	lesong - mesong
9	ear	letong - metong
10	neck	(e)ntong - mentong
11	body	(e)mbeenet - membeenet
12	shoulder	lekwe - mekwe
13	breast	lepe - mbe
14	back	(e)nka'ti - menka'ti
15	buttock	(e)ntsengtseng - mentsengtseng
16	arm	apu - mbu
17	finger	twapu
18	nail	(e)nkobe - menkobe
19	leg	ako - meko
20	bone	akwe - mekwe
21	blood	mettse
22	heart	(e)nte - mente
23	liver	(e)mbangnet - membangnet
24	tears	(e)ntsenek - mentsenek
25	spittle	miki
26	to see	jwe
27	to look for	fa'a
28	to hear	ju'o
29	wound	efeng - mefeng
30	to vomit	za'la
31	to be tired	kaa
32	to become well	tige
33	witchdoctor	(e)n'ganga - meganga
34	clothes	(e)nzswa - menzswa
35	to wear	ma'a
36	to wash	sogo
37	to spread to dry	paa
38	to sew	tema
39	salt	(e)n'gwang
40	oil	mevet
41	to cook	laa
42	to roast	kanga
43	to eat	pfaa
44	to drink	nuu
45	to become hungry	zanga
46	to become rotten	pii
47	house	(e)n'gya - men'gya
48	to build	tema
49	to shut	tsata
50	to sweep	zega
51	father	(e)mbi - membi
52	mother	mye - memya
53	child	mo - wanke
54	husband	(e)ndung - melung
55	wife	(e)n'gywi - men'gywi
56	to bear	se
57	name	lezeng - menzeng
58	to grow up	kywia
59	person	nying - nying?
60	to die	kwa
61	dog	(e)mbehe - membehe
62	to bite	lungo
63	cattle	efong - mefeng
64	pig	kuna - mekuna
65	goat	emveh - memveh
66	animal	na - mena
67	lion	foomena - mefoomena
68	elephant	not found
69	hippopotamus	not found
70	tail	assanga - messanga
71	spear	lekong - mekong
72	trap	leta - meta
73	meat	(e)mbap - membap
74	snake	enu - menu
75	crocodile	(e)n'gaantse - mengaantse
76	frog	not found
77	fish	esswa - messwa
78	bird	(e)nkak - menkak
79	chicken	(e)n'gap - men'gap
80	egg	lepun'gap - mbun'gap
81	to fly	ziila
82	bee	(e)nne - menne
83	mosquito	anino - menino
84	fly	(e)nzinsa - menzinsa
85	tree	atie - metie
86	branch	(e)mbutie - membutie
87	leaf	affo - meffo
88	seed	(e)njwet - menjwet
89	root	(e)n'gang - men'gang
90	to cultivate	je'a
91	hoe	ashu - meshu
92	to sleep	lii
93	dream	atu - metu
94	to wake up	zee
95	to stand up	tsia tshe'
96	to sit down	nang
97	to go	gwe
98	to come	shi'e
99	to enter	kwo
100	to come out	tungo

101	to arrive	shwanga
102	to pass	togo̱
103	path	aleensa - meleensa
104	axe	(e)nza - menza
105	fire	(e)mmo̱k - memmo̱k
106	ashes	avfa - mevfa
107	smoke	(e)n'gihimmo̱k - mengihimmo̱k
108	to burn	she
109	to extinguish	pihya
110	firewood	(e)nkywing - menkywing
111	water	(e)ntsa
112	to become dry	jungo̱
113	to say	songo
114	to call	to̱ngo̱
115	to question	zeta
116	to teach	zi'la
117	to play	kaga
118	to sing	zaba
119	drum	ato - meto
120	to throw	ma'a
121	to abuse	zoota
122	to strike	tshwaa
123	to give	yaa
124	to steal	jee
125	guest	en'gwo̱ - men'gwo̱
126	to wait	gywi'ta
127	to kill	zswa
128	to laugh	gywii
129	to weep	laa
130	to like	ko̱ngo̱
131	to fear	tse'e
132	to forget	degla
133	one	wamo̱'
134	two	mipiya
135	three	mitet
136	four	lekwo̱
137	five	metaa
138	ten	legem
139	many	tangzaali
140	all	metsem
141	God	(e)ndem - melem
142	to drop	ngema
143	to pick up	pee
144	to bring	lo̱go̱
145	to put	nega
146	to hide	lee
147	to pull	songo̱
148	to push	tswala
149	to tie a knot	tsongo̱
150	to untie	ke'e
151	to bend	ngo̱'la
152	to cut	za'a
153	to snap	pe'e
154	to tear	siya
155	up	atie
156	down	atseng
157	inside	ante
158	outside	ape
159	red	pangpang
160	white	afefa
161	black	sisse
162	sun	nu
163	moon	ngwe
164	star	sang - mesang
165	cloud	alo
166	rain	(e)mbeng
167	wind	efek, fefwak
168	mountain	lekwat - mekwat
169	forest	embing - membing
170	river	(e)ndu - mendu
171	to sink	pii
172	to cross	zi'a
173	to swim	zo̱'o̱
174	ground	atsa' - metsa'
175	stone	to - meto
176	soil	atsa'
177	hole	lepeh - mbeh
178	to bury	tongo̱
179	day	ayi'ela'
180	night	(e)nko̱'o̱tshwet - menko̱'o̱tshwet
181	yesterday	zo
182	today	aya'a
183	tomorrow	zo
184	year	n'gu'ala' - men'gu'ala'
185	good	mbo̱ngo̱ - mepo̱ngo̱
186	bad	tepo̱ngo̱ - metepo̱ngo̱
187	big	myemye - memye(mye)
188	small	moo - epoo
189	long	sisya - mesisya
190	short	zsevok - mhevok
191	heavy	yizet - pizet
192	It's cold	eesinkuu, eesinngweta
193	new	fa
194	thing	azung - mezung
195	me	meng
196	you	u
197	us	pempe
198	you pl.	pe
199	who	awa
200	what	ako̱

各言語に関するコメント

　次に、本書で扱った言語についての簡単な説明と、基礎語彙一覧に用いた音韻表記のうちどういう発音なのか分かりにくいものについての説明を載せる。

　各言語基礎語彙一覧と同じくアルファベット順に配列しているが、同じように、Dshang については末尾に配置した。

　なお、参考文献は、原則としてすべての分析を筆者自身の調査結果に頼るという原則に従って、筆者のものに限った。『アジア・アフリカ言語文化研究』、『アジア・アフリカ文法研究』、『サンバー語語彙集』は東京外国語大学アジア・アフリカ言語文化研究所から、『ケニア中部バントゥ諸語の動詞アクセント』、『ロズィ語成立に関する研究』は熊本大学言語学研究室から刊行されたものである。また、『バントゥ諸語動詞アクセントの研究』はひつじ書房から出版された。さらに、*Studies in Zambian Languages*、*Studies in Tanzanian Languages* および *Studies in Cameroonian and Zairean Languages* は、東京外国語大学アジア・アフリカ言語文化研究所から出版されたものである。

　なお、『言語学大辞典』(三省堂)にも多くの言語についての初歩的記述をしてあるので、必要な場合、それも参照されたい。

Bafia （話し手たちはkpagと呼ぶ） バフィア語
カメルーンの首都ヤウンデ(Yaoundé) の西北西のバフィア(Bafia) 周辺に話される
e̱ は ɛ　ḙ は ə　o̱ は ɔ　　~は鼻母音を示す
c は tɕ　j は dʑ　gb/kp は二重閉鎖子音　ng は ŋ　音節末のb/g は破裂しない
参考：「バフィア語動詞アクセント試論」
『ありあけ　熊本大学言語学論集』5，pp.1-29.（2006）
Basaa （一般に Bassaと表記するが、話し手たちは basaaと呼ぶ） バサ語
カメルーンのヤウンデ(Yaounde) とドゥアラ(Douala)のほぼ中間に話される
e̱ は ɛ　o̱ は ɔ　　b は大半が入破音　c は tj　j は dʑ　ng は ŋ　n'g は ŋg
参考：『バントゥ諸語動詞アクセントの研究』第18章.（1995）
Bemba （icibemba） ベンバ語
ザンビアの北部州(Northern Province) のカサマ県（Kasama District)、ルアプラ県
(Luapula District)、コッパーベルト(Copperbelt)に話される　データはカサマ方言
b は mの直後以外では摩擦音　c は tɕ　j は dʑ　ng' は ŋ
参考：『バントゥ諸語動詞アクセントの研究』第33章.（1995）
「ベンバ語動詞アクセント試論」
『アジア・アフリカ言語文化研究』36，pp.107-159.（1988）
Bena (ihibena) ベナ語
タンザニア南部のンジョンベ(Njombe)の周辺に話される
ng' は ŋ
参考：『バントゥ諸語動詞アクセントの研究』第 4 章.（1995）
Bobangi (bobangi) ボバンギ語
コンゴ民主共和国のコンゴ（Congo)河にウバンギ(Ubangi)川が合流する付近から、サンガ(Sangha)川が合流する付近までの地域に話される（かつてはもっと広く話された）
e̱ は ɛ　o̱ は ɔ
参考：『バントゥ諸語動詞アクセントの研究』第26章.（1995）
Buja (chibuja.別名chitoko) ブジャ語、ショナ語ブジャ方言
ジンバブエ北東部のムトコ(Mtoko) 付近に話されるショナ(Shona) 語の一方言
b は単独では入破音的　bh は b　bv/pf は破擦音　ch は tɕ
d は単独では入破音的　dh は d　dzv/tsv は唇歯音化した dʑ/tɕ　j は dʑ
mh/nh は無声の m/n　n' は ŋ　sv/zv は唇歯音化した ɕ/ʑ　vh は v　zh は ʑ
参考：「ブジャ語動詞アクセント試論」
『アジア・アフリカ文法研究』28，pp.1-39.（2000）
Bukusu (luubukusu) ブクス語
ケニア西部、ウガンダとの国境近くに話されるルヤ(Luya)諸語の一　ルヤ諸語の最北端の言語
j は dʑ　kh は x　ng' は ŋ
参考：「ブクス語動詞アクセント試論」
『ありあけ　熊本大学言語学論集』1，pp.103-176.（2002）
Bulu (bulu) ブル語
カメルーン南部のサンゲリマ(Sangelima) やエボロワ(Ebolowa) 近辺に話される
e̯ は ə　o̱ は ɔ　c は tɕ　j は dʑ　' は声門閉鎖音　ng は ŋ　n'g は ŋg
参考：『バントゥ諸語動詞アクセントの研究』第24章.（1995）
"A Tonological Study of Bulu Verbs",
Bantu Linguistics (ILCAA) Vol.3 Studies in Cameroonian and Zairean Languages, pp.67-93.
Cewa (cicewa. cinyanjaとも) チェワ語、ニャンジャ語
ザンビア東部、マラウィに話される
c は tɕ　j は dʑ　ch/kh/ph/th は有気音　ng' は ŋ
参考：『バントゥ諸語動詞アクセントの研究』第 1 章.（1995）
Digo (chidigo) ディゴ語
インド洋沿岸のタンザニア・ケニア国境地帯に話される
ミジ・ケンダ(Miji kenda)諸語の一
chは tɕ　dj は dʑ　kw は二重閉鎖の kp　ph は有声両唇摩擦音　ng' は ŋ
参考：「ディゴ語の動詞」　『熊本大学社会文化研究』3，pp.93-106.（2005）
Duala (duala) ドゥアラ語
カメルーン西部のドゥアラ(Douala)周辺に話される
e̱ は ɛ　o̱ は ɔ　b/d は多くの場合入破音的　c は tɕ　j は dʑ　ng' は ŋ
参考：『バントゥ諸語動詞アクセントの研究』第17章.（1995）
Embu (kiembu) エンブ語
ケニア中部、ケニア山南東のエンブ(Embu)周辺に話される

ĩ/ũ は広い i/u　　c は ɕ　j は dʑ　ng' は ŋ　th は ð
参考：『ケニア中部バントゥ諸語の動詞アクセント』第 3 章.（2003）
Eton（eton. itonとも）　エトン語
カメルーンの首都ヤウンデ(Yaoundé) の北方に話される
ẹ は ə　o̱ は ɔ　　j は dʑ　g は母音間で ɣ　ng は ŋ　n'g は ŋg　tch は tɕ
参考：『バントゥ諸語動詞アクセントの研究』第23章.（1995）
Ewondo（ewondo. iwondoとも）　エウォンド語
カメルーンの首都ヤウンデ(Yaounde) 周辺に話される
e̱ は ɛ　ẹ は ə　o̱ は ɔ
b/d/g は語末で p/t/k　　g は母音間で ɣ　j は dʑ　ng は ŋ　n'g は ŋg
参考：「エウォンド語動詞アクセント試論」
『ありあけ　熊本大学言語学論集』4，pp.1-30.（2005）
Ganda（oluganda）　ガンダ語
ウガンダのヴィクトリア(Victoria)湖西北岸に話される
j は dʑ　ky/gy および iの前のk/g は tɕ/dʑ　　二重子音多し
参考：「ガンダ語動詞アクセント試論」
『東京大学言語学論集』19，pp.389-450.（2000）
Giryama（kigiryama）　ギリヤマ語
ケニアの印度洋沿岸のモンバサ(Mombasa) からマリンディ(Malindi) にかけて話される
ミジ・ケンダ(Miji kenda)諸語の一
表記は慣習的正書法に従い、正確な音韻解釈は行っていない
dhは ð　kw は二重閉鎖の kp　　ng' は ŋ　　th は θ　zh は ʑ
Gisu（lugisu）　ギス語
ウガンダ東部、エルゴン(Elgon) 山の西麓に話される
b は特に母音間で摩擦音
参考：「ギス語動詞アクセント試論」
『ありあけ　熊本大学言語学論集』3，pp.1-42.（2004）
Gogo（cigogo）　ゴゴ語
タンザニア中部、ドドマ(Dodoma)のやや西寄りに話される
c は tɕ　j は dʑ　ng' は ŋ　mh/nh/ngh は無声鼻音
参考：『バントゥ諸語動詞アクセントの研究』第 7 章.（1995）
Gusii（ekegusii）　グシイ語
ケニア西端のキシイ(Kisii) の周辺に話される
e̱ は広い e　o̱ は広い o　　　j は dʑ　ng' は ŋ
参考：「グシイ語動詞アクセント試論」
『アジア・アフリカ文法研究』30，pp.1-44.（2002）
Haya（ekiaya, oluaya）　ハヤ語
タンザニア北西端、ヴィクトリア湖西岸のカゲラ(Kagera)地方に話される
j は dʑ　h は消滅している
参考：『バントゥ諸語動詞アクセントの研究』第16章.（1995）
Herero（otjiherero）　ヘレロ語
ナミビア中部に話される　カオコランド(Kaokoland) のヒンバ(Himba) 族も話す
d̪/n̪/t̪ は歯と舌端で調音される d/n/t　　s は sだが、θ で発音する方言も
tjは ɕだが、tɕや ç で発音する方言も　　z は ð
参考：「ヘレロ語動詞アクセント試論」
『アジア・アフリカ言語文化研究』55，pp.191-235.（1998）
Hurutse（sehurutse）　フルツェ語、ツアナ語フルツェ方言
南アフリカやボツアナに話されるツアナ(tswana)語の一方言　データはボツアナのハボロネ(Gaborone)西方の方言より
ẹ/ọ は狭い e/o
g は無声口蓋垂摩擦音　j は dz　kg は無声口蓋垂破擦音　kh/ph/th は有気音
ngは　s は ɕ　tl/tlh は無声側面破擦放出音・無声側面破擦有気音
tsh は有気の ts　tš は tɕ　tšh は有気の tɕ　なお、k/p/t/ts/tš は放出音的
参考：「フルツェ語動詞アクセント試論」
『ありあけ　熊本大学言語学論集』4，pp.185-232.（2005）
Ila（ciila）　イラ語
ザンビアのマザブカ(Mazabuka)の西方のカフエ(Kafue) 川流域に話される
c は tɕ　j は dʑ　zh は ʑ
参考：“A Tonological Study of Ila Verbs”，
Bantu Linguistics (ILCAA) Vol.1 Studies in zambian Languages,
pp. *185-256*.

Isukha (ìwiisukha) イスハ語
ケニア西部、ウガンダとの国境近くのルヤ(Luya)諸語の一 カカメガ(Kakamega)の近くに話される
母音は7母音から5母音への移行過程にあるらしい ここでは5母音として表記する
j は dʑ kh は x ng' は ŋ
参考:「イスハ語動詞アクセント試論」
『ありあけ 熊本大学言語学論集』2, pp.1-36.(2003)

Kaka (kaka. 本人たちはkako̱と呼ぶ) カカ語
カメルーン南東部のベルトゥア(Bertoua) やバトゥリ(Batouri) の周辺に話される
e̱/o̱ は広い e/o ~は鼻母音をあらわす
b/d は入破音 c は tɕ j は dʑ j は有声硬口蓋破裂音 ng は ŋ n'g は ŋg
参考:『バントゥ諸語動詞アクセントの研究』第19章.(1995)

Kamba (kĩĩkamba) カンバ語
ケニアのナイロビ(Nairobi) の東方の、マチャコス(Machakos)やキトゥイ(Kitui) を含む広い地域に話される データはマチャコス方言より
ĩ/ũ は広いi/u ng' は ŋ th は ð または θ v は f w' は ɥ
参考:『ケニア中部バントゥ諸語の動詞アクセント』第4章.(2003)

Kambe (chikambe) カンベ語
ケニアの印度洋沿岸に話される ミジ・ケンダ(Miji kenda)諸語の一
表記は慣習的正書法に従い、正確な音韻解釈は行っていない
j は ɟ kw は二重閉鎖の kp ng' は ŋ

Kaonde (kikaonde) カオンデ語
ザンビアの北部州(Northern Province) に話される
b は通常摩擦音 j は dʑ n̄ は ŋ zh は ʑ
参考:『バントゥ諸語動詞アクセントの研究』第28章.(1995)

Karanga (chikaranga) カランガ語
ジンバブエのマシンゴ(Masvingo)を含む東部南寄りに話されるショナ(Shona) 語の方言
b は単独では入破音的 bh は b bv/pf は破擦音 d は単独では入破音的
dhは d dzv/tsv は唇歯音化した dʑ/tɕ j は dʑ mh/nhは無声の m/n
n'は ŋ sv/zv は唇歯音化した ɕ/ʑ v は接近音 vh はv zh は ʑ
参考:「カランガ語動詞アクセント試論」
『ありあけ 熊本大学言語学論集』1, pp.275-321.(2002)

Kgatla (sekgatla) カタ語、ツアナ語カタ方言
南アフリカやボツアナに話されるツアナ(Tswana)語の一方言 データは南アフリカ方言
ẹ/ọ は狭い e/o
g は無声口蓋垂摩擦音 j は dʑ kg は無声口蓋垂破擦音 kh/ph/th は有気音
ngは ŋ š は ɕ tl/tlh は無声側面破擦放出音と無声側面破擦有気音
tsh は有気の ts tš は tɕ tšh は有気の tɕ なお、k/p/t/ts/tc は放出音的
参考:「ツアナ語動詞アクセント試論」.
『東京大学言語学論集』15, pp.297-327. (1996)

Kiga (orukiga) チガ語・キガ語
ウガンダ西南端に話される ンコレ語(orunyankore) に極めて近い
b は通常摩擦音 j は ʑ ky および iの前のk はtɕ gy および iの前のg は dʑ
参考:「チガ語動詞アクセント試論」
『ありあけ 熊本大学言語学論集』1, pp.1-60.(2002)

Kikuyu (Kiambu) キクユ語(gĩĩgĩkũyũ) キアンブ方言
ケニアの、キアンブを含むナイロビ(Nairobi) 周辺および北方に話される
ĩ/ũ は広いi/u
b/g は通常摩擦音 c は ɕ j は dʑ ng' は ŋ th は ð
なお、mb/nd/ngは、前に母音があれば長くして、b/d/ɡ
参考:『バントゥ諸語動詞アクセントの研究』第14章.(1995)

Kikuyu (Nyeri) キクユ語(gĩĩgĩkũyũ) ニエリ方言
ケニアの、ケニア山西麓、ニエリ周辺に話される
前項参照

Kuria (igikuria) クリア語
ヴィクトリア(Victoria)湖東岸のケニア・タンザニア国境地帯に話される
e̱/o̱ は広い e/o b は通常半有声 ng' は ŋ
参考:「クリア語動詞アクセント試論」
『アジア・アフリカ言語文化研究』63, pp.229-264. (2002)

Kwangwa (esikwangwa) クワングワ語
ザンビア西部州(Western Province)のモング(Mongu) とセナンガ(Senanga) を結ぶ線の

東側に話される　ルヤナ(Luyana)諸語の一
b は通常摩擦音　　c は tɕ　　j は dʑ　　n̄ は ŋ
参考：「クワングワ語動詞アクセント試論」
　　　『ありあけ　熊本大学言語学論集』3，pp.133-162.（2004）

Kwanyama（oshikwanyama）　クワニャマ語
ナミビア北端部中央およびアンゴラの隣接地域に話される　アンボ諸語(oshambo) の一
djは dʑ　　mh/nh/ngh は無声の m/n/ŋ
参考：「クワニャマ語動詞アクセント試論」
　　　『東京大学言語学論集』16，pp.369-440.（1997）

Kwena（sẹkwena）　クエナ語、ツアナ語クエナ方言
南アフリカやボツアナに話されるツアナ(Tswana)語の一方言
ẹ/ọ は狭い e/o
g は無声口蓋垂摩擦音　　j は dʑ　　kg は無声口蓋垂破擦音　　kh/ph/th は有気音
ngは ŋ　š は ɕ　tl/tlh は無声側面破擦放出音と無声側面破擦有気音
tsh は有気の ts　tš は tɕ　tšh は有気の tɕ　　なお、k/p/t/ts/tš は放出音的
参考：「クエナ語動詞アクセント試論」
　　　『ありあけ　熊本大学言語学論集』4，pp.53-96.（2005）

Laari（tilaari/kilaari）　ラーリ語
コンゴ共和国のブラザビル(Brazzaville) の周辺に話されるコンゴ語(kikongo) 方言
j は dʑ
参考：「ラーリ語動詞アクセント試論」
　　　『ありあけ　熊本大学言語学論集』3，pp.43-76.（2004）

Lamba（icilamba）　ランバ語
ザンビアのコッパーベルト(Copperbelt)に話される
b は通常摩擦音　　c は tɕ　　j は dʑ　　ng' は ŋ
参考：『バントゥ諸語動詞アクセントの研究』第9章.（1995）

Langi（kilangi）　ランギ語
タンザニア中部のコンドア(Kondoa)周辺に話される
i̲/u̲ は広い i/u　　　j は dʑ　　ng' は ŋ
参考：『バントゥ諸語動詞アクセントの研究』第5章.（1995）

Lega（kilega）　レガ語
コンゴ民主共和国東部のキヴ(Kivu)湖の西方でコンゴ河との中間に話される
母音は7母音のようだが、データでは慣用的正書法に従い、5母音で表記する
- は声門閉鎖音　　m' は音節主音の m

Lingala（lingala）　リンガラ語
コンゴ民主共和国のキサンガニ(Kisangani) から、コンゴ(Congo) 河河口まで、および
コンゴ共和国全域に広く話される共通語　データはリサラ(Lisala)近郊の方言より
e̲/o̲ は広い e/o　　　j は dʑ
参考：『バントゥ諸語動詞アクセントの研究』第13章.（1995）

Lozi（silozi）　ロズィ語
ザンビア西部州(Western Province)に広く話される　ソト(Sotho) 語の一方言といえる
が、ルヤナ(Luyana)諸語の影響がある
c は tɕ　j は dʑ　n̄ は ŋ
参考：『ロズィ語成立に関する研究』（2006）

Luba（ciluba）　ルバ語
コンゴ民主共和国の東カサイ(Kasai Oriental)州および西カサイ(Kasai Occidental)州
に話される
c は tɕ　j は dʑ　　p は mの直後以外で無声両唇摩擦音
参考：“A Tonological Study of Luba Verbs”,
　　　Studies in Cameroonian and Zairean Languages, pp.303-362.（1992）
　　　A Classified Vocabulary of the Luba Language.（1992）

Lunda
ザンビア西北部のムウィニルンガ(Mwinilunga)を含む地域およびコンゴ民主共和国の隣
接地域に話される
h は鼻音化されたもの　　j は dʑ　　n̄ は ŋ　　zh は ʑ
参考：「ルンダ語動詞アクセント試論」
　　　『アジア・アフリカ言語文化研究』35，pp.157-192.（1988）

Luvale（chiluvale）　ルヴァレ語
ザンビア西北部のザンベジ(Zambezi) 河上流地域およびコンゴ民主共和国の隣接地域に
話される　Lwenaとも
j は ʑ　kh/ph/th は有気音

参考: “A Tonological Study of Luvale Verbs”,
Studies in Zambian Languages, pp.1-34. (1987)

Machame (kimashami. スワヒリ語ではkimachame) マチャメ語
タンザニアのキリマンジャロ(Kilimanjaro) 山の南麓のマチャメ周辺に話される
チャガ(Chaga) 語の一方言
ghは無声口蓋垂摩擦音 ng' は ŋ v は有声両唇摩擦音
参考: “A Tonological Study of Machame Verbs”,
Studies in Tanzanian Languages, pp.223-337. (1989)

Makaa (makaa. 本人たちは m̲ekaa) マカー語
カメルーン南東部、ベルトゥア(Bertoua) を含む地域に話される
ẹ は中舌母音ə e̲/o̲ は広い e/o ~は鼻母音を示す
b̲̂ は入破音 c は tɕ j は dʑ ng は ŋ zh は ʑ
参考: 「マカー語動詞アクセント試論」
『ありあけ 熊本大学言語学論集』5, pp.21-52. (2006)

Makonde (chimakonde) マコンデ語
タンザニアとモザンビクの国境付近のインド洋沿岸に話される
j は dʑ ng' は ŋ nhy は ny の無声音
参考: 『バントゥ諸語動詞アクセントの研究』第6章. (1995)

Manda (kimanda) マンダ語
タンザニアのマラウィ(Malawi)湖東岸のマンダ(Manda) 付近に話される
ẹ/ọ は狭い e/o j は dz ng' は
参考: 『バントゥ諸語動詞アクセントの研究』第8章. (1995)

Manyika (chimanyika) マニカ語
ジンバブエの東部のマニカランド(Manyikaland) に、ムタレ(Mutare)を中心に話される
ショナ語の方言の一
b/d は単独では入破音的 bv/pf は破擦音 j は dʑ mh/nh は無声鼻音 n' は ŋ
v は接近音 vh は v 子音+v は二重調音 zh は z
w は単独か軟口蓋子音のあとで w、その他で前が無声音なら k、有声音なら ɡ、鼻音なら ŋ
y は単独で j、子音のあとではそれを口蓋化して、前が無声音なら k、有声音なら ɡ
参考: 「マニカ語動詞アクセント試論」
『アジア・アフリカ言語文化研究』57, pp.63-132. (1999)

Maragoli (ullogooli) マラゴリ語
ケニア西部、ウガンダとの国境近くのルヤ(Luya)諸語の一 その最南端に話される
i̲/u̲ は広い i/u j は dʑ ng' は ŋ v は両唇摩擦音
参考: 「マラゴリ語動詞アクセント試論」
『ありあけ 熊本大学言語学論集』1, pp.231-274. (2002)

Maraki (ulumaraki) マラキ語、マラチ語
ケニア西部、ウガンダとの国境近くのルヤ(Luya)諸語の一 西寄りの地域に話される
j は dʑ kh は x ng' は ŋ
参考: 「マラゴリ語動詞アクセント試論」
『ありあけ 熊本大学言語学論集』2, pp.37-84. (2003)

Matumbi (kimatumbi) マトゥンビ語
タンザニアのダル・エス・サラーム(Dar es Salaam) の南方の海岸地帯に話される
i̲/u̲ は広い i/u j は dʑ ng' は ŋ
参考: 『バントゥ諸語動詞アクセントの研究』第3章. (1995)

Mbalanhu (oshimbalanhu. oshimbalantuとも) ンバラヌ語、ンバラントゥ語
ナミビア北部のオンバラヌ(オンバラントゥ.Ombalantu) の付近に話されるアンボ諸語(oshambo) の一 アンボ諸語の中では最西端に位置する
djは dʑ mh/nh/ngh は無声の m/n/ŋ
参考: 「ンバラヌ語動詞のアクセント」
『東京大学言語学論集』18, pp.311-366. (1999)

Meru (kĩmeerũ) メル語
ケニアのケニア(Kenya) 山の北東のメル(Meru)の付近に話される
ĩ/ũ は広い i/u j は dʑ ng' は ŋ th は ð
参考: 『ケニア中部バントゥ諸語の動詞アクセント』第13章. (2003)

Mongo (lomongo) モンゴ語
コンゴ民主共和国の赤道(Equateur)州の南半分の、ンバンダカ(Mbandaka)、バサンクス(Basankusu)、ボエンデ(Boende)を含む広い地域に話される
e̲/o̲ は広い e/o j は有声硬口蓋破裂音 ɟ
参考: 『バントゥ諸語動詞アクセントの研究』序篇第2章. (1995)

Mwenyi (simwenyi)　ムエニ語
ザンビアの西部州のモング(Mongu) の西北西にあるカラボ(Kalabo)の周辺に話される
ルヤナ語(siluyana)の一方言
b は通常摩擦音　c は tɕ　j は dʑ　n̄ は ŋ
参考：「ムエニ語動詞アクセント試論」
『アジア・アフリカ文法研究』16, pp.1-44. (1988)

Nande (ekinande. 本人たちは ekiyiraと呼ぶ)　ナンデ語
コンゴ民主共和国のキヴ(Kivu)州のエドワード(Edward)湖の近くのルベロ(Lubero)の周
辺に話される
i̱/u̱ は広い i/u　b は通常摩擦音　gh は ɣ　l は破裂音の流音
参考：「ナンデ語動詞アクセント試論」
『アジア・アフリカ文法研究』20, pp.33-80. (1992)

Ndau (chindau)　ンダウ語
ジンバブエの東南部に、チピンゲ(Chipinge)中心に、また、モザンビクの隣接地域に話
される　ショナ語方言の一
b/d は単独では入破音的　bv/pf は破擦音　h は有声　j は dʑ　mh/nh は無声鼻音
n' は ŋ　vh は摩擦音の v　子音＋v は二重調音　zh は ʒ
w は単独か軟口蓋子音のあとで w、その他で前が無声音なら k、有声音なら ɡ、鼻音な
ら ŋ
y は単独で j、子音のあとではそれを口蓋化して、前が無声音なら k、有声音なら ɡ
参考：「ンダウ語動詞アクセント試論」
『アジア・アフリカ文法研究』27, pp.25-73. (1999)

Ndebele North (isindebele)　北ンデベレ語
ジンバブエの南西部、ブラワヨ(Bulawayo)を中心に話される
bhは放出音の p　dl は有声側面摩擦音　hl は無声側面摩擦音
k は多くの場合有声摩擦音　kh/ph/th/tsh は有気音　ng は ŋ　n'g は ŋɡ
c は歯茎吸着音　ch はその有気音　nc は鼻音化歯茎吸着音音
x は側面吸着音　nx はその鼻音化音　q は硬口蓋吸着音
bh/d/g/gc/gq/jは有声音というより、音節冒頭を低くする音
参考：「北ンデベレ語動詞アクセント試論」
『アジア・アフリカ文法研究』26, pp.75-121. (1998)

Ndebele South (isindebele)　南ンデベレ語
南アフリカ共和国のプレトリア(Pretoria)北方のクワンデベレ(Kwandebele)に話される
bhは放出音の p　dl は有声側面摩擦音　hl は無声側面摩擦音　k' は放出音
ghは有声摩擦音　kh/ph/th/tsh は有気音　ng は ŋ　r はふるえ音
c は歯茎吸着音　nc は鼻音化歯茎吸着音音　q は硬口蓋吸着音
bh/d/g/jは有声音というより、音節冒頭を低くする音
参考：「南ンデベレ語動詞アクセント試論」
『アジア・アフリカ文法研究』25, pp.51-81. (1997)

Ndjiku (ndjiku)　ンジク語
コンゴ共和国のブラザビル(Brazzaville) の北北東のジャンバラ(Djambala)周辺に話さ
れる　テケ語(iteke) の方言の一
e̱/o̱ は広い e/o　~は鼻母音を示す
djは dʑ　ng' は ŋ　pf は破擦音　ẅ は ɥ
参考：「ンジク語動詞アクセント試論」
『ありあけ　熊本大学言語学論集』3, pp.1-42. (2004)

Ndonga (oshindonga)　ンドンガ語
ナミビア北部のオンダングア(Ondangua)を中心に話されるアンボ諸語 (oshambo) の一
アンボ諸語の中では中心的言語
dhは ð　dj は dʑ　g は母音間で ɣ　th は θ
参考：「ンドンガ語動詞のアクセント」
『東京大学言語学論集』17, pp.347-414. (1998)

Ngombe (lingombe, ingombe)　ンゴンベ語
コンゴ民主共和国の赤道(Equateur)州のリサラ(Lisala)周辺およびその北西に話される
e̱/o̱ は広い e/o　c は tɕ　j は dʑ　kp は二重閉鎖子音
参考："A Tonological Study of Ngombe Verbs",
Studies in Cameroonian and Zairean Languages, pp.269-301. (1992)
『バントゥ諸語動詞アクセントの研究』第25章. (1995)

Ngwato (sẹngwato)　グアト語
ツアナ(Tswana)語の一方言　この方言はボツアナ東部に話される
ẹ/ọ は狭い e/o

g は無声口蓋垂摩擦音　j は dʑ　kg は無声口蓋垂破擦音　kh/ph/th は有気音
ngは ŋ　š は ɕ　tsh は有気の ts　tš は tɕ　tšh は有気の tɕ
なお、k/p/t/ts/ts は放出音的
参考：「グアト語動詞アクセント試論」
『ありあけ　熊本大学言語学論集』4，pp.233-279.（2005）

Nilamba (kinilamba)　ニランバ語
タンザニア中部のエヤシ(Eyasi) 湖の南側、シンギダ(Singida) を含む地域に話される
i/u は広いi/u　j は dʑ　ng' は ŋ
参考：“A Tonological Study of Nilamba Verbs”,
Studies in Tanzanian Languages, pp.405-449.（1989）

Nkoya (shinkoya)　シコヤ語
ザンビアの西部州(Western Province)のカオマ(Kaoma) の周辺に話される
j は dʑ　th は ð
参考：“A Tonological Study of Nkoya Verbs”,
Studies in Zambian Languages, pp.129-184.（1987）

Nsenga (cinsenga)　ンセンガ語
ザンビアの東部州(Eastern Province)とジンバブエの隣接地域に話される
b は摩擦音　c は tɕ　j は dʑ　ng' は ŋ　zy は ʑ　ch/kh/ph/thは有気音
参考：『バントゥ諸語動詞アクセントの研究』第2章.（1995）

Ntomba (lontomba)　ントンバ語
コンゴ民主共和国の赤道(Equateur)州のコンゴ河に近い、ビコロ(Bikoro)を含む地域に話される Mongo の一方言とされる
e/o は広い e/o　ng' は ŋ
参考：「ントンバ語動詞アクセント試論」
『東京大学言語学論集』12, pp.1-24.（1991）

Nyakyusa (ikinyakyusa)　ニャキュサ語
タンザニア南部のニャサ(Nyasa) 湖北岸に話される
i/u は広い i/u　j は dʑ　ng' は ŋ

Nyala East (olunyala)　東ニャラ語、ニャラ語東方言
ケニア西部、ウガンダとの国境近くに話されるルヤ(Luya)諸語の一　ケニアのカカメガ(Kakamega)周辺に話される
b は母音間では摩擦音　j は dʑ　kh は x　ng' は ŋ
参考：「東ニャラ語動詞アクセント試論」
『ありあけ　熊本大学言語学論集』1，pp.177-230.（2002）

Nyala West (olunyala)　西ニャラ語、ニャラ語西方言
ケニア西部、ウガンダとの国境近くに話されるルヤ(Luya)諸語の一　ケニアのブシア(Busia) 周辺に話される
b は母音間では摩擦音　c は tɕ　j は dʑ　kh は x　ng' は ŋ
参考：「ルヤ語ニャラ方言の文法構造」
『アジア・アフリカ文法研究』10, pp.43-82.（1982）

Nyamwezi (kinyamwezi. 本人たちはkinyang'wezi)　ニャムウェズィ語
タンザニア中部西寄りの、タボラ(Tabora)近辺に話される
i/u は広い i/u　bhは有声摩擦音　jは dʑ　ng'は ŋ　mh/nh/ng'hは無声の m/n/ŋ
参考：「ニャムウェズィ語動詞アクセント試論」
『アジア・アフリカ文法研究』31, pp.45-118.（2003）

Nyaturu (kinyatuu, kirimi)　ニャトゥル語、リミ語
タンザニア中部の、シンギザ(Singiza) の南方に話される
i/u は広い i/u
c は tɕ　gh は ɣ　j は dʑ　kh は x　ng' は ŋ　p/v は両唇摩擦音
参考：“A Tonological Study of Nyaturu Verbs”,
Studies in Tanzanian Languages, pp.451-480.（1989）

Nyiha (ishinyiha)　ニハ語
タンザニア南部の、ンベヤ(Mbeya) 近辺に話される
j は dʑ　ng' は ŋ　v は唇歯接近音
参考：“A Tonological Study of Nyiha Verbs”,
Studies in Tanzanian Languages, pp.481-517.（1989）

Nyoro (orunyoro)　ニョロ語
ウガンダの、アルバート(Albert)湖の東に話される
b は通常摩擦音　j は dʑ　ng' は ŋ
参考：「ニョロ語動詞アクセント試論」
『ありあけ　熊本大学言語学論集』1，pp.61-102.（2002）

Pedi (sẹpedi) ペディ語　北ソト語(Northern Sotho)と呼ばれることも
南アフリカ共和国の、ヨハネスブルグ(Johannesburg)周辺に話される
ẹ/ọ は狭い e/o　dy は dj　g は口蓋垂ふるえ音　hl は無声の l　j は ʑ
kgは無声口蓋垂破擦音　kh/ph/th は有気音　ng は ŋ　š は ɕ
tl/tlhは無声側面破擦放出音・無声側面破擦有気音　tsh は有気の ts　tš は tɕ
tšh は有気の tɕ　なお、k/p/t/ts/ts は放出音的
参考:「ペディ語動詞アクセント試論」
『アジア・アフリカ文法研究』24, pp.65-101.（1996）

Punu (yipunu) プヌ語
ガボン南部のチバンガ(Tchibanga) 付近に話される
末尾の母音a はしばしば中舌母音 ə であらわれる
g は軟口蓋・口蓋垂摩擦音　j は dʑ
参考:「プヌ語動詞アクセント試論」
『ありあけ　熊本大学言語学論集』4, pp.31-52.（2005）

Rolong (sẹrọlọng) ロロン語、ツアナ語ロロン方言
ツアナ(tswana)語の一方言　データは南アフリカ共和国の方言より
ẹ/ọ は狭い e/o
g は無声口蓋垂摩擦音　j は dʑ　kg は無声口蓋垂破擦音　kh/ph/th は有気音
ngは ŋ　š は ɕ　tl/tlh は無声側面破擦放出音・無声側面破擦有気音
tsh は有気の ts　tš は tɕ　tšh は有気の tɕ　なお、k/p/t/ts/ts は放出音的
参考:「ロロン語動詞アクセント試論」
『ありあけ　熊本大学言語学論集』4, pp.97-140.（2005）

Ruguru (chiruguru) ルグル語
タンザニア東部のモロゴロ(Morogoro)付近に話される
j は ɟ　ng' は ŋ　pf は唇歯破擦音

Rwanda (ikinyarwanda) ルワンダ語
ルワンダ全域、ウガンダ南端、コンゴ民主共和国東端に話される
b は通常摩擦音　j は ʑ　ng' は ŋ　pf は唇歯破擦音　ki/gi は tɕi/dʑi
子音直後のw は k/g/ŋ の音色を帯び、y は口蓋化された k/g/ŋ の音色を帯びる
参考:「ルワンダ語動詞アクセント試論」
『ありあけ　熊本大学言語学論集』2, pp.85-130.（2003）

Sala (cisala) サラ語
ザンビアのルサカ(Lusaka)の西方に話される
b は通常摩擦音　c は tɕ　j は dʑ　ng' は ŋ　zh は ʑ
参考:『バントゥ諸語動詞アクセントの研究』第31章.（1995）

Sambaa (kishambaa.スワヒリ語ではkisambaa) サンバー語
タンザニア東北部のルショト(Lushoto) を中心に話される
ghは ɣ　ng' は ŋ　m/n の直後の ch/k/p/t は有気音
参考:『サンバー語語彙集』.（1984）

Shi (mashi) シ語
コンゴ民主共和国東部のキヴ(Kivu)湖の南側、ブカヴ(Bukavu)周辺に話される
j は dʑ　rh は無声の r　vh は有声両唇摩擦音

Soga (olusoga) ソガ語
ウガンダのヴィクトリア(Victoria)湖の北、カンパラ(Kampala) の東方に話される
b は通常摩擦音　j は dʑ　ng' は ŋ
参考:「ソガ語動詞アクセント試論」
『アジア・アフリカ言語文化研究』60, pp.249-290.（2000）

Sotho (sẹsọthọ)
レソトおよび南アフリカ共和国のレソト周辺地域に話される
ẹ/ọ は狭い e/o　hl は無声側面摩擦音　j は ʑ　kh/ph/th は有気音　ng は ŋ
tlは無声側面破擦音　tj は tɕ　tjh は有気の tɕ　tsh は有気の ts　なお、k/p/
t/tj/ts は放出音的　q は硬口蓋吸着音
参考:「ソト語動詞アクセント試論」
『アジア・アフリカ文法研究』23, pp.39-67.（1995）

Sukuma (kisukuma) スクマ語
タンザニア西部のヴィクトリア(Victoria)湖の南方の、ムワンザ(Mwanza)やシニャンガ
(Shinyanga) を含む地域に話される
i̱/u̱ は広い i/u　j は dʑ　ng' は ŋ　mh/nh/ngh は無声の m/n/ŋ
参考: "A Tonological Study of Sukuma Verbs",
Studies in Tanzanian Languages, pp.339-404.（1989）

Swahili (kiswahili) スワヒリ語
タンザニア、ケニア、ウガンダ、ルワンダ、ブルンディ、コンゴ民主共和国東部に話される広域共通語　タンザニアのダル・エス・サラーム(Dar es Salaam)、ザンジバル(Zanzibar)を中心とする
j は ɟ　　ng' は ŋ　　ny は ɲ

Swaka (ichiswaka)　スワカ語
ザンビアのルサカ(Lusaka)の北方の国境に近い、カピリ・ンポシ(Kapiri M'poshi)周辺に話される
b は通常摩擦音　　j は dʑ　　ng' は ŋ
参考:「スワカ語動詞のアクセント」
『アジア・アフリカ文法研究』22, pp.1-25.　(1994)

Swati ((i)siswati)　スワティ語
スワジランドおよびその周辺の南アフリカ共和国地域に話される
bh は放出音の p　dl は有声側面摩擦音　hl は無声側面摩擦音　j は tɕ　　k は ɣ
kh/ph/th/tsh は有気音　　c は歯茎吸着音　nc はその鼻音化音　q は硬口蓋吸着音
x は側面吸着音　d/g/gc は有声音というより音節冒頭を低くする音　tf/dv は破擦音
参考:「スワティ語動詞アクセント試論」
『アジア・アフリカ文法研究』26, pp.41-74.　(1998)

Taita (kitaita) タイタ語
ケニア南東部のヴォイ(Voi) 周辺に話される
j は dʑ　　ng' は ŋ

Teke East (iteke)　テケ語東方方言
コンゴ民主共和国のバンドゥンドゥ(Bandundu)州に話される　データはファトゥンドゥ(Fatundu) 方言から
i̲/u̲ は広い i/u　　c は tɕ　　j は dʑ　　ng は ŋ　n'g は ŋg　　pf は破擦音
参考:「テケ語動詞アクセント試論」
『アジア・アフリカ言語文化研究』44, pp.189-204.　(1992)

Tharaka (kĩĩtharaka)　ザラカ語
ケニアのケニア山東方に話される
ĩ/ũ は広い i/u　　　　c は ɕ/tɕ　　j は ʑ/dʑ　ng' は ŋ　　th は ð
参考:『ケニア中部バントゥ諸語の動詞アクセント』第2章.(2003)

Tlhaping (setlhaping)
南アフリカやボツアナに話されるツアナ(Tswana)語の一方言　南アフリカのキンバリー(Kimberley) 北方の方言
ẹ/ọ は狭い e/o
g は無声口蓋垂摩擦音　　j は dz　　kg は無声口蓋垂破擦音　　kh/ph/th は有気音
ng は ŋ　š は ɕ　　tl/tlh は無声側面破擦放出音・無声側面破擦有気音
tsh は有気の ts　　tš は tɕ　tšh は有気の tɕ　　なお、k/p/t/ts/tš は放出音的
参考:「タピン語動詞アクセント試論」
『ありあけ　熊本大学言語学論集』4, pp.141-183.(2005)

Tonga (citonga) トンガ語
ザンビア南東部に話される　データは、いわゆる高地トンガ(Plateau Tonga) より
b は通常摩擦音　　c は ʑ　　fu/fw は hu/hw　　j は dʑ　　k は ɣ　kk は k
ng' は ŋ　　sy は hj　　zy は有声の hj　　ただし、m/n の直後のb/c/k は b/tɕ/k
参考:「トンガ語動詞アクセント試論」
『アジア・アフリカ言語文化研究』37, pp.169-220.　(1989)

Tooro (orutooro)　トーロ語
ウガンダの、アルバート(Albert)湖とエドワード(Edward)湖の間の地域に話される
j は dʑ　　rr は長いふるえ音
参考:「トーロ語の動詞」
『平成11年度〜平成13年度科学研究費補助金研究成果報告書』
(研究課題　北部中央バントゥ諸語の記述・比較研究), pp.13-41.　(2002)

Tsonga (xitsonga) ツォンガ語
スワジランド北方の、南アフリカ共和国とモザンビクの国境近辺に話される
bj は bʑ　　c は tɕ　　ch は有気の tɕ　　dl は有声側面摩擦音　　hl は無声の l
j は dʑ　　kh は有気の k　　ṅ は ŋ　　ṅh は無声の ŋ　　pf は唇歯破擦音
q は歯茎硬口蓋吸着音　　rh は無声の r　　tl は無声側面摩擦音
tlh は無声有気側面摩擦音　　tsh は有気の ts
参考:「ツォンガ語動詞のアクセント」
『アジア・アフリカ言語文化研究』56, pp.167-210.　(1998)

Tumbuka (citumbuka) トゥンブカ語
ザンビア北東部とマラウィ北部の国境地帯に話される
b は摩擦音の b　c は tɕ　j は dʑ　ng' は ŋ　kh/ph/th は有気音
参考：「トゥンブカ語の動詞」
『熊本大学社会文化研究』1, pp.1-16. (2003)
Venda (tshivenda) ヴェンダ語
南アフリカ共和国とジンバブエの国境地帯に話される
d̪/l̪/n̪/t̪/t̪h は前寄り（歯音）の d/l/n/t/th　fh/vh は両唇摩擦音　h は有声の h
k̭h/ṱh/ṱsh は有気音　ṅ は ŋ　pf は破擦音　tsh は tɕ　zh は ʑ
参考：「ヴェンダ語動詞アクセント試論」
『アジア・アフリカ文法研究』25, pp.13-50. (1997)
Wanga (oluwanga) ワンガ語
ケニア西部、ウガンダとの国境近くに話されるルヤ(Luya)諸語の一　ルヤ諸語地域の中央部に話される
j は dʑ　kh は x　ng' は ŋ
参考：「ワンガ語動詞アクセント試論」
『アジア・アフリカ文法研究』29, pp.1-64. (2001)
Xhosa (isixhosa) コサ語、ホサ語
南アフリカ共和国南東部のイースト・ロンドン(East London) を含む地域に話される
bhは放出音の p　c は歯茎吸着音　dl は有声側面摩擦音　hl は無声側面摩擦音
j は tɕ　k は放出音　kh/ph/th は有気音　q は硬口蓋吸着音
tlは無声側面摩擦音　x は側面吸着音　nc/nq/nx は鼻音化吸着音
ch/qh/xhは有気吸着音　bh/d/g/j/gc/gq/gx は有声音というより音節冒頭を低くする音
参考：「コサ語動詞のアクセント試論」
『東京大学言語学論集』14, pp.49-98. (1995)
Yambasa (yambasa. 自称はnugunu) ヤンバサ語
カメルーンの首都ヤウンデの北西の、ボキト(Bokito)を含む地域に話される
ḙ は中舌母音ə　ọ は狭いo　c は tɕ　ng' は ŋ　k/p/t はやや有気的
参考：『バントゥ諸語動詞アクセントの研究』第22章. (1995)
Yans (iyans) ヤンス語
コンゴ民主共和国のカサイ(Kasai) 川流域のバンドゥンドゥ(Bandundu)を含む地域に話される
i̱/u̱ は広い i/u　~は鼻母音を示す　c は tɕ　ng は ŋ　n'g は ŋg
Yombe (kiyombe. 他称はkibwala) ヨンベ語、ヨーンベ語
コンゴ民主共和国の大西洋沿岸地域に話される　コンゴ(Kongo) 語の一方言
名詞も動詞も、語幹第一音節が長い　kh/ph/th は有気音　ts は有気の tɕ
参考：「ヨーンベ語動詞アクセント試論」
『ありあけ　熊本大学言語学論集』5, pp.53-70. (2006)
Zalamo (kizalamo) ザラモ語
タンザニアのダル・エス・サラーム(Dar es Salaam) 周辺に話され、現在ほとんど消滅
ng' は ŋ　mh/nh/ngh は無声の m/n/ŋ
参考：「バントゥ諸語の動詞 (1) ザラモ語」　AA研『通信』63, pp.3-7. (1988)
Zigua (kizigua) ズィグア語、ズィグラ語
タンザニアのダル・エス・サラーム(Dar es Salaam) の北方に話される
ghは有声摩擦音　j は ɟ　m は音節主音的な m　ng' は ŋ
Zulu (isizulu) ズールー語
南アフリカ共和国の南東部のズールーランドを中心に話される
bhは放出音の p　c は歯茎吸着音　dl は有声側面摩擦音　hl は無声側面摩擦音
j は tɕ　k は通常有声摩擦音　kh/ph/th は有気音　q は硬口蓋吸着音
x は側面吸着音　nc/nq/nx は鼻音化吸着音　ch/qh/xh は有気吸着音
bh/d/g/j/gc/gq/gx は有声音というより、音節冒頭を低くする音
参考：「ズールー語動詞アクセント試論」
『アジア・アフリカ文法研究』24, pp.1-42. (1996)
Dschang (atsang) チャン語
カメルーン西部のバミレケ(Bamileke)諸語の一　チャン(Dshang)周辺に話される
ḙ は中舌母音ə　o̱ は広い o　c は tɕ　j は ʑ　ng は ŋ　n'g は ŋg　pfは破擦音
参考：『バントゥ諸語動詞アクセントの研究』第20章. (1995)

索引

A
Ambo 41

B
Bafia 57, 76, 296
Bamileke 9
Bantu Botatwe Languages 37
Basaa 57, 78, 296
Bemba 32, 35, 80, 296
Bena 30, 82, 296
Bobangi 53, 84, 296
Botswana 44
Broad Bantu 9
Buja 43, 86, 296
Bukusu 15, 48, 88, 296
Bulu 57, 90, 296

C
Cameroon 57
Cewa 37, 92, 296
Chaga 28
Chatelain, Heli 49
cognate rates 67
Congo 53
Copperbelt 35

D
Dar es Salaam 26
Digo 23, 94, 296
Dschang 9, 292, 305
Duala 57, 96, 296

E
Embu 21, 98, 296
Eton 57, 100, 297
Ewondo 57, 102, 297

G
Gabon 56
Ganda 13, 104, 297
Giryama 23, 26, 106, 297
Gisu 15, 48, 108, 297
Gogo 30, 110, 297
Gusii 17, 18, 112, 297
Guthrie, M. 7, 19, 48, 49

H
Haya 13, 114, 297
Herero 41, 116, 297
Hlanganu 46
Hurutse 44, 118, 297

I
Ila 37, 120, 297
Isukha 16, 122, 298

K
Kaka 57, 124, 298
Kamba 21, 24, 126, 298
Kambe 23, 128, 298
Kananga 7
Kaonde 36, 130, 298
Karanga 43, 132, 298
Kgatla 44, 134, 298
Kiambu 21
Kiga 13, 136, 298
Kikuyu 21, 298
Kikuyu（Kiambu） 138, 298
Kikuyu（Nyeri） 140
Kimbundu 49
Kinshasa 54
Kisangani 54
Kololo 39
Kongo 55
Kuria 17, 18, 142, 298
Kwangwa 37, 144, 298
Kwanyama 41, 146, 299
Kwena 44, 148, 299

L
Laari 55, 150, 299
Lamba 35, 152, 299
Langi 18, 154, 299
Lega 156, 299
Lingala 53, 158, 299
Lisala 54
Lozi 39, 160, 299
Luba 7, 39, 162, 299
Luba-Kasai 7
Luba-Lulua 7
Luba-Shaba 7
Lunda 37, 38, 164, 299
Luvale 37, 38, 166, 299
Luya 15
Luyana 38
Luyia 15

M

Machame 28, 168, 300
Makaa 57, 170, 300
Makonde 29, 172, 300
Malawi 31, 43
Manda 31, 174, 300
Manyika 43, 176, 300
Maragoli 16, 178, 300
Maraki 16, 180, 300
Matumbi 29, 182, 300
Mbalanhu 41, 184, 300
Mbalantu 41
Mbuji Mayi 7
Meru 21, 186, 300
Miji Kenda 23
Mongo 15, 53, 188, 300
Mwenyi 37, 190, 301

N

Nairobi 21
Namibia 41
Nande 192, 301
Narrow Bantu 9
Ndau 43, 194, 301
Ndebele North 44, 196, 301
Ndebele South 44, 198, 301
Ndjiku 55, 200, 301
Ndonga 41, 202, 301
Ngombe 53, 204, 301
Nguni 44
Ngwato 44, 206, 301
Nilamba 18, 208, 302
Nilotic 28
Nkoya 37, 38, 210, 302
Northern Sotho 45
Nsenga 37, 212, 302
Ntomba 53, 214, 302

Nyakyusa 31, 216, 302
Nyala East 16, 218, 302
Nyala West 16, 220, 302
Nyamwezi 18, 222, 302
Nyasa 31
Nyaturu 18, 224, 302
Nyeri 298
Nyiha 32, 226, 302
Nyoro 13, 228, 302

O

Ovambo 41

P

Pedi 44, 230, 303
Proto-Bantu 9
Punu 56, 232, 303

R

Rimi 19
Rolong 44, 234, 303
Ruguru 24, 48, 236, 303
Rwanda 238, 303

S

Sala 37, 240, 303
Sambaa 24, 242, 303
Schadeberg, Thilo C. 49
Semi-Bantu 9
Shi 36, 244, 303
Shona 43
Soga 15, 246, 303
Sotho 39, 44, 248, 303
Sotho-Tswana 44
South Africa 44

Southern Sotho 45
Sub-Bantu 9
Sukuma 18, 250, 303
Swahili 26, 47, 252, 304
Swaka 35, 254, 304
Swati 44, 256, 304

T

Taita 27, 258, 304
Tanganyika 33, 35
Teke 55
Teke East 55, 260, 304
Teke-Yans 55
Tharaka 21, 262, 304
Tlhaping 44, 264, 304
Tonga 37, 266, 304
Tooro 13, 268, 304
Tsonga 44, 270, 304
Tswana 44
Tumbuka 37, 272, 305

U

Umbundu 49

V

Venda 44, 274, 305
Victoria 13

W

Wanga 15, 276, 305

X

Xhosa 44, 278, 305

Y

Yambasa　57, 280, 305
Yans　55, 282, 305
Yombe　55, 284, 305

Z

Zalamo　24, 286, 305
Zanzibar　26
Zigua　24, 288, 305
Zimbamwe　43
Zulu　44, 290, 305

あ

アンゴラの言語　48
アンボ諸語　41

い

イスハ語　16
イラ語　37

う

ヴィクトリア湖　13
ヴィクトリア湖西岸諸語　13
ヴィクトリア湖東岸諸語　21
ヴィクトリア湖南岸諸語　18
ヴェンダ語　44
ウンブンドゥ語　49

え

エウォンド語　57

エトン語　57
エンブ語　21

お

オヴァンボ諸語　41
音韻対応の通則　67

か

カオンデ語　36
カカ語　57
ガスリー, M.　7
カタ語　44
カナンガ　7
ガボン　56
カメルーン　57
カメルーン諸語　57
カランガ語　43
ガンダ語　13
カンバ語　21, 24
カンベ語　23

き

キクユ語　21
キサンガニ　54
ギス語　15, 48
基礎語彙　1, 67
北ソト語　45
北ンデベレ語　44
狭義のバントゥ諸語　9
ギリヤマ語　23, 26
キンシャサ　54
キンブンドゥ語　49

く

グアト語　44

クエナ語　44
グシイ語　17
クラス　47
クリア語　17
クワニャマ語　41
クワングワ語　37

け

ケニア沿岸諸語　23
ケニア中部諸語　21

こ

語彙一致率　3
広義のバントゥ諸語　9
ゴゴ語　30
コサ語　44
コッパーベルト　35
コロロ　39
コンゴ河　15, 53
コンゴ河下流言語　55
コンゴ河中流言語　15, 53, 55
コンゴ共和国　54
コンゴ語　55
コンゴ民主共和国　53

さ

ザラカ語　21
サラ語　37
ザラモ語　24
ザンジバル　26
サンバー語　24
ザンビア諸語　36
ザンビア北東諸語　35

し
シ語　36
シャンガヌ族　46
主格接辞　9, 47
ショナ語　43
ジンバブエ　43

す
ズィグア語　24
ズールー語　44
スクマ語　18
スワカ語　35
スワティ語　44
スワヒリ語　26, 47

そ
ソガ語　15
祖地　7
ソト　39
ソト語　44
ソト・ツアナ諸語　44

た
タイタ語　27
タピン語　44
ダル・エス・サラーム　26
タンガニーカ湖　33, 35
タンザニア中南部内陸諸語　30
タンザニア南部沿岸諸語　29

ち
チェワ語　37
チガ語　13
チャガ諸語　28
チャン語　9

つ
ツォンガ語　44

て
ディゴ語　23
テケ語　55
テケ・ヤンス語群　55

と
ドゥアラ語　57
東南諸語　47
トゥンブカ語　37
トーロ語　13
トンガ語　37

な
ナイロート　28
ナイロビ　21
ナミビア　41
南部アフリカ諸語　43

に
西ニャラ語　16
ニャサ湖　31
ニャトゥル語　18
ニャムウェズィ語　18
ニョロ語　13
ニランバ語　18

は
バサ語　57
バフィア語　57
バミレケ諸語　9
ハヤ語　13

ひ
東テケ語　55
東ニャラ語　16

ふ
ブクス語　15, 48
ブジャ語　43
ブヌ語　56
ブル語　57
フルツェ語　44

へ
ペディ語　44
ベナ語　30
ヘレロ語　41
ベンバ語　32, 35

ほ
冒頭母音　48
北部タンザニア沿岸諸語　24
ボツアナ　44
ボバンギ語　53

ま
マカー語　57
マコンデ語　29

マチャメ語　28
マトゥンビ語　29
マニカ語　43
マラウィ　31
マラウィ湖　43
マラキ語　16
マラゴリ語　16

み

ミジ・ケンダ諸語　23
南アフリカ　44
南ソト語　45
南ンデベレ語　44

む

ムエニ語　37
ムブジ・マイ　7

め

名詞接頭辞　47
メル語　21

も

モンゴ語　15, 53

や

ヤンス語　55
ヤンバサ語　57

よ

ヨンベ語　55

ら

ラーリ語　55
ランギ語　18
ランバ語　35

り

リサラ　54
リミ語　19
リンガラ語　53

る

ルヴァレ語　37
ルグル語　24, 48
ルバ・カサイ　7
ルバ語　7, 39
ルバ・シャバ　7

ルバ・ルルア　7
ルヤ　15
ルヤナ語　38
ルンダ語　37

ろ

ロズィ語　39
ロロン語　44

わ

ワンガ語　15

ん

ングニ語群　44
ンコヤ語　37
ンゴンベ語　53
ンジク語　55
ンセンガ語　37
ンダウ語　43
ンドンガ語　41
ントンバ語　53
ンバラヌ語　41
ンバラントゥ語　41

あとがき

　2005年にアフリカ現地調査に一応のピリオドを打って以後、何をどうするかで迷った。
　第一の方向は、本書の方向であるが、この研究には、延べ7年あまりのアフリカでの調査で収集した膨大なデータのうち、基本的には基礎語彙200語のみが利用される。
　第二の方向は、ほぼ全データを使ってそれぞれの言語の記述を行う方向である。著者のデータにも言語によって濃密があり、言語学的に一定のレベルに達した一応の記述ができるものは90言語強であるが、そういう記述を行ってはたして研究者の側にどれほど需要があり、どこから出版できるか困難な問題がある。
　第三の方向は、バントゥ祖語の単語等の再建である。M. ガスリーの再建形は、実質的には、バントゥ祖語にあったとすればこういう形であったであろうというものであるが、そのうち、GとかG'と指定されているものは、広い地域に存在する同根語からの再建であるので、それを中心に再検討する仕事が中心になるが、音素列としては、M. ガスリーの再建は、さほど修正を必要としないレベルに達している。
　問題はM. ガスリーの再建に若干問題の残るアクセントである。そこで、特にアクセントの検討にとりかかったが、大きな壁があることが分かった。動詞は、語根母音が高かったか低かったの対立であって問題はないのだが、名詞の場合、2音節語幹だと、高高、高低、低高、低低の四項対立であって、この四項対立がはっきり残っているのは、著者の調査した言語のうちでは、ザンビアのンコヤ語しかない。バントゥ祖語にあったと思われるものがこの言語に残っていれば問題はない。しかし、そんなに多く残っているわけではない。他の言語に関しても、低低と他の三つのどれかということでは再建できるが、後者の場合、高高、高低、低高のどれであるかが見極めにくいのである。つまり、ほとんどの言語はこの三つが二つとか一つになっている。運がよければ、複数の言語の語を比べることによってそのアクセントが推定できるはずだが、結局推定できないで終わってしまう場合もある。
　さらに、バントゥ祖語にあったといえる語彙の範囲である。ガスリーは、ルバ語を西方言と考えて、コンゴ共和国やガボンやカメルーンの諸語とまとめた上での、GとかG'という評価なので、著者の主張するように彼の分類が誤っているとすれば、GとかG'という評価そのものを受け継ぐわけにはいかない。祖語にどういう単語があったのかの判定もやり直す必要が出てくる。全体としてこの方向の仕事は、大変な時間を必要とし、かつど

こまで確実なことがいえるのか不安が大きい。

　従って、とりあえず第一の方向を追求し、それ以外の方向は、将来やる気が起こればやるかも知れないということにした。そんなに何十年も生きられるわけではないので、今後は、体力やと気力と相談しながら、そもそもバントゥ諸語の研究を続けるのかも含めて、考えていきたい。なお、序文において「十分に全域といえないが、それに近い地域の言語を調査」と述べたが、「十分に全域といえない」とした主な理由は、アンゴラとモザンビクの言語が調査できていないという点にある。両国ともポルトガル語地域であり、また近年まで戦乱が絶えなかったのがその原因である。アンゴラについては、第9章2節に触れた。なお、ザンビア側で調査したルヴァレ語は、むしろ、アンゴラのほうに広く分布する。モザンビクについては、同国内では調査していないが、他国で調査したチェワ語、ンセンガ語、マコンデ語、ンダウ語、ツォンガ語は同国でも話されているし、ンダウ語はジンバブエからモザンビクの海岸部まで分布しており、まったく手つかずというわけでもない。分岐史的に見れば、モザンビク中部の言語が、全体としてまたはそれぞれ、タンザニアの南部の諸語と近いのか、チェワ語、ンセンガ語等と近いのかが未解決であるということである。

　最後に、もう一つ付け加えておきたいことがある。言語A/B/Cがこの順で並んでいて、BとCが近い関係にあり、BとA、CとAの親近関係がほぼ等しく、かつ全体の移動の方向がAの分布地域からCの分布地域へといったものである場合、一応、B/CがAから別れてBの分布地域に至り、その後に、CがBから別れて現在の分布地域に至ったと仮定しているが、語彙比較の数値からは、B/CがAから別れて現在のBの分布地域を通りすぎCの分布地域に至り、その後に、BがCから別れて現在の分布地域に戻った可能性も推定できるが、そういう可能性は本書では無視している、ということである。要するに、常識的に考えて最もありうる仮定をしたわけであるが、実際はどうであったか、確実なことはいえないのである。

2011年2月
著者

【著者紹介】

湯川 恭敏（ゆかわ　やすとし）

〈略歴〉1941 年和歌山県に生まれる。東京大学文学部卒、同大学院博士課程中退。東京外国語大学教授、東京大学教授、熊本大学教授、帝京平成大学教授を歴任。
東京大学名誉教授、博士（文学）。

〈主な著書・論文〉『言語学の基本問題』（大修館書店、1971）、Bantu Linguistics（ILCAA）Vol. 1–3（東京外国語大学アジア・アフリカ言語文化研究所、1987–1992、 共著）、『バントゥ諸語動詞アクセントの研究』（ひつじ書房、1995）、『言語学』（ひつじ書房、1999）。

ひつじ研究叢書〈言語編〉第 92 巻

バントゥ諸語分岐史の研究

発行	2011 年 2 月 14 日　初版 1 刷
定価	8900 円＋税
著者	© 湯川恭敏
発行者	松本 功
本文フォーマット	向井裕一（glyph）
印刷所	三美印刷株式会社
製本所	田中製本印刷株式会社
発行所	株式会社 ひつじ書房

〒 112-0011 東京都文京区千石 2-1-2 大和ビル 2 階
Tel.03-5319-4916　Fax.03-5319-4917
郵便振替 00120-8-142852
toiawase@hituzi.co.jp　http://www.hituzi.co.jp

ISBN978-4-89476-532-0

造本には充分注意しておりますが、落丁・乱丁などがございましたら、小社かお買上げ書店にておとりかえいたします。ご意見、ご感想など、小社までお寄せ下されば幸いです。

ひつじ研究叢書（言語編）第 5 巻
バントゥ諸語動詞アクセントの研究
湯川恭敏 著　定価 19,000 円 + 税

言語学
湯川恭敏 著　定価 2,800 円 + 税

ひつじ意味論講座　第 1 巻―語・文と文法カテゴリーの意味
澤田治美 編　定価 3,200 円 + 税

山田文法の現代的意義
斎藤倫明・大木一夫 編　定価 4,400 円 + 税

国際会議の開きかた
大津由紀雄研究室 編　定価 1,600 円 + 税